国自助游

华北和西北

「中国自助游」编写组 编著

中国地图出版社
北 京

目录 CONTENTS

本书内容简介

言简意赅的城市简介，快速了解目的地

罗列当地特色纪念品、土特产

包罗各种交通方式

精选推荐住哪里、吃什么

提供全面景点信息，特点、亮点、门票、交通方式一应俱全

优选旅行线路，串联特色目的地

1

燃情奥运

作为世界上第一个集齐夏、冬奥运会的城市，北京在2022年又一次成为全球聚焦的中心。其实，这两届奥运会的成功举办，离不开国内很多城市的支持，这趟旅程将让你重温“更快、更高、更强、更团结”的奥林匹克精神。

北京	夏奥会主会场
	冬奥会冰上项目
张家口	冬奥会雪上项目
天津	夏奥会足球项目
沈阳	夏奥会足球项目
秦皇岛	夏奥会足球项目

图为北京冬奥会速滑馆

2

纵览博物馆

无惧寒暑，任何时候都可以参观体验，不管是独行还是携家人同行，博物馆都是好去处，你还能和国宝近距离接触。各地的博物馆各有特色，还有专属的镇馆之宝等你去观赏。

中国国家博物馆	后母戊鼎
故宫博物院	《清明上河图》
陕西历史博物馆	兵马俑
宁夏回族自治区博物馆	鎏金铜牛
山西博物院	鸟尊
青海省博物馆	唐代羽人瓦当

图为秦始皇兵马俑

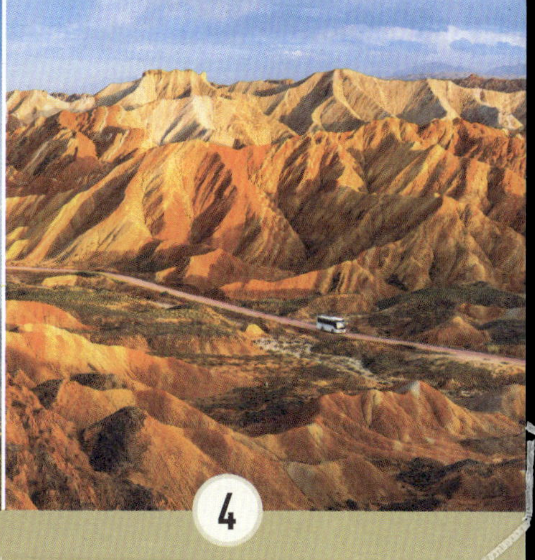

3

长城巡礼

从古至今，长城都是中国的标志之一，也是中华民族凝聚力的体现。作为世界文化遗产，其空间跨度达两万多公里，时间跨度达两千多年。了解长城，即是了解中国。

北京	居庸关
北京	八达岭
河北	山海关
河北	紫荆关
山西	雁门关
山西	娘子关
甘肃	嘉峪关
甘肃	玉门关
新疆	克孜尔尕哈烽燧

图为甘肃嘉峪关

4

影视取景地

看电影就是一场心灵的旅行，你是否也想透过国内外著名导演的独特视角，领略他们眼中的美景呢？辽阔的祖国大地上美景无数，许多都是著名的影视取景地。跟着电影去旅行，感受也会有所不同。

故宫博物院	《末代皇帝》
张掖丹霞	《三枪拍案惊奇》
苍岩山	《卧虎藏龙》
乌兰布统	《汉武大帝》
榆次老城	《刀客家族的女人》
建安古堡	《东邪西毒》
渭南合阳	《百鸟朝凤》
牡丹江威虎山	《林海雪原》

图为张掖七彩丹霞

5

春日赏花

春节之后万物便复苏了，此时出游，祖国大地一片生机，尤为适合赏花。无论是春寒料峭还是暖意浓浓，都有香气四溢的春光待你融入其中。

北京	玉兰、丁香
天津	月季
新疆	杏花
宁夏	梨花
青海	油菜花
山西	迎春花

图为青海湖畔的油菜花海

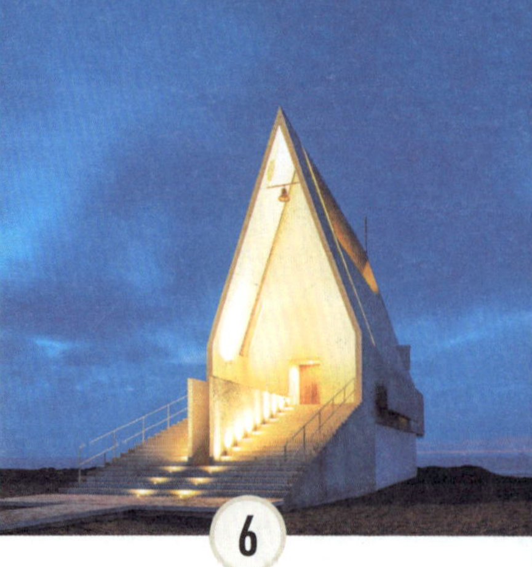

6

消夏胜地

炎炎夏日，只求一缕凉气。观山看海，品茗寻味，中国之大，总有好去处。

北戴河	看日出、 出海打鱼
青海湖	骑行环游
承德避暑山庄	访古
棒棰岛	疗养
万象洞	游览溶洞
六盘山	赏瀑布、峡谷

图为北戴河阿那亚礼堂

7

秋色怡人

初退暑热，秋的气息浓了，从北向南，由西到东，大地渐渐从绿色过渡到红、黄、橙、褐，大江南北层林尽染，多彩中国，尽显于此。

北京	银杏
喀纳斯	树、湖、山
额济纳	胡杨林
呼伦贝尔	草原
本溪	枫叶
沙坡头	塞外风光

图为内蒙古呼伦贝尔草原

8

凛冬魅力

气温渐冷，冬天悄然而至，初雪点缀的大地唯美梦幻。吃着火锅，泡着温泉，银装素裹的景色让人忘却烦恼，沿途南下又能重拾春夏的美好时光，冬天的快乐多种多样。

北京故宫	白瓦红墙的“紫禁城”
河北崇礼	冬奥会赛场
哈尔滨冰雪大世界	冰雕、冰灯
吉林雾凇岛	雾凇
吉林长白山	温泉、滑雪
黑龙江雪乡	冬雪漫林间

图为黑龙江雪乡

9

城市漫步

长途跋涉，舟车劳顿，你是否也想放慢节奏呢？那不妨在城市街头多逛逛。虽没有高山大河，但闲庭信步，闹中取静，找一间咖啡馆打发一下午，看窗外熙熙攘攘的人群，也是旅途中非常独特的享受。

北京	成贤街、五道营
天津	五大道
西安	城墙下
哈尔滨	中央大街
沈阳	沈阳中街
乌鲁木齐	解放南路
银川	新华路

图为哈尔滨中央大街

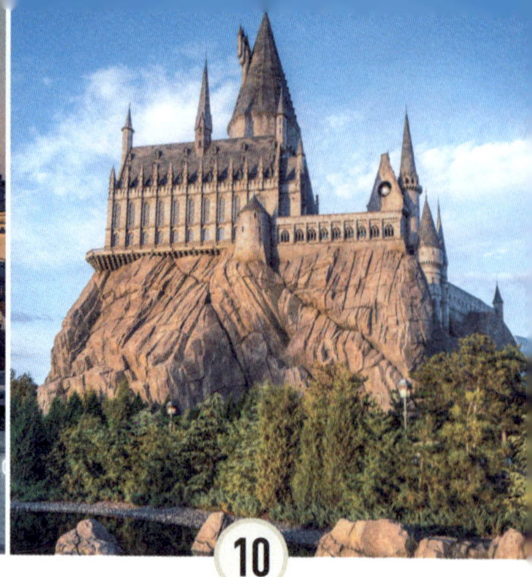

10

主题乐园

主题乐园可以算是游玩界的集大成者，在这里你可以穿梭于梦幻的国度，邂逅动漫电影中的人物，让梦中的景象照进现实。适合携家带口，或叫上三五好友，在欢声与尖叫中尽享世间美好。

北京	环球影城
天津	泰达航母主题公园
河北	乐岛海洋王国
辽宁	老虎滩海洋公园、大连海昌发现王国主题公园
黑龙江	哈尔滨极地馆

图为北京环球影城霍格沃茨城堡

11

美食之旅

出门在外，玩好也要吃好，泱泱中华地大物博，各色美食足以填满你的五脏庙。从甜到辣，种类繁多，总有一款让你心满意足。

北京	烤鸭
吉林	延吉冷面
沈阳	老边饺子
内蒙古	烤全羊
山西	刀削面
青海	坑锅羊肉
新疆	大盘鸡

图为新疆大盘鸡

12

登山远眺

“登山则情满于山”，有人认为登山是为了征服高山，其实这何尝不是挑战自己内心的过程。沿着山道一路向上，静下心来看看沿途的风景，在忙碌的工作生活之余，停下脚步休息，在云雾间迎接那一轮旭日。登山，是会上瘾的！

华山	长空栈道
五台山	佛教道场
长白山	天池
崆峒山	道教名山
五大连池火山	仙女洞
昆仑山	昆仑泉
天山	新疆天池、西王母祖庙
祁连山	祁连山大峡谷

图为五台山长廊观

中国政区图

乌鲁木齐
新疆维吾尔自治区
甘
内
肃
青海省
西宁
兰州
省
西藏自治区
拉萨
四川省
成都
昆明
云南省
比例尺
N
0
520千米
图例
北京
首都
天津
省级行政中心
未定
国界
省、自治区、
直辖市界
特别行政区界

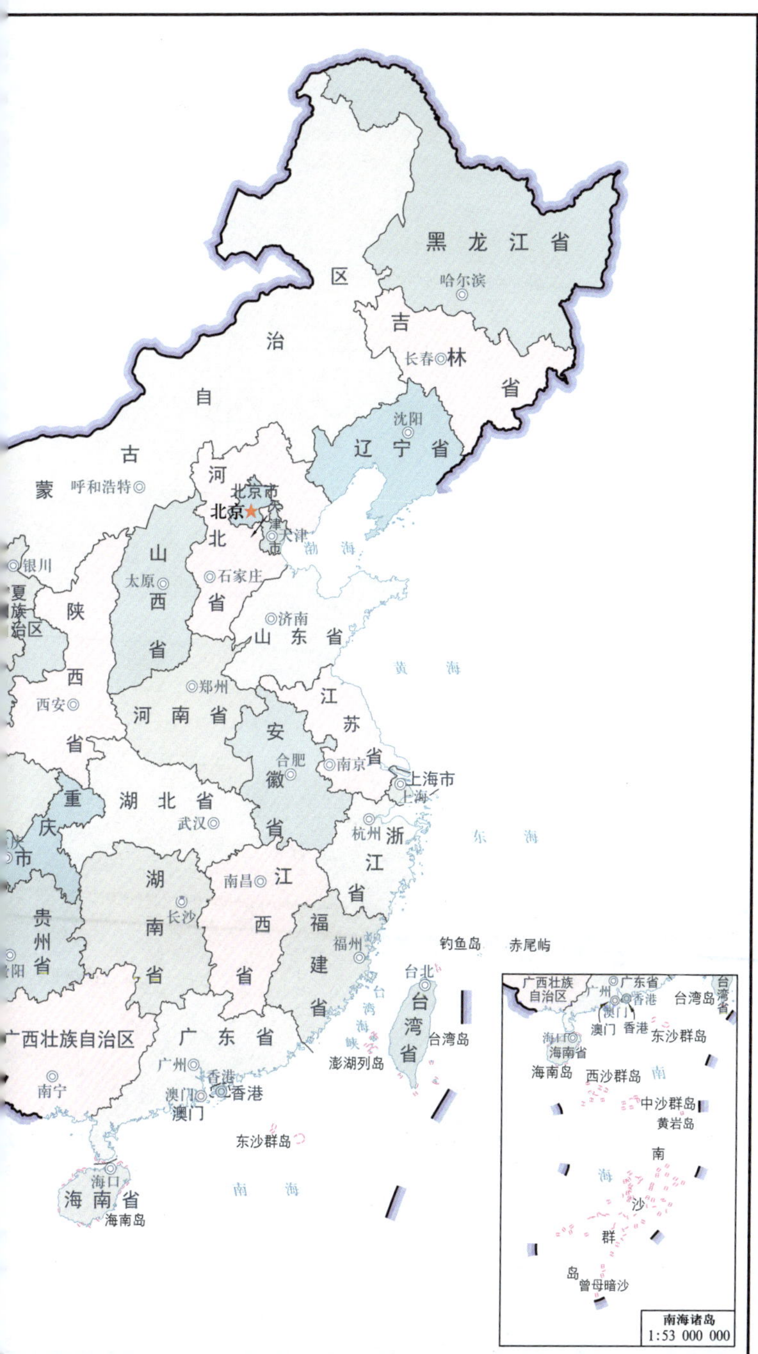

黑龙江省
哈尔滨
吉林省
长春
辽宁省
沈阳
内蒙古自治区
呼和浩特
北京市
北京
天津市
天津
河北省
石家庄
山西省
太原
宁夏回族自治区
银川
陕西省
西安
山东省
济南
河南省
郑州
江苏省
南京
安徽省
合肥
上海市
上海
湖北省
武汉
重庆市
浙江省
杭州
湖南省
长沙
江西省
南昌
福建省
福州
贵州省
广西壮族自治区
南宁
广东省
广州
香港
澳门
海南省
海口
海南岛
台湾省
台北
台湾岛
台湾海峡
钓鱼岛
赤尾屿
澎湖列岛
东沙群岛
渤海
黄海
东海
南海
南海诸岛
1:53 000 000
西沙群岛
中沙群岛
黄岩岛
南沙群岛
曾母暗沙

北海公园的白塔

北京

北京，中国的首都，是一座集全国政治、文化、交通及国际交往中心于一体的国际化都市，亦是拥有3000多年历史的文化古都。北据燕山山脉，南依华北平原，大自然赋予这座北方重镇多样的自然景观，与人文历史相得益彰。

北京一直是文化融合、创新发展的最佳体现城市之一，近年来的发展也让北京进入了新的美食大融合时代。北京并不是人们所说的“美食荒漠”，相反，老北京小吃、八大菜系、异国风味，这座城市定能满足你的口腹之欲。

听一出京剧，爬一趟长城，品一口豆汁儿，看一场天安门日出，进一次故宫，逛一逛潮人聚集的798……在这里，你总能找到出行的理由。

进入了新的发展纪元，北京已经整装待发。2022年之后，“双奥”城市北京将继续站在国际舞台上向世界高声说：“北京欢迎你！”

行前参考

电话区号 010

实用方言

甭介：不用

麻利儿的：快点儿

局气：仗义

何时去

5月至6月：气温在20℃左右，花季尚在，酷暑未至，轻装便可以去公园踏青。

9月底至11月上旬：能体验一番秋高气爽，同时也是京郊红叶最好的观赏季节。

12月至春节前后：旅游旺季已去，若能赶上瑞雪，红墙黄瓦映白雪的景色便会跃然眼前。

北京胡同四合院

注意事项

春季北京柳絮飞扬、沙尘暴多发，需注意个人防护。夏季常出现极端高温天气且降水集中，出游需提前确认天气状况，做好防暑等措施。冬季的平均气温在0℃上下，寒冷且干燥，夜长昼短，夜里气温更低。若想要去冬奥会场馆打卡游玩，需做好防寒准备。

当地新讯

北京环球影城于2021年9月20日正式开园。北京冬奥公园于2021年9月29日正式开园。

2021年底，北京地铁新增11号线、17号线、19号线，14号线和8号线实现全线贯通。

北京市
比例尺
N
0
21.6千米
延庆区
延庆区
官厅水库
昌平区
昌平区
海淀区
海淀区
永
定
河
东灵山
2303
门头沟区
门头沟区
石景山区
石景山区
丰台区
丰台
房山区
房山区
大兴区
大
拒
马
河
永
定

怀柔区
白河
密云区
密云水库
潮河
密云区
怀柔水库
怀柔区
潮
平谷区
顺义区
白
顺义区
平谷区
河
朝阳区
西城区
东城区
朝阳区
京杭运河
通州区
北京
通州区
区
兴
区

交通

飞机

首都国际机场(96158; http://www.bcia.com.cn; 微信公众号: 北京首都国际机场)

大兴国际机场(96158; https://www.bdia.com.cn; 微信公众号: 大兴机场)

火车

各大火车站的信息都可以在网站查询: https://kyfw.12306.cn/otn/czxx/init。

北京站(51019999, 95105105; 微信公众号: 北京铁路, 北京站)主要是发往华北、东北及华东地区的普速列车及国际联运列车, 几乎无高铁。

北京西站(51826253, 51826263, 51826273; 微信公众号: 北京西站)京广高铁始发站、京九线普速列车始发站。

北京南站(51867182; 微信公众号: 北京南站)京沪高铁及京津城际始发站, 虽有普速站台, 但并无普速列车停靠。

北京北站(51019999; 微信公众号: 铁路北京北站)京张高铁始发站、市郊铁路S5线(怀密线)始发站。

北京东站(51835662; 微信公众号: 北京铁路)顶着北京的"抬头"每天却只有几班列车停靠, 出门就是本地棚户区的神奇车站。

北京朝阳站(微信公众号: 北京朝阳站)京哈高铁始发站。

长途汽车

东直门长途汽车站(64673094)主要发车方向为密云、兴隆、承德、赤峰, 也有车去往北京其他郊区。

六里桥长途汽车站(83831716)主要发车方向为石家庄、张家口、大同、郑州、呼和浩特、包头等地。

四惠长途汽车站(65574804)主要发车方向为天津市区、天津蓟县、唐山、秦皇岛、赤峰等地。

八王坟长途汽车站(67740320)主要发车方向为天津、龙口、石家庄、鞍山、辽阳、抚顺等地。

地铁

北京市地铁贯通东西南北, 除了市内, 通州、大兴、房山、门头沟、昌平等远郊区也可通过地铁前往。地铁支持IC卡刷卡、"亿通行"App扫码等方式进站, 也可现场通过人工或机器购票。此外, 重庆与上海、广州、成都的旅客可在"渝畅行""Metro大都会""广州地铁""成都地铁"App直接刷码乘坐北京地铁。

公交车

北京市内公交车四通八达, 支持投币、刷公交卡、手机扫码等方式。百度地图、高德地图等手机地图App、"北京公交集团"微信公众号等可查询实时车辆信息。大多数公交分段计费, 下车也要记得再刷一遍卡, 否则将按照全程乘坐扣费。

土特产和纪念品

当地特色有烤鸭、张一元花茶、京绣。

住宿

经济型

华利佳合德胜门酒店（北京积水潭地铁站店）

(84084380; 西城区德胜门西顺城街46号)酒店传承胡同建筑元素, 内部以胡同、庭院相连, 有"梅、兰、竹、菊"四庭院及"西海胡同·柳荫巷"主题景观设计, 外部与明代建筑德胜门箭楼遥相呼应, 旁依什刹海湿地公园西岸, 到处彰显中式古典气息。

中档

景里酒店（北京国贸店）

[67741688; 朝阳区东四环中路92号45号楼(大郊亭桥东南角)]景里旗下的高端精品商务品牌酒店, 整体设计呈现代风格, 商务灰的外墙增添了高级感。酒店有5种套房共一百余间, 皆为18平方米至20平方米小而精的房型, 特色的庭院房、3D影音房更有别样的体

验。同时酒店交通便利，可直达环球影城、欢乐谷。

高档

瑜舍

（64176688；三里屯路11号三里屯太古里北区）国际知名设计师隈研吾设计的这家酒店共有99间客房，房间面积从45平方米到115平方米不等，设计感十足，其中还有充满个性的艺术品作为点缀。房间内部设置了开放式浴室和木质浴缸，给住客舒适的体验。地下22米长的不锈钢游泳池，更是体现了光与金属的美妙融合。

就餐

四季民福（故宫店）

（65267369；南池子大街11号；10:30—21:30）四季民福距故宫东华门不远，菜品将传统与创新相结合，口味备受好评，本地人近年来经常光顾。除了招牌烤鸭（228元/只）外，其他传统菜肴也值得尝试，如芥末鸭掌、黄坛香、干炸小丸子、宫廷杏仁豆腐等。

TRB Hutong

（84002232；沙滩北街23号；11:30—14:30，17:30—22:00，周六和周日早午餐10:30—15:00）这家老牌法餐藏身于古色古香的寺庙中，就餐环境优雅，服务周到细致。菜品不限于法餐，完美融合了其他菜系的口味，是各种最佳餐厅榜单上的常客。平日主餐套餐分为1288/988/688元三档，周末的早午餐套餐（498元/4道菜）价格更亲民。若要前往，记得预约，服务费也必不可少。

HALF COFFEE

（13611255251；隆福寺95号E座1层1号；8:00至次日1:00）白天卖咖啡，晚上变身酒馆，由混凝土、金属打造，工业风十足。水泥洞穴卡座虽然空间略显局促，但私密性很强。饮品单种类丰富，既有经典意式咖啡，也有不少创意特调，是与好友小聚的完美之选。

大酉 The Merchants

（400-799-0299；美术馆后街77号77文创园内；周一至周四和周日10:00至次日1:00，周五和周六10:00至次日3:00）一个多功能空间，集酒吧、咖啡、餐厅和展览于一体。葡萄酒种类丰富，咖啡馆提供各式甜点。餐厅由米其林主厨坐镇，以中国本土食材制作出富有想象力的各式菜肴，即使人均价格有点高，也值得尝试。

线路推荐

中轴线之旅：奥林匹克森林公园—鼓楼大街—南锣鼓巷—北海公园—故宫博物院—景山公园—王府井商圈

胡同之旅：五道营胡同—北锣鼓巷—南锣鼓巷—什刹海—烟袋斜街—鼓楼大街

冬奥之旅：奥林匹克公园—北京冬奥公园—延庆—张家口

周边游：八达岭长城—明十三陵—香山（10月中旬至11月上旬会举行香山红叶节）

景点

故宫博物院

标签：世界遗产　5A级景区　超大规模明清皇家建筑群

故宫博物院即昔日的紫禁城，为明清两代的皇宫，是中国乃至世界上保存较为完整、规模较大的木质结构古建筑群。有4座城门：南午门，北神武，还有东西两面的东华与西华。城墙四角上的角楼，如今也对游客开放，可登上城墙入角楼内参观。

紫禁城内的建筑以乾清门为界，分为外朝和内廷两部分。乾清门以南的外朝以太和殿、中和殿、保和殿为中心，统称三大殿，是国家举行大典礼的地方。三大殿左右两翼辅以文华殿、武英殿两组建筑。乾清门以北为内廷，以乾清宫、交泰殿、坤宁宫为中心的后三宫，住着后宫嫔妃，是皇帝家庭生活之所以及内廷的中心。游客从午门入，神武门或东华门出，单线游览。

门票信息｜旺季60元，淡季40元

营业时间｜旺季8:30—17:00，淡季8:30—16:30；除法定节假日外，周一全天闭馆

交通信息｜乘坐地铁1号线到天安门东站、天安门西站下车。

电话｜85007938

微信公众号｜故宫博物院

网址｜https://www.dpm.org.cn

★ 亮点

太和殿、御花园、角楼城墙

天安门城楼和广场

标签：全国重点文物保护单位　天安门广场升国旗仪式举行地　重大节日阅兵场所

没有人不对天安门城楼上的开国典礼印象深刻。初建于明永乐十五年（1417年）的天安门，原名承天门，于清顺治八年（1651年）重建并改名。经过战火与地震的天安门，在新中国成立后又经历了一次重生，现在看到的便是1969年重建的天安门。此外，自1988年元旦起，游客亦可以亲自登楼，俯瞰帝都的中轴线，去感受一下城墙上方帝王之气与新中国蓬勃朝气的碰撞。

长安街的南边是北起天安门、南至正阳门的天安门广场，44万平方米的广场上可同时容纳100万人。广场上矗立着的人民英雄纪念碑与每日早晨的升旗，几乎是游客必打卡的旅游景点和活动（每日的升旗时间可提前上官方网站查询）。升旗仪式前40分钟广场开放，遇上节假日更有不少人凌晨就开始排队。这时也可以选择在长安街北侧的街道观礼，既能避开拥挤，又能一览全景。

门票信息｜广场免费，登城楼15元

营业时间｜广场每天升旗前1小时开放，降旗后封闭；城楼 8:30—16:30

交通信息｜地铁1号线天安门东站，A、D口出站；地铁1号线天安门西站，B、C口出站；地铁2号线前门站，A、B、C口出站。

电话｜86409660

微信公众号｜天安门印象

网址｜http://tamgw.beijing.gov.cn/

★ 亮点

天安门城楼、天安门广场、人民英雄纪念碑

人民英雄纪念碑

标签：5A级景区　缅怀先烈浮雕艺术碑

纪念碑位于天安门广场中心，天安门南约463米的南北中轴线上，通高37.94米，面向天安门，于1958年5月1日正式揭幕。北面碑心石是一整块花岗岩，镌刻着毛泽东题写的“人民英雄永垂不朽”八个镏金大字；南面的碑心由7块石材构成，内容为毛泽东起草、周恩来书写的150字小楷字体碑文。碑身下有上下两层须弥座，上层镌刻有八个花环，下层镶嵌着十幅巨大的汉白玉浮雕，每幅浮雕里的英雄人物都和真人一样大小，整体表现“销毁鸦片烟”等主题的反帝反封建故事。在远处还可以看到碑身上的“小庑殿顶”，这个创意正是来自梁思成先生。

门票信息｜免费

营业时间｜与天安门广场开放时间一致，每天升旗前1小时开放，降旗后封闭

交通信息｜地铁1号线天安门东站，A、D口出站；地铁1号线天安门西站，B、C口出站；地铁2号线前门站，A、B、C口出站。

★ 亮点

“人民英雄永垂不朽”碑文

毛主席纪念堂

标签：国家领导人纪念博物馆

位于天安门广场南侧的毛主席纪念堂，原本是1954年拆除的中华门。1977年9月9日，纪念堂于毛泽东逝世一周年后落成。入口位于纪念堂东侧，参观前需存包。

一层的北大厅正中是毛泽东汉白玉坐像，坐像后是由画家黄永玉参与创作的巨幅绒绣壁画《祖国大地》，颇为壮观。瞻仰厅正中间的水晶棺中安放着毛泽东的遗体，可以看到他身着灰色中山装，覆盖中国共产党党旗。

纪念堂只有在9月9日（毛泽东逝世纪念日）、12月26日（毛泽东诞辰纪念日）开放到16:00（11:30—14:00休息）。升旗仪式结束后是纪念堂的排队高峰，尽量避开这个时段，10:00以后再来。现纪念堂实行实名预约参观，请登录官网、官方公众号或微信小程序提前1—6天预约，每日预约2万人。

门票信息｜免费

营业时间｜每周二至周日8:00—12:00，周一闭馆（国家法定节假日、有关纪念日、天安门广场有活动另行通知）

交通信息｜乘坐地铁2号线到前门站，A口出。

电话｜65120909

微信公众号｜毛主席纪念堂

网址｜http://cpc.people.com.cn/GB/143527/143528/

★ 亮点

瞻仰厅

太庙（北京市劳动人民文化宫）

标签：历史文化名园　皇家祭祖建筑群

太庙始建于明永乐十八年（1420年），原为明清两代皇帝祭祀祖先的地方，后改成劳动人民文化宫，是中国保存最完整的明代建筑群之一。

穿过南侧的古柏林和琉璃门，从单孔汉白玉戟门桥跨过戟门，来到享殿。大殿进深六间，殿内68根大柱及木构件均为名贵的金丝楠木，是中国现存最大的金丝楠木宫殿，地铺金砖，天花板为贴金彩画。享殿内有以曾侯乙编钟为原型设计的中华和钟，为世界上最大的双音舞台演出编钟。

门票信息｜门票2元；联票全票（含中华和钟展）淡季10元，旺季15元

营业时间｜文化宫园区淡季7:00—17:30，旺季6:30—19:30；中华和钟展9:00—16:30

交通信息｜乘坐公交车1、2、52、57、99、120、126路至天安门东站；乘坐地铁1号线至天安门东站，B口出。

电话｜65116776

微信公众号｜北京市劳动人民文化宫、太庙艺术馆

网址｜www.bjwhg.com.cn

★ 亮点

享殿、中华和钟

中国国家博物馆

标签：全国各地顶级文物展览

中国国家博物馆坐落在天安门广场东侧，拥有140余万件藏品，是世界单体建筑面积最大、中华文物收藏量最丰富的博物馆。

馆内有基本陈列、专题展览、临时展览三大系列。基本陈列的“古代中国”以历代王朝更替为脉络展开，附以文物如后母戊鼎、人面鱼纹盆、秦彩绘陶兵马俑阵等，使游客对历史有更直观的了解。“复兴之路”回顾了鸦片战争后的历史，展出虎门销烟时林则徐的奏折、道光帝的朱批以及《共产党宣言》最早的中译本等。“馆藏经典美术展”的展品以革命历史、人民群众题材的作品为主，其中巨型花岗岩浮雕是以徐悲鸿国画《愚公移山》为蓝本创作的。

门票信息｜免费

营业时间｜开馆时间9:00，停止入馆16:00，闭馆时间17:00，每周一例行闭馆，国家法定节假日除外

交通信息｜乘坐公交车1、2、52、82、120路、观光2线、旅游公交1线、旅游公交2线到天安门东站，乘坐地铁1号线到天安门东站，C、D口出站。

电话｜65116400

微信公众号｜国家博物馆

网址 | http://chnmuseum.cn/

★ 亮点

"古代中国""复兴之路""馆藏经典美术展"

人民大会堂

标签：中华人民共和国重要会议召开场所

人民大会堂是全国人大及人大常委会的办公场所，建成于1959年。参观的入口在东南侧，存完包后走进正门，经过风门厅和过厅，便来到3600平方米的中央大厅。从南侧楼梯下去是湖南厅，展示了美丽的洞庭山水和以毛泽东为题材的湘绣，原路返回上至二楼便是辽宁厅。

最壮观的莫过于33米高的万人大礼堂，穹顶上，红宝石般的巨大红色五角星灯与周遭的500盏星灯交相辉映。绕过金色大厅后还可以前往上海厅、四川厅、广东厅等地方厅参观，感受一下领导会晤的气氛。

门票信息 | 30元

营业时间 | 12月至次年3月9:00—14:00，4月至6月8:15—15:00，7月至8月7:30—16:00，9月至11月8:30—15:00

交通信息 | 地铁1号线天安门西站，地铁2号线前门站

电话 | 63096165

★ 亮点

万人大礼堂、特色地方厅

国家大剧院

标签：北京及全国各大演出举办场所　艺术建筑

由法国建筑师保罗·安德鲁主持设计的国家大剧院，于2007年9月建成，构思来自"湖中的明珠"，却被亲切地称为"巨蛋"。

穿过80米长的水下通道到达最宏伟的歌剧院，厅内共有观众席2207个，以华丽的金色为主色调，主要上演歌剧、舞剧、芭蕾舞等剧目。一层的戏剧场主要上演京剧、地方戏和人艺话剧，舞台上安装了世界上唯一的"鼓筒式"转台。二层的音乐厅内有国内最大的管风琴，由德国管风琴制造世家的约翰尼斯·克莱斯制作。另外还有不定期展览与多功能剧场。

门票信息 | 淡季30元，旺季40元

营业时间 | 9:00—17:00，16:30停止换票与检票入院，周一闭馆

交通信息 | 乘坐公交车1、5、52、99路、观光1线、观光2线、夜1路到天安门西；乘坐公交车52路到石碑胡同；乘坐地铁1号线到天安门西站，C口出。

电话 | 66550000

微信公众号 | 国家大剧院智慧管家、国家大剧院

网址 | http://www.chncpa.org/

★ 亮点

剧厅、外观

中山公园

标签：4A级景区　明清皇家社稷坛所在地

按周礼"左祖右社"的建制，内有社稷坛的中山公园位于天安门的右侧，与太庙相望，和故宫仅有一墙之隔。这里本是明清皇帝祭祀土地神（社）和五谷神（稷）的社稷坛，在1925年孙中山先生逝世后，曾安置过他的遗体，因此被改名为中山公园。主体建筑社稷坛位于轴线中心，汉白玉砌成的正方形平台铺着来自全国各地的黄、青、赤、白、黑五色土，中央里有江山石，四周建有四色琉璃墙。北面中山堂后的建筑为大宫门，曾经是北京市政协常委会会议旧址。而园内除了有保存完好的明清古迹，更是一处"大花圃"。

门票信息 | 3元

营业时间 | 4月至5月、9月至10月6:00—21:00，6月至8月6:00—22:00，11月至次年3月6:30—20:00

交通信息 | 乘坐地铁1号线到天安门西站，B口出，步行到达公园南门。

电话｜66055431
微信公众号｜北京市中山公园
网址｜http://www.zhongshan-park.cn/index.html

亮点

唐花坞、社稷坛、中山堂

景山公园

标签：4A级景区　旧京城制高点　明崇祯帝自缢处

南北中轴线中心点上的景山，是元明清三代皇家后苑，也曾是北京城制高点。进入景山南门，抬头便可见昔日祭拜先师孔子的绮望楼。沿小路登上万春亭便可俯瞰故宫、一览京轴线，而脚下出现的圆形标记牌，就是北京城的中心点的标志了。想登山看上一眼往往需要等候，若想独辟蹊径，亦可前往余下的另外四方座亭乘凉。

门票信息｜旺季10元，淡季 2元
营业时间｜旺季6:30—21:00，淡季6:30—20:00
交通信息｜乘坐地铁6号线至南锣鼓巷站。
电话｜64038098（8:30—17:00），64038090（17:00至次日8:30）
微信公众号｜景山公园服务号、微景山
网址｜http://www.bjjspark.com/index.jhtml

亮点

寿皇殿、观德殿、万春亭

中国美术馆

标签：国家造型艺术博物馆　艺术大师作品展览

这座中国唯一的国家造型艺术博物馆，于1963年正式开放，馆内拥有十万余件藏品，涵盖绘画、雕塑、摄影、现代装置和民间艺术，其中不乏大家之作，如齐白石、徐悲鸿、李可染、吴冠中、傅抱石等大师的作品。主体大楼外观为仿古阁楼式，与故宫一样有着黄色琉璃瓦，四周廊榭围绕，外部的雕塑园区也可以花时间游览观赏。内部共有6层21个展厅，经常举办大型名家书画展和国际级别的美术展，具体展览信息可在官网或微信公众号查询。

门票信息｜免费
营业时间｜9:00—17:00（16:00停止入馆），周一闭馆（法定节假日除外）
交通信息｜乘坐地铁5号线、6号线至东四站，向西行约300米；乘坐地铁6号线、8号线至中国美术馆站。
电话｜64006326
微信公众号｜中国美术馆
网址｜http://www.namoc.org/

亮点

名家书画、雕塑园

隆福寺

标签：京城唯一番禅同驻寺院　新潮打卡地

600多岁的隆福寺十分洋气，随着隆福寺城市更新计划的实施，沉寂已久的隆福大厦、隆福寺北里等地实现了重生，变成了集书店、办公场所等于一体的新大楼，以及硬核工业风的文艺打卡地。

门票信息｜免费
营业时间｜全天（个别商店详情请查看商户公众号）
交通信息｜乘坐地铁5号线、6号线至东四站；乘坐地铁6号线、8号线至中国美术馆站。
微信公众号｜北京隆福寺

亮点

隆福大厦、隆福寺北里

北京人民艺术戏剧博物馆

标签：剧院里的博物馆　人艺发展史

一进入首都剧场四层的人艺戏剧博物馆，就会看到“人艺”当家戏《茶馆》的大幅剧照。曹禺、焦菊隐、欧阳山尊、赵起扬等人珍贵的艺术创作资料在人物厅展出，还有按原貌复原了的“曹禺书房”。历史厅追溯了“人艺”的建立和艺术风格的形成，剧目厅介绍了这里上演的各大著名剧目，你还可以好好端详橱窗内的翻译手稿、道具和灯光设计图等珍贵展品。

门票信息｜免费

营业时间｜10:30—19:00，周一闭馆

交通信息｜乘坐地铁6号线、8号线至中国美术馆站，D2出口。

电话｜85120006

微信公众号｜北京人民艺术剧院戏剧博物馆、北京人民艺术剧院

网址｜http://www.bjry.com/

★ 亮点

曹禺书房、戏剧书店

史家胡同博物馆

标签：老北京的重现　怀旧博物馆

史家胡同博物馆曾是民国三大才女之一凌叔华的故居，如今这儿有着按1∶100比例缩小的史家胡同沙盘，130个院落微缩复原，逼真还原了北京城的历史风貌。你可以在“人艺摇篮展厅”寻得近70年来“老人艺”的发展，在“最后的胡同记忆展厅”看看20世纪50年代至80年代北京百姓的家庭生活，还可以在“胡同声音博物馆”里听到“震惊闺”“虎撑子”等80多种老北京环境音和叫卖声，时空旅行也不过如此了。

门票信息｜免费

营业时间｜9:00—16:30，周一闭馆

交通信息｜乘坐地铁5号线至灯市口站。

电话｜85175790

微信公众号｜史家胡同博物馆

智化寺

标签：全国重点文物保护单位　京音乐欣赏　博物馆之夜活动

500多年来一直未受重创的智化寺，得以保留明初原貌，藏于其中的京音乐、转轮藏、佛造像几乎保存完好。这里的明代木版壁画《地藏菩萨变相图》、北京仅存的明代八角形转轮藏（藏经橱）、极为精致的毗卢遮那佛和六拏具木雕，还有那佛像头顶的藻井极尽华美。只可惜智化殿与万佛阁的藻井都已流失海外。第三进院落坐落着一座宏伟的建筑，一层为如来殿，二层为万佛阁（停止开放），是明承宋制的典范。佛像后有一曲尺形经橱，660个经匣里曾装有《大藏经》。

门票信息｜全票20元、半票10元（每周三免费参观200人次）

营业时间｜9:00—17:00，周一闭馆

交通信息｜乘坐地铁2号线至朝阳门站，B出口。

电话｜65286691

微信公众号｜智化寺

网址｜http://www.zhihuatemple.com/

★ 亮点

京音乐

老舍纪念馆

标签：北京市文物保护单位　历史名人居所　老舍手植柿子树

生在北京、长在北京、死在北京的老舍先生，写了一辈子北京，他对北京的挚爱在那一代人中无人可比。1949年老舍从美国回国，次年他买下了这座四合院，随后一直居住在这里直至去世，并写出了《龙须沟》《茶馆》《全家福》等20余部作品。故居北侧有三间正房，东次房为老舍夫人胡絜青的卧室兼画室，西耳房则是老舍的书房兼卧室。东西厢房现被辟为展厅，你可以在这里看到不少珍贵的手稿、信件，以及老舍生前使用的物品。院子里的两棵柿树和花草也是老舍亲手所植。

门票信息｜免费

营业时间｜9:00—17:00（16:30停止入馆），周一闭馆

交通信息｜乘坐104、108、111路至灯市西口站；乘坐82、103、141路至骑河楼站。

电话｜65142612

微信公众号｜老舍纪念馆

网址｜http://www.bjlsjng.com/

亮点

老舍手稿

北大红楼（北京新文化运动纪念馆）

标签：五四运动的策源地 全国重点文物保护单位

五四运动的策源地北大红楼，建成于1918年，最初为北京大学文学院和图书馆。但这座通体红砖的西式建筑却并不在今天北京大学的校园内，而是位于景山公园东侧。鲁迅、胡适、陈寅恪等多位著名学者都曾在此任教。如今的红楼已被辟为北京新文化运动纪念馆，并于2014年与北京鲁迅博物馆合并。一层有现代北大缔造者蔡元培的半身铜像，在其东西两侧则可以看到陈独秀的生平展和蔡元培的办公室陈列。

门票信息｜免费

营业时间｜9:00—16:00，周一闭馆

交通信息｜乘坐地铁6号线、8号线至中国美术馆站，A出口。

电话｜66128596

微信公众号｜北大红楼、北京新文化运动纪念馆

网址｜http://www.xwh.org.cn/

亮点

各陈列室、红楼

中国地质博物馆

标签：国家级地质学博物馆 科普教育场所

这是亚洲规模最大的国家级地质学博物馆，馆内藏有20余万件地质标本，足以让你对地球与生命有全新的了解。一楼的地球厅，讲解了头上的银河与脚下的土地，你也可以在这儿了解到火山为何喷发，冰川与地下溶洞如何形成。

门票信息｜全票15元，讲解器20元

营业时间｜9:00—16:30，周一闭馆

交通信息｜乘坐地铁4号线至西四站，D出口。

电话｜66557858

微信公众号｜中国地质博物馆

网址｜https://webvpn.swun.edu.cn/_vpn_/http/gmc.org.cn

亮点

地球厅

妙应寺（白塔寺）

标签：全国重点文物保护单位 元代开国工程

北京市西城区阜成门内大街的妙应寺内有白塔，因此这里又被称为白塔寺。这座中国现存最古老、最大的喇嘛塔，是由元世祖忽必烈下令修建，在尼泊尔建筑师阿尼哥的主持下，花了8年时间建造完成，是元大都城保存至今唯一完整的文物遗存。

白塔于1978年得到了修缮，出土了大量珍稀文物，其中一些文物收藏于首都博物馆，如乾隆御笔《般若波罗蜜多心经》、镶宝石赤金长寿佛等。

门票信息｜20元

营业时间｜9:00—17:00（周二至周日），16:30停止售票、入馆

交通信息｜乘坐地铁2号线至阜成门站，B口出，步行450米到达。

电话｜66166099

微信公众号｜北京白塔寺

网址｜http://wwj.beijing.gov.cn/bjww/wwjzzcslm/1730488/1730489/index.html

亮点

白塔

广济寺

标签：中国佛教协会所在地　全国重点文物保护单位

广济寺始建于金代，毁于元末，于明朝重建并御赐名“弘慈广济寺”，香火盛极一时。1931年主殿被焚毁，又在1935年得以重建。这里也是北京著名的“内八刹”之一，现为中国佛教协会的所在地。

寺内依次为山门、天王殿、大雄殿、圆通殿、多宝殿与舍利阁。天王殿两侧有保存完好的钟鼓楼，殿内供奉的天冠弥勒宝像与别处不同，十分庄严。覆有黄色琉璃瓦的大雄殿里，殿脊正中有呈山形的“华藏世界海”，还可远观宝殿后壁悬挂的镇寺之宝《胜果妙音图》。圆通殿供奉了观世音菩萨，很多香客在此祭拜诵经。此外，广济寺求的姻缘听说也非常灵，有心的旅客不妨也来试试。

门票信息｜免费

营业时间｜7:00—16:30

交通信息｜乘坐地铁4号线至西四站，A出口。

电话｜66517675

微信公众号｜北京弘慈广济寺

★ 亮点

《胜果妙音图》、大雄殿、圆通殿

北京鲁迅博物馆

标签：历史名人居所　鲁迅手植丁香

1923年底，鲁迅用800元买下这座小宅院，在这儿度过了3年的时光，写下了《华盖集》《野草》以及《彷徨》《朝花夕拾》中的大部分篇章。1947年中共地下党以“查封”的名义保全这座院子，并在鲁迅逝世13周年时，将其向市民开放。在这儿可以看到青年鲁迅精彩的“斜杠青年”生活，也可以看到他南下后的另一段人生，他逝世十一天前的日记文稿和给友人内山完造的绝笔便条也在这里展出。两棵鲁迅手植的白丁香依然枝繁叶茂，时间却流转如飞。运气好的话还能在鲁迅书屋淘到些绝版书呢。

门票信息｜免费

营业时间｜9:00—16:00，周一闭馆

交通信息｜乘坐地铁2号线至阜成门站，B出口。

电话｜50872677

微信公众号｜北京鲁迅博物馆

网址｜http://www.luxunmuseum.com.cn/

★ 亮点

鲁迅故居

雍和宫

标签：雍正乾隆的“龙潜福地”　汉族地区规格最高的藏传佛教寺庙

是“宫”还是“庙”？这座被称为“宫”的建筑其实是一座格鲁派寺庙，是汉族地区规格最高的藏传佛教寺庙，被誉为藏传佛教博物馆。在老百姓心目中，它闻名于香客们的有求必应，“万能寺”的香火之盛，只有亲临现场才可感受到。你可以跟随人流虔诚上香，也可以寻找雍和宫的木雕三绝，去触摸这里的佛教世界。若你是深秋才来，建议沿着铺满金黄银杏叶的昭泰门，由南向北一路走到底，雍和宫内的精彩定不会错过。

门票信息｜25元

营业时间｜11月至次年3月9:00—16:00，4月至10月9:00—16:30

交通信息｜乘坐地铁2号线、5号线至雍和宫站。

电话｜84191919

微信公众号｜雍和宫游客信众服务

网址｜www.yonghegong.cn

★ 亮点

戒台楼、永佑殿

北海公园

标签：全国重点文物保护单位　4A级景区

“海面倒映着美丽的白塔，四周环绕着绿树红墙”的北海公园，曾是北京最浪漫的地方之一，也是历史最悠久、保存最完整的皇家

宫苑。从辽代开始，北海便有了雏形。现在我们看到的小西天、静心斋、九龙壁，也是一代代工匠智慧与技术的结晶。

门票信息｜旺季10元，淡季5元

营业时间｜旺季6:00—21:00，淡季6:30—20:00

交通信息｜乘地铁6号线至北海北站可到北海公园北门。

电话｜64033225

微信公众号｜北京市北海公园

网址｜https://www.beihaipark.com.cn/

亮点

团城、泛舟、白塔

南锣鼓巷

标签：3A级景区　京味儿胡同

这条全长787米的胡同，曾经由于聚集了众多个性小店而名声在外，外地游客进京必来南锣鼓巷。比起在主街道上只能看到人群，我们建议你将脚步移向两旁幽静的胡同中。明清时期，这里曾官宦云集，大富大贵的王府豪庭数不胜数。

门票信息｜免费

营业时间｜全天

交通信息｜乘坐地铁6、8号线至南锣鼓巷地铁站。

电话｜64023671

微信公众号｜交道口街道南锣鼓巷社区

亮点

创意小店

恭王府

标签：全国重点文物保护单位　5A级景区

历史课本上洋务运动章节里，一位名叫恭亲王奕䜣的人，便是这恭王府的主人之一。作为清代规模最大的王府，这儿还住过和珅和庆僖亲王永璘。见证了清朝自盛而衰的恭王府，外人有“一座恭王府，半部清代史”的说法。整个王府由府邸和花园两部分组成。府邸的主体是中路的3座建筑，东路和西路各有3个气派与奢华的院落。府内还有一块康熙御笔题写的“福”字碑，一度消失的碑在恭王府的后院被再次发现，考古人员也连连称奇。

门票信息｜40元

营业时间｜8:30—17:00，除法定节假日外，周一闭馆

交通信息｜乘坐地铁6号线至北海北站，B东北口出。

电话｜83288149

微信公众号｜恭王府博物馆

网址｜http://www.pgm.org.cn/

亮点

福字碑、大戏楼、后罩楼、西洋门

后海

标签：4A级景区　酒吧文化街

说起后海，年轻人更多想起的是灯红酒绿的酒吧街吧，其实还能在这儿打打太极、练练舞蹈。绕湖骑到西海，能更好地感受这湖光美景。这儿还有许多高僧修建的寺庙，风流人物筑的府、造的园，尽管大部分的寺庙和故居都作为私宅使用，但大藏龙华寺、望海楼、醇亲王府、宋庆龄故居等景点还是对外开放的。骑行之外，乘坐三轮车，跟蹬车师傅唠唠嗑儿，也能对后海了解一二。

门票信息｜免费（游船、三轮车等费用另计）

营业时间｜全天

交通信息｜乘坐地铁8号线至什刹海站，乘坐地铁6号线至北海北站。

微信公众号｜游什刹海

亮点

大藏龙华寺、望海楼、宋庆龄故居

地坛公园

标签：4A级景区　明清两朝帝王祭地之坛

地坛是北京五大坛中的第二大坛，又称

方泽坛，是明清两朝帝王祭祀“皇地祇神”的场所。许多人认识地坛可能是通过史铁生的《我与地坛》，因此许多读书爱好者都有着一种“地坛情结”。不妨在地坛好好地看看方泽坛、皇祇室等，都是翻新过的古建，去方泽坛周边176棵平均年龄超过300岁的古树下，看看还有没有轮椅的痕迹。若到了深秋，西门的那条北京最古老的银杏大道，还能让你看到“银杏染秋”的美景。

门票信息 | 2元（不含园中园），皇祇室5元

营业时间 | 淡季6:00—20:30，旺季6:00—21:30

交通信息 | 乘坐地铁2号线、5号线至雍和宫站。

电话 | 64214657

微信公众号 | 地坛公园

网址 | http://www.dtpark.com

★ 亮点

方泽坛、皇祇室、古柏树

天坛公园

标签：世界文化遗产　5A级景区　明清帝王祭天之坛

祭天以祈求五谷丰登，安民心以安天下。历朝历代帝王共同的期望，在世界最大的祭天建筑群——天坛中得以体现。在祈年殿下体会几百年来天人对话的神秘仪式；与同伴在“回音壁”前传音，体验顺风耳的神奇；二分日的日出日落时分，等一轮“悬日”挂天上；天坛还是北京老年人们的“健身中心”，得空还能与北京大爷们比比精气神谁更足。在妙趣横生的天坛里，若一心游览而错过身边的趣事可就太可惜了。

门票信息 | 旺季15元，淡季10元

营业时间 | 旺季（4月1日至10月31日）8:00开门，17:30停止进入，18:00关门；淡季（11月1日至次年3月31日）8:00开门，16:30停止进入，17:00关门

交通信息 | 可乘地铁5号线到天坛东门站，乘地铁8号线到天桥站。

电话 | 67012483（白天），67013036（夜间）

微信公众号 | 天坛、天坛公园官方购票平台

网址 | http://www.tiantanpark.com/centre.html

★ 亮点

祈年殿、圜丘、丹陛桥

国家体育场（鸟巢）

标签：奥林匹克运动会比赛场馆　开闭幕式举办地

2008年的“鸟巢”，烟火绚烂的场景还历历在目，一晃眼，2022年冬奥也已成功举办，这里也成了“双奥”城市的“双奥”场馆。“鸟巢”不仅有着令人激情澎湃的比赛，在没有活动的日子里，旅行者还可以参观“鸟巢”的内部结构，参加“顶美鸟巢·空中走廊”项目(110元，含“水立方”参观)，甚至还可以行走在钢架结构之上，登顶“鸟巢”。登上60米高的平台，俯瞰比赛场地和整个奥林匹克公园，更能回想起2008年的盛况，又对未来充满无限遐想。

门票信息 | 40元

营业时间 | 9:00—18:30

交通信息 | 乘坐地铁8号线到奥体中心站或奥林匹克公园站。

电话 | 400-000-2008

微信公众号 | 鸟巢

网址 | https://www.n-s.cn/

★ 亮点

鸟巢空中走廊、60米观景平台

国家游泳中心（水立方）

标签：奥林匹克运动会比赛场馆

国家游泳中心“水立方”位于“鸟巢”西侧，其外形犹如覆盖着无数巨型水泡的长方体，因此有了“水立方”这个朗朗上口的名字。白天的“水立方”并不引人注目，等到夜幕降临时，建筑外立面的彩灯开启，整个“方盒子”变得如梦如幻。2022年冬奥会期间，场馆改造工程开工，水已结冰，被改造成了冰

壶的比赛场地，俨然是一座“冰立方”了。

门票信息｜30元

营业时间｜旺季9:00—22:00（清场时间21:30）；淡季9:00—19:00（清场时间18:30）

交通信息｜乘坐地铁8号线到奥体中心站或奥林匹克公园站。

电话｜84378899

微信公众号｜水立方

网址｜http://www.naclub.cn/

亮点

多层气枕构成的外观

奥林匹克公园

标签：5A级景区　奥运遗产

位于北京城中轴线北端的这片奥林匹克公园，在2008年曾经成为全世界的焦点，在这之后这里的场馆已然承包了北京乃至世界的大型体育赛事。除了“鸟巢”和“水立方”之外，这里还有国家体育馆、奥体中心体育场等场馆，以及比颐和园与圆明园的面积之和还大的奥林匹克森林公园。

门票信息｜免费

营业时间｜5月至10月6:30—22:00，11月至次年4月7:30—21:30

交通信息｜乘坐地铁8号线到奥体中心站或奥林匹克公园站。

电话｜84992008

微信公众号｜北京奥林匹克公园

亮点

鸟巢、水立方、奥林匹克森林公园、奥林匹克塔

798创意艺术园区

标签：网红打卡地

798艺术区所在的地区叫“大山子”，因此又被称为“大山子艺术区”。北京华北无线电联合器材厂798分厂被闲置后，这片包豪斯建筑风格的厂房吸引了当代艺术家的注意。闲置厂房被用作艺术展示空间，逐渐形成了如今的798创意艺术园区。不仅有像UCCA尤伦斯当代艺术中心、木木美术馆这些高人气的场馆，艺术园区的一个废弃的火车头、当代涂鸦或“文革”时期墙报，都能引人驻足拍照。

门票信息｜免费

营业时间｜10:00—18:00

交通信息｜搭乘地铁14号线至望京南站。

微信公众号｜798艺术

亮点

UCCA尤伦斯当代艺术中心、尤伦斯艺术商店

颐和园

标签：5A级景区　世界文化遗产　皇家园林博物馆

要说体现了乾隆帝审美水平巅峰的代表作之一，便是这座290公顷的顶级皇家园林了。这位皇帝尤其喜欢江南风光，于是造了一个江南，把对西湖的情思寄托于昆明湖里。光是看还不够，又在万寿山修建了寺庙、居所。颐和园最初的名字其实是清漪园，咸丰在位时，英法联军纵火，清漪园变成一片废墟。而后慈禧太后又将它精心改造，才更名为颐和园，也成了中国最后一座皇家园林。颐和园可游湖、可登高、可礼佛、可看戏，一年四季皆有所赏，20元的门票也足以令它入选中国性价比最高的景点榜单。

门票信息｜旺季30元，淡季20元

营业时间｜旺季6:00—20:00，淡季6:30—19:00

交通信息｜乘坐地铁4号线至西苑站、北宫门站，乘坐地铁西郊线至颐和园西门站。

电话｜62860608

微信公众号｜颐和园

网址｜http://www.summerpalace-china.com/

亮点

万寿山、昆明湖、仁寿殿

圆明园遗址公园

标签: 4A级景区 万园之园

看着眼前杂乱堆积的石头，你恐怕很难想象，圆明园的面积相当于8.5个紫禁城，这座“万园之园”既是行宫，也是仅次于紫禁城的政治中心。但现实就是，你只能从现存的西洋楼遗址废墟中，去想象它当年的富丽堂皇。现存的大水法遗址、海晏堂遗址和被修复过的万花阵都值得一看。还有在文殊亭中新回归的马首，是这里的镇馆之宝。

门票信息 | 10元

营业时间 | 1月1日至3月15日、10月16日至12月31日7:00—19:30，3月16日至4月30日、9月1日至10月15日7:00—20:00，5月1日至8月31日7:00—21:00

交通信息 | 乘坐地铁4号线至圆明园站。

电话 | 62628501

微信公众号 | 圆明园遗址公园、数字圆明园

网址 | http://www.yuanmingyuanpark.cn/

★ 亮点

大水法遗址、蓬莱瑶台、马首展

香山公园

标签: 4A级景区 北京赏红叶

京西皇家园林著名的“三山五园”中，香山公园就占其中的一山（香山）和一园（静宜园）。可惜静宜园已遭英法联军和八国联军焚毁，“二十八景”至今也只恢复了17处。如今的香山是北京市民登高健身的不二之选。要登上最高峰香炉峰有南北两条道，北道陡、南道平，慎重选择，量力而行。

门票信息 | 淡季5元，旺季10元

营业时间 | 旺季6:00—19:30，淡季6:00—19:00

交通信息 | 乘坐公交318、360、360快、563、630、698、563区间线路；乘坐地铁西郊线至香山站。

电话 | 62591222

微信公众号 | 香山公园

网址 | http://xiangshanpark.com/cn/

★ 亮点

香炉峰、双清别墅、红叶节

八达岭长城

标签: 5A级景区 明长城居庸关段险地

虽然在长城攀登爱好者眼中，这段经过翻新、过于嘈杂的长城已经完全失去了历史的味道，但是八达岭对于初来乍到的游客来说已经完全足够了：这里拥有国家森林公园、博物馆和铁路遗址；交通便捷，并享有高铁、和谐号经停。春季山花烂漫、深秋红叶满山……四季风景不容错过。

门票信息 | 旺季40元，淡季20元

营业时间 | 6:30—16:30

交通信息 | 乘坐公交877、880、919路、市郊S2线抵达景区；乘坐京张高铁至八达岭长城站。

电话 | 69121268

微信公众号 | 八达岭长城

网址 | http://www.badaling.cn/

★ 亮点

“好汉坡”“好汉碑”

慕田峪长城

标签: 5A级景区

这段由明朝开国大将徐达督建而成的明长城，西接昌平区的居庸关，东连密云区的古北口，虽然只有短短3公里，但是建造了26座敌楼。西边的北沟村现已被打造成“长城国际文化村”，想在慕田峪留宿，感受山林清幽也十分方便。

门票信息 | 40元

营业时间 | 周一至周五7:30—18:00，周末7:30—18:30

交通信息 | 在东直门乘916路到怀柔北大街站，转乘到洞台的公交车；或乘坐东直门旅游专线。

电话｜61626022
微信公众号｜慕田峪长城
网址｜http://www.mutianyugreatwall.com/

亮点

大角楼、正关台

居庸关长城

标签：4A级景区　明长城险要关隘

八达岭长城东南20公里处，便是著名的"内三关"之一的居庸关。居庸关有南北两个关城，分立两边的山岭与关城交相辉映，形成了著名的景色"居庸叠翠"。但长城的本职还是用来军事防御的，居庸关沿峻岭而建，地势绝险，其中的垛口不计其数。爬这段长城，不仅需要时间，更需要体力，所以更多的人是在险峻的西段或平缓东段中，择一而行。此外，清明前后的居庸关下，还能看到列车穿越花海的画面。

门票信息｜旺季40元、淡季35元
营业时间｜旺季8:00—17:00，淡季8:30—16:00
交通信息｜乘坐公交879、昌68路到达。
电话｜69783167
微信公众号｜居庸关长城
网址｜http://www.mingtombs.com/sslx/3g/jyg/

亮点

关城、云台

古北水镇

标签：北京网红人文景观类打卡地

"南乌镇，北古北"，在司马台长城脚下的古北水镇，是北方的山岭中闪现出的一座"江南水乡"。这里目及之处皆是民国风貌建筑和京韵民俗，与长城遥相呼应的景色，也让它很快便与乌镇齐名。在"摇橹长城下，信步司马台"之余，游客还能在古镇体验多种活动，如温泉、手工艺制作、消夏夜游、水舞秀、冰雪嘉年华等，超出了本身古镇的价值，给游客提供了更多的玩乐选择。我们建议在淡季团购这里的两天一夜类型旅游套餐，或许能让你在"长城水乡"体验不一样的北京。

门票信息｜全票80元起（古北官网还有与其他景区共同售卖的各种联票）
营业时间｜9:00—23:00（住宿全天可办理）
交通信息｜在东直门乘坐北京公交980路至密云西大桥站，换乘北京公交密51路；由北京北站乘坐北京市郊铁路怀柔—密云线（S5线）可到达古北口站。
电话｜81009999
微信公众号｜古北水镇旅游
网址｜http://www.wtown.com/pc/

亮点

英华书院、八旗会馆

明十三陵

标签：世界文化遗产　5A级景区

举朝北上的明王朝，不仅把南京故宫整个儿搬到了北京，还修筑起如今我们看到的明长城，喜欢搞排场的朱姓皇帝们定然不会遗漏自己的龙眠之所。这片被天寿山麓环抱的风水宝地，被有幸选中，至明朝灭亡，陵区总面积甚至超过当时的北京城，堪称明朝的另一座"紫禁城"。出于文物保护，目前只有长陵、定陵、昭陵三座陵墓对外开放。

门票信息｜联票（包含定陵、长陵和神路）成人110元
营业时间｜旺季8:00—16:30，淡季9:00—16:00
交通信息｜乘坐地铁昌平线至西山口站；在德胜门乘坐872路公交车直达；在德胜门西乘坐345路快车到西环南路，换乘872、878、昌67路等。
电话｜60761424（定陵），60761888（长陵），60763104（昭陵），89749383（神路）
微信公众号｜明十三陵
网址｜http://www.mingtombs.com/

★ 亮点

长陵、定陵、总神道

法海寺

标签： 全国重点文物保护单位 法海寺壁画

1950年，时任中央美院教授叶浅予、院长徐悲鸿、时任文化部部长沈雁冰，一同请求保护京西翠微山的法海寺。三位大师如此重视的，是法海寺中十幅完好保留至今的明代壁画。它们出自15位宫廷画师之手，集工笔重彩画之大成，200余平方米的画面上没有一处败笔，被《伦敦新闻画报》评论为“世界上最伟大的绘画作品之一”，其中《帝释梵天立佛护法图》和《水月观音》可谓精美绝伦，可与敦煌壁画和芮城永乐宫壁画比肩。出于保护，大殿全年无光，只能由持冷光手电的解说员带领参观，并禁止任何形式的拍摄。除了沥粉贴金的壁画，精美的曼陀罗藻井、千年古白皮松，还有青铜佛钟、四柏一孔桥等景色也值得一看。

门票信息 | 全票 20 元，壁画联票 100 元

营业时间 | 9:00—16:00，周一闭馆

交通信息 | 乘坐公交336、396、746、941、959、977路至首钢小区，乘坐公交337路至石景山。

电话 | 88715776

微信公众号 | 北京石景山

★ 亮点

曼陀罗藻井、明代壁画

龙庆峡

标签： 4A级景区 河口峡谷

想看冰灯非要去哈尔滨吗？位于北京北部边界的龙庆峡就能满足你的要求。30多年来，“龙庆峡冰灯节”已经成为华北地区首屈一指的冰灯盛会。从11月的准备工作开始，一直持续到春节前后，跨度将近3个月的冰灯节吊足人胃口。

门票信息 | 夏季40元，冬季冰灯票100元

营业时间 | 夏季8:00—16:30，冬季14:00—22:00

交通信息 | 乘坐919路公交（北京德胜门）到达延庆城区，换乘Y43路公交车（延庆妫水北街南）至龙庆峡站。

电话 | 69191020

微信公众号 | 北京龙庆峡

网址 | http://www.longqingxia.cn/

★ 亮点

玉皇顶、龙庆峡冰灯节

卢沟桥和宛平城

标签： 北京网红人文景观类打卡地 国家重点文物保护单位

是一声炮响，是一轮卢沟晓月，还是一只只形态娇憨的石狮子，能把你带到这座著名的十一孔石桥？800多岁的老桥，目睹了历史的风云变幻，也见证了中华人民的英勇不屈。同样地，旁边仅有20.8万平方米的宛平城内，抗日战争纪念馆也在默默守护这片土地。最好的观景时刻是在黄昏，从纪念馆出来后，你可以在桥上缅怀喋血沙场的第29军将士，也可以静下心来数数到底有没有501只石狮子。

门票信息 | 卢沟桥全票20元，半票10元；宛平城、抗日战争纪念馆免费

营业时间 | 旺季7:30—18:30，淡季8:00—17:00

交通信息 | 乘坐公交专17、77、96、97、133、309、310、339、452、458、459、624、952、971、978路至抗战雕塑园；乘坐公交309、329、339路至卢沟新桥。

电话 | 83894614

微信公众号 | 卢沟桥文化旅游区

网址 | http://www.lugouqiao.org.cn/

★ 亮点

“七七事变弹坑遗址”、中国人民抗日战争纪念馆

周口店遗址

标签：世界文化遗产 重要科研科教场所 北京猿人发现地

记得初中的历史课本第一课，便是周口店遗址与北京猿人。虽然早已证实，70万年前生活在这片土地上的并非我们的祖先，但周口店北京猿人的发现还是成为研究古人类学、考古学、古生物学重要的一部分。"猿人洞"是周口店遗址的心脏部分。往博物馆西北侧走，很快便能见到一个东西长约140米的天然石灰岩溶洞穴，就是在这种恶劣的环境下，"北京人"生存了近50万年，为了存活与御敌，他们在这儿学会了生火、狩猎、制作工具，向劳动人迈进了一步。

门票信息｜博物馆30元，遗址30元

营业时间｜旺季9:00—16:30，淡季9:00—16:00

交通信息｜乘地铁燕房线至房山城关站、B1出口出，换乘 F38区间（15分钟一班）至猿人遗址站。

电话｜69301272

微信公众号｜周口店北京人遗址博物馆

猿人洞、遗址博物馆

海河上的天津之眼摩天轮

天津

天津犹如海河之畔的一颗渤海明珠，兴起于漕运，发展自对外贸易，拥有中西合璧的港口城市特征，也是一座古今交融的文化名城，现如今更是环渤海经济带的中心城市。

天津位于河北平原上部，东临渤海，北倚燕山，海河贯穿其中，众多支流于大沽口处汇入渤海。天津河道里的浪花埋藏着许多烽火硝烟，前有曹操在此借道统一北方，后有"天子津渡"设卫筑城守护都城。这里商贸旅客络绎不绝，隋唐大运河的修建使得天津成为通济渠上重镇，海河上水路聚财，各路商贾于此崭露头角。

近代的租界历史或多或少掩盖掉了天津的光芒，"北京旁边那小子"也远远不能概括这里。或许是一声"姐姐（jiéjiè）"，或许是一个包子，天津就藏在里面，等你来细品。

行前参考

☎电话区号 022

实用方言

嘛玩意儿：怎么回事

馃子：油条

姐姐：称呼女性

何时去

4月至6月和9月至10月：最佳旅游季节，气温适宜，景色优美。春末夏初可赏花踏青，参加月季花节；初秋可去观赏金色的银杏大道。

6月至8月：高温常伴，多阴雨，同时是旅游旺季。

12月至次年2月：气温大都在0℃以下，海河结冰，可以趁淡季去感受北国冬季，但要注意防寒。

滨海新区图书馆

注意事项

天津一年四季均有大风且气候干燥，要注意防风与补水，春季出行时，对花粉过敏的旅客请注意个人防护。天津的景点集中在市内，从一个景点到另一个景点，移动乘坐地铁或使用共享单车更加方便。

当地新讯

天津欢乐谷三期·天空之城、竹园公园与子牙滨公园于2021年10月1日正式开园。天津地铁6号线二期与地铁4号线南段于2021年底开通初期运营，而天津宝坻站交通枢纽已于2022年建成通车（京唐铁路方向与京滨铁路方向）。

天津市
比例尺
N
0
18.6千米
八仙桌子
1052
盘山
856.8
蓟州区
蓟州区
于桥水库
州河
宝坻区
宝坻区
潮白
蓟
运
武清区
京
新
宁

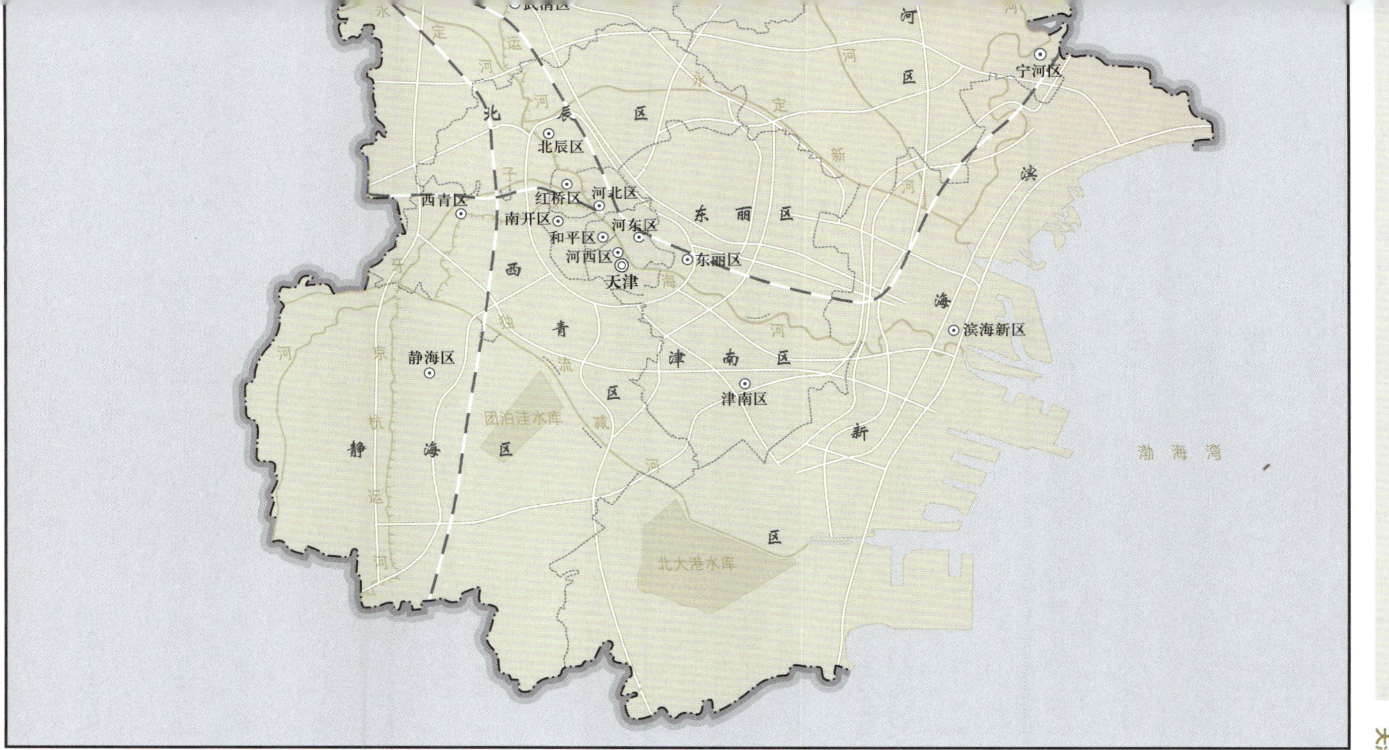
宁河区
北辰区
北辰区
西青区
红桥区
河北区
南开区
河东区
和平区
河西区
天津
东丽区
东丽区
滨海新区
滨海新区
西青区
静海区
静海区
津南区
津南区
团泊洼水库
北大港水库
渤海湾
永定河
北运河
子牙河
永定新河
海河
独流减河
京杭运河

交通

飞机

天津滨海国际机场(96678; www.tbia.cn; 微信公众号: 天津滨海国际机场)

火车

天津站(26192962, 60536053; 微信公众号: 铁路天津站)京津城际接入站。

天津西站(26189827; 微信公众号: 铁路天津站)京沪高速铁路的五大始发车站之一。

天津南站(60569571; 微信公众号: 铁路天津站)京沪高速铁路的中间站, 连接北京南站与上海虹桥、青岛。

天津北站(2618980; 微信公众号: 铁路天津站)有车前往宝坻、蓟州北方向。

长途汽车

天环长途汽车站(87612376, 23050530; 南开区红旗路与鞍山西道交会处)

通莎客运站[60531818; 河东区新兆路后广场(天津火车站北广场)]

天津长途客运西站(27321282; 红桥区西青道2号)

红桥客运站(27322956; 红桥区涟源路2号)

地铁

目前天津地铁开通了6条线路, 支持现场购票、下载天津地铁App直接扫码进站, 也可以在支付宝"天津地铁"购票后在地铁站"云购票"机器上取票进站。同时, 天津与上海、广州、北京的轨道交通乘车二维码实现互通, 可在"Metro大都会""广州地铁""亿通行"App上更换城市, 然后直接扫码乘坐。

公交车

天津公交支持现金、刷卡、扫码乘车, 可在支付宝搜索"天津公交电子车票"或在微信打开"天津公交"小程序, 领取乘车码刷码乘车, 实时信息可以在"天津公交"小程序上查看。

土特产和纪念品

当地特色有泥人张彩塑、十八街麻花、狗不理包子。

住宿

经济型

朗丽兹酒店(天津滨海开发区一大街店)

(65176666; 滨海新区晓园东路7号)酒店是用高端酒店理念打造的中端商务酒店, 2020年开始营业。共有客房81间, 4种房型, 房间采用智能家居, 风格典雅温馨, 提供全套床上用品与洗漱用品, 有配套的24小时商务休闲区和安静的休息环境。酒店地处天津滨海开发区中心, 地理位置优越, 出行便利。

中档

宜必思酒店(天津津湾广场店)

(58829909; 和平区小白楼街解放北路与赤峰道交叉口津湾广场3号楼)宜必思为法国雅高酒店集团旗下的经济型酒店品牌, 在全世界范围内有超过1000家酒店。位于天津市津湾广场中心的宜必思酒店于2021年开业, 拥有客房180间, 3种房型。酒店毗邻世纪钟风景区, 面向天津火车站, 海河环绕, 位于旧法界内, 周边邻近滨江道步行街、瓷房子、古文化大街、五大道等风景区, 出门即为地铁3号线津湾广场站。

高档

天津丽思卡尔顿酒店

(58578888; 和平区大沽北路167号1号楼)天津丽思卡尔顿酒店位于城市的核心地带, 曾为旧英租界的戈登堂和天津市政大楼, 后经天津市城市规划设计研究院、法国PYR设计公司的规划与改造, 于2013年作为酒店开业。酒店坐落于泰安道, 毗邻风景宜人的海河, 周围的老建筑营造出厚重的历史文化感, 同时酒店本身也是天津的地标建筑。

除舒适的客房外, 酒店还提供总面积达1050平方米的大宴会厅、两间特色餐厅和酒吧、行政酒廊、水疗中心和健身中心。

就餐

天津政协俱乐部西餐厅（小白楼）

（23311912；解放南路273号，近金阜桥；11:00—14:00，17:00—20:30）在这家延续了浓浓老天津味的老派西餐厅里，你可以感受到天津话环绕，在冬天喝上不锈钢暖瓶里的开水。土豆沙拉、奶油烤杂拌等是特色俄式菜，香煎鹅肝、德式冷酸鱼等不常见的欧式菜值得一尝，烤什锦扒、坚果吉列猪扒等性价比高的平价菜也是优选。近年来，更多天津人或游客喜欢来这里感受历史的氛围，因此在出行前最好先打电话预约。

柒號馆天津菜（哈尔滨道店）

（16600323722；哈尔滨道139号；11:30—14:00，17:30—20:00）看上去就是一家街边小店的老菜馆，却是上了天津必吃榜的热门餐厅。在此推荐这里的八珍豆腐，这年头能吃到满满一大盘配菜的地方挺少的了，况且还是在海鲜里找豆腐。除此之外的津门老爆三、温拌全贝、芫爆肚丝都非常下饭。在瓷房子附近逛累时，可以来这里吃一顿。

天津卫码头（水上公园店）

（58950999；水上公园东路与霞光道交叉口；工作日11:00—14:00、17:00—21:00，周末11:00—15:00、17:00—21:00）喜欢吃爆肚的游客，完全可以在这家店实现爆肚自由——品质上乘，味道地道，价格只要32元，让人很难拒绝点上一碟。就算一个人去吃饭，也能点八宝茶汤、熟梨膏这些不常吃到的菜品，尝一尝鲜。

线路推荐

海河单车道：世纪钟广场—瓷房子—五大道—意大利风情区—古文化街—天津之眼摩天轮

文化之旅：南开大学—天津大学—海河大沽口炮台遗址—天津滨海图书馆—天津音乐厅—天津外国语大学—北疆博物院旧址

五大道盖章之旅：天津二十中学（原英国公学）—先农大院—庆王府—顾维钧故居—民园体育场—民园西里胡同—张自忠旧宅—睦南公园

景点

天津利顺德大饭店

标签：国家重点文物保护单位 中国第一座涉外饭店

天津利顺德大饭店始建于清同治二年（1863年），坐落于当时天津英租界的主干道维多利亚道的东侧，迄今已拥有140多年的历史，是全国酒店业唯一的国家级文物保护单位。饭店作为天津历史上第一家外资大饭店，曾是近代史上重要的外交活动场所。

饭店内共有223间客房，木质长廊、雕花拱窗、花园中庭点缀其间，保存有中国现存最古老的电梯。如今饭店由国际著名设计师Alexandra Champalimaud担纲修缮设计，经过18个月的改造升级，并新建了全国第一家约700平方米酒店博物馆，于2010年8月重新开张纳客。

门票信息｜酒店参观免费；博物馆全票50元，半票25元（若住宿可免费参观）

营业时间｜酒店24小时前台服务；利顺德博物馆9:00—12:30、13:00—18:00、18:30—20:00

交通信息｜乘坐地铁1号线至小白楼站。

电话｜订房020-86009099，咨询58526888

微信公众号｜天津利顺德大饭店

网址｜http://www.astortianjinhotel.com/

亮点

利顺德博物馆、维多利亚花园、翡翠中餐厅

天津古文化街

标签：天津特色商业步行街　5A级景区

全国唯一一条被评为5A级景区的商业文化街就坐落在天津南开区，并且还被列入了津门十景之中，成为每个来津游客的打卡景点之一。整条古文化街都是仿清建筑，在建立之初便打出了“中国味，天津味，文化味，古味”的口号，因此许多天津的老字号民间手工艺品店都纷纷聚集于此，如风筝魏、泥人张、杨柳青年画。

门票信息｜免费

营业时间｜8:30—22:00

交通信息｜乘坐地铁2号线至东南角站，D出口。乘坐公交15、675、681、863、903、907路等至东马路站。

电话｜27339666

微信公众号｜天津古文化街津门故里

网址｜https://www.tjdag.gov.cn/fz_tjdfz/tjsq/fjms/details/1596620446612.html

亮点

天后宫、泥人张彩塑、杨柳青年画

盘山风景名胜区

标签：5A级景区

虽然天津以港口而著名，但也有能让乾隆皇帝32次亲临的“京东第一山”——盘山。属燕山山脉的盘山并不算高山，主峰挂月峰也只有864.4米而已，人们一般认为取胜的法宝是盘山的景致。景区被分成三部分，分别是以松取胜的上盘、以石取胜的中盘和以水取胜的下盘。仲夏雨季时，若碰到黄昏后放晴，就会出现似晴非晴、不雨似雨的“三盘暮雨”景象，十分迷人。

门票信息｜全票75元，入胜索道60元，云松索道60元，挂月索道60元

营业时间｜3月16日至11月15日7:00—17:00，11月16日至次年3月15日8:00—18:00

交通信息｜乘坐530路到独乐寺站，转乘旅游专线11路到盘山风景区站，或乘坐公交11、村村通3路（蓟州客运站）到盘山风景区站。

电话｜29828186

微信公众号｜天津盘山风景名胜区

网址｜http://www.chinapanshan.com/

亮点

东五台山、塔林、南天门

五大道

标签：4A级景区　天津历史文化区

与许多开埠通商的港口城市一样，天津也留下了租界历史的痕迹。由马场道、睦南道、大理道、常德道、重庆道组成的原租界区被统称为“五大道”，是现下的天津乃至全中国保留得最好的西洋风建筑群。无论是文艺复兴式、古典主义，还是巴洛克式建筑，都能在里面找到，因此五大道也被称为“万国建筑博览苑”。

门票信息｜免费游览，五大道博物馆一票通（五大道博物馆、王光英复原展厅、拜石博物馆）90元

营业时间｜景区全天开放，各景点开放时间不一

交通信息｜乘坐地铁1号线至营口道站。乘坐公交9、13、800、831、902、904、906路和观光2路等可到达景区。

电话｜23307222

微信公众号｜五大道

亮点

民园广场、庆王府

天津之眼摩天轮

标签：4A级景区　桥上摩天轮

最常听人说的“天津二三事”便是天津之眼的“分手魔咒”了，不知道是从哪儿传出来的段子，经过众人之口后已经被传得十分真实了。直径为110米的天津之眼横跨于海河两

岸，是世界上唯一一座上能观光、下能行车的摩天轮，设计得十分有创意感。部分恐高或生怕“魔咒”生效的游客可以在桥下近距离接触摩天轮，也算是不虚此行。若前去搭乘摩天轮，待其转至最高点时，方圆几十公里内的景色都能尽收眼底。

门票信息｜70元

营业时间｜周二至周日9:30—21:30，周一检修后18:00开放夜场

交通信息｜乘坐公交4、34、640、659、802、863、869、878路等至五马路站。

电话｜26288830

微信公众号｜天津之眼摩天轮

亮点

天津之眼

意大利风情街

标签：4A级景区　历史街区

以马可·波罗广场为中心建立起来的风情街，与五大道的“万国建筑博览苑”不同，主要是展示意大利建筑与文化风情。置身于园区内，被古罗马地中海式建筑所围绕，就像亲自去地中海旅游了一番。在这里不仅能找到梁启超、曹锟、袁世凯等人的故居，熟悉《金粉世家》的游客还能找到当年的取景地。现下有许多文艺小店开在风情街内，逛累了还能来一杯咖啡解解乏，再慢慢欣赏窗外的风景。

门票信息｜免费

营业时间｜全天

交通信息｜乘坐地铁2号线至建国道站，B出口。乘坐公交8、27、672、806、832、905、961路等至意大利风情街站，或乘坐公交5、191、901路至北安桥站。

电话｜86259967

微信公众号｜天津意式风情区

亮点

马可·波罗广场、名人故居

天津博物馆

标签：天津近代历史文化展览　国家一级博物馆

作为较早成立的博物馆之一，天津博物馆馆藏古代青铜器、玉器、玺印、敦煌遗书及近现代历史文献等近20万件，自2012年搬到新馆后，便常设“天津人文的由来”“中华百年看天津”和“耀世奇珍——馆藏文物精品陈列”三个展，以及各类艺术品展览。其中翡翠缠枝菊花纹环耳扁盖瓶（清）、虎丘送客图（明沈周）等文物都值得观赏。

门票信息｜免费

营业时间｜周二至周日9:00—16:30，16:00停止领票

交通信息｜乘坐地铁5号线、6号线至文化中心站，乘坐地铁10号线至银河广场站。

电话｜8388300

微信公众号｜天津博物馆

网址｜https://www.tjbwg.com/cn/Index.aspx

亮点

基本常设展、文物艺术品专题展

大沽口炮台遗址

标签：4A级景区　大沽口近代抗敌历史展

大部分关于近代史的书中，不可避免地都会出现大沽口炮台这个名字，从第二次鸦片战争开始，大沽口炮台便成了中国近代史不可删除的篇章。进入景区，首先可以参观位于左手边的遗址博物馆。博物馆通过馆藏文物、历史讲述与影像放映等方式，展示了大沽口抗击外敌侵略的历史。博物馆外还保存着部分城墙与“威”字、“镇”字、“海”字炮台与长炮台，更能让游客贴近历史，触摸到那个动荡的时代。

门票信息｜博物馆30元

营业时间｜4月至10月9:00—17:30，11月至次年3月9:00—16:30

交通信息｜乘坐旅游专线1路至大沽口炮

台遗址博物馆。乘坐津滨轻轨9号线（天津站，东海路方向）至塘沽站，转乘110、936路公交车至和美苑站。

电话｜25888544

微信公众号｜大沽口炮台遗址博物馆

亮点

炮台、大沽口遗址博物馆

梨木台

标签：4A级景区　京津冀避暑胜地

距天津140公里的梨木台风景区，为九龙山国家森林公园的三大景区之一。景区内峡谷险峻，林海茫茫，山溪流淌，在华北地区生态环境独特，因而被称为“天津的神农架，北方的热带雨林”。进入梨木台景区后，可以选择乘坐观光车在已开发的峡谷间穿梭游览，沿途不仅能看见北齐古长城，还能够望见天道、黄砬硼瀑布、五指山等山石奇观；也可以选择徒步登上祈福顶，一路上的原始森林让人恍惚，仿佛真的身处神农架。若是初春时节来访，别忘了去花开满山的杜鹃园瞧一瞧。

门票信息｜70元

营业时间｜4月至10月8:00—17:00，11月至次年3月封山，景区不开放

交通信息｜从北京、天津两地乘坐长途汽车至蓟县，转乘至小港的班车，或打车、包车前往。

电话｜22711569

微信公众号｜梨木台

网址｜http://www.limutai.net/

亮点

天道、黄砬硼瀑布、杜鹃园

解放桥

标签：天津地标

横跨在海河之上的解放桥原名万国桥，建于1927年，昔日若从老龙头火车站的这头过桥，就能到达九国租界区，因此而得名。解放桥是现在天津海河上仅剩的三座可开启桥梁之一，为双叶立转式开启式钢结构大桥，合则走车，开则过船。若遇上节假日，桥门开启，就能一睹当年“万国桥下过大船”的风光了。

门票信息｜免费

营业时间｜全天

交通信息｜乘坐公交13路至天津站，或乘坐公交818路至长春道站。

亮点

钢桥开启、海河风光

天塔湖景区

标签：4A级景区　天津电视塔公园

天塔并不是什么通天巨塔，而是“天津广播电视塔”的简称。在天塔建成后，围绕着天塔，四周挖土造湖，形成天塔湖，再植绿化带、建广场、搭引桥，构成了现在的天塔湖景区。远望过去，电视塔就如同建于水面之上。现塔上共开放2层，分别是253米之上的观景大厅和257米处的天塔西岸书斋·知道吧。登塔的游客可以在观景大厅通过高倍望远镜眺望渤海湾，也可以在“空中书斋”悠闲地度过一个下午。

门票信息｜观光瞭望厅50元，套票（观光瞭望厅和天塔西岸书斋·知道吧）100元

营业时间｜11月至次年4月8:30—21:30，5月至10月8:00—22:00

交通信息｜乘坐公交8、12、161、675、686、832、866路至天塔站。乘坐地铁3号线至天塔站。

电话｜23343557

微信公众号｜天塔湖风景区

网址｜http://www.towertj.com/

亮点

观景大厅、天塔西岸书斋·知道吧

南开大学

标签: 国内顶尖院校 周恩来母校

渤海之滨，白河之津，1919年，由张伯苓和严修创办的南开大学正式建校教学。它经历过战时的南迁，国立长沙大学、西南联合大学里都有它的身影，至今仍是国内顶尖院校之一。走进南开校园，能观赏到每年迎新送旧、刻有南开精神的校钟，以及周总理的题词和塑像。夏天马蹄湖中荷花盛开，也是一道迷人的景色。

门票信息 | 免费

营业时间 | 参照学校要求

交通信息 | 前往八里台校区，可乘坐公交47、48、95、175路等至康复路八里台站、西门公交站、手表厂站、天塔站，两校区之间有点对点公交。

微信公众号 | 南开大学

网址 | https://www.nankai.edu.cn/main.htm

亮点

校钟、周总理题词与雕塑、马蹄湖

世纪钟

标签: 地标建筑

天津火车站广场上的巨大机械钟，是许多前来天津的旅客打卡的第一个景点。1999年，为了迎接即将到来的新世纪，天津政府打造了一个全金属构造的雕塑，有长杆、齿轮、钟表等元素，最大的钟表面上还镶嵌着十二星座的青铜浮雕，让人一看便想起了近代工业时代，现在也变成天津工业时代的一个象征了。

门票信息 | 免费

营业时间 | 全天

交通信息 | 乘坐公交5、8、28、188、469、574、663、760、832、961路等至天津站。

亮点

表盘上的十二星座、指针上的日月造型

水上公园

标签: 4A级景区 市民公园

听到水上公园，我们脑海里往往会浮现出夏天在泳池互相打水仗的场景，但天津的水上公园却是另一番景色。原名青龙潭的水上乐园同时也是天津市内最大的公园，由3大湖与11个岛屿组成，目之所及皆是湖景，是名副其实的水上公园。自开发以来，园内相继建造了动物园、摩天轮等休闲娱乐设施，给来此游览的游客提供更多的选择。

门票信息 | 免费

营业时间 | 6:00—21:00

交通信息 | 乘坐地铁3号线至周邓纪念馆站，乘坐公交588、643、872、观光2路等至水上公园站，乘坐公交35、668、705、857、871、879路等至水上公园东门站。

电话 | 23106033

微信公众号 | 天津水上公园

亮点

万佛岛、碧波庄、水晶广场

周恩来邓颖超纪念馆

标签: 4A级景区

毕业于南开大学的周恩来，五四时期又与邓颖超等人共同领导天津学生爱国运动，在天津这个地方留下了许多革命足迹。对他们两人来说，天津犹如第二故乡。天津人民为了纪念周邓二人，在周恩来诞辰百年纪念日前夕，在水上公园旁边建成了这座纪念馆。馆内有“人民总理周恩来”与“邓颖超——20世纪中国妇女运动的先驱”等展览，游客可通过展览了解两位伟人为国鞠躬尽瘁的一生。

门票信息 | 免费

营业时间 | 周二至周日9:00—16:00，周一闭馆

交通信息 | 乘坐公交643、705、857、871、872、879、观光2路至周邓纪念馆站，乘坐

公交47、95、175、698、831、904路等至手表厂站。乘坐地铁3号线至周邓纪念馆站。

电话｜23592257

网址｜http://mzhoudeng.com/home.aspx

亮点

各专题展

张学良故居博物馆

标签：名人故居

位于天津旧法租界32号的张学良故居，是西洋集仿主义建筑，共两座楼房，三层的前楼与二层的后楼都是砖木结构楼房，目前只开放了前楼。经过重新整修过的故居，重新展现了民国时期帅府生活的场景。

门票信息｜45元

营业时间｜9:00—17:00

交通信息｜乘坐公交1、9、35、50、611、693、808、860、901、962路等至山东路站。

电话｜87896106

亮点

梅兰芳舞台、故居前楼

鼓楼

标签：标志性建筑

近年来常常被人打卡晒上网的天津鼓楼夜市，其实也是一个颇有看点的历史建筑。正如西安的钟楼与鼓楼一样，天津的鼓楼也是老天津卫城的中心建筑。而不同的是，天津的鼓楼兼备了钟楼和鼓楼两种功能，悬挂在鼓楼二层重300斤的“钟王”就是实证。鼓楼经过多次拆毁重建，如今已不再有旧时晨钟暮鼓的报时功能，人们在周围开起了店铺，摆起了夜市，不妨散步至此，感受一下天津市井的气息。

门票信息｜免费

营业时间｜4月1日至10月25日8:30—22:00，10月26日至次年3月31日8:30—17:00

交通信息｜乘坐地铁2号线至鼓楼站，D出口。乘坐公交161、588、635、693、855、865路等至鼓楼站。

电话｜27339336

亮点

“钟王”、鼓楼夜市

独乐寺

标签：4A级景区　辽代寺院

作为与故宫等著名景点一起被列入第一批全国重点文物保护单位的独乐寺，现实的待遇却比故宫差太多了。它是国内现存的三座辽代寺院之一，还保存有现存最早的庑殿顶、现存最大的古代泥塑之一，以及最早的“斗八藻井”。有梁思成这一名字加持的独乐寺，虽是《中国古代建筑史》中重要的一个章节，却很难成为游客的旅游目的地。独乐寺自民国时便已闻名海内外，相继被日本学者关野贞和梁思成注目。喜欢安静欣赏古建的人不妨来此游览，还能顺路在蓟县的其他景点多转几圈。

门票信息｜门票37元，联票（独乐寺、白塔寺、文庙、鲁班庙）50元

营业时间｜5月1日至10月1日8:00—18:00，10月2日至次年4月30日8:00—17:00

交通信息｜乘坐旅游专线11路至古街西口站，乘坐公交531路至独乐寺站。

电话｜29142907

微信公众号｜蓟州独乐寺

亮点

庑殿顶、泥塑、藻井

白塔寺

标签：辽代佛塔

被梁思成先生光顾的蓟县古建筑不止独乐寺一处，相距不到500米的地方，就有一座白塔矗立。白塔本属于独乐寺建筑群的一部分，为辽代古建筑。塔身集亭阁式、八角密檐式及覆钵式于一体，塔门处绘有舞乐伎浮

雕，在唐山大地震后整修时，还从塔内发现了辽代石函，使得白塔具有相当高的研究价值。参观完独乐寺后多走几步，不到15分钟便能把白塔也一起转完了。

门票信息｜全票4元，套票（独乐寺、白塔寺、观音阁）40元

营业时间｜夏季8:00—18:00，冬季8:00—17:30

交通信息｜乘坐大巴至蓟县客运站，步行可达，或乘坐公交530、531、535、旅游专线11路至白塔寺站。

电话｜29191626

亮点

白塔

杨柳青镇

标签：4A级景区　民俗文化小镇　杨柳青年画

如果对天津的传统手工艺品有所了解的话，你一定听说过杨柳青年画。位于天津西青区的杨柳青镇便是其发源地，石家大院内还设置了杨柳青年画博物馆。其实不仅是年画，你在古镇上还能亲身体验风筝、剪纸等民间手工艺品的制作过程，这可以称得上是北方工艺集散地。此外花时间在镇上转一转，还能见到镇上三宝之一的文昌阁，感受一下这座北方小镇的别样风情。

门票信息｜古镇免费游览，内部景点、体验项目另外收费，套票（年画馆、安家大院、石家大院、民俗文化馆）80元

营业时间｜4月至10月8:30—18:00，11月至次年3月8:30—17:00

交通信息｜乘坐公交824、津西1、津西2路至杨柳青镇，或乘坐地铁1号线、2号线转公交。

电话｜27902666

微信公众号｜千年古镇杨柳青

亮点

石家大院、安家大院、民俗文化馆

石家大院

标签：4A级景区　杨柳青年画博物馆

位于杨柳青镇上的石家大院几乎是每位到访者必来的景点之一，大多数游客都是冲着年画来的，反而忽视了建筑本身。石家大院的前主人乃津门八大家之一石元士，实际上这是一处民宅建筑群，还拥有“华北第一宅”的美称，占地7200平方米，拥有278间房屋，连回廊都长达600余米，可以称得上是豪宅了。但经过战争的洗礼与“文革”时期的浩劫，石家大院一度被毁坏得面目全非。如今，大院已被修复，院内更是设置了年画展，希望游客在观赏年画的同时，也能注意到这处屹立了百年的民居大宅。

门票信息｜25元

营业时间｜4月至10月8:30—18:00，11月至次年3月8:30—17:00

交通信息｜乘车抵达杨柳青镇后，在镇内步行可达。

电话｜27902666

亮点

回廊、尊美堂、年画展

饮冰室书斋（梁启超纪念馆）

标签：3A级景区　名人故居

梁启超的饮冰室就位于天津市区的五大道景区内，是一栋看似毫不起眼的二层小洋楼，灰白色的外墙，没有过多的装饰，是意大利建筑师白罗尼欧专为梁启超设计的。内部装饰多以木家具为主，非常低调质朴，其中最醒目的便是位于书房的书柜了。巨大的书柜占据了书房将近四分之一的空间，想象一下当年摆满了各类书籍的场景，仿佛还能看到梁启超坐在书架下创作《饮冰室集》。

门票信息｜10元

营业时间｜9:00—17:00，周一闭馆

交通信息｜乘坐公交至雍阳桥邮局站、意式风情街进步道站。乘坐地铁3号线至建国道

站，B出口。

亮点

书房、建筑外观

萨马兰奇纪念馆

标签：4A级景区

2001年7月13日，北京申奥成功，中国也从此开启了新世纪的中国梦。而宣布奥运会花落北京的，正是当年的国际奥委会主席萨马兰奇，他在中国重返奥组委、北京申办奥运等事情上，给予了很多帮助。担任国际奥委会委员二十余年、与萨马兰奇交情很深的吴经国，为了怀念这位奥林匹克伟人，在天津建立了萨马兰奇纪念馆，将他收到的萨马兰奇生前转赠的16,578余件藏品，分成14部分在馆内展出。纪念馆不仅介绍了萨马兰奇生平经历，更是将奥林匹克精神融入场馆设计——5个圆环代表了奥运会将五大洲团结起来，场馆外的奥林匹克雕塑也让这里时刻充满运动的气息。

门票信息｜60元

营业时间｜9:30—16:30，周一闭馆

交通信息｜乘坐公交891路至天津健康产业园站，乘坐公交162路至团泊体育中心站。

电话｜59597297、59597298

微信公众号｜萨马兰奇纪念馆

网址｜http://www.jasmemorial.org/

亮点

萨马兰奇生平纪念展、奥林匹克运动雕塑

水高庄园

标签：4A级景区

坐落于天津市郊的水高庄园，是京津冀地区市民短期度假休闲的好去处。庄园占地面积1500亩，开发得比较完善，游客可以在农业风情园区体验葡萄酒的制作，在子牙河风情园区享受水上游玩的乐趣，在采摘园区采果子，去温室园区尝尝无公害的绿色蔬菜，晚间在温泉休闲区泡泡温泉，消除一天的疲惫。在园区内不必担心迷路，指示牌和工作人员都会给你提供帮助，你只需尽情享受假日。

门票信息｜25元

营业时间｜8:00—17:00

交通信息｜乘坐公交53、161、669、672、824路等至杨柳青站，换乘津西5路至水高庄园。京津冀地区游客推荐自驾。

电话｜23847888

微信公众号｜水高庄园

网址｜http://www.tjsgzy.com/page72

亮点

农业风情园区、欢乐谷采摘园区、温室栽培展示园区

大悲禅院

标签：4A级景区　佛教寺庙

始建于清代顺治年间的大悲禅寺，虽然没有过于悠久的历史，但因大雄宝殿内供奉了魏晋南北朝至明清各代佛祖、菩萨造像数百尊而名声在外。禅院分东西两院，游客大多前往文物更多的东院游览，这里有供奉着佛祖、菩萨造像的大雄宝殿，画着壁画的大悲殿，以及曾经供奉过玄奘法师顶骨部分石函的玄奘法师纪念堂。来这里走走，能让浮躁的内心得到净化。

门票信息｜5元

营业时间｜9:00—16:30，周一休息

交通信息｜乘坐公交849、954路等至世纪天乐站，也可从天津之眼步行到达。

电话｜26261769

微信公众号｜天津市大悲禅院

亮点

大雄宝殿、大悲殿、玄奘法师纪念堂

袁氏宅邸

标签：名人故居

从天津起家的袁世凯，难免在天津留下几处院落，其中这座位于海河东岸的小洋楼最为亮眼。这是天津仅存的一幢16世纪至18世纪德式风格的小洋楼，外墙涂白，陡坡屋顶铺着红瓦，仿圣玛利亚大教堂所建，让人乍一看还以为是一座教堂。屋外的小花园精致地建造了假山、水池、亭台楼阁，其中还藏有袁世凯留给自己的“藏身处”与“脱身处”，来参观的游客大可猜一下这两处都藏在了宅邸的何方。

门票信息｜50元

营业时间｜9:00—18:00

交通信息｜乘坐公交14、462、640、802、841路等至民主道站。

电话｜86215780

亮点

袁氏宅邸展馆、后花园

庆王府

标签：名人故居

虽名为庆王府，但这座府邸最初是由一名太监总管建成的。许多人都听过清末太监李莲英的名号，而取代了李莲英成功上位的人，便是庆王府的建造者小德张。结束了宦官生活的小德张，亲自选址、画图、建造了这座属于他的房子，携家人一同居住过许久，而后被末代庆亲王买下，才有了庆王府一名。园内处处体现了中西结合，比如用比利时工艺雕出的中国花鸟，在水泥墙旁立着从皇宫运出的琉璃柱。现在，庆王府内还开辟了咖啡厅与酒店等商业设施，不失为一处休闲娱乐场所。

门票信息｜24元

营业时间｜9:00—17:30

交通信息｜位于五大道内，步行可达。

电话｜87135555

微信公众号｜天津庆王府

亮点

庆王府主楼、露台

平津战役纪念馆

标签：4A级景区　历史展览

平津战役纪念馆坐落于天津，是我国重要的爱国主义教育基地之一，纪念解放战争三大战役中的平津战役。纪念馆由广场与主展馆组成。开放的胜利广场前广场上，铸有东北野战军和华北军区部队欢呼胜利的雕像，中间有64米高的胜利纪念碑，象征着64天便取得战争胜利。主体纪念馆的眉额上镶嵌着的“平津战役纪念馆”七个镏金大字，为聂荣臻元帅所书，馆内的六个展厅依次介绍、展示并模拟重现了平津战役的场景。

门票信息｜免费

营业时间｜周二至周日9:00—16:00，周一闭馆

交通信息｜乘坐公交37、47、48、800、837、879、911、952、观光1路至洪湖里站，乘坐公交700、657、861路至集平里站，乘坐地铁1号线至勤俭道站。

电话｜26535412

微信公众号｜平津战役纪念馆

网址｜http://www.pjcmm.com/home.aspx

亮点

展览

黄崖关长城

标签：4A级景区　明长城

人们常说万里长城百道关口，风格迥异各有千秋，盘踞于天津蓟县山岭之间的黄崖关长城也有着独特的风采。这段长城有独一无二的八卦关城、城墙上近乎完整的楼台，还包括北齐时修筑的部分城墙遗址。此外，“晚照黄崖”“二龙戏水”“云海烟波”等长城风光，也是许多摄影师扛着“长枪大炮”想要捕捉的风景。

门票信息｜成人联票（长城、八仙古洞）80元，优惠联票45元

营业时间｜8:00—17:00

交通信息｜乘坐大巴至蓟县客运站，再包车或打车至景区，或乘坐公交平50路至快活林站。

电话｜22718106

微信公众号｜天津黄崖关长城

网址｜http://www.hygcc.com/

亮点

八卦关城

国家海洋博物馆

标签：4A级景区　中华海洋文明

国家海洋博物馆就位于渤海之滨，是要对标故宫博物院，建成一个属于海洋的"故宫"。馆中展示了从远古海洋时代开始就发生在中华大地上的事。常设的有远古海洋、中华海洋文明、海洋与天文等14个展厅，其中包括了远古的遗迹科考、汉唐开始的海上扩张、唐后历代的海洋贸易以及近代发生的数次海战。不仅是孩子，对海洋历史抱有兴趣的成年人也可以来此参观，看一看中华文明曾在浩瀚大海中留下了什么痕迹。

门票信息｜免费

营业时间｜周二至周五9:00—17:00，周六和周日9:00—18:00，法定节假日9:00—19:00，周一闭馆

交通信息｜乘坐生态城公交3号线、4号线以及滨海公交972路、947路海博馆专线至海洋博物馆公交站。

电话｜67185139

微信公众号｜国家海洋博物馆

网址｜https://www.hymuseum.org.cn/

亮点

远古海洋、中华海洋文明、海洋与天文

天津热带植物观光园

标签：4A级景区　植物园

位于曹庄花卉市场内的热带植物观光园，是目前亚洲室内建筑面积最大的热带植物观光园区，集合了海内外3000多种热带植物，其中加拿利海枣、龙血树等植物尤为珍贵。利用温室技术建造的观光园，让游客即使在北纬40°，依旧能看到赤道附近生长的植物，是一个不出远门就能"环游世界"的绝好选择。

门票信息｜植物园60元，套票（植物园、游乐场）80元

营业时间｜8:00—17:00

交通信息｜乘坐公交366、616、620、645、714路至曹庄花卉站，乘坐公交669路至中北乐园公交站，乘坐地铁2号线至曹庄站。

电话｜27948011

微信公众号｜天津热带植物观光园

网址｜http://www.tjzwy.com/

亮点

加拿利海枣区、洋浦桃园区

泰达航母主题公园

标签：4A级景区　航母主题公园　俄罗斯文化街区

2000年5月"基辅"号航母告别了它的军旅生活，跨越大半个地球最终停在了渤海湾。泰达航母主题公园便是以"基辅"号航母为主体建设而成的游乐景区，集观光、科普、娱乐、休闲于一体，也是军事迷们能近距离接触航母的大好机会。这个上下共有17层的庞然大物，目前只开放了1—5层甲板舱室，游客既可以在船上感受航母带来的震撼，也可以下到隔壁的俄罗斯文化创意风情街，欣赏景区内的表演。

门票信息｜全票220元，优惠票110元，团队预约票209元

营业时间｜旺季周一至周五9:00—17:30，

周六和周日9:00—18:00，淡季每天9:00—17:00

交通信息｜乘坐127航母专线、462路航母班线至泰达航母主题公园站，乘坐939、972、127路力高专线，127路渔港专线至中央大道航母主题公园。

电话｜67288899

微信公众号｜泰达航母主题公园

网址｜http://www.binhaipark.cn/

亮点

航母科普馆、俄罗斯文化创意风情街

金山岭长城

河北

河北简称冀，是中华文明的发祥地之一，如今以重工业闻名，钢铁产量常年位居全国前列。虽然工业的发展带来了严重的污染，不过经过多年治理，省内各大城市的环境都有了明显好转，许多曾经的废旧厂区被开发为工业遗迹公园，也给城市增添了更多亮点。

河北省环抱京津，于是也成了两地人民周末旅游的好去处，夏季可去北戴河观日出，冬季可至张家口滑雪；可于坝上草原的微风中欣赏"风吹草低见牛羊"，也可在野三坡的群山环抱中品味不一样的山水，末了还能吃上一顿香酥可口的驴肉火烧——"京畿福地，乐享河北"。

行前参考

实用方言

知不道啊（还要拐上三个弯）：不知道

甭：不

前晌：上午

何时去

春季和秋季：最适合旅游的季节，不冷不热且较为晴好，春季百花盛开，秋季满山金黄，但天气较为干燥，风沙有时也比较大，出游时需要注意。

夏季：气候炎热，但秦皇岛、北戴河等海滨地区，以及承德附近的塞罕坝、木兰围场，都是避暑的好地方。

隆兴寺的倒坐自在观音

注意事项

河北地区的部分景点至今仍有黑导游宰客的现象，一定要通过正规的途径购买门票和预订酒店。许多景点距离城区较远，若需乘坐公共交通工具，请务必提前确认车辆班次等信息，去往远郊区县的公交和大巴大多班次不固定。大部分郊县的市内公交收车时间较早且发车间隔较长，县城内出游建议还是打车。坝上草原的昼夜温差很大，即便是夏天最热的时候，夜晚也需要做好防寒准备。

当地新讯

为申办北京冬奥会，张家口修建了4座冬奥会场馆，在2021年10月的铁路调图过后，北京至张家口的高铁班次变得更多，去崇礼滑雪也变得更加方便。

雄安新区建设提速，位于雄安核心区的亚洲最大高铁站雄安站已建成通车，从北京西站到雄安站仅需42分钟。未来地铁大兴机场线也会延伸至雄安新区，两地之间的交流将变得更顺畅。

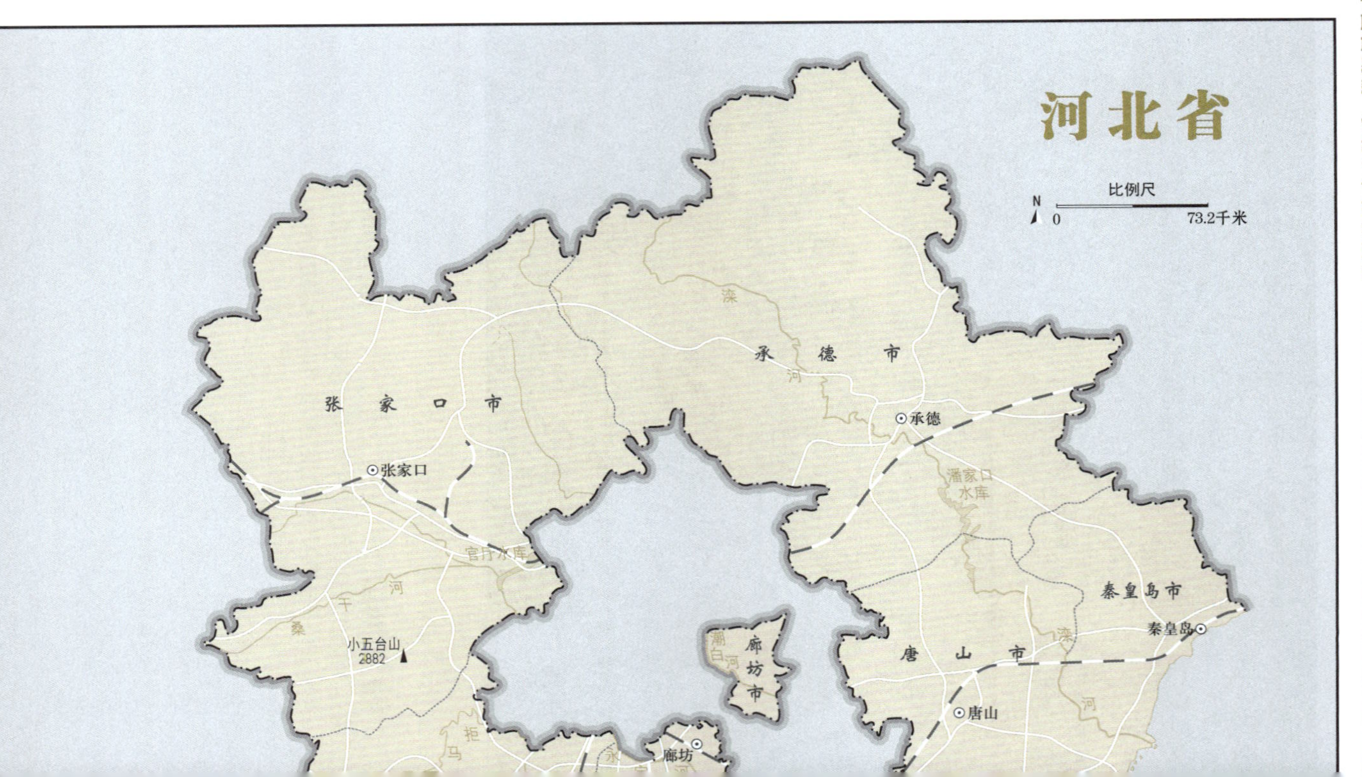

河北省
比例尺
N
0
73.2千米
张家口市
张家口
官厅水库
桑干河
小五台山
2882
承德市
承德
滦河
潘家口水库
秦皇岛市
秦皇岛
唐山市
唐山
廊坊市
潮白河
廊坊

保定市
保定
廊坊市
石家庄
石家庄市
苍岩山
1039.6
沧州
沧州市
衡水市
衡水
邢台市
邢台
邯郸
邯郸市
子牙河
京杭运河
滏阳河
滹沱河
漳卫新河
漳河

石家庄

100多年前，为了使规划中的正太铁路与已建成的卢汉铁路的走向大体垂直以节约建造成本，两条铁路的交会点从原定的正定府向南移动了一段距离，而位于铁路交会位置的小村落最终便成长为了河北省的省会石家庄。石家庄因铁路而兴，重工业和重金属气息是这座城市的主基调。太行山从石家庄西部穿过，给这里留下了浓墨重彩的一笔。在中国革命历史上，石家庄西北的平山西柏坡是一个响当当的名字，来石家庄自然也不能错过这个革命圣地和"新中国的摇篮"。此外，石家庄号称中国的摇滚之都，《杀死那个石家庄人》相信很多人都听过，毕竟这里是"Rock Home Town"。

电话区号 0311

交通

飞机

石家庄正定国际机场（96360；http://www.hebeiairport.cn/；微信公众号：石家庄正定国际机场）

火车

石家庄站（80943070；微信公众号：北京局集团公司石家庄站）京广铁路及京广高铁上的枢纽大站，京石客专、太青客专的列车也在这里停靠。

石家庄北站（87924012）石太客运专线的列车在这里停靠。

长途汽车

石家庄汽车客运总站（87025775；站前街81号）

客运北站（87042247；市庄路42号）

胜南客运站（86119334；平安南大街仓丰路35号）

南焦客运站（86573817；体育南大街391号）

地铁

石家庄地铁现有三条线路运营，旅客可乘坐地铁直达石家庄站和市内的几个长途汽车站，地铁最远可达正定区，给旅客的出行带来了很大便利。地铁支持现场人工售票，也可以通过机器购票或使用"石家庄轨道交通"App刷码乘车，石家庄地铁的运行时间为6:30—22:00，节日运行时间有所变动，出行前请留意最新信息。

公交车

石家庄市内公共交通便利，公交车支持投币乘车，旅客也可在支付宝交通出行页面中领取石家庄电子公交卡，刷码乘车。各大地图App均可查询车辆实时位置信息。

土特产和纪念品

当地特色有赵州雪花梨、深州水蜜桃、正定清真卤煮鸡、藁城宫面。

住宿

经济型

如家酒店·neo（石家庄中山西路泰华街地铁站店）

（85208800；桥西区中山西路357号）酒店位于中山西路，紧邻地铁1号线烈士陵园站与新百广场站，和市内许多繁华地区距离都非常近，出行便利。有多种商务房型可供选择，客房公共区域还配备了自助洗衣房。

中档

石家庄西美五洲酒店

（67308888；裕华区槐安东路145号）酒店位于裕华区东部，拥有各类豪华客房、不同风格的中西餐厅、天幕智能恒温游泳池以及先进的健身运动器材。酒店距石家庄火车站、汽车站、机场的车程均在30分钟左右，交通十分便利。

高档

石家庄希尔顿酒店

（67966666；长安区东大街5号）酒店

地处市中心，是石家庄的标志性建筑，距离火车站和机场车程都只有几十分钟。酒店内有风格迥异的餐厅和酒吧，供应各式美味佳肴。地下停车场有500余个停车位，方便自驾旅行者。

就餐

保定会馆（裕华店）

（85077777；长安区裕华东路175号；10:30—13:30，17:00—20:30）饭店内的菜品本地特色浓郁，基本都是家常菜，但名字冠上李鸿章和总督的头衔后，还真有些官家气派。除了燕窝、鲍鱼之类的高级菜，其他菜肴的价格还算平易近人。保定会馆也是本地市民宴客的首选之地。

直隶安家牛肉罩饼（建华店）

（68033866；长安区建华北大街70号；11:30—14:00，17:00—23:00）牛肉罩饼是中国名小吃，即在传统的北方大饼上面盖上切得极薄的牛肉片，辅以美味的牛肉汤一起食用，鲜美又有嚼劲，是非常有特色的本地美食。

线路推荐

正定古建之旅： 正定古城—正定隆兴寺—正定荣国府

石家庄太行山之旅： 抱犊寨—嶂石岩—驼梁—天桂山—西柏坡

景点

西柏坡景区

标签：5A级景区 红色旅游

太行山下这个不起眼的小山村在中国革命历史上留下了浓墨重彩的一笔，解放战争时期，中共中央在这里指挥了震惊世界的辽沈、淮海、平津三大战役。战争的硝烟早已散去，革命的精神值得永远铭记。漫步西柏坡，可以缅怀过去，畅想未来。

门票信息｜免费

营业时间｜旺季8:30—18:00，淡季8:30—17:30

交通信息｜可在石家庄乘坐大巴车至平山县，之后在平山汽车站乘坐到西柏坡的旅游巴士前往。

电话｜82851355

微信公众号｜西柏坡纪念馆

亮点

丰碑林、指挥部、纪念馆

华北军区烈士陵园

标签：4A级景区 红色旅游

华北军区烈士陵园是全国第一批烈士纪念建筑物重点保护单位、全国爱国主义教育示范基地。烈士陵墓分东西两墓区，安葬着700多位烈士。国际主义战士白求恩和柯棣华大夫、回民支队司令员“民族英雄”马本斋、“子弟兵母亲”戎冠秀等著名烈士均安葬在这里。陵园内还有纪念亭、展览馆和烈士纪念馆，珍藏革命文物1.3万余件。

门票信息｜免费

营业时间｜6:00—22:00，周一闭园

交通信息｜可乘坐公交1、78、325、326、旅游5路至烈士陵园站。

电话｜67597209

微信公众号｜华北军区烈士陵园

亮点

烈士纪念馆

苍岩山

标签：4A级景区 寺庙

苍岩山风景名胜区位于石家庄市井陉县境内，构成景区的核心是“苍岩三绝”：凌驾于峭壁之间的桥楼殿，桥上建楼，楼内建殿，现为中国三大悬空寺之一；树根裸露、奇姿异态的“白檀树”，中空能容一人在树内休息；悬崖峭壁之上的“古柏朝圣”，上千万棵崖

柏、沙柏、香柏都朝着南阳公主祠的方向生长。这里还是著名的影视取景地，包括《西游记》和《卧虎藏龙》在内的许多影视剧都曾在这里取景。

门票信息 | 70元

营业时间 | 9:00—17:00

交通信息 | 景区位于井陉县苍岩山镇栾台垴，可在石家庄西王汽车站乘坐苍岩山旅游巴士前往。

电话 | 82324104

微信公众号 | 苍岩山

★ 亮点

桥楼殿、白檀树、古柏朝圣

抱犊寨

标签：4A级景区　山寨

抱犊寨海拔580米，这里曾是韩信“背水一战”的古战场，亦是著名道人张三丰成道涉足之福地，其风光奇异独特，四周是悬崖绝壁，顶部则相对平坦。景区内有目前全国最大的山顶门坊——南天门，以及还寨长城、万佛洞、连心亭等景点。每年5月至10月，这里温度适宜，风景壮丽，是最佳游览时间。

门票信息 | 65元

营业时间 | 4月1日至12月1日8:00—18:00，12月2日至次年3月31日8:00—17:00

交通信息 | 景区位于鹿泉市抱犊寨风景区，从石家庄市区乘坐公交320路或旅游5路、鹿泉市乘坐旅游3路直达抱犊寨。

电话 | 82013208

微信公众号 | 抱犊寨风景区

网址 | http://www.baoduzhai.com.cn/

★ 亮点

南天门

天桂山

标签：4A级景区　山岳

天桂山在石家庄市平山县境内，主峰海拔1270米，有青龙观、万佛岩、玄武峰、滴翠谷等8个景区。这里峰险、石奇、洞幽、泉多，且林木繁茂、云雾缭绕。著名景点有三眼洞、藏龙洞、金祥洞、水帘洞等。其中三眼洞的三个洞口面临绝壁，十分险要，电影《白毛女》中喜儿与大春重逢的场景就是在此拍摄的。天桂山100多米处的繁体“归”字刻于1997年，寓意香港回归。

门票信息 | 旺季4月至10月65元，淡季11月至次年3月33元

营业时间 | 8:00—18:00

交通信息 | 景区位于平山县城西50公里处，可在石家庄汽车北站乘坐旅游巴士前往。

电话 | 82827203

微信公众号 | 天桂山一山一世界

网址 | http://www.tianguishan.com/

★ 亮点

三眼洞

驼梁景区

标签：4A级景区　山岳

驼梁是西柏坡-天桂山国家重点风景名胜区的主要景区之一，因山顶像驼峰而得名。这里景观多样，气候湿润，夏季平均气温只有19℃，素有“高山公园”“天然氧吧”之称。景区内有山洞、山泉、绿植、瀑布等自然风光，其中冰瀑要到每年6月中旬才会全部融化，因此又有夏日冰瀑之称，是炎炎夏季难得一见的景观。

门票信息 | 65元

营业时间 | 9:00—16:00

交通信息 | 可在石家庄客运北站乘坐旅游巴士前往。

电话 | 82499336

微信公众号 | 驼梁景区

网址 | http://www.tuoliangshan.net/

★ 亮点

夏日冰瀑

平山县黑山大峡谷

标签：4A级景区 峡谷

黑山大峡谷景区位于太行山腹中，背靠山西五台山，平均海拔高度1300米。景区内有超过60个景点，山高谷深，主峰柴托尖海拔超过1900米，气势磅礴。景区内还有上千种植物，其中龙骨树（降龙木）和蛇杨等为国家二级保护植物，杜鹃、玫瑰、丁香、金莲等漫山遍野。景区水资源充沛，山泉从海拔1800米处涌出，形成了无数个池潭飞瀑，落差最高的白龙瀑高百余米，十分壮观。

门票信息｜65元

营业时间｜8:00—18:00

交通信息｜景区位于平山县营里乡，需打车或自驾前往。

电话｜82887788

微信公众号｜黑山大峡谷

亮点

白龙瀑

平山县沕沕水

标签：4A级景区 冰凌

沕沕水景区是喀斯特岩溶泉，常年涌流，四季不竭，水质洁净，沿绝壁飞落，形成落差几十米的瀑布。这里山势雄伟，山峰好似骆驼、灵鹫，又像坐莲观音。每到冬季，这里冰瀑高悬，如帘如柱，千奇百态。

门票信息｜65元

营业时间｜8:00—17:30，冬季夜场19:00—21:30

交通信息｜可在石家庄客运北站乘坐旅游巴士前往。

电话｜87882927

微信公众号｜沕沕水风景区

亮点

冰凌

正定荣国府

标签：4A级景区 影视取景地

荣国府建于1986年，是根据《红楼梦》中的描述设计和建造的，许多影视剧曾在这里取景。这是一片具有明清风格的仿古建筑群，整个府邸分中、东、西三路，各路均为五进四合院。景区内有大小房间215间，游廊102间。与荣国府同时竣工的宁荣街位于荣国府右侧，是一条仿古味极浓的商业街，每逢正月十五，荣国府周围会举行庙会，场面尤其壮观。

门票信息｜40元

营业时间｜旺季8:30—18:00，淡季8:00—17:00

交通信息｜景区位于正定县兴荣路51号，可从正定汽车站乘坐正定143路至二五六医院站。

电话｜88786107

微信公众号｜正定荣国府景区

亮点

仿古建筑

正定隆兴寺

标签：4A级景区 寺庙

隆兴寺又称大佛寺，为全国首批重点文物保护单位。它始建于隋开皇六年（586年），初名龙藏寺，清康熙年间赐额“隆兴寺”，并沿用至今。隆兴寺有六最：中国现存古代建筑极品摩尼殿、中国孤例五彩悬塑自在观音像、中国古代最精美的铜铸毗卢佛、中国现存最早的楷书碑刻、中国最古老和最大的转轮藏，以及世界上古代铜铸佛像中最高大、最古老的观世音像。每逢春节，寺内会举办热闹的庙会，五一、国庆期间还会有大型文化表演。

门票信息｜50元

营业时间｜旺季8:00—17:30，淡季8:30—17:00

交通信息｜景区位于正定县中山东路109号，可从石家庄市区坐快177路至大佛寺站。

电话｜88789987

微信公众号｜正定隆兴寺

网址｜http://www.longxingsi.net.cn/

亮点

摩尼殿、观音像、楷书碑刻

秦皇岛

秦皇岛市位于河北省东北部，紧邻渤海湾，相传秦始皇曾在这里遣徐福东渡寻找长生不老药，故得此名。如今的秦皇岛因港口而兴，大秦铁路上一列列重载列车将山西的煤矿源源不断地运送到秦皇岛港，进而去往全国各地。河北省与辽宁省交界处的山海关是人们常说的“关内”和“关外”的分界点，这里的老龙头景区是万里长城的东部起点。从山海关北上，便是辽阔的东北大地。北戴河和昌黎沿海的黄金海岸，是全国著名的海岸度假疗养胜地，每年夏天总有大量的游客聚集在这里，观日出，吃海鲜，戏海水。去北戴河度假几乎已经成了华北地区人民夏天的保留节目，近年来在黄金海岸周边建起了许多高水平的度假设施，也使得这里在年轻人中变得更有人气。北戴河地区的酒店商超门头的标牌大部分都有俄中双语，有些酒店甚至连迎宾毯都有俄语版，非常奇特。

电话区号 0335

交通

飞机

秦皇岛北戴河机场（7520000；秦皇岛市昌黎县龙家店镇晒甲坨村；微信公众号：秦皇岛北戴河机场）

火车

北戴河站（4019090）、**秦皇岛站**（7932222）、**山海关站**（5051291）均为京哈线以及京秦客运专线的途经站。

长途汽车

秦皇岛长途汽车站（3067366；秦皇岛火车站西侧）

公交车

秦皇岛及周边的北戴河和山海关地区公共交通便利，公交车支持投币，也可在支付宝交通出行页面中领卡后刷二维码乘车。各大地图App均可查询车辆实时位置信息。需要注意的是，去往昌黎黄金海岸一线的公交车发车时间不定，赶时间的话还是推荐打车前往。

土特产和纪念品

当地特色有珍珠项链、贝雕和海鲜。

住宿

经济型

汉庭酒店（北戴河老虎石店）

（4042222；北戴河区海宁路10号）老虎石公园周边有许多民宿，质量参差不齐，这家连锁酒店反而以较为标准化的服务成了附近平价酒店里比较不错的选择。从酒店步行至老虎石公园只需5分钟，完全可以换好泳衣再出门。

中档

秦皇岛香格里拉大酒店

（5808888；海港区河滨路123号）秦皇岛香格里拉位于海港区河滨路，位置绝佳，酒店约80%的客房为海景房，可穿过酒店私家花园直抵沙滩。酒店内的客房温馨舒适，大部分房间设有宽敞的阳台。酒店有中餐厅、自助餐厅及可提供现场乐队表演的大堂酒廊。

高档

Club Med Joyview北戴河黄金海岸度假村

（3929888；北戴河新区黄金海岸中区沿海公路东侧阿那亚社区）这个度假村位于阿那亚社区，这里的海岸线绵延2.5公里，每间客房都有可以看到大海的阳台，在房间内便可欣赏日出美景。这里每天都有丰富的水陆运动及活动可供体验，还有新鲜的海鲜佳肴可以品尝。

就餐

滨海人家酒店

（3695888；海港区光明路60-10号；9:30—22:00）饭店临近海港，所用的食材新鲜干净，据说使用的扇贝、蛏子、基围虾等都是店里的人下海捕捞的。这是本地人常去的家常菜馆，门口有超大停车场，用餐不用担心找不到车位。

回记糕点店

（5058622；山海关区古城西三条天心胡同22号；6:30—21:00）山海关古城内著名的清真小吃店，售卖枣糕、一口酥、牛舌饼、江米条等，主打特色小吃是回记特色绿豆糕，酥软可口，入口即化，许多本地人都会特意前来购买。

线路推荐

黄金海岸度假之旅：南戴河国际娱乐中心—阿那亚—沙雕海洋乐园—渔岛海洋温泉景区

山海关之旅：老龙头—天下第一关—角山景区—燕塞湖自然风景区—乐岛海洋王国

景点

山海关景区

标签：5A级景区 长城

山海关是万里长城的起点，建于1381年，作为关内关外的分界线，在历史上一直是北京的重要屏障。景区内主要有长寿山、鳄鱼湖、角山长城、老龙头等景点。东门镇远楼即“天下第一关”，该城门高约13米，分为上下两层。楼西面上层檐下悬有“天下第一关”匾额，是明代书法家肖显所写。在山海关城楼附近，还建有长城博物馆，展出与山海关长城有关的人文历史、军事活动情况和文物等。

门票信息｜箭楼门票40元，山海关古城体验50元

营业时间｜8:00—17:00

交通信息｜可乘坐公交13、25、33路至南门站或天下第一关站。

电话｜5051106

微信公众号｜山海关景区

亮点

镇东楼、角楼

老龙头

标签：长城

老龙头是万里长城的最东端，从崇山峻岭中走来的万里长城如一条巨龙般在这里直入大海，于是便有了老龙头这个名字。景区由宁海城、澄海楼、入海石城、南海口关、龙武营、海神庙等28处景观组成。这里有万里长城中唯一的一段入海石城、唯一的一座海上敌台、明代长城东部的第一个垛等许多名头，可在这里南望浩瀚的大海，于汹涌的波涛中体会古人的壮志。

门票信息｜旺季50元，淡季25元

营业时间｜8:00—18:00

交通信息｜景区位于山海关区老龙头路1号，可乘坐公交13、25、33路至老龙头景区站。

电话｜5152996

微信公众号｜老龙头公园

亮点

入海石城、澄海楼、守备署

乐岛海洋王国

标签：4A级景区 水上乐园

乐岛海洋公园位于山海关区龙海大道南侧，是集海滨观光、海洋动物互动、亲海戏水游玩、餐饮娱乐休闲于一体的海洋主题乐园，距离万里长城东部起点仅有2公里。乐园内蓝天、碧海、绿树、金沙一应俱全，内部分为海乐岛、水乐岛、风情迈阿密、海洋嘉年华四大区域，以海上摩天轮、空中漂流、海豚白鲸表演、儿童水乐园为王牌项目。

门票信息｜150元

营业时间｜淡季8:00—17:00，旺季8:00—18:00，10月8日至次年4月26日停业

交通信息｜景区位于山海关区龙海大道148号，可乘坐公交25、35路至欢乐海洋公园下车。

电话｜5158888

微信公众号｜秦皇岛乐岛海洋王国

网址｜http://www.lertao.com/

亮点

海上摩天轮

秦皇岛野生动物园

标签：4A级景区 动物

秦皇岛野生动物园位于秦皇岛海滨国家森林公园内，建于1995年，园区内森林覆盖率极高，是亚洲占地面积最大的野生动物园。园内分为笼养区、食草动物区、猛兽区、火烈鸟馆、非洲风情区等，游客可以近距离接触动物。游览时可自己驾驶私家车，也可乘坐森林小火车。

门票信息｜100元

营业时间｜8:30—16:30

交通信息｜景区位于北戴河区滨海大道62号，可乘公交34路至野生动物园站。

电话｜4182201

微信公众号｜秦皇岛野生动物园

网址｜http://www.qhdzoo.com/

亮点

猛兽区

鸽子窝公园

标签：4A级景区

鸽子窝公园位于北戴河海滨的东北角，是北戴河风景名胜区四大景区之一。景区内的鹰角石上过去常有成群鸽子窝建于石缝之中，故得此名。公园的最大亮点就是观日出，而观日出的最佳地点便是在鹰角石上，日出时，万籁俱寂，水天相连，色彩变幻。除此之外，公园内的临海悬崖、大潮坪、鸳鸯湖、望海长廊等都是不错的观景地。

门票信息｜淡季5元，旺季25元

营业时间｜5:40—17:30

交通信息｜景区位于北戴河区鸽赤路25号，可乘公交37路至鸽子窝公园站或乘34路至隆兴示范园站。

电话｜4041774

亮点

鹰角亭、鸳鸯湖、望海长廊

碧螺塔海上酒吧公园

标签：4A级景区 酒吧

碧螺塔海上酒吧公园位于北戴河最东端的小东山，是北戴河第一个迎接日出的地方，主建筑碧螺塔为海滨东山地区最高点，这座海螺形观光塔是观看日出的绝佳地点。此外，公园的夜生活也是独树一帜，集演艺文化、休闲文化、时尚文化、美食文化于一体。

门票信息｜30元

营业时间｜5:40—20:00

交通信息｜景区位于北戴河区海滨东海滩路中段，可乘公交15路至康乐路站或国家环保总局站。

电话｜4041798

微信公众号｜北戴河碧螺塔海上酒吧公园

网址｜http://www.biluota.com

亮点

碧螺塔

新澳海底世界

标签：4A级景区 海洋馆

秦皇岛新澳海底世界由中国与澳大利亚双方合资兴建而成，馆内展示了大量海洋生物，分为海底世界主馆和海豚表演馆两处。水族馆主要包括小池区、企鹅馆、海豹馆等场馆，还有触摸池、海底隧道和表演区。馆内饲养着来自世界各地的海洋动物200多种，其中

有大量国家一级、二级保护动物。馆内还以图文并茂的海洋动植物展板向人们介绍了许多与海洋相关的科普知识。

门票信息｜门票60元，海豚馆40元

营业时间｜淡季9:30—16:00，平季8:30—17:00，旺季8:00—18:00

交通信息｜景区位于海港区河滨路81号，可乘公交19路至秦皇国际大酒店站。

电话｜8011111

微信公众号｜新澳海底世界

亮点

企鹅馆

渔岛海洋温泉景区

标签：4A级景区 温泉

北戴河黄金海岸的最南端就是这处海洋温泉了，一边泡温泉一边看海的独特体验是这个景区的卖点。巨大的贝壳形主楼内有数十个温泉池，室外区域则有传统的水上乐园、观光小火车和花海，不同年龄段的游客在这里都可以找到心仪的娱乐方式。白天游客较多，不如在这里的酒店中住一晚，待游客散去后再欣赏海上生明月的美景。

门票信息｜108元，若在景区内的酒店过夜可免费使用所有娱乐设施

营业时间｜9:00—21:00

交通信息｜景区位于北戴河新区赤洋口片区滨海新大道D4段东侧，需自驾前往。

电话｜400-875-5777

微信公众号｜渔岛海洋温泉景区

网址｜https://www.yudao.cc/

亮点

温泉池

沙雕海洋乐园

标签：4A级景区 沙雕

沙雕海洋乐园位于黄金海岸旅游区中段。景区内沙质细腻，海水清澈，具有罕见的滨海大漠奇观。高大起伏的沙丘和浓密碧绿的树林相映成趣，园区内金沙遍地，在此基础上创作的沙雕艺术群成了这里的核心景观。除此之外，这里还有梦幻水世界、南国风情鳄鱼园以及卡丁车、越野车等娱乐项目。

门票信息｜165元

营业时间｜8:00—17:00

交通信息｜景区位于抚宁区南戴河旅游度假区迎宾路100号，需自驾前往。

电话｜2603018

微信公众号｜沙雕海洋乐园

网址｜http://www.shadiaoleyuan.com/

亮点

沙雕群

阿那亚

标签：度假社区

阿那亚位于北戴河新区黄金海岸腹地，被誉为北方的滨海度假天堂。自然景致与人文氛围是阿那亚的迷人之处，孤独图书馆和阿那亚礼堂早已名声在外，这里还有美术馆和海岸跑道、安静与欢乐交织的度假社区，以及各式精巧的民宿，就像一个海边的桃花源与乌托邦。

门票信息｜仅对在此预订酒店的游客开放

营业时间｜全天开放

交通信息｜可乘公交809路至荣盛健康谷站。

电话｜400-115-5500

微信公众号｜阿那亚

网址｜aranya.cc

亮点

阿那亚礼堂、孤独图书馆

老虎石海上公园

标签：海水浴场

老虎石海上公园是北戴河城区的中心海滨浴场，园内有巨石延伸入海，形如群虎盘踞，故得此名。这里滩宽海阔，入海坡度平

缓，水质良好。园内可开展海上飞伞、帆板冲浪等活动，还有儿童乐园，周边店铺、宾馆、餐厅较多，便利的条件使得这里成为暑期下海人数最多的浴场，经常连游泳的空间都没有，不过到了晚间游客数量可能会减少，此时游玩会更惬意。

门票信息 | 8元

营业时间 | 6:00—22:00

交通信息 | 景区位于北戴河区北戴河中海滩路，可乘公交22路至老虎石公园站。

电话 | 4044470

微信公众号 | 老虎石海上公园

★ 亮点

游泳

南戴河国际娱乐中心

标签：4A级景区 沙滩

南戴河国际娱乐中心位于南戴河旅游度假区内，景区充分利用本地丰富的海洋、沙滩资源，打造了许多特色项目，让游人“远离都市喧嚣，回归自然怀抱”。度假区包含欢乐大世界、碧海金沙、金龙山、中华荷园、槐花湖五大区域。来南戴河既可以看海，也可以投身各种娱乐项目，体验欢乐时光。

门票信息 | 120元

营业时间 | 8:00—17:00

交通信息 | 可乘公交802路至南戴河娱乐中心站。

电话 | 400-101-0052

微信公众号 | 秦皇岛新南戴河国际娱乐中心

★ 亮点

欢乐大世界

碣石山

标签：文化古迹

碣石山位于昌黎县，主峰为仙台顶，是渤海近岸的最高峰，悬崖上留存古人所刻“碣石”二字，相传曹操便是在这里留下了“东临碣石，以观沧海”的名句。碣石山也是道教圣地，景区内遗迹众多，是周边著名的春游、避暑、望秋胜地。

门票信息 | 20元

营业时间 | 9:00—17:00

交通信息 | 景区位于昌黎县碣阳路，可从昌黎火车站乘坐公交昌黎3路到达。

电话 | 2866511

★ 亮点

“碣石”二字

承德

承德旧名热河，位于河北省北部。1702年清政府在这里修建了规模宏大的夏季行宫，承德避暑山庄的名号就此打响。曾经的皇家御苑如今成了人们游玩避暑的好去处，随着京沈客运专线的全线开通，从北京到承德的旅行时间被压缩至一小时以内，两地之间的交流变得更加方便。承德市位于蒙古高原与华北平原的交界处，草原风光也成了这里的特色之一，丰宁坝上的美景不输内蒙古的许多大草原，周末来这里郊游也成了人们消夏避暑的好选择。

☎ 电话区号 0314

交通

飞机

承德普宁机场（3095889）除了去往上海、广州等国内大中城市的航线之外，还开通有去往石家庄的省内航线。

火车

承德南站（双桥区东南山中街东侧）京沈客运专线上的重要站点，每天会有大量来往沈阳和北京的列车经停，高峰时段平均15分钟就有一班。

长途汽车

承德汽车东站（2123588；双桥区迎宾路）

承德汽车西站（2273748；双桥区下营房路北18号）

承德汽车北站（2161904；双桥区二道河子村）

公交车

承德市区内有数十条公交线路运营，交通非常便利，公交车支持投币，也可在支付宝交通出行页面中领卡后刷二维码乘车。无人售票的单层公交车票价大多为1元，还有双层的旅游公交，票价大多是2元。

土特产和纪念品

当地特色有滕氏布糊画、丰宁剪纸、丝织挂锦。

住宿

经济型

承德新华饭店

（2026999；双桥区新华路北4号）新华饭店是承德市的“老字号”，始建于1984年。饭店位于承德市最繁华商业街新华路北，地理位置优越，步行至避暑山庄仅需20分钟。酒店内设施齐全，房间温馨舒适，还有大型停车场。

中档

承德避暑山庄希尔顿欢朋酒店

（2077888；双桥区丽景华庭二期A9号）承德避暑山庄希尔顿欢朋酒店是一家国际连锁中高端酒店，位于承德市中心，地理位置优越，交通便利。酒店有独具特色的“HUB”大堂、乐动健身房及有格调的餐厅。客房用品均为希尔顿专用，布置典雅，服务优良。

高档

金山岭长城大酒店

（5969999；滦平县金山岭长城景区）金山岭长城大酒店地处金山岭长城自然景区，与景区仅一墙之隔。酒店内十分温馨舒适，有70多间房间，硬件设施完善，布置充满了地方特色，舒适惬意。白天游玩长城，晚间还能在此欣赏免费的抡花表演。

就餐

新乾隆酒楼

（2072222；新华路帝景园大厦一楼；10:00—20:30）主打特色本地菜，其中贝勒烤肉、改刀肉较为有名，肉质鲜嫩，荤素搭配非常下饭。这里的宫廷杏仁豆腐也非常好吃，承德是杏仁露的故乡，这道菜在豆腐上盖着浓浓的杏仁露，口味独特。

砣姐小吃

（15713341617；大佟沟路与南营子大街交叉口西行30米路北；6:00起）本地著名的小吃摊，来这里吃早点经常需要排队。这家店位于小胡同内，位置不太好找，杏仁茶和烧卖几乎人人必点，而碗砣和炒疙瘩则非常具有本地特色。另外也可以尝尝特色丸子汤，色味俱佳，汤汁鲜美。

线路推荐

避暑山庄文化之旅：承德避暑山庄—普陀宗乘之庙—双塔山—魁星楼

丰宁坝上草原游：御道口草原—塞罕坝机械林场—大汗行宫—七彩森林—马镇

景点

避暑山庄及周围寺庙

标签：5A级景区 世界文化遗产

承德避暑山庄曾是清代皇帝的夏宫，也是现存最大的古典皇家园林。景区由皇帝宫室、皇家园林和宏伟壮观的寺庙群组成，分为宫殿区、湖区、山区、平原区四大区域，其中宫殿区和湖区是避暑山庄的精华所在，山中有园，园中有山，康熙和乾隆还为这里划归了七十二景。避暑山庄周围依照西藏、新疆喇嘛教寺庙的形式修建的喇嘛教寺庙群叫作外八庙，也是避暑山庄的精华景点。此外，园中还有皇家藏书阁文津阁、永佑寺、春好轩、宿云檐等建筑。

门票信息｜4月至10月120元，11月至次年3月90元

营业时间｜8:00—17:30

交通信息｜景区位于双桥区丽正门路20号，可乘公交5、10、15路至避暑山庄站。

电话｜2029771

微信公众号｜避暑山庄及周边寺庙

网址｜http://www.bishushanzhuang.com.cn

亮点

七十二景、外八庙

普陀宗乘之庙

标签：外八庙

普陀宗乘之庙位于承德避暑山庄北部，建成于清乾隆三十六年（1771年），因主建筑模仿西藏布达拉宫修建，故又称小布达拉宫。普陀宗乘之庙是外八庙中规模最大的一座，寺庙内大小建筑约60座，殿堂楼宇，星罗棋布，主要有吉祥天母、山门、大红台和万法归一殿等建筑，大红台通高43米，主殿万法归一殿便在大红台的中央。殿顶部高出群楼，殿顶都用鎏金鱼鳞铜瓦覆盖，金光闪闪，富丽堂皇，极其雄伟壮观。

门票信息｜旺季80元，淡季60元

营业时间｜4月至10月8:00—17:30，11月至次年3月8:30—17:00

交通信息｜景区位于狮子沟北侧北环路，可乘公交118路至普陀宗乘之庙站。

电话｜2163072

亮点

吉祥天母、大红台、万法归一殿

金山岭长城

标签：5A级景区　长城

金山岭长城始建于明洪武元年（1368年），西起历史上著名的关口古北口，东至高耸入云的望京楼，全长10.5公里，海拔700米，敌楼密集。金山岭长城未经重建，因而较好地保持了原貌。长城最东侧的一段名为文字砖长城，其中70%的城砖上面都刻有文字，记录着城砖的制造单位和时间，非常独特。

门票信息｜3月16日至11月15日65元，11月16日至次年3月15日55元

营业时间｜6:00—18:30

交通信息｜可从北京乘坐滦平城际班车至金山岭服务区，换乘景区接站车到达；每年4月至11月北京东直门公交枢纽会开通金山岭旅游专车。

电话｜8830222

微信公众号｜金山岭长城

网址｜http://www.jslcc.com/

亮点

长城敌楼

双塔山景区

标签：4A级景区　山岳

双塔山在承德避暑山庄西南10公里处，这里有两座30多米高的擎天石柱，上方各存一座古塔。古塔是辽代墓塔，是承德最古老的建筑物，有1300多年的历史。塔旁建有云梯，可以攀缘而上。其中北塔本有裂缝，唐山大地震以后，塔身不但没倒，裂隙反而拼合，十分神奇。

门票信息｜门票35元，索道50元

营业时间｜4月至10月7:00—17:00，11月至次年3月8:00—16:00

交通信息｜景区位于双滦区滨河大街98号，可乘公交5、15路至双塔山景区站。

电话｜4301575

微信公众号｜双塔山风景区

磬锤峰国家森林公园

标签：4A级景区　丹霞地貌

磬锤峰国家森林公园俗名棒槌山，位于

承德市郊区。这里是承德著名的丹霞地貌景观，大自然的伟力在这里造就了各种奇峰、异石、岩洞和绝壁。景区内的磬锤峰擎天而立，上粗下细，是景区的标志。除此之外，景区内还有蛤蟆石、宝山寺和麻祥墓等景点。

门票信息｜25元

营业时间｜8:00—17:00

交通信息｜可乘坐公交10路、28路至喇嘛村站，之后步行前往。

电话｜2029771

亮点

磬锤峰、宝山寺

京北第一草原

标签：4A级景区　草原

京北第一草原又名丰宁坝上草原，蒙古族语称此地为“海留图”，意为水草丰茂的地方。它是距北京最近的天然草原，平均海拔将近1500米，即便是夏季，也清凉宜人，7月份平均气温只有17.4℃，晚上需要盖厚被子，一年中最高气温不过24℃。随着近年来的旅游开发，草原上建起了星星点点的蒙古包、草原木屋和欧式别墅，旅游环境大为改善。

门票信息｜免费

营业时间｜全天

交通信息｜景区位于丰宁满族自治县大滩镇，可从虎哈什火车站乘坐前往京北第一草原的班车。

电话｜8284622

亮点

白桦林、闪电湖

马镇旅游区

标签：4A级景区　游乐场

马镇地处丰宁坝上草原核心，是一座以马文化为主题的乐园，突出体现萨满文化、图腾文化、狩猎文化、马背文化，可以说是草原上的一站式旅游度假核心区。这里有多种以马为主题的游乐项目，还有上演精彩演出的大马戏剧场。马镇烤羊美食街上有各式传统的草原美食，旅游区内还有特色酒店可以过夜。

门票信息｜200元

营业时间｜9:00—21:00

交通信息｜景区位于丰宁满族自治县大滩镇北，可从高铁太子城站乘坐马镇接驳巴士到达。

电话｜400-600-0166

微信公众号｜中国马镇旅游度假区

网址｜http://www.chinahorsetown.com

亮点

舞马世界主题乐园

塞罕坝国家森林公园

标签：4A级景区　林场

塞罕坝国家森林公园位于围场最北部，是清代著名的皇家猎苑之一，名字的大意是“美丽的高岭”。这里水草丰沛，森林茂密，被誉为“水的源头，云的故乡，花的世界，林的海洋，珍禽异兽的天堂”。景区内有七星湖、太阳湖、泰丰湖、白桦林、月亮湖等较大的景点和多个小景点，集自然风光和人文遗迹于一体。

门票信息｜与御道口草原森林的联票130元

营业时间｜全天

交通信息｜景区位于围场满族蒙古族自治县256省道，可从围场汽车站乘坐旅游巴士到达。

电话｜7802408

微信公众号｜塞罕坝森林公园

亮点

七星湖

御道口草原森林

标签：4A级景区　草原

御道口草原森林风景区紧邻塞罕坝，是前往塞罕坝国家森林公园会路过的地方。这里有草场、湖泊、亭台，环境优美，还可在草原上体验骑马等娱乐活动。值得一提的是，这里还是“98版”《还珠格格》电视剧的外景地之一。

门票信息 | 与塞罕坝森林公园的联票130元

营业时间 | 全天

交通信息 | 景区位于围场满族蒙古族自治县御塞七号，可从围场汽车站乘坐旅游巴士到达。

电话 | 7996614

微信公众号 | 御道口草原森林风景区

★ 亮点

骑马

蟠龙湖

标签： 水长城

蟠龙湖在宽城西部，是镶嵌在燕山深处的一颗明珠。它集自然与人文景观于一体，因潘家口水库的建成蓄水而形成的人工湖，使得古老的万里长城在这里深入水下，非常奇特。在空中鸟瞰，湖面恰似一条巨龙蜿蜒游动。

门票信息 | 30元

营业时间 | 8:00—16:30

交通信息 | 景区位于宽城满族自治县西部，需自驾前往。

电话 | 6862997

★ 亮点

水长城

茅荆坝森林公园

标签： 森林

茅荆坝国家森林公园位于承德市东北的隆化境内。这里四季分明，色彩丰富，野生动植物资源十分丰富。金秋是最适宜到访的季节，届时漫山红遍，野果累累。公园内分敖包山、坝梁、黑熊谷、平顶山等景区。

门票信息 | 75元

营业时间 | 7:00—17:00

交通信息 | 景区位于隆化县，建议自驾或包车前往。

电话 | 7259065

★ 亮点

敖包山

白草洼森林公园

标签： 林场

白草洼森林公园位于滦平县东南部、燕山山脉中段，区内80%以上是天然次生林，其中有近三分之一为白桦林，是距北京最近的国家森林公园。园内植物资源丰富，还有石海奇观、百草长寿泉、响水谷等自然景点，是郊游的好去处。

门票信息 | 50元

营业时间 | 6月至10月9:00—17:00，其余时间闭园

交通信息 | 景区位于滦平县东南部，需自驾前往。

电话 | 18231481000

微信公众号 | 承德白草洼森林公园

★ 亮点

石海

辽河源森林公园

标签： 山泉

公园位于平泉县城西北部，因该地山泉众多，水源充沛，为西辽河发源地，故称“辽河源”。景区分辽河源森林浴场区、马盂山草原花海区和辽代古墓区三部分，集高山、森林、草原、清泉、怪石于一体。作为契丹和奚族的发祥地，这里有辽代古墓、长公主石棺，还有墓葬附属的石像、石羊、石虎等。

门票信息 | 60元

营业时间 | 9:00—17:00

交通信息 | 景区位于平泉县大窝铺林场，需自驾前往。

电话 | 6441025

亮点

森林浴场、王爷马场

张家口

张家口位于河北省西北部，与山西及内蒙古自治区交界，是曾经的察哈尔省省会，自古便是北方的战略要地。作为内蒙古高原向华北平原的过渡地带，这里的风景壮阔而又不失秀美，区内名胜古迹众多让人目不暇接，张北坝上草原的风光又会让人误以为自己已身处内蒙古。作为北京冬奥会配套工程的京张高铁已通车近两年，从北京前往张家口现今已只需1小时左右，伴随着冬奥会的召开，一场冰雪运动的盛宴在这里上演。

电话区号 0313

交通

飞机

张家口宁远机场（5888888；微信公众号：张家口宁远机场）开通有去往国内部分大中城市的航线。

火车

张家口站（8037815；桥东区站前西大街11号）原张家口南站，伴随京张高铁的开通进行了改造，后更名为张家口站，京张高铁的列车均在这里停靠，同时京包和丰沙等普速线的列车也会经停这里。

太子城站（崇礼区太子城村）京张高铁崇礼支线的终点站，崇礼地区是北京冬奥会张家口赛区所在地，太子城站也是为了冬奥会而建，从这里到北京北站只需1小时左右。

长途汽车

张家口汽车客运站（北站）（8076566；张家口市桥西区西沙河大街100号）

张家口汽车客运南站（4011021；张家口市桥东区世纪路15号）

公交车

张家口市区开通有几十条公交线路，交通便利，公交车支持投币，也可在支付宝交通出行页面中领取张家口电子公交卡后刷二维码乘车。乘坐其他远郊区县的公交车，也可在支付宝领取电子公交卡。

土特产和纪念品

当地特色有牛奶葡萄、鹦哥绿豆、蔚县剪纸。

住宿

经济型

全季酒店（张家口火车站店）

（5886699；桥东区站前西大街12号）酒店地理位置优越，距离张家口高铁站步行只要10分钟，与市区其他地点之间的交通也非常便利。店内配备早餐厅、健身房、洗衣房等设施，客房宽敞舒适，干净整洁，早餐也非常可口。

中档

张家口北辰五洲皇冠酒店

（5800000；桥东区朝阳西大街14号2号楼）酒店距离张家口高铁站、宁远机场及市民广场都很近，交通十分便利。酒店内客房、餐饮、会议、康体等设施一应俱全，服务热情周到，装修典雅别致，将当地传统文化与现代流行文化完美融合。

高档

怀来皇冠假日酒店

（5939988；怀来县东花园镇葡萄大道）酒店毗邻八达岭长城景区，看上去像一座欧式城堡，提供园景客房及套房，有集南北风味于一体的中餐厅。酒店内有超过1500平方米的室内水乐园及儿童亲子营地，适合带小孩的家庭。

就餐

香园楼（钻石路店）

（2213666；桥东区钻石中路8号；10:00—14:00，17:30—21:00）这家本地老字号主打各式家常菜和本地小食，这里的招牌菜是香楼火爆虾，还提供小油饼、黄馍馍、炸糕等小吃，其中蔚州炸糕外焦里嫩，不甜不腻，里面裹满了红豆颗粒，是本地特色之一。

天源居特色餐厅（张北店）

（18002168565；张北县张库大道郡都苑小区底商18号；9:30—14:00，16:30—21:00）张北草原上的饭馆主打各式特色烤羊肉和烤羊腿，餐前可以先吃一些海棠果开胃，之后便可享用酥脆的烤羊排和鲜香的手把肉。一定要搭配醇香的草原奶茶解腻，再吃几个莜面窝窝，这绝对是草原之行的一大享受。

线路推荐

张家口古文化之旅： 大境门—张家口堡—鸡鸣驿—蔚州古镇

张北草原之旅： 飞狐峪—空中草原—张北野狐岭要塞—康巴诺尔

景点

国家跳台滑雪中心

标签：冬奥会赛场 “雪如意”

国家跳台滑雪中心位于崇礼太子城，承办了北京冬奥会跳台滑雪、北欧两项的比赛。它是我国首座符合国际标准的跳台滑雪场地，共设计两条赛道，分别为落差136.2米的大跳台赛道和落差114.7米的标准跳台赛道。跳台剖面因与中国传统吉祥饰物如意的S形曲线契合，因此被形象地称为“雪如意”。此外，位于山下的看台区也是跳台滑雪中心的一大亮点，其面积相当于一个标准足球场。

国家冬季两项中心

标签：冬奥会赛场

国家冬季两项中心位于崇礼区太子城东北侧山谷，包括靶场、赛道与起终点区、场馆技术楼等。赛道总长8.7公里，沿山体自然地形而建，分为竞赛主赛道、残奥坐姿赛道及训练赛道等。场馆技术楼共有4层，主要功能为赛事管理和技术用房。国家冬季两项中心承办了北京冬奥会冬季两项以及冬残奥会冬季两项的比赛。

国家越野滑雪中心

标签：冬奥会赛场

国家越野滑雪中心位于崇礼太子城，在这里举办了北京冬奥会越野滑雪和北欧两项的比赛。由西向东依次为场馆运营综合区、运动员综合区、场馆技术楼、场馆媒体中心和转播综合区。越野滑雪是冬季项目中的马拉松，赛道路线长，运动员比赛时间长，是典型的耐力项目。

云顶滑雪公园

标签：冬奥会赛场

云顶滑雪公园包括U型场地技巧、坡面障碍技巧、雪上技巧、空中技巧、障碍追逐、平行大回转6条赛道，共计产生20块金牌。张家口山地媒体中心位于场馆群内，由云顶大酒店改建而成。云顶滑雪公园不仅是自由式滑雪及单板滑雪国家队的训练基地，也为大众冰雪运动提供了优质场地。

注意：以上四座位于崇礼区太子城的冬奥会场馆暂未对外开放，也未公布具体的开放计划。游客若想领略其风采，可乘坐京张高铁至太子城站，再乘坐摆渡车前往。

万龙滑雪场

标签：4A级景区 滑雪场

万龙滑雪场为国内首家开放式滑雪场，共开发初、中、高级雪道22条，坡度7—20度，每条雪道都配备了完善的造雪系统。滑雪场内雪地摩托、雪上飞碟、雪雕等观赏游艺项目齐全。滑雪场曾多次承办国内外赛事，包括国际雪联“积分赛”和“远东杯”等，同时也是许多专业滑雪队伍的指定训练基地。

门票信息 | 320—550元

营业时间 | 9:00—21:00

交通信息 | 景区位于崇礼区红花梁，可从太子城高铁站乘坐公交4路至万龙滑雪场。

电话 | 4617272

网址 | http://www.wlski.com/

亮点

滑雪

长城岭滑雪场

标签：滑雪场

长城岭滑雪场是由国家体育总局和省体育局投资建设的高标准高原训练基地和大型滑雪场，这里降雪量大，雪期长，风力小，雪质好，地形陡缓适中，适合开展滑雪活动。滑雪场配备进口雪具1200套，采用国际先进造雪机、滑雪索道，保证每位滑雪者都乐在其中。

门票信息 | 平日全天160元，周末全天190元

营业时间 | 8:30—17:30

交通信息 | 景区位于崇礼县省级和平森林公园内，需自驾前往。

电话 | 4619088

微信公众号 | 长城岭滑雪场

亮点

滑雪

黄龙山庄

标签：4A级景区 草原

黄龙山庄旅游区位于怀来县境内，山庄内山势雄伟，林木葱郁，适宜休闲避暑、登山探险。景区内最值得一看的是云中草原和仙柜山两处风景区，云中草原是块巨大的高山草甸，像一张巨大的丝毯挂在天边，远望官厅湖波光如镜，环看群山宛在身旁。山中清泉奔涌，长年不涸，溪水汇聚至山下的黄龙潭，后者也是这里的一处著名景观。

门票信息 | 套票120元

交通信息 | 景区位于怀来县于洪寺村北，需自驾前往。

电话 | 6811309

网址 | http://www.hbhlsz.com/

亮点

云中草原、仙柜山

大境门

标签：4A级景区 长城

大境门是万里长城众多关隘中十分特殊的一个。因为历史上这里形成了贡市和茶马互市等边贸市场，这个关口被称作“境门”。大境门墙高12米，底长13米，宽9米，其造型朴实厚重，粗犷苍劲。1927年，察哈尔督统高维岳在大境门门楣上书写的“大好河山”四个颜体大字，更为大境门增添风韵。

门票信息 | 20元

营业时间 | 7:30—18:00

交通信息 | 景区位于桥西区明德北路与正沟街交叉口，可乘公交16路至大境门站。

电话 | 8020199

微信公众号 | 大境门景区

亮点

拱门

张家口堡

标签：古迹

张家口堡是张家口市区最早的城堡，建于明宣德年间，至今已经有近600年的历史。堡内保留着400多座明清时期修建的院落，多为砖木混合结构，院落一般坐北朝南，沿中轴线对称布置，其中具有历史价值的重点院落有93处，还有包括玉皇阁、文昌阁、抡才书院、定将军府等在内的许多古建筑珍品，堪称北方民居博物馆。

门票信息 | 免费

营业时间 | 全天

交通信息｜景区位于桥西区鼓楼西街16号，可乘公交10路至赐儿山街路口站。

电话｜5953377

微信公众号｜张家口堡景区

亮点

传统民居

黄帝城遗址文化旅游区

标签：4A级景区 遗址

黄帝城即涿鹿故城，是一座不规则方形夯土城，残存有5—10米高的城墙。相传这里是黄帝战胜蚩尤后建起的第一座都城。遗址内发现了大量陶器、石器，这些文物的发现为研究黄帝和炎帝时期的历史提供了重要的依据。

门票信息｜80元

营业时间｜8:30—17:30

交通信息｜景区位于涿鹿县矾山镇，可从涿鹿汽车站乘涿鹿至矾山的班车前往。

电话｜6522440

微信公众号｜黄帝城遗址文化旅游区

亮点

黄帝泉、黄帝祠

蔚州古城

标签：古城

蔚州古城位于蔚县，始建于北周年间，距今已有1400多年的历史。方正端庄、泾渭分明、中轴对称是蔚州古城最大特色。这里自古就是富饶繁华的商埠重地，不仅物产丰富，还保留了丰富多彩的民间文化。古城内衙署、寺庙、楼阁、民居众多，还有玉皇阁、南安寺塔、灵岩寺、真武庙等古迹。

门票信息｜通票80元

营业时间｜8:30—18:30

交通信息｜景区距离蔚县汽车客运站约1.5公里，可从客运站步行前往。

电话｜7205552

微信公众号｜畅游蔚州古城

亮点

蔚州署、玉皇阁

飞狐峪·空中草原

标签：草原

这是一处以峡谷和高山草甸风光为主的自然风景区。这里的草原属于高山湿地大草甸，海拔2000多米，四周陡峭，山顶却相当平坦，绿草如茵，有“空中花园”之美誉。草原上可以骑马游玩。前往空中草原的路上会经过景区内的另外两个景点——飞狐峪和马蹄梁，地势都比较险峻，适合拍照。

门票信息｜65元

营业时间｜9:00—17:00

交通信息｜景区位于蔚县城南宋家庄镇北口村南飞狐峪口，需自驾或从蔚县包车前往。

电话｜7194168

微信公众号｜飞狐峪空中草原

网址｜http://www.kzcy.net/

亮点

飞狐峪、马蹄梁、空中草原

滦河神韵风景区

标签：4A级景区 湿地

滦河神韵风景区又名转佛庙，曾是历代帝王的狩猎避暑胜地。这里主打草原湿地等自然景观，景区内最震撼人心的当数九曲十八弯的滦河河道，尤以夕阳西下时景色最美。转佛山位于滦河源头闪电河的西北岸，山顶平缓，登顶可俯瞰美丽的湿地景观，令人心旷神怡。

门票信息｜60元

营业时间｜7:00—18:00

交通信息｜景区位于沽源县东北20公里处，可自驾或包车前往。

电话｜5810493

微信公众号｜滦河神韵风景区

亮点

湿地景观

鸡鸣驿

标签：古迹

鸡鸣驿原称鸡鸣山驿，坐落在怀来县鸡鸣山脚下，是历史上京畿地区最重要的驿站之一，号称“极冲”，是我国迄今为止发现的保存最完整、建筑规模最大、功能最齐全的邮驿建筑群。鸡鸣驿城设有东西城门，内有驿丞署、驿馆等古迹，还有泰山庙、文昌庙、城隍庙等7座庙宇。城内的贺家大院据称是慈禧太后和光绪皇帝在逃往西安途中的落脚地。

门票信息｜40元

营业时间｜8:00—18:00

交通信息｜景区位于怀来县鸡鸣驿乡139乡道，可乘坐公交怀来304路至鸡鸣驿古城站。

电话｜6814580

亮点

驿丞署

张北野狐岭要塞军事旅游区

标签：军事旅游

野狐岭要塞军事旅游区是草原天路的西端入口，山势高峻，风力猛烈，古时为著名的军事隘口。景区以20世纪70年代的国防、人防地道工程为主体，依托802演习纪念馆，以大量图文资料展示了解放军历史上规模最大的军事演习。景区还建有体能拓展训练区、国防及人防地道参观区、大型兵器户外展区等游览区域，并设有电子游戏对抗区、电影放映厅等娱乐设施。

门票信息｜50元

营业时间｜8:00—18:00

交通信息｜景区位于张北县张石高速出口油篓沟乡玻璃彩村对面，可从张北县汽车站乘出租车或自驾前往。

电话｜5319088

微信公众号｜张北野狐岭要塞景区

亮点

802演习纪念馆

元中都博物馆

标签：博物馆

元中都博物馆位于张北县，是全国第一个蒙元历史专题博物馆。其外形很有特点，仿照元中都建制，由廓城、皇城、宫城3层组成。馆内共6个展厅，以翔实的史料为基础，浓缩了元中都历史，展示了元朝的兴衰与成败。馆藏文物包括汉白玉螭首、六六幻方等。

门票信息｜40元

营业时间｜9:00—17:00，周一闭馆

交通信息｜景区位于张北县南山东路张北一中旁，可乘公交张北2路至张北一中北门站。

电话｜5398182

微信公众号｜元中都博物馆

亮点

汉白玉螭首、六六幻方

保定、唐山、廊坊

河北省如同一只大手环抱京津，与京津接壤的保定、廊坊、唐山也成了京津地区游客近郊游的首选，其中廊坊的一些区县还成了许多北漂一族安家的地方。举世闻名的清东陵和清西陵分别位于保定易县和唐山遵化，这也是河北少有的世界文化遗产。保定地区自然风光丰富多彩，西部山区里的野三坡和白石山均有壮丽的山水，崇山峻岭间溪水奔流，风景如画；南部的白洋淀地区有大片湿地，荷花和芦苇荡是这里的名片。唐山地处渤海之滨，是著名的工业城市，虽然一直戴着空气质量欠佳的帽子，但这里的环境已经有了很大改善，曾经的煤矿采掘区如今已变身矿山公园，曹妃甸港及周边旅游度假区的开发也给

唐山旅游带来了更多不一样的选择。

电话区号 保定0312、唐山0315、廊坊0316

交通

飞机

唐山三女河机场（0315-2521111，微信公众号：唐山三女河机场）除了开通有去往国内各大中城市的航线之外，这里还有飞往石家庄和乌海的支线航班。

火车

唐山站（0315-2324113；唐山市路北区站前南路160号）唐山地区的枢纽大站，途经唐山的普速与高速铁路列车均会经停，路线包括津山铁路、津秦高速铁路和建设中的京唐城际铁路等。

保定站（0312-2022160；保定市竞秀区建华大街640号）这是保定地区的普速车站，铁路京广线和津保线的列车都会在这里停车。此外保定还有高铁站**保定东站**。

廊坊站（廊坊市安次区常甫路北端）有京沪高铁的列车经停，从车站乘坐高铁到北京的时间在半小时以内，非常方便。

雄安站（保定市雄县礼贤街）京雄城际铁路的始发站，也是亚洲最大高铁站，未来还会有石雄、津雄和京港等多条高速铁路引入。

长途汽车

唐山长途汽车西站（0315-2323147；唐山市站前路北端）

保定客运中心站（0312-5972888；保定市莲池区裕华东路1085号）

廊坊客运总站（0316-2012427；廊坊市广阳区解放道63号）

公交车

几座城市的市内公共交通都较为发达，均可在支付宝交通出行页面中领取电子公交卡后刷二维码乘车。市区之外的其他远郊区县也都有较为完备的公共交通体系。非热门线路的公交车收车时间通常较早，安排行程时需特别注意，详情可在各地公交公司微信公众号中查询。

土特产和纪念品

保定当地特色有保定铁球、保定面酱，唐山当地特色有迁西京东板栗、滦州苹果，廊坊当地特色有固安柳编、胜芳蟹。

住宿

经济型

廊坊高铁站亚朵酒店

（0316-2086699；廊坊市安次区光明西道108号）酒店地处廊坊市中心附近，靠近廊坊高铁站和万达广场，地理位置优越，出行十分便利。酒店内有中餐厅和洗衣房等常规设施，还配有24小时阅读空间和健身房。

中档

唐山中大国际酒店

（0315-5699999；唐山市路北区龙泽南路53号）酒店东邻大城山公园，西靠市区主干道龙泽路，地理位置优越。酒店拥有多种类型客房，提供餐饮、会议、康乐等各种服务，设施十分齐全，可满足不同人的需求。

高档

怀来皇冠假日酒店

（0312-5849999；保定市涞水县三坡镇月亮湾健康谷）酒店位于野三坡景区内，四周风景秀丽。所有客房均配有超大景观阳台，在室内便可欣赏到景区的迷人景致。酒店提供了各式各样的主题客房，还有雅致安静的餐厅以及健身中心和棋牌室等设施。

就餐

闫家驴肉老店（华电一校店）

（0312-3350539；保定市永华北大街654号；6:00—21:00）来保定自然要吃驴肉火烧，这家店便是本地的驴肉火烧老字号。店内的驴肉火烧使用的是类似肉夹馍的圆饼，一口咬下去外层酥脆，内有嚼劲，配上一些辣椒油，好吃不腻。此外，店内的羊杂汤分量很足，口感也不错。

鸿宴饭庄（南湖店）

（0315-2518888；唐山市建设南路南湖美食广场内；10:30—14:00，17:30—21:00）鸿宴饭庄的美味在全唐山都非常出名，这里的煨肘子酥烂绵软，肉香四溢又不油腻，南烧冬笋口感厚重。招牌小吃棋子烧饼是唐山特色，酥脆不油腻，馅料口感也很好，如同棋子一般摆满一盘，好吃又有趣。

线路推荐

京西自然风光之旅：野三坡—白石山—满城汉墓—天生桥

唐山工业遗迹之旅：唐山地震遗址纪念公园—唐山南湖—开滦国家矿山公园

保定景点

白洋淀景区

标签：5A级景区 湿地

白洋淀是华北平原上最大的淡水湖，是典型的北方湿地。这里有不少名胜古迹，许多帝王曾到此巡游，还建有康熙水围行宫。白洋淀大致由六大景区组成，即鸳鸯岛民俗文化景区、荷花观赏景区、生态游乐景区、休闲娱乐景区、码头观光景区、民俗村观光景区。淀内还有一些小岛被开发成了小景点，小岛与陆地之间没有通路，只能乘船前往。荷花大观园是白洋淀最著名的景点，这里有几百种中外荷花，是全国规模最大、荷花数量最多的荷园。每年8月，荷花盛开，红白相间，如诗如画。

门票信息｜入淀费40元，各景点收费不一

营业时间｜4月至11月8:30—17:30，12月至次年3月不开放

交通信息｜可从高铁白洋淀站乘坐公交容城16路至白洋淀景区。

电话｜5116352

微信公众号｜白洋淀旅游景区

网址｜http://www.hbbaiyangdian.com/

荷花节、芦苇荡

野三坡

标签：5A级景区 喀斯特地貌

野三坡景区以三坡镇为中心，主要有百里峡、白草畔、鱼谷洞、龙门天关和拒马河几个景区，其中百里峡景区是最著名的一个，峡谷中瀑布溪流遍布，还有很多陡峭的崖壁怪峰，如“一线天”“观音石”等。白草畔森林公园是另一个重点景区，可以登上高山草甸远望重峦叠嶂。鱼谷洞是一座长3公里的溶洞，里面有造型奇特的钟乳石。野三坡是京郊避暑胜地，每年4月至10月来此看山玩水，探洞漂流，十分惬意。

门票信息｜门票90元，各景点收费不一

营业时间｜7:00—17:00

交通信息｜景区位于涞水县野三坡镇苟各庄村，可从北京乘坐野三坡旅游直通车，7:30—8:30发车。

电话｜4568106

微信公众号｜野三坡风景区

网址｜http://www.hbysp.cn/

亮点

百里峡、白草畔

白石山

标签：5A级景区 山岳

白石山绵亘在巍巍太行山的北端，被称为“太行之首”，其主峰海拔超过2000米，因山顶的白色大理岩而得名。这里有自金山而起、从石城沟而出的白石山长城，在白石山北麓的峰峦蜿蜒。白石山西麓有十瀑峡，这是一座花岗岩峡谷，有大小瀑布十几道，其源头是海拔1300米的龙虎泉。景区内还有号称中国“天

空之路”的玻璃栈道，山顶有建在悬崖边的咖啡馆，有两个大平台延伸到悬崖之外，面对山谷中的云雾慢悠悠地喝杯咖啡也是不可错过的体验。

门票信息｜150元

营业时间｜8:00—18:00

交通信息｜景区位于涞源县207国道东侧白石口村，可从涞源县旧汽车站乘坐白石山大巴至白石山东门。

电话｜5366056

微信公众号｜白石山风景区

网址｜http://www.lybss.cn/

亮点

白石山长城、玻璃栈道

清西陵

标签：5A级景区　世界文化遗产

清西陵是清朝帝王两大陵寝之一，建于1730年，葬有雍正、嘉庆、道光、光绪四位皇帝及后妃80余人，共有宫殿1000多间，石雕刻和石建筑100多座，构成了一片规模宏大的古建筑群。清西陵的四座帝陵分别是泰陵、昌陵、慕陵、崇陵，此外还有后陵3座，分别是泰东陵、昌西陵、慕东陵。

门票信息｜通票120元

营业时间｜4月至10月8:00—17:00，11月至次年3月8:30—17:00

交通信息｜景区位于易县西陵镇，可从易县汽车站乘坐公交9路到达。

电话｜4710016

微信公众号｜清西陵景区

网址｜http://ly.qingxiling.com/index.php

亮点

泰陵、昌陵、慕陵、崇陵

晋察冀边区革命纪念馆

标签：4A级景区　红色旅游

晋察冀边区革命纪念馆位于阜平县，分为展览区、室外雕塑区和后山旧址区等几个展区。门口广场中间是一块卧石，上有毛主席的亲笔题词“模范抗日根据地晋察冀边区”。馆内运用大量珍贵的照片、文物以及先进的声、光、电手段，生动再现了晋察冀军民在抗日战争和解放战争中做出的贡献。

门票信息｜30元

营业时间｜9:00—16:30，周一闭馆

交通信息｜景区位于阜平县城南庄镇，需自驾前往。

电话｜7888372

网址｜http://www.jinchaji.com/

亮点

珍贵文物

满城汉墓

标签：古墓

位于保定西北的满城汉墓是西汉中山靖王刘胜及其妻窦绾的墓葬，是中国目前保存最完整、规模最大的山洞宫殿。两墓的墓室庞大，共出土各类陪葬品1万余件，极尽奢华，其中包括金缕玉衣、长信宫灯、错金博山炉等著名器物。景区内还有客运索道、下山滑道、滑草、飞降等配套设施及附属项目，曾举办过全国滑翔伞邀请赛等大型表演赛事。

门票信息｜大门票10元，通票50元

营业时间｜8:30—17:00

交通信息｜景区位于满城区中山西路汉墓景区，可乘公交10路至满城汉墓站。

电话｜7072035

微信公众号｜满城汉墓景区

亮点

墓室结构

冉庄地道战遗址

标签：红色旅游

冉庄地道战纪念馆始建于1959年，展厅内珍藏着大批革命文物，利用声、光、电等现

代化手段再现了当年情景。冉庄地道战遗址保护区保留着20世纪三四十年代冀中平原村落的环境风貌，同时还完整保留了高房工事、牲口槽、地平面、锅台、石头堡、面柜等各种作战工事，地下完整保留着当年作战用的地道3000米，以及卡口、翻眼、囚笼、陷阱、地下兵工厂等地下作战设施。

门票信息｜20元

营业时间｜9:00—16:30

交通信息｜景区位于清苑区冉庄，可从保定汽车客运站乘坐大巴车至冉庄。

电话｜8036158

微信公众号｜冉庄地道战纪念馆

网址｜http://www.rzddz.com/index.asp

亮点

地道

曲阳北岳庙

标签：古建筑

北岳庙位于曲阳县城西，建于北魏时期，是汉代以来多代帝王遥祭北岳恒山的地方。现存主要建筑为元代遗物，有御香亭、凌霄门、三山门、飞石殿（遗址）和德宁之殿。庙内建筑精巧，雕梁画栋，蔚为壮观。其中德宁之殿是庙内主体建筑，也是我国现存最大的元代木结构建筑，殿内东西两壁绘有巨幅壁画《天宫图》，传说是唐代著名画家吴道子所绘。景区内还建有雕刻艺术馆，保存古雕刻100多件。

门票信息｜40元

营业时间｜8:30—17:00

交通信息｜景区位于曲阳县城内北岳路，可乘坐曲阳公交1路至北岳庙站。

电话｜4212155

微信公众号｜曲阳北岳庙

网址｜http://www.beiyuemiao.cn/

亮点

壁画

易县狼牙山风景区

标签：4A级景区　红色旅游

狼牙山坐落在易县县城西南，是狼牙山五壮士最后舍身跳崖之地。这里山势险峻，犹如长短不齐的巨齿狼牙，故得此名。主峰莲花瓣海拔1000多米，四周峭壁环绕，只能通过几条羊肠小道登顶，险要之处仍需贴壁而过。除了来此缅怀先烈，还可以游览棋盘坨等山峰以及大型溶洞。

门票信息｜80元

营业时间｜8:00—17:00

交通信息｜景区位于易县狼牙山镇东西水村，可从易县县城乘坐去管头镇的大巴至狼牙山路口，后换乘至西水村的中巴到达。

电话｜8861888

微信公众号｜狼牙山

亮点

狼牙山五勇士纪念塔

唐山景点

清东陵

标签：5A级景区　世界文化遗产

清东陵位于唐山市，是我国现存规模最宏大、体系最完整、布局最得体的帝王陵墓建筑群，共葬有包括5位皇帝和15位皇后在内的161人。康熙和乾隆等著名皇帝都安葬在这里，他们的陵寝内涵丰富，具有极高的历史价值。陵区最前方的石牌坊面阔31.35米，高12.48米，完全由石料构筑而成，巨大而精美，国内已不多见，是陵园的标志之一。

门票信息｜联票108元

营业时间｜4月至10月8:00—17:00，11月至次年3月8:30—16:00

交通信息｜景区位于遵化市石门镇六盘营村西，可从遵化汽车站乘坐旅游专线到达。

电话｜6940888

微信公众号｜清东陵景区

网址｜http://www.qingdongling.com/

★ 亮点

孝陵、裕陵

开滦国家矿山公园

标签：4A级景区 工业遗迹

开滦国家矿山公园坐落在唐山市中心，属于大型工业遗产旅游园区，主要由开滦的百年采矿遗迹组成，分为矿业文化博览区、“国保”遗址观光区、时尚文化休闲区。其中开滦博物馆独具特色，而位于博物馆地下数十米的煤矿井老巷道被改造成了地下探秘区，游客可以从博物馆开启一场“井下探秘游”。景区内还有中国铁路源头博物馆、蒸汽机车观光园等景点可供参观。

门票信息｜公园30元，博物馆120元

营业时间｜8:30—18:00

交通信息｜景区位于路北区新华东道54号，可乘公交2、18路至路北区委区政府站。

电话｜3020287

网址｜http://www.kailuanpark.com/

★ 亮点

井下探秘区

曹妃甸湿地景区

标签：4A级景区 湿地

曹妃甸湿地文化旅游度假区位于曹妃甸区西部，景区内有湿地、温泉、河湖等旅游资源，最著名的景点是湿地迷宫区，迷宫运用太极八卦的图形元素，对鱼塘、芦苇进行整合，建设迷宫水道，游人可乘坐游船穿行其间。曹妃湖的周边还铺有鹅卵石游步道，并架设了1500米的木栈道和3座亲水平台。夏日，景区内的荷花盛开，一步一景。

门票信息｜20元

营业时间｜8:00—18:00

交通信息｜景区位于唐海县曹妃甸，可从曹妃甸区乘坐公交7路至湿地公园。

电话｜6730099

网址｜http://www.cfdsd.com/

微信公众号｜曹妃甸湿地度假区

★ 亮点

湿地迷宫区

滦州古城

标签：4A级景区 古城

滦州古城位于滦县，集文化、旅游、居住、休闲于一体，以清代建筑风格为特色，体现了北方传统汉文化。其中东大门、关帝庙、紫金塔和“夷齐故里”大牌坊，都是热门的打卡地。古城还会举办一些特色活动和表演，如评剧、太极拳、东北二人转等。夜幕降临，古城灯火辉煌，是拍摄夜景的好地方。

门票信息｜免费

营业时间｜9:00—21:00

交通信息｜景区位于滦县滦州镇，可乘坐滦州101路至母亲河广场站。

电话｜7386204

微信公众号｜滦州古城

网址｜http://lzgc.wght-group.com/

★ 亮点

东城门、关帝庙

唐山地震遗址纪念公园

标签：纪念馆

唐山地震遗址纪念公园在设计中充分体现了“敬畏自然、关爱生命、探索科学、追忆历史”的理念，分为地震遗址区、纪念水区、纪念林区、纪念广场等区域。公园内的纪念广场可供上万人举行重大集会活动，是供人们纪念亲人、凭吊逝者的重要场所。广场内的唐山大地震罹难者纪念墙由被分为5组的13面墙体组成，镌刻着在1976年唐山大地震中罹难的24万同胞的姓名。在纪念墙的北侧正后方有一片纪念林，园内还有中国·唐山地震博物馆，是国内目前最大的地震主题展馆。

门票信息｜免费

营业时间｜9:00—16:00，周一闭馆

交通信息｜景区位于岳各庄路19号，可乘公交游1、15、44路至地震遗址公园站。

电话｜5939728

微信公众号｜唐山地震遗址纪念公园

亮点

纪念墙、纪念展馆、主题雕塑

唐山湾国际旅游岛

标签：海岛

唐山湾国际旅游岛位于乐亭县，主要景区是菩提岛、月岛和祥云岛三岛。菩提岛上淡水资源丰富，灌木丛生，还有潮音寺、朝阳庵遗址等佛家古迹。月岛因形似弯月而得名，属于国家4A级景区，岛上植被丰茂，周边有天然海滨浴场。祥云岛海岸为优质天然细沙，岛上温泉资源丰富。

门票信息｜110元

营业时间｜8:00—17:00

交通信息｜景区位于乐亭县马头营镇捞鱼尖村，可从乐亭汽车站乘坐旅游大巴至捞鱼尖码头。

电话｜4099858

微信公众号｜唐山国际旅游岛

网址｜http://www.lanwantour.com/

亮点

月岛

廊坊景点

梦东方·未来世界

标签：4A级景区 主题乐园

梦东方·未来世界是国内首家航天主题高科技乐园，集航天科技展览展示、课外科普教育、互动娱乐于一体。园区应用太空主题元素，充分利用各种声、光、电技术，带你进入梦幻、神奇、惊险、刺激的太空世界。景区内还有航天科技展览、互动体验区以及航天训练基地等，适合带孩子的家庭来开展亲子活动。

门票信息｜200元

营业时间｜9:00—17:00

交通信息｜景区位于三河市东燕郊经济开发区迎宾路口往南3公里处，可于北京乘坐811、812、813路至燕郊迎宾路口站。

电话｜58412285

微信公众号｜梦东方未来世界

亮点

航天科技展览

沧州、衡水、邢台、邯郸

河北南部的沧州、衡水、邢台和邯郸地处河北与山西、山东、河南三省的交界处，与周边几省的文化交流颇多。辽阔的华北平原一望无际，雄伟的太行山纵贯南北，这里的风景于是也混搭了两种不同的特色。西部的太行山区里高山峡谷，险峰林立，有自然风光爱好者不可错过的美景。赵都邯郸在战国时代名声显赫，是当时中原地区最繁华的城市之一，如今邯郸城里还保留有赵苑和赵王城遗址等古迹。沧州位于渤海之滨，黄骅港附近的海滨湿地也是非常有本地特色的景点。

电话区号 沧州0317、衡水0318、邢台0319、邯郸0310

交通

飞机

邯郸机场（0310-2119788；微信公众号：邯郸机场）

火车

沧州西站（沧州市沧县北京路西端头）京沪高速铁路的列车会经停这里。

衡水北站（衡水市桃城区北环西路）石济高

速铁路的列车会经停这里。

邢台东站（邢台市桥东区邢东新区振兴一路）京广高速铁路的列车会经停这里。

邯郸东站（邯郸市丛台区秦皇大街）京广高速铁路的列车会经停这里。

长途汽车

沧州汽车客运东站（0317-3041133；沧州市新华区交通大街3号）

衡水汽车总站（0318-2119009；衡水市桃城区站前东路106号）

邢台中心汽车站（0319-5916444；邢台市襄都区转运街）

邯郸汽车客运总站（0310-3023679；邯郸市邯山区浴新南大街29号）

公交车

几座城市的市内公共交通都较为发达，均可在支付宝交通出行页面中领取电子公交卡后刷二维码乘车，也可在各大地图App中查询实时公交情况。除去通往火车站等重点区域的几条线路，区域内的许多公交车末班车时间都在18:00左右，规划行程的时候需要注意。

土特产和纪念品

沧州当地特色有河间驴肉火烧、黄骅冬枣，衡水当地特色有阜城杏梅、深州蜜桃，邢台当地特色有清河山楂、南宫黄韭，邯郸当地特色有涉县核桃、涉县花椒。

住宿

经济型

邯郸宾馆

（0310-2113888；邯郸市丛台区中华北大街113号）邯郸宾馆位于邯郸市中心，北邻丛台公园，交通便利。酒店内配套设施一应俱全，有健身房、会议室以及中餐和西餐厅。邯郸宾馆曾经是本地著名的旅游饭店，有近50年的历史，2015年酒店进行了重新装修，设施也进行了更新。

中档

衡水阳光大酒店

（0318-2113101；衡水市桃城区新华西路158号）衡水阳光大酒店位于衡水市中心，距离衡水火车站和休闲广场很近。酒店内有近170间客房，还有健身房、会议室和KTV等配套设施，餐厅提供包括日式料理在内的各式菜品。酒店于2016年进行了重新装修，设施和环境均有一定程度的改善。

高档

南宫南湖温泉国际酒店

（0312-5849999；邢台市南宫市企之北路26号）这家2020年新开业的度假酒店位于邢台市东北部的南宫湖东侧，主打度假休闲体验，内有规模庞大的温泉中心，有包括造浪池、泳池、儿童娱乐池在内的公共温泉区和私人专属湖景温泉，各式餐厅一应俱全，还可进行户外烧烤，非常适合举家前来过周末。

就餐

邯郸人餐厅

（0310-5806888；邯郸市联纺东路植物园北门对面；10:00—14:00，17:00—21:00）这家家常菜馆位于邯郸东站附近，主打各式本地菜品，招牌菜邯郸人炖鸽子汤汁浓郁，肉味鲜美；石磨豆腐软嫩可口，蘸料味道非常独特，还有拔丝榴莲这种奇怪的小食可以品尝。饭店自带池塘小院，用餐环境也算不错。

高玛纳驴肉火烧（曙光中路店）

（0317-3223398；沧州市河间县曙光中路15号；7:00—21:00）河间的街头到处都是驴肉火烧，这家店也算是当地比较出名的了，除去浓香酥脆的驴肉火烧是必点的菜品之外，这里的驴肉汤和驴杂汤也都非常有特色，再加上全驴小饼和大蒜烧驴板肠，喜欢驴肉的人来到这里可算是来对地方了。

线路推荐

太行山深度游：崆山白云洞—天台山—云梦山—九龙峡

邯郸赵都及古文明之旅：赵苑公园—丛台公园—赵王城遗址—娲皇宫

沧州景点

吴桥杂技大世界

标签：4A级景区 杂技

吴桥是我国杂技艺术的发祥地之一，而吴桥杂技大世界便是吴桥杂技的中心展示区。在这里你能充分领略吴桥杂技艺人的奇招绝活，漫步城中还能尽情欣赏各具特色的马戏、戏法等演艺项目，杂技奇观宫展示了数千年的杂技发展史。景区内还有魔术迷幻宫，向游人展示魔术的神奇玄妙，以及红牡丹剧场和马戏游乐场等设施。

门票信息｜160元

营业时间｜8:30—17:30

交通信息｜景区位于吴桥县京福路1号，可于北京乘坐大巴至吴桥汽车站，下车即到。

电话｜400-6336-567

微信公众号｜吴桥杂技大世界

网址｜http://www.wqzjdsj.com/

亮点

魔术迷幻宫、杂技奇观宫

沧州铁狮子

标签：文物古迹

沧州铁狮子位于沧州市东南郊，铸成于后周年间。铁狮现身长6米多，体宽2米多，重约32吨，狮身向南，头向西南，呈前进状，姿态雄伟，狮背上还铸有莲花座。铁狮子已历经4次修缮，但目前仍锈蚀严重，需依赖支架站立。

门票信息｜20元

营业时间｜8:00—18:00

交通信息｜景区位于沧县旧州镇，可乘公交901路至旧州镇西口站，下车后步行前往。

电话｜4743270

微信公众号｜沧州旧城铁狮子保护管理中心

亮点

铸造工艺

东光铁佛寺

标签：文物古迹

东光铁佛寺位于沧州东光，原名普照寺，至今已有1000多年的历史，因寺内释迦牟尼体态硕大而闻名。铁佛寺的山门、围墙、圆柱和窗棂均为红色，非常独特。释迦牟尼佛像即位于大雄宝殿之中，面南端坐，完全由生铁铸成，高8米多，重约48吨，是国内较大的坐式铸铁佛像。

门票信息｜10元

营业时间｜8:00—17:30

交通信息｜景区位于东光县普照大街59号，可乘坐公交东光1路外环至普照公园站。

电话｜7722307

微信公众号｜东光县铁佛寺

亮点

铁佛像

南大港湿地

标签：4A级景区 滨海湿地

南大港湿地位于黄骅港，属于典型的滨海湿地，湿地内有潟湖洼地、浅槽型洼地等多种地貌，多条河流从这里入海。这里是候鸟南北迁徙带与东西迁徙带的交会点，已发现了168种鸟类。为对区内动植物进行保护，这里还开挖了一条6米宽、4米深的环港水渠，以保证季节性蓄水和调节区域内水容量。

门票信息｜50元

营业时间｜9:00—17:00

交通信息｜景区位于黄骅市南大港，可乘公交821路、833路、南大港观光2号线至南大港湿地南门站。

电话｜5464029

微信公众号｜南大港湿地

★ 亮点

观鸟

河北海盐博物馆

标签：博物馆

河北海盐博物馆位于黄骅市，这里是沧州长芦盐场的主产区，有悠久的制盐业历史。博物馆共有3层，有华夏盐踪展、当代盐业、神奇的盐等主题展厅，以大量实物和图片展示了我国盐业的发展历程，包括制盐工艺和盐在生活中的用途等许多内容。展区内还展出了大量的盐衍生品，让人耳目一新。

门票信息｜免费

营业时间｜9:00—17:00，周一闭馆

交通信息｜景区位于黄骅市渤海东路480号，可乘公交黄骅2路北线、黄骅6路至人民公园站。

电话｜5221355

★ 亮点

华夏盐踪展

衡水景点

衡水湖景区

标签：湿地公园

衡水湖自然保护区位于衡水市，是华北平原一处保存完整湿地生态系统的自然保护区，内部生物种类繁多，包括许多国家一级和二级保护鸟类。在景区游览需要租船，乘船游湖也是衡水湖景区的重点游览项目，游船的途中还可顺道游览鸟岛、梅花岛、湖心岛、芦苇荡和荷花淀等景点。景区附近有闾里古镇，这是一处人造古镇景点，可一并参观。

门票信息｜30元

营业时间｜全天

交通信息｜景区位于红旗大街3369号，可乘公交18路至衡水湖景区站。

电话｜2186196

微信公众号｜衡水湖景区

网址｜http://www.hshly.cn/

★ 亮点

观鸟

武强年画博物馆

标签：博物馆

武强年画博物馆是国内年画藏品较丰富、规模较大的专题性博物馆，收藏有年画及各种文物1万余件。现有5个展厅和一个仿古年画作坊，馆内陈列分为年画的源流与发展、历史上的辉煌成就、具有革命传统的近现代武强年画、目前年画发展的新格局等六部分，展品有浓厚的民族、民间特色。

门票信息｜30元

营业时间｜8:30—12:00，14:30—17:00

交通信息｜景区位于武强县新开街1号，可乘武强公交116路至新开街安民路口站。

电话｜3822491

微信公众号｜武强年画博物馆

网址｜http://www.wqnh.art/

★ 亮点

年画

邢台景点

崆山白云洞旅游区

标签：4A级景区　岩洞

崆山白云洞位于临城县境内，是我国北方难得的岩溶洞穴，现已初步探明并开发了5个洞，分别被命名为人间、天堂、地府、龙宫、迷宫，主要景点有200多处，包括形态各异的钟乳石、石笋、石幔。洞内四季恒温，适合消夏避暑。

门票信息｜与天台山联票100元
营业时间｜8:00—18:30
交通信息｜景区位于临城县西竖镇山南头村，可乘公交临城西6路至崆山白云洞站。
电话｜7098688
微信公众号｜崆山白云洞

亮点

钟乳石、石笋

天台山旅游区

标签：4A级景区 山岳

天台山景区在白云洞西北8公里处，包括大平台、五谷仓、石柱峰、天眼山、九尖山等山峰。远远望去，天台山就像一尊首东而足西的巨型睡佛。景区内的主要景点有云海亭、半壁殿、慈云阁、仙岩庵、桃源洞等。目前这里和白云洞绑定销售门票，有大巴车免费摆渡。

门票信息｜与崆山白云洞联票100元
营业时间｜9:00—17:00
交通信息｜景区位于临城县，可从白云洞坐摆渡车前往。

亮点

云海亭

内丘扁鹊庙

标签：4A级景区 古建筑

扁鹊庙位于内丘县，历史悠久，规模宏伟，为纪念名医扁鹊而建。原有单体建筑27座，现存有回生桥、山门、扁鹊殿、后土总司殿、玉皇殿等13座。庙前有九龙水从西向东流过，河上曾有汉白玉石桥，传说人患有疾病或奄奄一息时，只要从此桥经过，就可以起死回生，故又名回生桥。

门票信息｜40元
营业时间｜9:00—18:00
交通信息｜景区位于内丘县南赛乡神头村，可于内丘县内乘坐公交内丘5路至扁鹊庙站。
电话｜6986907
微信公众号｜河北内丘扁鹊庙

亮点

扁鹊庙

天河山

标签：4A级景区 山岳

天河山旅游区位于晋冀交界的太行山深处。这里奇峰林立，峡谷幽峻，瀑布众多。春秋时期，孔夫子曾游学至此，“夫子岩”由此得名。据称这里还是牛郎织女故事的诞生地，是“七夕文化之乡”和“中国爱情山”。景区内有大量景点，包括凌波湖、碟仙谷、夫子岩、云顶草原等，天河山冰雪大世界也在景区附近。

门票信息｜70元
营业时间｜7:00—18:00
交通信息｜景区位于邢台县白岸乡清泉村，可从邢台西汽车站乘坐邢台至天河山的旅游专线车到达。
电话｜400-856-5657
微信公众号｜天河山景区
网址｜http://www.tianheshan.com/

亮点

夫子岩

云梦山

标签：4A级景区 山岳

云梦山风景区位于冀家村，处在翠阳山、牛群山、轿顶山三山环抱之中。这里地貌奇特，自下而上分为4层，分别为下壶天、中壶天、上壶天、天外天，景区四面山势陡峭，头顶只有一片圆天，故称“壶天仙境”。这里最奇特的景点是九潭十八瀑，被誉为“北方的九寨沟”。

门票信息｜50元
营业时间｜8:00—17:30
交通信息｜景区位于邢台县冀家村乡石板房村北，可从邢台西汽车站乘坐邢台至云梦山的旅游专线车到达。

电话 | 2758550

微信公众号 | 河北云梦山

★ 亮点

九潭十八瀑

邯郸景点

涉县娲皇宫

标签: 5A级景区

娲皇宫景区位于涉县，是传说中女娲抟土造人、炼石补天的地方。它设在陡峭的山腰平台上，建有娲皇阁、梳妆楼、迎爽楼、钟鼓楼、六角亭及山门等建筑，建筑布局充分利用了原有地形。主体建筑娲皇阁紧傍悬崖，通高23米，以9根铁索系于崖壁上，游客多的话会导致楼体晃动。阁外的山崖上还有过去的摩崖石刻，刻有包括《法华经》《神密解脱经》在内的佛教经典。景区内还有补天台、补天峰、酌觞池、龙吟洞等景点。

门票信息 | 70元

营业时间 | 8:00—17:30

交通信息 | 景区位于涉县索堡镇，需自驾或从涉县县城包车前往。

电话 | 3922355

微信公众号 | 娲皇宫景区

网址 | http://shexianwahuanggong.com/

★ 亮点

娲皇阁、摩崖石刻、补天谷

广府古城旅游区

标签: 5A级景区 古城

广府古城位于邯郸市永年区，距今已有2600多年的历史。古城的城墙雄伟坚固，周围环水，自古以来就有“北国小江南”之美称，是我国平原地区城墙、护城河保存较好的一座明清古城。城内外共有名胜古迹30多处。城内有四大街、八小街、七十二条小巷道，纵横分布着太极宗师杨露禅和武禹襄的故居、清晖书院、广平府署等景点，城外还有弘济桥、毛遂墓、黑龙潭等。其中弘济桥是单孔双敞肩石拱桥，形制大小与赵州桥大致相同，也被称为赵州桥的姊妹桥。

门票信息 | 联票90元

营业时间 | 9:00—21:00

交通信息 | 景区位于永年区广府镇，可乘坐公交605路至广府城南门站。

电话 | 6612266

微信公众号 | 广府古城

网址 | http://zhongguoguangfu.cn/

★ 亮点

杨露禅故居、武禹襄故居

赵苑公园

标签: 4A级景区 古典园林

赵苑公园位于邯郸市西北部，大约在2300年以前，赵武灵王开始胡服骑射改革时，曾在这里带领将士苦练骑射。园内保留了插箭岭、南北梳妆楼、铸箭炉、照眉池等遗址，文化底蕴丰厚。妆台梳云是园内的主要景点，也是地势的最高点，站在台上可眺望全园景色，相传赵王曾在这里休息宴乐。照眉池曾在诗词典籍中煊赫一时，传说这里是赵王的宫人们画眉理妆之地。

门票信息 | 免费

营业时间 | 6:00—21:00

交通信息 | 景区位于复兴区联纺路桥西200米路南，可乘公交42、49、63、202、旅游4路至赵苑北门站。

电话 | 4041825

★ 亮点

梳妆台、照眉池

晋冀鲁豫烈士陵园

标签: 4A级景区 烈士陵园

晋冀鲁豫烈士陵园位于邯郸市陵园路，

为纪念牺牲在晋冀鲁豫边区的革命烈士而建。陵园于1946年3月奠基，1950年10月落成。大门两侧镌刻着毛主席的手书“为有牺牲多壮志，敢教日月换新天”。园内的烈士纪念塔是圆形台基，塔高24米，毛泽东的题词“英勇牺牲的烈士们千古无上光荣”镌刻其上。陈列馆则以大量史料展现了边区军民为民族独立和解放事业做出的贡献。半球形的人民英雄纪念墓气势恢宏，庄严肃穆，是人们谒陵祭奠的场所。

门票信息｜免费

营业时间｜夏季6:00—18:30，冬季6:00—18:00

交通信息｜景区位于陵园路60号，可乘公交2、9、11、13路等至烈士陵园站。

电话｜3022896

微信公众号｜晋冀鲁豫烈士陵园

亮点

烈士纪念塔、陈列馆

京娘湖风景区

标签：4A级景区　湖泊

京娘湖位于武安市西北部，因宋太祖赵匡胤千里送京娘的故事发生在这一带而得名。因水库蓄水而生的景区湖面呈倒“人”字形，水上游览区分东、西两路，两条支流各有3公里长。景区内的贞义岛上建有纪念赵匡胤千里送京娘的京娘祠，内堂供奉着宋太祖和赵京娘的泥塑彩绘塑像，四壁以画卷、雕塑形式展示有关京娘的传说。

门票信息｜通票100元

营业时间｜8:00—18:00

交通信息｜景区位于武安市活水乡口上村，可从武安汽车站乘坐至京娘湖的车，早班车7:40，返程末班车15:30。

电话｜400-070-1314

微信公众号｜邯郸京娘湖风景区

亮点

贞义岛

哈尔滨索菲亚教堂

黑龙江

黑龙江省位于中国东北部，是中国位置最北、纬度最高的省份。北、东部与俄罗斯隔江相望，西部与内蒙古自治区相邻，南部与吉林省接壤。黑龙江省地处东北亚区域腹地，是亚洲与太平洋地区陆路通往俄罗斯和欧洲大陆的重要通道，也是中国沿边开放的重要窗口，现已成为我国对俄罗斯及其他独联体国家开放的前沿。

黑龙江省面积居全国第6位，拥有漫长的边境线。黑龙江省地貌特征为“五山一水一草三分田”，地势大致是西北、北部和东南部高，东北、西南部低，主要由山地、台地、平原和水面构成。境内有黑龙江、松花江、乌苏里江等多条河流经过。

行前参考

实用方言

列巴：面包

胡罗贝：胡萝卜

显摆：夸耀

何时去

6月至8月：气候宜人，凉爽舒适，可以在城市和森林公园避暑。

9月至11月：天气转寒，可以欣赏欣赏大兴安岭沿线美丽的秋色。

12月至次年2月：可在雪乡、北极村、亚布力等景区玩雪赏雪。

雪乡

注意事项

冬季来黑龙江旅游，需要做好保暖措施，带够保暖内衣、毛衣、羽绒服以及厚实的鞋子。

当地新讯

2021年黑龙江在林海雪原的森林小火车上设置驻场演出剧目，海林市与林海雪原风景区有一段旅程，需要乘坐40多分钟的森林小火车，该风景区在火车上打造了名为《快乐之旅》的体验式驻场演出，邀请游客与演员进行互动式表演，受到游客的普遍欢迎。这也是黑龙江省通过驻场演出推动文旅融合、助力旅游经济繁荣的一次尝试。

黑龙江省
比例尺
N
0
116千米
额木尔河
大兴安岭地区
呼玛河
黑河
黑河市

注：大兴安岭地区行政公署驻内蒙古自治区加格达奇

哈尔滨

哈尔滨位于黑龙江省西南部，是黑龙江省的省会城市，也是中国东北北部政治、经济、文化中心。特殊的历史进程和地理位置造就了哈尔滨这座具有异国情调的美丽城市，它不仅荟萃了北方少数民族的历史文化，而且融合了中国文化和俄罗斯文化，是著名的历史文化名城和旅游城市，素有“冰城”“东方莫斯科”“东方小巴黎”之美称。

电话区号 0451

交通

飞机

哈尔滨太平国际机场（82894230；微信公众号：哈尔滨太平国际机场）

火车

哈尔滨站（86431802；微信公众号：哈尔滨火车站）途经线路为京哈铁路、滨洲铁路、滨绥铁路、哈大铁路以及拉滨铁路。

哈尔滨西站（86434559）途经线路为京哈高速铁路、哈齐高速铁路、哈牡高速铁路以及哈佳快速铁路。

哈尔滨北站 途经线路为哈齐高速铁路以及滨洲铁路。

长途汽车

哈西公路客运站（87068765；南岗区中兴右街）

道外公路客运站（88393271；道外区承德街287号）

哈尔滨市公路客运总站教化站（86223038；香坊区学府路463号附近）

地铁

哈尔滨地铁（51989866；http://www.harbin-metro.com/）运营线路共有3条，分别为1号线、2号线、3号线。地铁支持现场人工或者机器购票，可以使用哈尔滨地铁卡刷卡进站，另外也可以通过“哈尔滨地铁通”App、哈尔滨地铁乘车码支付宝小程序规划地铁路线、支付车票乘车。各线路首末班车时间不一，出行前请留意最新信息。

公交车

哈尔滨市内公交便捷，标识清晰，大部分旅游景点都有公交线路可达，并且支持投币、刷哈尔滨公交一卡通、手机扫码支付等方式。“哈尔滨城市通”App可以显示线路信息，并查询实时公交信息。

土特产和纪念品

当地特色有哈尔滨红肠和大列巴面包。

住宿

经济型

哈尔滨卡兹国际青年旅舍

（84697113；通江街27号院内，近霞曼街）哈尔滨老牌青旅，地理位置便利，就在中央大街附近，公共区域空间很大，房间采光很好，干净舒适。旅舍经营雪乡等冬季户外线路，冰雪节期间从这里搭车前往冰雪大世界也很方便。

中档

哈尔滨马迭尔宾馆

（84884099；中央大街89号）这家酒店接待过许多历史名人，而且因为“马迭尔惨案”等历史事件，知名度大大提升。酒店是典型的法式建筑，位于中央大街步行街的中心地段，出行便利。普通标间设在一侧的新楼里，设施比较陈旧，欧式标间条件更好，当然价格也更高。

高档

哈尔滨哈布斯堡酒店

（57768888；道里区友谊路184号）酒店位于道里区友谊路与通江街交叉口，坐落在美丽的松花江畔，地处哈尔滨市繁华的防洪纪念塔与中央大街核心商业区。整体装修为欧式风格，大厅和房间都很奢华，江景房还能欣赏松花江的夜景。

就餐

老厨家

（87322225；西七道街55-1号二楼；10:00—21:00）这是一家地道的东北菜餐厅，店内的装修仿造火车车厢，充满民国时期的怀旧风情，菜式丰富，中式西式都有，锅包肉、炒肉拉皮、关府豆腐都是这里必点的菜肴，还可以尝尝啤酒茄盒、油炸冰棍等当地特色菜。

线路推荐

哈尔滨历史之旅：黑龙江省博物馆—哈尔滨铁路博物馆—哈尔滨文庙—道外清真寺

哈尔滨异域风情之旅：中央大街—圣·索菲亚教堂—圣·尼古拉教堂—中华巴洛克街区

景点

中央大街

标签：历史街区

中央大街是哈尔滨的中心街区，也是这座城市的心脏。中央大街旧时被称为中国大街，因修筑中东铁路的中国劳工在此居住而得名。1907年哈尔滨正式开埠通商，俄国的犹太商人在这里开设了秋林、马迭尔等第一批商号，此后各个国家的侨民也纷纷带着各自的洋货入驻了这条商业街。如今这里繁华依旧，依然保留了70多栋风格各异的老洋楼，其中还有几家年头很久、味道正宗的俄罗斯餐厅。

门票信息｜免费

营业时间｜全年开放

交通信息｜公交113、114、126、132路至中央大街站。

电话｜87650401

微信公众号｜哈尔滨中央大街

亮点

老式俄国餐厅

圣·索菲亚教堂

标签：教堂 博物馆

圣·索菲亚教堂是哈尔滨的地标建筑，也是非常精美的历史建筑。教堂建于1932年，曾是远东地区规模最大的东正教堂。之后被停用改为仓库，直到1997年才修复成了现在的样貌。如今教堂内部只剩下斑驳的墙绘和复原的吊灯，另外还设置了哈尔滨市建筑艺术博物馆，图文并茂地介绍了哈尔滨有趣的历史建筑。教堂的广场上时常上演各种演出，包括管弦乐队表演，夜里亮灯时整个广场非常漂亮。

门票信息｜免费

营业时间｜8:30—17:00

交通信息｜公交13路至索菲亚广场站。

电话｜84684170

亮点

管弦乐队表演

黑龙江省博物馆

标签：博物馆

黑龙江省博物馆是国家一级博物馆，是收藏、保护、研究和展示黑龙江省历史文化、自然资源和艺术品的综合性博物馆。在20世纪初，随着中东铁路开通，一批俄罗斯学者来到哈尔滨，并倡议建立博物馆。1923年成立以中国地方官员为主的东省文物研究会，将原莫斯科商场（现黑龙江省博物馆主楼）改作研究会的陈列所。建成初期，主楼为莫斯科商场，是哈尔滨最早的商场之一。建筑地上两层，地下一层，为典型的欧洲巴洛克式建筑风格。如今馆内收藏了许多历史、自然类展品以及近现代艺术作品，如唐渤海天门军之印、唐渤海小金佛、南宋《蚕织图》等。

门票信息｜免费

营业时间｜9:00—16:30

交通信息｜公交101、103、115路至博物馆站。

电话｜53644151

网址 | http://www.hljmus.org.cn/
微信公众号 | 黑龙江省博物馆

亮点

《蚕织图》

哈尔滨铁路博物馆

标签： 博物馆

哈尔滨铁路博物馆坐落在一栋建于1911年的鹅黄色折中主义大楼中，模仿莫斯科大剧院的风格，原为中东铁路俱乐部。馆内详细讲述了中东铁路的前世今生，除了图文并茂的历史沿革介绍，地下展厅里还有百年钢轨、百年地砖等历史原物，以及关于中东铁路沿途著名的兴安隧道的介绍。中东铁路为19世纪末20世纪初沙皇俄国为攫取中国东北资源，称霸远东地区而修建的一条“丁”字形铁路，于1897年8月开始施工，1903年7月正式通车运营。铁路建成后，大量商品、资本以及侨民涌入哈尔滨。

门票信息 | 免费
营业时间 | 9:00—17:00，周一、周四闭馆
交通信息 | 公交81路至哈工大站。

亮点

百年钢轨

冰雪大世界

标签： 游乐园

冰雪大世界于1999年开放，是由哈尔滨市政府为迎接千年庆典神州世纪游活动而推出的大型冰雪艺术工程。如今已经是深受当地人和游客喜爱的冬季游乐场所。2016年哈尔滨新建了冰雪大世界室内场馆，如今一年四季你都可以感受冰雪世界的趣味。室内场馆以充满童话色彩的大型冰雕为主，分为俄罗斯城堡、疯狂动物城、极地探险等主题区域，还有冰滑梯、冰上碰碰车等娱乐项目。室外冰雪大世界在每年12月21日前后开园，届时会有更为壮观庞大的“冰城”。

门票信息 | 180元
营业时间 | 9:00—17:00
交通信息 | 公交29、47路至冰雪大世界站。
电话 | 58561401
网址 | http://www.hrbicesnow.com
微信公众号 | 冰雪大世界

亮点

俄罗斯城堡

太阳岛公园

标签： 公园

太阳岛是从满语“鳊花鱼”的音译演变而来，与斯大林公园隔江相望，太阳岛景区建于1964年，一年四季都有许多游客前来观光。随着20世纪初中东铁路的兴建，许多外国侨民相继来到哈尔滨，并且纷纷到这里修建别墅。如今园内还保留了一些翻修过的俄式别墅，定时有俄罗斯人演出歌舞。通航期可以在中央大街北端的江边乘坐渡轮到达太阳岛，四季都可搭乘过江索道前来。

门票信息 | 免费
营业时间 | 8:00—17:00
交通信息 | 公交29、80、85路至太阳岛站。
电话 | 88192966
微信公众号 | 太阳岛风景区

亮点

俄罗斯别墅

哈尔滨极地馆

标签： 游乐园

哈尔滨极地馆位于松北区，是一座大型极地演艺游乐园，也是哈尔滨国际冰雪节四大景区之一。这里拥有种类齐全的南北极动物和极地动物表演秀，被著名旅游网站Trip Advisor评选为“全球杰出景区”。展馆分为两层，顺着游览道可以先后看到生活在模拟极地环境中的企鹅、北极熊等动物，海狮表演和白鲸表演也很值得一看，深受游客欢迎。

门票信息 | 110元
营业时间 | 9:00—17:00
交通信息 | 公交29、47、126路至太阳岛道口站。
电话 | 400-870-0909
网址 | http://www.hrbpolarland.com/
微信公众号 | 哈尔滨极地公园

亮点
海狮表演

亚布力滑雪旅游度假区

标签：旅游度假区

亚布力滑雪旅游度假区位于长白山脉、小白山系、张广才岭西麓中段，拥有国内规模较大的雪道，是国内建成较早的雪道之一，见证了国内冰雪运动的发展。1974年，原松花江地区经过勘查、设计，建起了这座滑雪场。1980年，当时的黑龙江省体委根据滑雪运动发展的需要，开始规划建设这座已见雏形的滑雪场，作为省内冰雪运动员训练基地。经过几十年的发展，亚布力在国内外享有很高的知名度，有“雪域麦加”的美誉。1983年至2009年，这里曾成功举办过第3届亚洲冬季运动会、第24届世界大学生冬季运动会等重大国际雪上赛事。

门票信息 | 免费
营业时间 | 8:00—17:00
交通信息 | 自驾或打车前往。
电话 | 400-117-5599
网址 | http://www.yabulichina.com
微信公众号 | 亚布力滑雪场

亮点
滑雪道

大顶子山温泉度假村

标签：温泉度假村

大顶子山温泉度假村是东北地区较大的室内温泉水上乐园，位于松花江北岸，以热带雨林和日式温泉为主调，在松花江最宽江面沿岸打造了玻璃房，可以全方位观赏江景。旅游区面积很大，有室外温泉、室内温泉、水上乐园、滑雪场、狩猎场、酒店、餐厅等丰富的旅游基础设施，另外还为孩子提供儿童游乐区，一年四季都适合前往。

门票信息 | 168元
营业时间 | 8:00—20:00
交通信息 | 自驾或打车前往。
电话 | 59598888
网址 | http://www.ddzswq.cn/
微信公众号 | 大顶子山温泉旅游区

亮点
室外温泉

哈尔滨大剧院

标签：剧院

哈尔滨大剧院坐落于松北区的文化中心岛内，内有大剧院和小剧场，建筑以北国冰雪风貌为设计灵感，采用了异形双曲面的外形设计，是哈尔滨的标志性建筑。2016年哈尔滨大剧院被ArchDaily评选为“2015年世界最佳建筑”之“最佳文化类建筑”。剧院时常会举行芭蕾舞、歌剧、话剧等演出活动，可关注其微信公众号获取演出信息。

门票信息 | 168元
营业时间 | 有演出活动时开放参观
交通信息 | 公交35路至哈尔滨大剧院站。
电话 | 87751222
网址 | http://www.hrbgtheatre.com/
微信公众号 | 哈尔滨大剧院

亮点
建筑造型

侵华日军第七三一部队遗址

标签：历史遗迹

侵华日军第七三一部队始建于1933年，曾以石井部队、东乡部队、关东军防疫的名义从事人体实验、动物实验、生化武器研究生产等战争犯罪活动。1936年七三一部队开始在哈尔滨平房建立细菌武器研究生产基地，将6.1平方公里的土地作为特别军事区域。1945年8月，七三一部队败逃之际炸毁了大部分建筑，形成现在旧址的整体格局。七三一部队遗址是世界历史上规模最大的细菌武器研究、实验及制造基地，保留了本部旧址、细菌实验室及特设监狱遗址、地下通道旧址、锅炉房遗址等构造。

门票信息 | 免费

营业时间 | 9:00—11:00，13:30—15:30，周一闭馆

交通信息 | 公交343、388路至新疆大街站。

电话 | 87108731

亮点

七三一部队本部旧址

萧红纪念馆和故居

标签：历史遗迹 名人故居

萧红纪念馆和故居位于哈尔滨市呼兰县呼兰镇，纪念馆设在故居的5间住房内，展示了萧红的著作、遗物、生活照片和参加各种活动的照片，从中可以看到女作家萧红与汪恩甲、萧军和端木蕻良之间的情感纠葛，另外还收藏有呼兰历史文物。故居是萧红的出生地。建筑始建于清光绪三十四年（1908年），是一座青砖青瓦的建筑，虽然除正房外的房屋都是2007年重修的，但建筑格局依然完整。故居里的角落和萧红《呼兰河传》中提到的情节很多都能对应上。

门票信息 | 免费

营业时间 | 8:00—16:00，周一闭馆

交通信息 | 公交551路至大江广厦站。

电话 | 57322998

亮点

纪念馆

齐齐哈尔、大庆、绥化

齐齐哈尔位于黑龙江省西部，别称“鹤城”，因为在其市区东南部的扎龙国家级自然保护区，栖息繁衍着世界珍禽丹顶鹤，“齐齐哈尔”作为达斡尔语还有“天然牧场”之意。这座国家历史文化名城早在石器时代就有先民繁衍生息。

大庆是哈长城市群区域中心城市，作为著名的石油城市，因油而生，拥有中国最大的石油石化基地，也是大庆油田所在地。大庆也依托油田发展了石油文化旅游。

绥化位于松嫩平原的呼兰河流域，地貌特征“二山一水七分田”，地势平坦，土质优良，日照时间长，适于粮食作物和经济作物生长。

电话区号 齐齐哈尔0452、大庆0459、绥化0455

交通

飞机

齐齐哈尔三家子机场（0452-2393727；http://www.hljairport.com.cn/；微信公众号：齐齐哈尔三家子机场）

大庆萨尔图机场（0459-6628666；微信公众号：大庆萨尔图机场）

火车

齐齐哈尔站（0452-2924482）途经线路为平齐铁路、齐北铁路、哈齐高速铁路以及滨洲铁路。

大庆西站（0459-2663822）途经线路为哈齐高速铁路、滨洲铁路以及通让铁路。

绥化站（0455-2976422）途经线路为滨北铁路、绥佳铁路。

长途汽车

齐齐哈尔公路客运枢纽（0452-2222747；齐齐哈尔市南马路269号）

大庆长途客运总站（0459-6666199；大庆市萨尔图区中桥路43号）

绥化公路客运枢纽站（0455-2782602；绥化市北林区中兴西大街1号）

公交车

齐齐哈尔、大庆、绥化市内公交便捷，标识清晰，大部分旅游景点都有公交线路可达，并且支持投币、刷公交卡、手机扫码支付等方式。

土特产和纪念品

齐齐哈尔当地特色有人参和克山马铃薯，大庆当地特色有肇州大瓜子和古龙小米，绥化当地特色有庆安大米和兰西香瓜。

住宿

经济型

汉庭酒店（齐齐哈尔中环广场店）

（0452-2388888；齐齐哈尔市龙沙区卜奎大街12号）这家汉庭酒店位于齐齐哈尔市中心地段，紧邻齐齐哈尔大商新玛特商场、百货大楼、中环广场、龙沙夜市，附近交通便利。房间宽敞明亮，房型多样，整体性价比较高。

中档

季枫酒店（大庆黎明湖店）

（0459-6711111；大庆市萨尔图区学伟大街153号）酒店周边环境安静，前台服务热情，提供贴心周到的管家式服务。房间设施齐全，会赠送水果和点心，洗浴设施豪华。早餐丰盛，总体性价比较高。

高档

绥化夏威夷温泉酒店

（0455-2890555；绥化市北林区铂金宫馆6号楼6号）酒店靠近居民小区，环境安静，装修风格复古典雅，房间隔音效果很好，每晚会赠送免费水果。前台工作人员服务热情。不过不提供免费早餐。

就餐

十二忠手拉面（龙华路店）

（0452-2913988；齐齐哈尔市东兴小区12号楼1层1号；6:00—21:00）这是一家当地的拉面老字号，在市区里有多家分店，深受当地人欢迎。餐厅主要制作招牌牛肉拉面，味道很好，附带各式佐餐凉菜。店内没有菜单，可以对着橱窗里的凉菜点菜。

随园创意菜

（0459-6183878；大庆市晚报大街47号；10:00—14:00，16:00—21:00）一家融合菜餐厅，在当地评价较高，饭点很可能要排队。菜肴分量较大，菜式选择很多，推荐湖南炒饭、乾隆白菜、宫爆坚果鸡、铁板豆腐，也可以试试菜单上别的菜，基本不会踩雷。

线路推荐

齐齐哈尔湿地自然保护区之旅：大泡子—榆树岗—土木克西岗—龙泡子

绥化精华之旅：黄崖子关东民俗旅游文化村景区—卧里屯—金龟山庄

齐齐哈尔景点

齐齐哈尔博物馆

标签：博物馆

齐齐哈尔博物馆整体建筑风格为仿古式，是黑龙江省内规模较大、展品较丰富的博物馆。馆藏文物大部分是新石器时代细石器生产工具及细石器文化独有的复合工具，并且类型体系完整，形制精美。三楼的嫩江文明展厅非常值得一看，你能详细了解嫩江流域与中原地区迥异的文化源流，学习昂昂溪文化遗址、嫩江流域原始居民的墓葬习俗等内容。

门票信息｜免费

营业时间｜8:30—16:30，周一闭馆

交通信息｜公交10、13路至北关市场站。

电话｜2550585

亮点

嫩江文明展厅

扎龙国家级自然保护区

标签：国家级自然保护区

扎龙国家级自然保护区位于齐齐哈尔市东南部松嫩平原、乌裕尔河下游湖沼苇草地带，是我国以鹤类等大型水禽为主的珍稀水禽分布区，也是世界上最大的丹顶鹤繁殖地，于1992年被列入《国际重要湿地名录》。景区内湖泽密布，苇草丛生，是水禽、丹顶鹤等鸟类栖息繁衍的天然乐园。每年夏天是这里观鹤的最佳时节，此时这里栖息着数量众多的丹顶鹤。

门票信息 | 65元

营业时间 | 9:00—15:30

交通信息 | 自驾或打车前往。

电话 | 5904068

亮点

观鹤

大庆景点

大庆博物馆

标签：博物馆

大庆博物馆于1964年建成开放，前身为大庆展览馆，是集古环境、古动物和古人类展览于一体的综合性博物馆。大庆博物馆基本陈列主要有东北第四纪自然环境、东北第四纪哺乳动物和大庆地区古代人类文明。馆藏有狼化石和鬣狗化石等，有猛犸象、松花江猛犸象化石骨架，填补了中国东北第四纪哺乳动物化石系统收藏的空白。馆内每天还会放映两场6D电影，感兴趣可以去感受一番。

门票信息 | 免费

营业时间 | 9:00—16:00，周一闭馆

交通信息 | 公交35、50路至博物馆站。

电话 | 4617332

微信公众号 | 大庆市博物馆

亮点

松花江猛犸象化石骨架

大庆油田历史陈列馆

标签：博物馆

大庆油田历史陈列馆位于大庆市萨尔图区中七路，是中国第一个以石油工业为题材的原址性纪念馆。大庆油田历史陈列馆分为岁月·大庆、松辽惊雷·油出大庆、艰苦创业·光辉历程、大庆赤子·油田脊梁、大庆精神·民族之魂等9个部分，采用编年体和专题式有机结合的方式，全面展示了大庆油田47年的辉煌发展历程。如果对大庆的石油历史感兴趣，一定不要错过这里。

门票信息 | 免费

营业时间 | 8:30—16:00，周一闭馆

交通信息 | 公交35路至油田历史陈列馆站。

电话 | 5813777

亮点

“松辽惊雷·油出大庆”

铁人王进喜纪念馆

标签：纪念馆

铁人王进喜纪念馆建于1971年，是为了纪念中国工人阶级的先锋战士——铁人王进喜而修建的。纪念馆是1989年在“铁人王进喜同志英雄事迹陈列室”旧址上新建的。雕塑《崛起》《奋进》《五把铁锹闹革命》错落有致地矗立于馆区。馆内用七个部分展示了铁人王进喜的生平事迹以及他毕生体现出的大庆精神、铁人精神。

门票信息 | 免费

营业时间 | 9:00—16:00，周一闭馆

交通信息 | 公交113路至纪念馆站。

电话 | 5935111

亮点

《五把铁锹闹革命》

大庆石油科技博物馆

标签：博物馆

大庆石油科技博物馆在当地被称为“地宫”，它位于让胡路区中央大街大庆油田开发科学实验陈列室。馆内展示了大庆油田油气勘探、油田开发现状和石油生产的辉煌历史，并用生动的手法将复杂深奥的石油科学和石油生产技术展现在观众面前。此外博物馆还用电动模型、技术图表等方式展示了石油的方方面面。不要错过主展厅内陈列的大庆油田地面建设模型的巨大沙盘。

门票信息｜免费

营业时间｜9:00—16:00，周一闭馆

交通信息｜自驾或打车前往。

电话｜5156114

亮点

大庆油田地面建设模型沙盘

松基三井基地

标签：探井

松基三井，即松辽平原第三口基准井，是大庆长垣构造带上的第一口探井，也是大庆油田的发现井。1958年2月，根据邓小平同志的指示精神，我国石油勘探开始了由西北向东部地区的战略性转移。松基三井于1958年7月由松辽石油勘探局综合地质研究队提出，于1959年4月正式开钻。为纪念大庆油田发现30周年，1989年石油天然气总公司决定重建松基三井纪念碑，上面镌刻着23位为发现大庆油田做出了卓越贡献的科学工作者的名字。

门票信息｜免费

营业时间｜9:00—18:00

交通信息｜自驾或打车前往。

电话｜6373070

亮点

松基三井纪念碑

绥化景点

黄崖子关东民俗旅游文化村景区

标签：人造景区

黄崖子关东民俗旅游文化村景区坐落在美丽的呼兰河西岸，地处拉哈岗上，依山傍水，距离兰西县城6.5公里。村内建有东北民俗文化陈列馆、闯关东人全盛时期情景的乔家大院、开心农场、友弘山庄以及再现东北民俗、民风、生活百态的民俗文化景观大道。可以在这里直观地感受东北地区的风土人情和独特的少数民族文化。

门票信息｜40元

营业时间｜全天

交通信息｜自驾或打车前往。

亮点

乔家大院

牡丹江、鸡西、七台河

牡丹江市是黑龙江省东南部中心城市，因松花江支流牡丹江横跨市区而得名，境内有充满雪情冬趣的中国雪乡、大型火山熔岩堰塞湖——镜泊湖、剿匪英雄杨子荣战斗过的林海雪原等，旅游资源丰富。

鸡西市位于黑龙江省东南部，与俄罗斯隔水相望。这里自然环境优越，有许多自然保护区和自然公园，其中兴凯湖国家级自然保护区被联合国教科文组织确定为世界级生物圈保护区，已列入《国际重要湿地名录》。

七台河别称“煤城”，是一座因煤而生的工业城市。1958年，国家开始大规模开采七台河煤田，勃利县自筹资金修建的全国第一条

民办铁路通车，这给长期属勃利县辖的七台河这个偏远山区带来了勃勃生机。1983年，七台河晋升为省辖市。

电话区号 牡丹江0453、鸡西0467、七台河0464

交通

飞机

牡丹江海浪国际机场（0453-6651666；微信公众号：牡丹江机场）

鸡西兴凯湖机场（0467-2191114；微信公众号：鸡西兴凯湖机场）

火车

牡丹江站（0453-8825562；微信公众号：牡丹江站）途经线路为滨绥铁路、图佳铁路、哈牡高速铁路、沈佳高速铁路、牡绥高铁线路。

鸡西西站（0467-8148115）途经线路为牡佳高速铁路。

七台河西站 途经线路为牡佳高速铁路。

长途汽车

牡丹江客运站（0453-6289000；牡丹江市西安区西牡丹街）

鸡西公路客运中心（0467-2654135；鸡西市鸡冠区兴国中路257号）

七台河公路长途客运站（0464-8219000；七台河市桃山区景丰路101号）

公交车

牡丹江、鸡西、七台河市内公交便捷，标识清晰，支持投币、刷公交卡、手机扫码支付等方式。

土特产和纪念品

牡丹江当地特色有镜泊湖红尾鱼和海林猴头菇，鸡西当地特色有兴凯湖大白鱼和兴凯湖秀丽白虾，七台河当地特色有七台河大米和勃利蓝靛果。

住宿

经济型

牡丹江饭店

（0453-6997888；牡丹江市东安区光华街646号步行街旁）酒店地处市中心，在火车站对面，周边餐饮众多，交通便利。开业至今已有50多年的历史，装饰富丽堂皇，房间宽敞舒适，设施齐全，整体性价比较高。

中档

鸡西丽好酒店

（0467-2436555；鸡西市城子河区建材广场1号楼）酒店地处城子河区中心北大街，靠近穆棱河水上公园，是通往著名旅游景区——兴凯湖的必经之路。酒店整体环境优雅大方，房间奢华，设施齐全，前台人员服务热情友好。

高档

悦享轻奢酒店（七台河大学公路客运站店）

（0464-8317666；七台河市桃山区大同街507-42号）酒店位置很好找，出门就是商圈和餐饮门店，出行便利。房间采光很好，装修奢华，卫生间设施很新，入住体验很舒适。酒店还有免费健身房和免费停车场。

就餐

宽窄成都市井火锅

（0453-8213456；牡丹江市东安区爱民街22号；10:00—23:00）在寒冷的北国吃一顿成都火锅应该是很好的体验。这家火锅店菜品很多，价格亲民，牛油锅底很地道。服务热情友好，菜量适中，整体性价比较高。

大东江冷面（步行街店）

（0467-2659202；鸡西市红军办中北小区8-1-1-5；8:00—20:00）大东江冷面是鸡西市的一家特色人气餐馆，主打各色冷面，样式多，味道好，冷面和辣白菜值得一尝。店里还提供冷面快递服务，如果你很喜欢这里的冷面口味，可以尝试快递回家。

线路推荐

鸡西兴凯湖自然之旅：龙王庙—新开流古文化遗址—水上乐园—大兴凯湖滨浴场

七台河森林公园之旅：西大圈国家森林公园—石龙山国家森林公园—桃山湖国家湿地公园

牡丹江景点

雪乡旅游风景区

标签：旅游度假区

雪乡旅游风景区位于牡丹江市西南部，地处长白山脉张广才岭与老爷岭的交会处，原为大海林林业局双峰林场场部，产业转型后改造为旅游风景区。风景区属于雪乡国家森林公园的一部分，因贝加尔湖冷空气与日本海暖湿气流在此频繁交汇，加之山高林密，这里形成了“夏无三日晴，冬雪漫林间”的奇特小气候，每年10月开始降雪，雪期长达7个月，积雪厚度可达2米左右。雪乡的核心区域是条四五百米长的雪韵大街，聚集了游客服务中心、邮局、多家旅馆、饭店、超市。

门票信息｜120元

营业时间｜全天

交通信息｜自驾或打车前往。

电话｜13314616977

网址｜http://www.zhongguoxuexiang.com/

微信公众号｜雪乡

亮点

雪韵大街

镜泊湖

标签：湖泊

镜泊湖是国内规模较大的高山堰塞湖，也是世界上第二大高山堰塞湖，位于牡丹江干流上。镜泊湖是由于万年前火山喷发而形成的，全湖东北流向，流至北湖头张家亮子北，再向东北泻出注入瀑布深潭。景区主要分为镜泊湖主景区、镜泊峡谷、火山口地下森林三大区域，沿湖两岸有“外八景”等众多天然景点，吊水楼瀑布是镜泊湖的明星景点，让人印象深刻的还有瀑布四周的火山熔岩地貌。

门票信息｜100元

营业时间｜全天

交通信息｜自驾或打车前往。

电话｜0453-6996683

网址｜http://www.jphgroup.cn/

微信公众号｜镜泊湖

亮点

乘船游湖

绥芬河口岸

标签：边境口岸

绥芬河是一座坐落在长白山北端的风光秀丽的山城，东与俄罗斯滨海边疆区接壤，作为国际通商口岸已有近百年历史。1999年，经中俄两国政府外交换文，绥芬河中俄互市贸易区建立。绥芬河处于东北亚经济圈的中心地带，是中国通往日本海的唯一陆路贸易口岸，距俄远东最大的港口城市符拉迪沃斯托克（海参崴）230公里，有一条铁路、两条公路与俄罗斯相通。这里还有国门旅游区，可以从这里走到边境线和界碑合影。

门票信息｜免费

营业时间｜全天

交通信息｜自驾或打车前往。

亮点

绥芬河中俄互市贸易区

大秃顶子山

标签：森林公园

大秃顶子山与海林市接壤，主峰海拔1690米，是黑龙江境内最高峰，同时还是牤牛河的发源地。大秃顶子山名副其实，山顶是一片平地，几乎没有树，都是低矮的花草。山中有一处面积广阔的“中国雪谷”，它与著名的

“中国雪乡”同处一个山峰，雪乡为阳坡，雪谷为背坡，雪谷冬季平均雪深1—3米，雪期最长可达7个月。雪谷观光价格比雪乡便宜一些，一年四季都适宜前往，可以在这里欣赏日出和日落。

门票信息｜40元

营业时间｜全天

交通信息｜自驾或打车前往。

电话｜13351655997

★ 亮点

雪谷观日出和日落

鸡西景点

兴凯湖风景区

标签：国家级自然保护区　国家地质公园

兴凯湖位于鸡西市东南部，是国家级自然保护区、国家地质公园。唐朝，兴凯湖被称为湄沱湖，以盛产“湄沱之鲫”而为人所知。金代又因湖形如“月琴”，故有“北琴海”之称，清代后改名为兴凯湖。兴凯湖原为中国内湖，1860年《中俄北京条约》签订后，变成了中俄界湖。景区主要分为当壁镇、蜂蜜山、新开流、泄洪闸、莲花景区五个部分。

门票信息｜40元

营业时间｜全天

交通信息｜自驾或打车前往。

电话｜5608802

★ 亮点

蜂蜜山

珍宝岛

标签：岛屿

珍宝岛的满语“古斯库瓦郎”意为“军队营盘”，它位于黑龙江支流乌苏里江主航道一侧。珍宝岛因状如元宝而得名，因1969年3月的珍宝岛自卫反击战而闻名。1860年，清朝和沙俄签署《中俄北京条约》，中俄以乌苏里江为界。由于珍宝岛位于界河之上，归属在整个20世纪一直没有定论。直到20世纪90年代，俄罗斯承认珍宝岛属于中国。如今珍宝岛长年驻军，需要和旅行社提前联系才能登岛。

门票信息｜免费

营业时间｜8:00—16:30

交通信息｜自驾或打车前往。

★ 亮点

坐船登岛

七台河景点

西大圈国家森林公园

标签：森林公园

西大圈国家森林公园地处勃利县西南部，距县城25公里。景区共分为五部分，其中洪峡谷漂流景区全长5公里；卧龙峰景区中的峰脊由高大岩石组成，像一条长龙卧于山上；原始生态林景区内栖息着许多野生动物；水上乐园景区有高山石洞、流水拱桥、亭台长廊及多种游乐设施；此外还有溪水园和云雾山庄服务景区。

门票信息｜免费

营业时间｜全天

交通信息｜自驾或打车前往。

★ 亮点

卧龙峰

石龙山国家森林公园

标签：森林公园

石龙山国家森林公园位于七台河市茄子河区铁山乡境内，地处完达山的余脉。公园内低山丘陵起伏纵横，是一处集自然景观、人文景观于一体的森林旅游度假区。森林公园共分林海揽胜景区、石龙湖景区和生态园景区三部分。林海揽胜适合徒步登山，观赏参天古树，如果有时间还可以参观抗联遗址。石龙湖景区内有万佛寺，可以在这里欣赏传统的宗教文化。生态园景区提供绿色餐饮，可以乘船观赏热带鱼，体验漂流。

门票信息｜免费

营业时间｜全天

交通信息｜自驾或打车前往。

亮点

徒步登山

伊春、鹤岗、佳木斯、双鸭山

伊春、鹤岗、佳木斯、双鸭山均位于黑龙江省东北部。伊春境内有5个国家级自然保护区，分别为黑龙江丰林国家级自然保护区、黑龙江凉水国家级自然保护区、红星湿地国家级自然保护区、乌伊岭国家级自然保护区、新青白头鹤国家级自然保护区。鹤岗处在“江臂岭怀”合拢的黄金地带，旅游资源丰富，拥有大界江、森林、湿地等景点，生态环境良好。佳木斯是祖国最早迎接太阳升起的地方，素有“东极新天府，快乐佳木斯”之称。双鸭山隔乌苏里江与俄罗斯相望，是黑龙江省重要的煤炭、电力、钢铁和粮食生产基地，周边300公里范围内有同江、抚远等6个国家一类对俄口岸，地处黑龙江省对俄远东开放的核心区位，是建设“中蒙俄经济走廊”的重要节点城市。

电话区号 伊春0458、鹤岗0468、佳木斯0454、双鸭山0469

交通

飞机

伊春林都机场（0458-3490135）

佳木斯东郊国际机场（0454-8330148；微信公众号：佳木斯东郊机场）

火车

伊春站（0458-8962014）途经路线为汤林线。

鹤岗站（0468-8937412）途经线路为佳鹤铁路以及伊鹤铁路。

佳木斯站（0454-8920010）途经线路为哈佳快速铁路、绥佳铁路、图佳铁路、牡佳高速铁路。

双鸭山站（0469-2630236）途经线路为佳富铁路。

长途汽车

伊春市公路客运总站（0458-3081913；伊春市乌翠区森工大道越橘庄园酒堡对面）

鹤岗公路客运枢纽站（0468-3810080；鹤岗市工农区东解放路10号）

佳木斯公路客运站（0454-8698535；佳木斯市前进区顺和街128号）

双鸭山客运站（0469-4222088；双鸭山市尖山区铁西路与黑鱼泡路交叉口）

公交车

伊春、鹤岗、佳木斯、双鸭山市内公交便捷，标识清晰，并且支持投币、刷公交卡、手机扫码等支付方式。

土特产和纪念品

伊春当地特色有铁力大米和铁力北五味子，鹤岗当地特色有绥滨大米和山板栗，佳木斯当地特色有鱼子酱和鱼皮工艺，双鸭山当地特色有岭东黑木耳和双鸭山蕨菜。

住宿

经济型

派·酒店（伊春青山大街店）

（0458-3662200；伊春市伊美区青山中大街34号）酒店位于伊春区青山中大街，近友谊街，毗邻商业核心地区——大商百货购物集团，周边购物、饮食、休闲均简单便捷。房间温馨舒适，提供24小时热水，前台服务友好热情。

中档

全季酒店（鹤岗火车站店）

（0468-6126888；向阳区二跨桥头煤建

路1号)这家全季酒店毗邻火车站,交通方便。房间大气,干净卫生,卫生间干湿分离,入住体验很舒适。早餐种类丰富,整体性价比很高。

高档

佳木斯海天大酒店

(0454-8800066;佳木斯市前进区长安东路202号)这家酒店是目前佳木斯唯一一家五星级标准商务酒店,位于最繁华的商业中心区——和平路北段,北邻松花江岸边,紧靠佳木斯购物街,出行便利。房间装饰奢华,宽敞整洁,采光较好,房间隔音效果也不错。早餐种类很多,比较丰盛。

就餐

西街炭火烤肉

(0469-6676111;双鸭山市铁西路长虹小区16号;10:00—21:00)这家餐厅在双鸭山比较受欢迎,环境干净卫生,服务热情,食材新鲜。推荐黑椒牛上脑、秘制梅花肉、炭烤龙利鱼。

茉莉餐厅(金怡苑小区店)

(0454-8261666;佳木斯市万新街225号;9:00—21:00)这是一家佳木斯当地的网红餐厅,饭点很可能需要排队。餐厅环境整洁宽敞,装修风格温馨舒适,服务热情友好。推荐酸菜鱼、山楂冻、茉莉花香饼。

线路推荐

伊春自然保护区之旅: 丰林国家级自然保护区—黑龙江凉水国家级自然保护区—红星湿地国家级自然保护区—乌伊岭国家级自然保护区—新青白头鹤国家级自然保护区

佳木斯中俄边境之旅: 黑瞎子岛湿地公园—乌苏镇—大亮子河国家森林公园

伊春景点

汤旺河国家森林公园

标签: 5A级景区

汤旺河国家森林公园位于汤旺河区,距市中心区120公里,行车需2小时左右。检票口处小型的地质公园博物馆里陈列着汤旺河地区的动物标本和地质标本,可以让游客在进入景区之前大致了解地质地貌的小知识。景区主要分为石林景观区和山水风光游览区,石林景观区内的各类拟态奇石和繁茂的植被是景区特色。拟态奇石的前身是熔积层的花岗岩层,由于亿万年的陆地板块移动挤压和常年的日晒雨淋侵蚀,形成了如今有趣的形态。

门票信息 | 90元
营业时间 | 8:00—17:00
交通信息 | 自驾或打车前往。
电话 | 3574029

★ 亮点

拟态奇石

五营国家森林公园

标签: 森林公园

五营国家森林公园位于伊春市五营区,距城区约19公里,是中国红松的集中保护区,也是亚洲规模较大、具有代表性的红松原始森林。景区内主要有松乡桥、观涛塔、森林小火车、绿野仙居等景点。进入景区,第一眼就能看到少奇号火车,由三列特别制作的观光小火车组成,刘少奇晚年时曾乘坐它深入生产一线。再往深处走,便是木栈道和松林。

门票信息 | 60元
营业时间 | 8:00—15:00
交通信息 | 自驾或打车前往。

★ 亮点

少奇号火车

上甘岭溪水国家森林公园

标签: 森林公园

上甘岭溪水国家森林公园是离伊春市区最近的一个景点,最大的看点在于蜿蜒流过森林的溪水。进入园区后要沿着木栈道一路上行，沿途是郁郁葱葱的灌木，在经过上坡后，会看到一座观涛塔，从塔上可以俯瞰莽莽林海。最后你会穿过一片高大的红松林，之后可以前往景区出口，也可以选择搭乘电瓶车回起点。

门票信息｜55元

营业时间｜8:00—17:30

交通信息｜自驾或打车前往。

电话｜3512001

亮点

林海

嘉荫恐龙国家地质公园

标签：地质公园

伊春“恐龙之乡”的头衔要归因于嘉荫恐龙国家地质公园中的恐龙化石，公园位于小兴安岭北部的低山丘陵边缘地带。20世纪初，这里发现了中国第一具恐龙骨架化石，地质公园就建在发掘地之上。除了公园广场上造型各异的人造恐龙模型，展厅内还有一些货真价实的恐龙化石，但1902年出土的“神州第一龙”的化石如今收藏于俄罗斯圣彼得堡地质博物馆。

门票信息｜80元

营业时间｜8:00—17:00

交通信息｜自驾或打车前往。

电话｜2623415

亮点

恐龙骨架化石

鹤岗景点

鹤岗国家森林公园

标签：森林公园

鹤岗国家森林公园是当地人周末休闲爬山、避暑的地方。公园主要分为细鳞河民俗风情园、十里河生态风景区和桶子沟原始天然红松母树林三部分，被誉为三江的西双版纳。公园内群山连绵，森林茂密，物种繁多，大量出产猴头菇、榛蘑等真菌。民俗风情园可乘筏漂流直达，欣赏民族歌舞，品尝少数民族菜肴。

门票信息｜20元

营业时间｜全天

交通信息｜自驾或打车前往。

电话｜3738088

亮点

细鳞河民俗风情园

佳木斯景点

黑瞎子岛湿地公园

标签：湿地公园

黑瞎子岛位于中俄边界的黑龙江、乌苏里江交汇处。根据《中俄国界东段补充协定》，黑瞎子岛一分为二，西侧靠近中国的一半岛屿归中国所有。黑瞎子岛湿地公园位于黑瞎子岛自然保护区内，是为了保护湿地的原生动植物与生态环境而建的。这里以湿地景观为主体，通过木栈道串起了整条游览线路。岛上的生态资源保存得很好，植被茂盛，栖息着大量珍稀野生动物。

门票信息｜50元

营业时间｜8:30—16:30

交通信息｜自驾或打车前往。

电话｜13351655997

亮点

中俄界碑

乌苏镇

标签：边境小镇

乌苏镇位于黑龙江和乌苏里江的汇合之处，每年都有大量国内外游客到此观日出、看雪景、访哨所。在黑匣子岛确认归属之前，乌苏镇曾是中国每天最早迎来“太阳升起”的地方，每年夏至登上伊力嘎山头，看第一轮红日从两江交汇处涌出，是许多游客来此的原因之一。

门票信息 | 免费

营业时间 | 全天

交通信息 | 自驾或打车前往。

电话 | 13351655997

★ 亮点

看日出

双鸭山景点

青山国家级森林公园

标签：森林公园

青山国家森林公园位于双鸭山市岭东区境内，动植物资源丰富，是山岳型自然风景旅游区。园内山峰高低错落，最高山峰石佛山顶峰海拔680米，一年四季风光秀美。除了美丽的自然景观，这里还有丰富的人文景观，有时间可以看看双鸭山佛教的代表建筑普渡寺与九峰禅寺，它们就坐落在青山碧水之间。

门票信息 | 30元

营业时间 | 8:00—18:00

交通信息 | 自驾或打车前往。

电话 | 2690999

★ 亮点

普渡寺

安邦河湿地自然保护区

标签：自然保护区

安邦河湿地自然保护区是黑龙江省级自然保护区，位于双鸭山市集贤县，地处安邦河下游。这个保护区是三江平原湿地的重要组成部分，也是三江平原保留最完整、最具代表性的原始湿地之一。保护区内多为芦苇沼泽和苔草小叶樟湿地，珍稀物种较多。有时间还可以看看人工湖、海盗船娱乐城、文博馆、儿童游乐场等人工景点。

门票信息 | 30元

营业时间 | 8:00—18:00

交通信息 | 自驾或打车前往。

★ 亮点

芦苇沼泽

大兴安岭地区、黑河

大兴安岭是中国最北、纬度最高的边境地区，与俄罗斯隔江相望。大兴安岭古称大鲜卑山，是中华古文明发祥地之一，早在旧石器时代，就已经有人类在这里繁衍生息。这片地区林木资源丰富，是国家重点国有林区和天然林主要分布区之一。

黑河同样地处中国东北边陲，以黑龙江主航道中心线为界，与俄罗斯远东第三大城市布拉戈维申斯克（海兰泡）隔黑龙江相望，两座城市最近处相距仅750米。黑河境内旅游资源丰富，拥有五大连池风景名胜区、嫩江高峰森林公园、大平台雾凇生态旅游景区等景点。

电话区号 大兴安岭地区0457、黑河0456

交通

飞机

大兴安岭鄂伦春机场（0457-2739090）

漠河古莲机场（微信公众号：漠河古莲机场）

黑河瑷珲机场（0456-8235942；微信公众号：黑河瑷珲机场）

火车

加格达奇站（0457-8943022）途经线路为富西铁路以及伊加铁路。

漠河站（0457-8953477）途经线路为富西铁路。

黑河站（0456-2668147）途经线路为北黑铁路。

长途汽车

漠河公路客运站（0457-2881979；大兴安

岭地区漠河市北极路18号）

黑河国际公路客运站（0456-8260471；黑河市爱辉区铁路街283号）

公交车

大兴安岭地区各区县以及黑河市内公交便捷，标识清晰，支持投币、刷公交卡、手机扫码等支付方式。

土特产和纪念品

大兴安岭地区当地特色有大兴安岭黑木耳和中国北极蓝莓，黑河当地特色有五大连池矿泉水和红星酸菜。

住宿

经济型

大兴安岭微至假日宾馆

（0457-2166665；大兴安岭地区加格达奇区嫩源B栋东一户）大兴安岭微至假日宾馆坐落在步行街处，毗邻世纪广场，对面是大型商超杭州湾，购物、休闲、娱乐、餐饮都非常方便。前台工作人员服务热情，房间设施齐全，提供24小时热水。

中档

望江轻奢酒店（黑河黑龙江江畔店）

（0456-8254999；黑河市爱辉区双拥大街188号）酒店位于双拥大街，毗邻黑龙江畔，可以眺望到对岸的俄罗斯，距离中央步行街约10分钟。酒店提供一对一的管家式服务、免费下午茶、半自助特色中西式早餐，另外还附设茶室、庭院、健身房。

高档

黑河银建建国酒店

（0456-8881888；黑河市爱辉区双拥大街31号）酒店位于双拥大街，紧邻黑龙江畔，距黑河瑷珲机场仅20分钟车程。每间客房都配备数字化客房控制系统和高速无线网络，床品舒适，还配备香氛、音乐及睡前读物，为住客营造良好的睡眠环境。

就餐

小油饼家常菜（漠河店）

（15245751788；漠河市商贸路与加漠公路交叉口东南角；8:00—22:00）漠河县城一家很受欢迎的饭馆，每到饭点都几乎爆满，性价比较高。除了常规菜品外，推荐手撕饼、糖饼、盘龙，几乎每个品种都不会踩雷。老板服务热情友好，菜量很大，价格实惠。

列娜餐厅

（0456-7215777；黑河市爱辉区中央街419号；9:30—21:30）这家地道的俄罗斯餐厅充满了俄罗斯元素，里面的俄罗斯人通常比中国人还要多，由此可见菜品还是很有品质保证的。饭点经常要等位，所以最好早点来。推荐这里的猪包牛、沙拉、大串、红汤、牛肉罐汤。

线路推荐

漠河边境之旅：九曲十八弯湿地公园—白桦林—黑龙江第一湾—北红村—鄂温克驯鹿园

五大连池经典之旅：火山观光区—堰塞湖观光区—冰洞和地下冰河—世界地质公园博物馆

大兴安岭景点

大兴安岭五·六火灾纪念馆

标签：纪念馆

大兴安岭五·六火灾纪念馆是一座俄式风格建筑，在这里，日历永远定格在了1987年5月6日。展厅详细讲述了这场新中国成立以来最大的森林火灾是如何蔓延并吞噬了大兴安岭7.3万平方公里范围内的万物生灵，人们又如何用了25个昼夜与之殊死搏斗。留存的照片和逼真的现场再现都会让人沉默叹息。当年大火几乎将整个漠河毁于一旦，不少幸存者是靠着城外额木尔河的掩护活了下来。

门票信息｜免费

营业时间 | 夏季8:30—11:00、14:00—17:00，冬季8:30—11:00、14:00—16:30，周一闭馆

交通信息 | 自驾或打车前往。

电话 | 2887312

亮点

现场再现

北极村

标签：度假村

北极村原名漠河村，位于大兴安岭北麓，坐落在黑龙江上游南岸，素有“不夜城”之称，是全国观赏北极光和白夜胜景的最佳观测点。从1860年开始，北极村就有人居住，目前全村一共生活着1000多人。北极村的得名源于一个简单的地理坐标，这里也有了最北邮局、最北雕塑、最北银行、最北餐馆等别致的名号。一定记得要去圣诞邮局寄一张中国最北的明信片，和邮局门口巨大的圣诞老人塑像合影。冬季可以坐着马爬犁在林海雪原上驰骋，欣赏江边景点。

门票信息 | 75元

营业时间 | 全天

交通信息 | 自驾或打车前往。

电话 | 2858049

亮点

圣诞邮局

黑河景点

五大连池风景区

标签：5A级景区　世界地质公园

五大连池风景区位于五大连池市，距市区18公里，地处小兴安岭山地向松嫩平原的过渡地带。五大连池指的是莲花湖、燕山湖、白龙湖、鹤鸣湖、如意湖组成串珠状的湖群，五个湖群全都是火山堰塞湖，周围耸立着14座新老期火山群峰，被科学家喻为“天然火山博物馆”和“打开的火山教科书”。五大连池有一系列保存完好的火山地貌，其中最著名的是盾状火山结构、火山岩渣锥体，以及形式丰富并且保存完好的熔岩流。五大连池的泉水也很出名，可以去尝尝当地人常喝的二龙泉。

门票信息 | 60元

营业时间 | 夏季7:30—17:30，冬季8:30—15:00

交通信息 | 自驾或打车前往。

电话 | 7220456

网址 | http://www.chinawdlc.gov.cn/

微信公众号 | 五大连池

亮点

火山堰塞湖

旅俄华侨纪念馆

标签：纪念馆

旅俄华侨纪念馆位于一栋有百余年历史的二层欧式建筑里，以图文并茂的方式讲述了数百年的中俄关系史中，旅俄华侨所展现的实力和功绩，比如建设了西伯利亚大铁路和海参崴港口的旅俄华工、俄国十月革命中屡立战功的中国军团、在远东抗击日本侵略者的中国红色游击队，以及中苏联合抗击法西斯军队中一批不为人知的共产国际中国红色特工。实物展示区保留了早年赴苏联学习的青年们珍贵的笔记手稿，他们中就包括刘少奇、任弼时，以及国民党后来的领导人蒋经国。

门票信息 | 免费

营业时间 | 8:40—11:00，13:30—16:00，周一闭馆

交通信息 | 自驾或打车前往。

电话 | 6107607

网址 | https://www.lehqjng.org.cn/

微信公众号 | 黑河旅俄华侨纪念馆

亮点

青年笔记手稿

知青博物馆

标签：博物馆

1955—1979年，我国一共有185万名知识青年放弃接受高等教育的机会，满怀“我们也有两只手，不在城市里吃闲饭”的热血来参加东北的农村建设。黑河是当年知识青年上山下乡最多的地区之一，这些青年来自京、津、沪、哈等大城市，分别流向兵团、农场、林场、农村，具有很强的代表性。在这座知青博物馆醒目的红色建筑里，你能了解到一些现在看来无法想象的时代故事。展品包括上海知青们修复的火车头和开过的推土机，当年下发的阶级斗争书籍，以及日记本中温暖的“红色”文字。

门票信息｜免费

营业时间｜8:30—11:30、13:00—16:30，周一闭馆

交通信息｜自驾或打车前往。

电话｜7778093

亮点

上海知青们修复的火车头

吉林雾凇

吉林

位于东北地区中部的吉林省，具有沿边近海优势，是国家“一带一路”向北开放的重要窗口。吉林省地貌形态差异明显，地势由东南向西北倾斜，地跨图们江、鸭绿江、松花江。由于坐拥风景优美的长白山，吉林省一直受到游客的欢迎。除此之外，这里东部漫长的边境线有浓郁的朝鲜族风情；中部省会长春由于过去特殊的历史，遗留了众多独特的历史建筑；松花江穿过吉林市，让它在冬天犹如童话世界一般美丽。另外，吉林省内还分布着大量遗址，包括集安的高句丽壁画墓、龙潭山的扶余国残墙和乌拉街的乌拉部故城遗址，这片历史悠久的土地仍有许多精彩等你发现。

行前参考

实用方言

这圪土达：这地方

不赖：不坏

夜个儿：昨天

何时去

5月至8月：气候宜人，适合在城市旅行。

9月至10月：秋高气爽，可以欣赏长白山雨季过后的天池以及红叶谷丰富的色彩。

12月至次年2月：适合在各个天然滑雪场滑雪。

长白山天池

注意事项

冬季来吉林旅游，需要做好保暖措施，带够保暖内衣、毛衣、羽绒服以及厚实的鞋子。

当地新讯

2021年，吉林市文化广播电视和旅游局推出“星空十大主题玩法”，包括陨石博物探秘、山地休闲度假、城市文化漫步、营地露营观星、森林生态课堂等活动，延长星空旅游产业链。

吉林

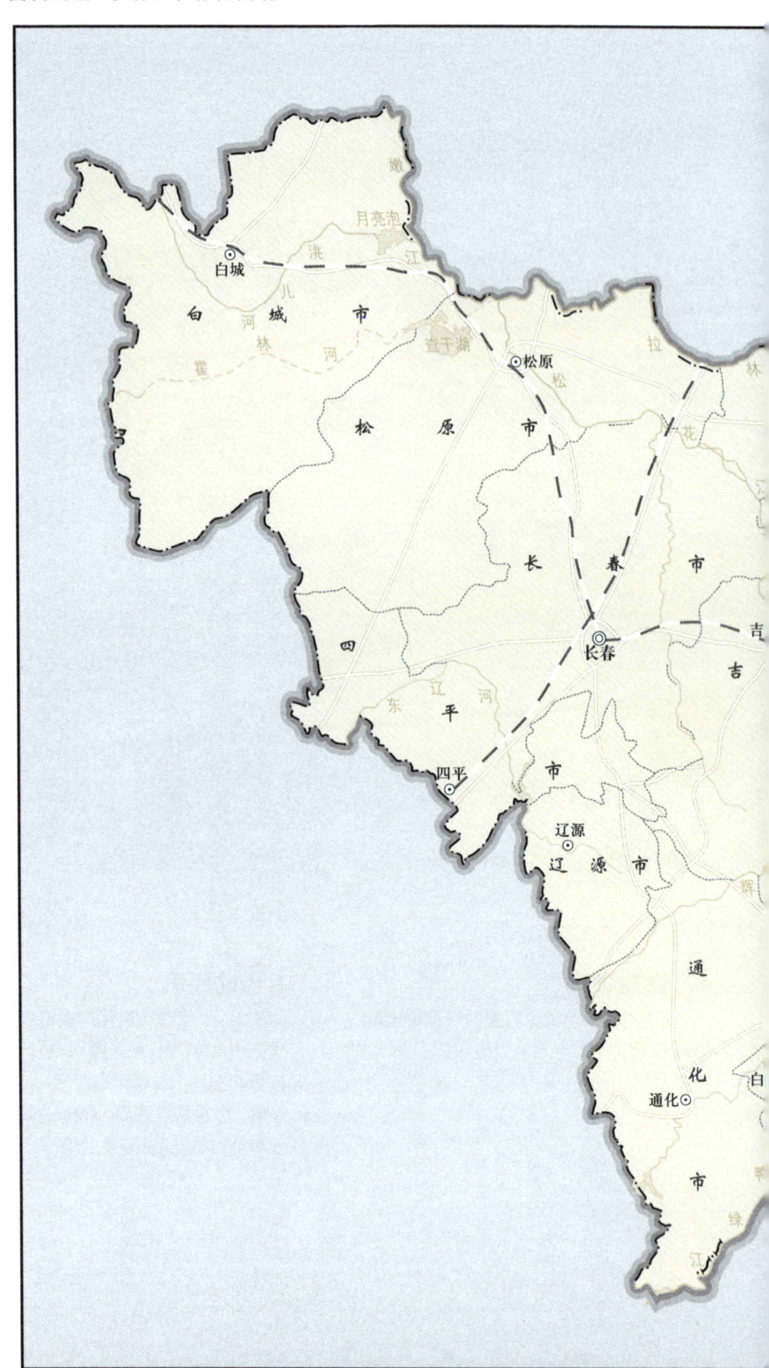

嫩
月亮泡
洮
江
白城
儿
白
河
城
市
林
河
霍
查干湖
松原
拉
松
林
花
松
原
市
长
春
市
长春
吉
吉
四
辽
河
东
平
四平
市
辽源
辽
源
市
辉
通
化
白
通化
市
绿
江

吉林省
比例尺
N
0
76.4千米
林
市
花湖
牡
丹
江
延边朝鲜族自治州
松
花
江
河
延吉
图
们
江
们
江
图
二
道
白
河
白
山
市
长白山天池
(白头山天池)
云峰
水库
望天鹅
2051
鸭
绿
江

长春

长春古称喜都、茶啊冲，别称“北国春城”，是吉林省的政治、经济、文化中心。在距今2000多年以前，长春是北方肃慎族生活过的地方，汉至西晋为夫余国属地。至清朝时期，长春由于土地大面积开发，人口剧增，开始正式设置。1931年9月18日，日本帝国主义发动“九一八”事变，翌日长春沦陷。1932年3月，伪满洲国宣布定都长春，将其改名为“新京”。1945年9月，中共东北抗日联军和苏联红军进驻长春，长春得到光复。

由于地处东北的地理中心，长春是中国老工业基地，也是新中国最早的汽车工业基地和电影制作基地。也正是由于其特殊的地理位置，长春成为近代东北亚政治军事冲突完整历程的集中见证地，留下了众多历史古迹、工业遗产和文化遗存，包括长春电影制片厂、长春拖拉机厂、中国第一汽车集团有限公司。

电话区号 0431

交通

飞机

龙嘉国际机场（88797512；www.ccairport.cn；微信公众号：长春龙嘉国际机场）

火车

长春站（86122222；微信公众号：长春火车站）途经路线为长珲城际铁路及京哈高速铁路。

长春西站（微信公众号：长春西站综合交通换乘中心）途经路线为京哈高速铁路。

长途汽车

长春客运中心站（400-701-7070；宽城区人民大街226号）

凯旋公路客运站（95105586；宽城区铁北二路2088号）

黄河路客运中心站（82792544；宽城区黄河路双龙大厦西北侧）

地铁

长春地铁运营线路共有5条，包括长春轨道交通1号线、2号线、3号线、4号线、8号线。可以使用长春轨道交通一卡通刷卡进站，另外也可以通过长春轨道交通App、长春地铁乘车码支付宝小程序规划地铁路线及支付车票乘车。各线路首末班车时间不一，出行前请留意最新信息。

公交车

长春市内公交便捷，标识清晰，大部分旅游景点都有公交线路可达，并且支持投币、刷长春公交一卡通、手机扫码支付等方式。

土特产和纪念品

当地特色有松花江大米和长春提花丝。

住宿

经济型

风华素年青年旅舍

（15843082666；飞虹路哥德森堡森林4期3栋108）这家青年旅舍距离净月潭较近，邻近东北师大和吉林财经大学，交通便利。旅舍是田园风格的公寓，整体设计较为简约，老板热情友好。一楼大厅比较宽敞，多人间床铺干净卫生，独立卫浴的大床房有4间。

中档

松苑宾馆

（82727001；www.songyuan-hotel.com；新发路1169号）这家酒店是长春市中心唯一的园林式宾馆，位于吉林省委旁的一个大庭院内，交通便利。宾馆内装修豪华典雅，分为A栋、B栋、C栋和司令官官邸4栋建筑。

高档

长春香格里拉酒店

（88981818；https://www.shangri-la.com/cn/changchun/shangrila/；朝阳区西安大路569号）香格里拉酒店位于长春市中心的繁华商圈，毗邻人民广场、卓展购物中心、万达广场等。酒店于2016年经过全新升级改造，客房宽敞舒适，空气净化设备确保了室内空气质量不受雾霾困扰。酒店4间餐厅提供不同样式的菜肴，大堂酒廊不仅有特色下午茶，每晚还有现场乐队表演。

就餐

春发合饭店

（81000872；大马路与三道街交会处；9:00—21:00）这家饭店是经营多年的吉林菜老字号，墙上贴满了奖状，每天都是宾客盈门，服务比较一般，但仍有一大批老顾客。推荐雪衣豆沙、脱骨全肘、锅包肉，但菜量较大，需要谨慎点菜。可以自带酒水，饭店有停车位。

线路推荐

长春历史之旅：伪满皇宫博物院—东北沦陷史陈列馆—长影旧址博物馆—东北民族民宿博物馆

八大部历史建筑之旅：伪满洲国外交部旧址—伪满洲国军事部旧址—伪满洲国司法部旧址—伪满洲国经济部旧址—伪满洲国交通部旧址—伪满洲国兴农部旧址—伪满洲国文教部旧址

景点

伪满皇宫博物院

标签：5A级景区 历史建筑

伪满皇宫博物院是中国末代皇帝爱新觉罗·溥仪在伪满洲国称帝的宫廷旧址，是日本殖民统治中国东北14年的历史见证，也是近代长春城市变迁的地标式建筑群。景区主要以宫廷核心区为核心，包括内廷主楼缉熙楼、外廷主楼勤民楼，以及怀远楼、同德殿和东御花园。宫廷整体建筑风格古今并陈、中外杂糅，具有典型的殖民建筑特点，在建筑风格上真实地反映出当时中国东北的特殊社会状况。另外博物院还设有伪满皇宫历史遗物展，展出了溥仪的亲笔日记、衣帽、中西餐具等曾用品，以及日伪时期留存的一些文物，展品大部分为原件。

门票信息 | 80元

营业时间 | 10月8日至次年4月30日8:30—16:50，5月1日至10月7日8:30—17:20

交通信息 | 可乘坐公交至伪满皇宫站。

电话 | 82866611

网址 | https://www.wmhg.com.cn/index.html

微信公众号 | 伪满皇宫博物院

亮点

缉熙楼、怀远楼

长影旧址博物馆

标签：4A级景区 博物馆

长影旧址博物馆是长影集团在完整保留1937年原“满映”建筑的基础上，本着“修旧如旧”的原则修缮完成的。博物馆通过文物保存、艺术展览、电影互动等形式，呈现了电影艺术、电影道具、电影特技、电影工艺、电影生产等多重主题，展现了大量鲜为人知的幕后故事和历史史料，是记录长春电影制片厂发展变迁的重要殿堂。博物馆展出了长春电影制片厂的前身“株式会社满洲映画协会”的兴建与衰亡，以及东北电影公司的成立与迁移。展厅中间还按照1：1.5的比例还原了兴山时期东北电影制片厂厂门。

门票信息 | 90元

营业时间 | 冬季9:00—16:30，夏季9:00—17:00

交通信息 | 可乘坐公交13、52、54、55路至长影西门站。

电话 | 89236888

网址 | http://www.cfs-cn.com/Item/436.aspx

微信公众号 | 长影旧址博物馆

亮点

东北电影制片厂厂门

人民广场

标签：中心广场

人民广场位于长春市南北中轴线上，在伪满时期被称为“大同广场”，是当时全市的交通中心。1945年苏军进驻长春，将其改名为斯大林广场，并在广场中心修建了高达34米的苏联红军烈士纪念塔，塔顶为一架战斗机模型。同年，国民政府接管长春，将斯大林广场改名为中正广场。1948年，解放军占领长春，将其更名为人民广场。在广场四周绕行，可以看到不少伪满时期重要的历史建筑，包括伪满中央银行旧址、伪满电信电话株式会社旧址以及伪满首都警察厅旧址。

门票信息｜免费

营业时间｜全年

交通信息｜可乘坐公交101、102、104、119路至人民广场站。

电话｜82952351

亮点

苏联红军烈士纪念塔

东北民族民俗博物馆

标签：博物馆

东北民族民俗博物馆隶属东北师范大学，是目前东北地区规模最大的、展示东北古代和近现代民族民俗的博物馆。馆内设有东北古代民族民俗、东北近现代民族民俗、东北代表性行业作坊三个基本陈列展区和若干专题展区。各展区采用实物、图表、文字、沙盘、场景复原等传统展出方式及电子模拟、影像合成等现代技术手段，展示了东北民族民俗及其最新研究成果。

门票信息｜50元

营业时间｜9:00—16:00，周一闭馆

交通信息｜可乘坐公交115路至民俗馆站。

电话｜89165518

网址｜http://dbmzms.nenu.edu.cn/

微信公众号｜东北师范大学东北民族民俗博物馆

亮点

红山文化和高句丽世界文化遗产专题展区

吉林省博物院

标签：博物馆

吉林省博物院新馆于2016年对公众开放，主要展出了高句丽、渤海、辽金时期的文物以及中国历代书法绘画、东北抗日联军文物。其中代表性的文物有汉白玉耳杯、辽契丹文八角铜镜、辽石雕彩绘塔、辽库伦辽墓壁画，书画方面有北宋苏轼《洞庭春色赋·中山松醪赋》行书卷、南宋杨婕妤《百花图》卷、明董其昌《昼锦堂并书记》卷、清丁观鹏《法界源流图》卷等。另外近现代著名画家吴昌硕、齐白石、张大千、徐悲鸿、溥心畬等人的作品也收藏颇丰。

门票信息｜免费

营业时间｜冬季9:00—16:00，夏季9:00—16:30，周一闭馆

交通信息｜可乘坐公交334路至梧桐街站。

电话｜81959581

网址｜www.jlmuseum.org/

微信公众号｜吉林省博物院

亮点

辽契丹文八角铜镜、辽石雕彩绘塔

吉林

吉林市是中国唯一省市同名的城市，有“雾凇之都”之称，位于长白山区向松辽平原的过渡地带，自然环境优越，地貌类型复杂。松花江穿城而过，极具山水园林城市的魅力。

吉林为多民族居住地之一，乌拉街满族风情，阿拉底村、兴光村朝鲜族风情，都具有浓郁的少数民族特色，吸引着大批中外游客。吉林市最繁华的街市在东市场、河南街、大东门、天津街一带。冬季吉林的雪景和雾凇更是

吸引了众多游客，吉林雾凇与云南石林、长江三峡和桂林山水并称为中国四大自然奇观。

电话区号 0432

交通

火车

吉林站（66150500）途经线路为长图铁路、沈吉铁路、长珲城际铁路、吉舒铁路。

长途汽车

吉林市客运换乘中心站（63305310；昌邑区吉林火车站西广场南侧）

雾凇路客运站（63305310；船营区珲春中街777号）

公交车

吉林市内公交便捷，标识清晰，大部分旅游景点都有公交线路可达，并且支持投币、刷吉林通卡、手机扫码支付等方式。"吉林行"App可以显示线路信息，并查询实时公交信息。

土特产和纪念品

当地特色有吉林高粱酒和吉林煎粉。

住宿

经济型

窝牛太空舱青年旅舍

（63107790；吉林站东广场阿里山花园14栋3-302）这是吉林市第一家青年旅舍，毗邻火车站，地理位置优越。太空舱分为横舱和竖舱，价格不同，舱内空间大，私密性好，但旅舍只有一个卫生间，高峰时段需要排队使用。

中档

西关宾馆

（62167701；松江西路137号）宾馆位于松花江畔，原为吉林督军张作相官邸，后定名为吉林市西关宾馆，是园林式国宾馆。不过宾馆大门没有标志牌，需要仔细辨认。冬季早晨有机会在院内看到雾凇，也可步行至江边欣赏雾凇。

高档

吉林世贸万锦大酒店

（62222222；http://www.smwjhotel.com/；江湾路2号）这家豪华酒店拥有400多间明亮宽敞的豪华客房和套房，保证入住客人拥有舒适便捷的住宿体验，部分客房可以俯瞰松花江景。酒店配套设施齐全，停车位充足，健身房、游泳池一应俱全。早餐丰盛，种类多样。

就餐

朝鲜族饭店

（13843254597；吉林大街170号，百货大楼附近；9:00—20:30）饭店的大招牌上就写了三个字——"大冷面"，冷面分为甜、咸、酸甜口味，分量很大，可以两个人共同分享。推荐红油干豆腐丝、红油明太鱼丝。饭店保留了国营饭店的传统，需要买票取菜。饭点的时候可能会排队，可以早点来。

线路推荐

冰雪之旅：雾凇岛—打渔楼—北大壶滑雪度假区

绿地公园之旅：北山公园—龙潭山遗址公园—松花湖—朱雀山国家森林公园

景点

吉林市满族博物馆

标签：博物馆

吉林市满族博物馆成立于2009年，是东北地区目前保存最好的具有清代建筑特色的满汉融合的民宅建筑。博物馆所在建筑为民国末年和伪满时期乐善好施的吉林大富绅王百川的住所，为二进院落，是吉林地区规模最大的四合院建筑群。馆内展示了和满族文化历史相关的大量珍贵的实物、照片、图表和影像资料，另外还有满族锡克特里哈拉祭祀表演，展示了满族萨满祭祀这一非物质文化遗存。

门票信息｜免票

营业时间｜9:00—16:00，周一闭馆

交通信息｜可乘坐公交7路、107路、45路至北山公园站。

电话｜62279123

网址｜http://www.jlsmzbwg.org.cn/index

亮点

锡克特里哈拉祭祀表演

雾凇岛

标签：岛屿

雾凇岛位于龙潭区乌拉街满族镇，只在冬季开放，每年这个时候都会吸引许多游客前来观看雾凇。乌拉街满族镇的韩屯、曾通屯等村落是雾凇最为集中的地方，也是观赏和拍摄雾凇的最佳地。尤其在曾通村，素有"赏雾凇，到曾通"的说法。雾凇岛的最佳观赏季节是每年12月下旬到次年2月底，每天最理想的雾凇拍摄时间为上午。岛上住宿餐饮选择丰富，村民也会在家里布置一些客房给游人住。可以在这里盘腿坐在火炕上，喝杯烧酒，品尝小鸡炖蘑菇。

门票信息｜80元

营业时间｜11月20日至次年2月20日6:10—13:50

交通信息｜可从吉林市自驾或乘坐旅游专线大巴到达。

电话｜63588008

亮点

曾通屯观雾凇

四平、辽源、通化

四平市地处松辽平原中部，解放战争中，著名的四平战役发生于此，因此这里又有"英雄城"之称。四平历史悠久，具有2300多年的建城史，在殷周时期就有先民在这里繁衍生息，是满族重要发祥地之一。

辽源位于吉林省中南部，因东辽河发源于此而得名。辽源旅游资源丰富，有龙首山、辽河源等自然山水，还有皇家鹿苑、盛京围场等满韵清风。

通化位于吉林省南部，是少数民族政权高句丽王国和满清贵族的发祥地，也因此是高句丽文化和满族萨满文化的发源地。

电话区号 四平0434、辽源0437、通化0435

交通

火车

四平站（0434-6163032；微信公众号：四平站）途经路线为平齐铁路、四梅铁路、京哈铁路。

辽源站（0437-6118622）途经路线为四梅铁路、辽开铁路、辽长铁路。

通化站（0435-6123222）途经路线为梅集铁路和通灌铁路。

长途汽车

四平公路客运总站（0434-3230867；四平市铁西区站前街火车站斜对面）

辽源客运总站（0437-5086336；辽源市龙山区辽河大路5号）

通化公路客运站（0435-3517869；通化市东昌区建设大街1338号）

公交车

四平、辽源、通化市内公交便捷，标识清晰，且支持投币、刷公交通、手机扫码支付等方式。

土特产和纪念品

四平当地特色有公主岭大米和双辽苹果梨，辽源当地特色有辽源蘑菇和龙泉春酒，通化当地特色有通化山葡萄酒和大泉源酒。

住宿

经济型

白玉兰酒店（四平火车站南一经街店）

（0434-3679999；四平市南桥委馨嘉园小区A楼）酒店毗邻南湖公园，出行方便，拥有免费停车场，房型多样，有星空房、婚房、梦百合零压房等。

中档

辽源格林豪泰商务酒店

（0437-3287555；辽源市龙山区中康街隆基华典）酒店位置优越，交通便利，有多条公交线路可达。店内拥有80多间客房，提供无线宽带网络、有线电视、24小时热水、独立空调和电话。酒店周边餐饮、购物、娱乐等公共设施齐全。

高档

通化中东拉图摩根酒店

（0435-3397777；通化市东昌区滨江南路与江南西路交叉路口往东北约70米）酒店位置优越，和滨江相望，交通便利。大堂气派宽敞，房间舒适奢华，住宿体验较好，设施齐全，隔音效果很好。早餐很丰盛。

就餐

李连贵熏肉大饼（总部店）

（0434-5074098；四平市火车站对面百兴商场东门旁；6:00—22:00）餐厅位于火车站广场对面，历史悠久，墙上有大幅照片介绍了李连贵熏肉大饼历史和重要人物到访的记录。推荐本店招牌熏肉大饼、东北水饺，大饼喷香酥脆，味道很好。

尚宫 · 禹家炭火烤

（0437-6682850；辽源市浴池胡同东口；10:00—21:00）一家地道的韩式烤肉餐厅，位于幽静的巷子里，装饰走传统韩式风格，整体宽敞整洁。菜品食材新鲜，肉质鲜嫩，美味可口，推荐调味竹筒肉、调味排骨、姜撞奶雪糕。

线路推荐

四平叶赫那拉古城之旅：箭楼—贝勒府—祭神殿—议事厅—公主楼—萨满园

通化高句丽历史之旅：高句丽遗址公园—高句丽王城—将军坟

四平景点

叶赫那拉城

标签：历史遗迹

叶赫那拉城位于四平市梨树县东南部，分为珊延府城、东城和西城三处，始建于16世纪中叶。这里是清太祖努尔哈赤夫人孝慈高皇后那拉代的出生地，也是清末慈禧太后的祖籍地，故有“两代皇后的家乡”之称。古城内的主要景点有箭楼、旗兵营房、贝勒府、祭神殿、议事厅、公主楼、萨满园等，再现了满族建筑风格和古城原貌。20世纪90年代，长春电影制片厂拍摄的28集电视连续剧《叶赫公主》将这里作为外景地。

门票信息 | 免费

营业时间 | 8:00—16:30

交通信息 | 可自驾或包车前往。

电话 | 3560666

亮点

箭楼、旗兵营房

辽源景点

侵华日军辽源高级战俘营旧址

标签：历史遗迹

侵华日军辽源高级战俘营旧址于2017年正式对公众开放。第二次世界大战期间，日军在其本土以外共设立了104座战俘营的本所、分所或派遣所。辽源高级战俘营是其中之一，时称奉天俘虏收容所第二分所，是“二战”期间日军104所战俘营中关押战俘级别最高的一个。1944年12月至1945年8月，这里关押过美国、英国、荷兰等国家和地区的34名战俘，其中有8名高级将领和8名地方长官。最著名的是美国陆军中将、驻菲律宾美军总司令乔纳森·温莱特和英军陆军中将、马来西亚总指挥官阿瑟·珀西瓦尔。

门票信息｜免费

营业时间｜冬季9:00—16:30，夏季9:00—17:30

交通信息｜可乘坐公交5路至高级战俘营旧址站。

电话｜2836869

★ 亮点

战俘营旧址

通化景点

高句丽王城

标签：历史遗迹　世界遗产

高句丽是西汉到隋唐时期东北地区出现的一个有重要影响的边疆民族，鼎盛时期其势力范围包括吉林东南部、辽河以东和朝鲜半岛北部。高句丽王城包括国内城、丸都山城、王陵及贵族墓葬，国内城、丸都山城是高句丽公元1世纪至5世纪的都城。建筑将平原城与山城连成一体，周边分布了1万多座高句丽时代的古墓，因此又被称为“洞沟古墓群”。洞沟古墓群中主要是以将军坟、太王陵为代表的14座大型高句丽王陵，以及大量的王室贵族壁画墓。这些壁画墓和陵墓从不同侧面反映了高句丽的历史进程，也是高句丽留给人类的弥足珍贵的文化、艺术瑰宝。

门票信息｜30元

营业时间｜8:00—17:00

交通信息｜景区专线车直达。

电话｜6262796

★ 亮点

王室贵族壁画墓

五女峰国家森林公园

标签：国家森林公园

五女峰国家森林公园位于鸭绿江畔长白山南麓的老岭山脉，公园内山峰陡峭挺拔，现已开放了五女峰、小江南、洞天皓月、美容泉、大峡谷、老虎岩、抗联遗址、植物园、仙人台、观峰台等景区。每年9月至10月，这里会举办五女峰金秋枫叶节，届时整片园区色彩丰富，景色极美。

门票信息｜65元

营业时间｜全年

交通信息｜可自驾或包车前往。

电话｜6688881

微信公众号｜集安市五女峰国家森林公园

★ 亮点

五女峰

白山、延边

白山位于长白山西侧，生态环境良好，自然资源充足，素有“长白林海”“人参之乡”的美称，同时也是东北“三宝”——人参、貂皮、鹿茸的故乡。白山境内有鸭绿江、松花江两大水系，松花江白山库区和鸭绿江云峰库区更是极受欢迎的风景区。

延边朝鲜族自治州是我国唯一的朝鲜族自治州和最大的朝鲜族聚居地区，地处中、俄、朝三国交界处。州内有图们江源国家森林公园、满天星国家森林公园等自然保护区，生活着众多珍稀野生动物，其中就有被称为百兽之王的东北虎。

电话区号 白山0439、延边0433

交通

飞机

长白山机场（0439-6259111；微信公众号：长白山机场）

延吉朝阳川国际机场（0433-2234433；微

信公众号：延吉朝阳川国际机场）

火车

白山市站（0439-6114722）途经线路为鸭大铁路和浑白铁路。

延吉站（0433-2212620）途经线路为长图线和沈吉线。

长途汽车

白山市客运总站（0439-3334798；白山市浑江区东兴街8号）

延吉公路客运总站（东北亚客运站；0433-2909345；延吉市长白山西路2319号）

公交车

白山、延吉市内公交便捷，标识清晰，支持投币、刷公交卡、手机扫码支付等方式。

土特产和纪念品

白山当地特色有长白山人参和吉林鹿茸，延边当地特色有延吉冷面和延边大米。

住宿

经济型

一念山川青年旅舍

（13039081986；延吉市太安胡同13号）这家青旅位于僻静的胡同里，里面有四只可爱的猫咪和一只很乖巧的金毛犬。门口就有去往帽儿山森林公园、延边博物馆的公交车，出行便利。房间温馨舒适，旺季前台提供拼车至二道白河的服务。

中档

长白山鲁能胜地瑞士酒店度假村

（0439-5109999；白山市漫江镇长白山鲁能胜地国际度假区）度假村位于长白山鲁能胜地，靠近充满满族文化气息的讷殷古城和锦江木屋村，东倚壮美辽阔的长白山，可以眺望长白林海和巍峨雪山。酒店的每一间客房都配有独立阳台，部分套房拥有独立厨房，另外还有多家餐厅供应不同种类的美食。

高档

长白山温泉皇冠假日酒店

（0433-6076888；延边长白山北山门旁）酒店位于长白山保护开发区池北区，距离长白山北景区山门步行约13分钟，位置优越，整个酒店被广袤的原始森林环抱，与周边自然生态融为一体。酒店拥有200多间客房，另外还设有长白山特色草药温泉池、多功能水疗池等10个室内温泉池以及21个景观式室外温泉池。

就餐

小朴朝鲜族狗肉冷面

（0433-5569988；延边天池街近枫桦路；10:30—22:00）小朴是二道白河的老字号，很受当地人欢迎。这里有各种狗肉菜，如果不吃狗肉，还可以选择冷面、石锅拌饭、米肠等朝鲜族特色菜肴，菜式分量很大，价格实惠，一般都在20—35元。

全州拌饭（总店）

（0433-2514297；延吉市参花街142号；24小时营业）延边的招牌拌饭店，有石锅拌饭、烤猪肉拌饭、八爪鱼拌饭、蔬菜拌饭等。每天到了饭点，这里就有很多人，建议提早来。全州拌饭的旗舰店位于延吉公园向北550米处。

线路推荐

长白山北坡之旅：天豁峰—长白瀑布—小天池—绿渊潭—地下森林

长白山西坡之旅：喘气坡—西云峰—中朝37号界碑—梯子河—王池

白山景点

长白山

标签：5A级景区

长白山在《山海经》称不咸山，北魏称徒太山，唐称太白山，辽金已有长白山之名。游玩长白山一般分为北坡线、西坡线和南坡线，三个景区不互通，需要单独购票。6月中下旬至7月初的高山花卉期是长白山最美的时候，此时游客也最多。长白山精华景点包括天池、聚龙泉、黑风口和长白瀑布群。

门票信息｜北景区组合票190元，西景区组合票190元

营业时间｜5月1日至9月3日7:00—17:00，9月4日至次年4月30日8:00—17:00

交通信息｜自驾或乘坐景区旅游观光车前往。

电话｜6331900

网址｜http://www.changbaishan.gov.cn/

微信公众号｜长白山

★亮点

天池、聚龙泉

长白山天池

标签：湖泊

长白山天池位于海拔2189米的山上，是中国和朝鲜的界湖，也是世界上海拔最高的火山口湖。天池在宋朝以后多有喷发，清光绪三十四年（1908年）起，长白山考察者刘建封登上白云山，为天池十六峰命名，并探明鸭绿、松花、图们三江源流。天池四周有着皇冠一般的锯齿状火山口壁，由于湖水的透明度和深度，使得天池呈现一种非常纯净美丽的蓝色。

门票信息｜包含在北景区组合票内

营业时间｜5月1日至9月3日7:00—17:00，9月4日至次年4月30日8:00—17:00

交通信息｜自驾或乘坐景区旅游观光车。

电话｜6331900

★亮点

天池

天豁峰

标签：山岳

北坡主峰天豁峰海拔2620米，松花江南源之水正是从峰下的豁口流出。到达北坡主峰有A、B两条步行环线可选，两条线路都能俯瞰天池。A线位置更高，天池视野更广，还能清楚地眺望朝鲜境内的东坡；B线有邓小平题字的天池碑，适合拍"到此一游"照片，游客少一些，但总体上景观没有A线好看。

门票信息｜包含在北景区组合票内

营业时间｜5月1日至9月3日7:00—17:00，9月4日至次年4月30日8:00—17:00

交通信息｜自驾或乘坐景区旅游观光车。

电话｜6331900

★亮点

天池碑

聚龙温泉群

标签：温泉

北坡的聚龙温泉群属于高温温泉，水温最高达83℃，出水口多达上百个。泉水中含有大量的矿物质，这些矿物质把火山岩石染成了调色板。很多游客都会尝尝这里的温泉煮鸡蛋，把鸡蛋放入泉水中20分钟就熟了。游完北坡不妨在这里泡泡温泉，休息放松一番。温泉群也是步行前往长白瀑布的起点，附近有售卖明信片的商店。

门票信息｜包含在北景区组合票内

营业时间｜5月1日至9月3日7:00—17:00，9月4日至次年4月30日8:00—17:00

交通信息｜自驾或乘坐景区旅游观光车。

电话｜6331900

★亮点

温泉煮鸡蛋

西坡主峰

标签：山岳

西坡主峰梯云峰岩石裸露，形状如梯，传说此峰直通天宫，是天庭和人间相连的天梯，因此得名梯云峰。梯云峰常年云雾缭绕，如果运气好，碰见天气晴好的时候，可以看到天池的美丽景色。主峰附近有中朝37

号界碑，有时候朝鲜士兵不会站岗，因此也是世界上少有的能合影的朝鲜界碑。冬季攀登西坡主峰需要借助雪地摩托。

门票信息｜包含在西景区组合票内

营业时间｜5月1日至9月3日7:00—17:00，9月4日至次年4月30日8:00—17:00

交通信息｜自驾或乘坐景区旅游观光车。

电话｜6331900

亮点

中朝37号界碑

长白口岸

标签：边境口岸

长白口岸是国家一类口岸，位于白山市长白朝鲜族自治县，与朝鲜惠山市隔江相望。口岸的中朝长惠国际公路大桥是中朝双方于1985年共同设计和建造的，原来只是一座由日本人于1936年修建的混凝土桥墩，1943年被洪水冲毁，修复后于1950年又被美军飞机炸毁。步行至国界线，还能看到中朝32号界碑，并登上国门俯瞰对岸骑车、洗衣的朝鲜人。

门票信息｜免费

营业时间｜全年

交通信息｜自驾或打车前往。

电话｜8893666

亮点

中朝32号界碑

延边景点

延边博物馆

标签：博物馆

延边博物馆是一座集地方历史和朝鲜族民族特色于一体的综合性博物馆，地理位置虽然有些偏僻，但内部陈设和展品都值得一看。博物馆内有三大基本陈列：朝鲜族民俗陈列、千秋正气——中国朝鲜族革命斗争史陈列和延边出土文物陈列，另外还有两个专题展览，即中国朝鲜族农乐舞和延边历程——延边朝鲜族自治州成就展，主要展示了朝鲜族人民的生活文化、民俗民风。

门票信息｜免费

营业时间｜5月至9月9:00—17:00，10月至次年4月9:00—16:00，周一闭馆

交通信息｜可乘坐公交28路至博物馆站。

电话｜4311030

网址｜http://www.ybbwg.org.cn/

微信公众号｜延边博物馆

亮点

中国朝鲜族农乐舞展

图们百年部落

标签：民族风情

图们百年部落是具有鲜明朝鲜族特色的仿古部落群，目前内部已有13座风格各异、用途别样的朝鲜族房屋，可供游客参观居住，也可以在此欣赏朝鲜舞蹈、朝鲜打糕的制作过程。“百年部落”族的建筑大都是大屋顶，屋脊中间平、两头翘立，瓦饰上有绳纹和吉祥文字。建筑前身是朝鲜裔商人朴如根于1880年修建的，建筑所使用的木头、瓦片都是当年从朝鲜用船运来的。

门票信息｜夏季40元，冬季30元

营业时间｜9:30—16:00

交通信息｜自驾或打车前往。

亮点

朝鲜族舞蹈、朝鲜打糕

防川风景区

标签：边境

防川风景区处于中朝和朝俄界河图们江的日本海入海口，也是中朝俄三国交界点，被称为“东方第一村”。景区内有历史悠久的图们江红莲、清代勘立的中俄“土字牌”界碑、日苏张鼓峰战役遗址、防川朝鲜族民俗村等景观。天气晴朗时，登上观海阁，不

仅能“一眼看三国”，还能看到图们江出海口。防川岛上还可以坐船游览对面朝鲜“豆满江市”的异国风景。

门票信息｜80元

营业时间｜9:00—15:30

交通信息｜可乘坐防川景区旅游专线直达。

电话｜13704430307

亮点

一眼看三国

吉林

松原、白城

松原地处松花江干流南岸，素有“粮仓、林海、肉库、鱼乡”之称，境内有嫩江、松花江、拉林河、查干湖，其中查干湖是全国第七大淡水湖。

白城位于吉林省西北部，有丰富的石油资源、风力资源以及矿产资源。这里一直以优良的生态环境著称，被誉为“鸟类的天堂”，是白鹤、白鹳和丹顶鹤等多种鸟类的繁殖地。优越的生态环境带来了丰富的旅游资源，境内有包括向海、莫莫格在内的自然保护区和国家湿地公园。

电话区号 松原0438、白城0436

交通

飞机

白城长安机场（0436-6983000；微信公众号：白城长安机场）

火车

松原北站 途经线路为松哈高速铁路。

白城站（0436-6122422）途经线路为长白快速铁路。

长途汽车

松原市公路客运站（0438-2203085；松原市宁江区乌兰大街185号）

白城客运站（0436-3230367；白城市洮北区辽北路53号）

公交车

松原、白城市内公交便捷，标识清晰，支持投币、刷公交卡、手机扫码支付等方式。“松原公交”App可以显示松原市的公交线路信息，并查询实时信息。

土特产和纪念品

松原当地特色有乾安糯玉米和扶余四粒红花生，白城当地特色有黑水西瓜和白城绿豆。

住宿

经济型

汉庭酒店（松原哈萨尔路店）

（0438-5181177；松原市哈萨尔路1636号）酒店距离松原中心商业区步行仅需10分钟，附近超市、便利店、夜市较多，生活方便。酒店提供火车站、客运站的付费接站服务。房间干净舒适，房型多样，前台工作人员热情细心。

中档

麗枫酒店（白城火车站步行街店）

（0436-3203333；白城市青年南大街5号）酒店毗邻工商大厦、步行街，地处白城市中心繁华商圈，出行便利。房间类型多样，宽敞舒适，每个房间都有独立的空气净化系统，卫生间干湿分离。

高档

松原郭尔罗斯饭店

（0438-2122988；松原市哈达大街1199号）酒店地处百老汇商业中心，毗邻奥林匹克广场，交通便利。酒店按照四星级标准建造，客房装潢精美，配套设施完善，还设有行政酒廊、中餐厅和礼品廊。

就餐

八大碗（江山市场店）

（0438-5023366；松原市青年大街

2468号；10:00—21:00）这家松原老字号餐厅就餐环境整洁，夏天店门口还会提供免费小雪糕。这里的老式锅包肉、大黄米糖饼、辣炒牛肉、水煮鱼都值得尝试，菜式较多，分量较大。

大东北酸菜锅

（18804369117; 白城市明仁北街17-2号; 9:00—22:00）这家地道的东北菜餐厅很受当地人欢迎，酸菜口味的铜炉炭火锅口味纯正，猪五花肉、羊肉也很新鲜。冬天这里经常客满，服务热情，上菜快，菜的分量较大。

线路推荐

松原查干湖环湖之旅：妙因寺—郭尔罗斯王府—成吉思汗召—查干湖渔猎文化博物馆

白城森林公园之旅：向海—大安嫩江湾国家湿地公园—莫莫格国家级自然保护区

松原景点

吉林查干湖国家级自然保护区

标签：湖泊

吉林查干湖国家级自然保护区位于吉林省西北部，霍林河末端与嫩江的交汇处。景区环境优美，动植物种类丰富。夏日的查干湖碧波万顷，水天一色，可乘船游玩。冬季这里的冬捕场面独特壮观，一般在每年12月中旬到次年1月下旬进行。届时几十辆机动车昼夜运输，几十万斤鲜鱼破冰而出，还有跳舞祭湖醒网等仪式举行。

门票信息｜25元

营业时间｜8:00—18:00

交通信息｜松原市乌兰大街梦巴黎门前设有旅游专线大巴。

电话｜2605689

网址｜http://cgh.jlsy.gov.cn/

亮点

跳舞祭湖醒网仪式

白城景点

向海国家级自然保护区

标签：丹顶鹤

向海位于通榆县，在科尔沁草原中部，是典型的草原地貌，已被列入《国际重要湿地名录》，以保护丹顶鹤等珍稀水禽和蒙古黄榆等稀有植物群落为主要目的。乾隆皇帝曾在向海亲笔题下“云飞鹤舞，绿野仙踪。福兴圣地，瑞鼓祥钟”的碑文。景区内的鹤岛散养着丹顶鹤，还有介绍自然保护区动植物、生态环境的湿地博物馆，以及建于清顺治年间的喇嘛寺——香海寺。

门票信息｜自然博物馆20元，仙鹤岛40元，香海寺5元

营业时间｜8:00—17:00

交通信息｜可自驾或包车前往。

电话｜4588557

网址｜http://www.xianghai.org/

亮点

香海寺

莫莫格国家级自然保护区

标签：湿地

莫莫格国家级自然保护区地处嫩江与温柔洮儿河交汇处，被国际湿地公约组织列入了《国际重要湿地名录》。莫莫格是中国重要的候鸟繁殖地和迁徙候鸟的停歇地，共计有大鸨、丹顶鹤等116种夏候鸟在此繁殖，迁徙过冬。保护区内河流纵横、湖泡洼地星罗棋布，生境复杂多样，主要的湿地类型有河滩苔草湿地、湖滩洼地芦苇湿地以及碱蓬盐沼等。

门票信息｜40元

营业时间｜8:00—17:00

交通信息｜可乘坐公交102、112路至磨子村。

电话｜7811545

亮点

观鸟

201区间
7-2278

辽宁

辽宁，取自“辽河流域永远安宁”之意。放在东三省来看，这里少了几分冷酷体验，但秋季绚烂的本溪枫叶和盘锦红海滩丝毫不比长白山和兴安岭逊色，长达2000余公里的海岸线更成就了大连和辽东湾一系列海滨度假城市，同时，鸭绿江畔的小城丹东与朝鲜仅一江之隔。

历史文化爱好者尤其不该错过辽宁：红山文化、东北沿海文化、满清文化和佛道文化都能在此找到身影；东北第一重镇、最古老的城市辽阳在这里；沈阳故宫和盛京三陵见证了清朝的兴起；中国近代的军阀混战、多方势力的博弈角逐轮番于此上演；中华人民共和国成立后不久，沈阳、鞍山、本溪、阜新等城市又成为全国名号响当当的重工业基地。如今的辽宁，承载着历史，继续往前进发。

行前参考

实用方言

后身儿：多指建筑物的北面，有时也指不临街的一面。

嗯呢、能够：表示肯定。

备不住：有可能。

何时去

5月至6月：万物复苏，梨花绽放，永安长城、虎山长城远远望去雪白一片。油菜花渐渐开放，宽甸的绿江村迎来最美的时节。

7月至8月：旅游旺季，30℃出头的温度比全国大多数地方的酷暑舒适许多，在渤海沿岸随处可见丰富的海上活动和绵延的沙滩。

9月至10月：天气转凉，休渔期解禁，海鲜肥美。金黄的稻田、火红的枫叶成为广袤大地上最浓郁鲜亮的一笔。

12月至次年2月：严寒，但也是滑雪、泡温泉的好时节。

沈阳故宫

注意事项

东北冬季早晚温差大，请根据温度加减衣服，防寒服、雪地鞋、手套、帽子是必备。

当地新讯

2023年，沈阳故宫推出了市民半价等多项惠民活动。

古城更新，重点工程开工。进一步强化古城井字格局，展现古城街巷肌理。

辽宁省
比例尺
N
0
64千米
阜
新
阜新
老
哈
河
朝
阳
市
白石水库
望海峰顶
867
朝阳
大
凌
河
州
锦
锦州
大
凌
河
盘
盘
锦
葫芦岛
葫
芦
岛
市
大青山
1224
辽
东
湾
长兴岛
市
大连

铁岭市
沈阳市
铁岭
抚顺
沈阳
抚顺市
辽阳市
本溪
本溪市
花脖山
1336
辽阳
鞍山
千山
708.5
鞍山市
丹东市
凤凰山
835.2
营口市
丹东
大
石城列岛
山群岛
东辽河
辽河
浑河
太子河
大洋河
鸭绿江

沈阳

“一朝发祥地，两代帝王都”，这句话说的就是沈阳。虽然对大多数旅行者来说，沈阳不过是南下大连、北上吉林和黑龙江的中转站，歇个一两晚，逛逛沈阳故宫和大帅府就可以匆匆离开。

但作为东三省省会中历史最悠久的城市，沈阳有着独特的历史魅力。中山路两侧民国建筑随处可见，一砖一瓦间尽显当日风采；小胡同里名不见经传的小馆子、雨天仍热闹非凡的夜市大排档，是追随沈阳人寻觅美食的好去处；城区天际线上依旧不乏旧工厂的烟囱，裸露在外的砖黄色融合在现代化的建筑群里。徜徉于这座大清入主中原前的旧都，满是陈旧质朴之感，保留着“皇城根”的气度，不急不缓。

辽宁

电话区号 024

交通

飞机

沈阳桃仙国际机场（96833；http://www.lnairport.com/；微信公众号：沈阳桃仙国际机场）

火车

沈阳站（62062222；微信公众号：沈阳站）主要途经线路为沈大铁路、沈山铁路、沈丹铁路、沈吉铁路、沈大高速铁路、沈丹高速铁路、京哈高速铁路、沈抚城际铁路、皇姑屯线等。

沈阳北站（62041168）即原来的奉天总站，有发往大连北、长春、哈尔滨、北京的高铁和动车，班次频繁。还有发往北京、上海、广州、昆明、成都等城市的快速火车。

长途汽车

沈阳站汽车客运枢纽站（23290661；胜利南街63号）

辽宁省快速汽车客运站（62233333；沈河区惠工街120号）

地铁

沈阳地铁运营线路共有4条（22662266；http://www.symtc.com/）。沈阳地铁票价实行里程分段计价票制，起步价为2元6公里。2020年10月15日起，乘客在通过沈阳地铁闸机时，可出示盛京通App电子乘车码、云闪付App沈阳地铁电子乘车码、支付宝App沈阳盛京通电子乘车码，或微信小程序沈阳地铁电子乘车码扫码进出站。

公交车

沈阳市内公交便捷，支持投币、乘车二维码、支付宝、微信等方式购票。各大地图类App可查询实时车辆信息。

土特产和纪念品

当地特色有不老林糖、清水大米、永乐葡萄、法库牛肉、辽中鲫鱼等。

住宿

经济型

简里酒店（太原街店）

（86012777；北二马路35号）这家民宿风格酒店，装饰简单清新，干净利落，房间的家具和地板都是木质，还放置了一些小食和水供免费享用。位置方便，就在太原街上，距离火车站不过1公里的路程。

中档

沈阳华府酒店

（22598888；哈尔滨路128号）酒店位于沈阳市中央商务区，毗邻市政府和沈阳故宫、北陵等旅游景点。酒店提供最小面积55平方米的豪华房间，最大宴会厅面积800平方米，拥有一流设施设备、现代化餐厅以及酒吧。

高档

沈阳康莱德酒店

（83868888；沈河区青年大街1-1号）

沈阳康莱德酒店位于市府恒隆广场66层至88层，拥有270度宽阔视野，可将全城景色收至眼中，是沈阳的时尚新地标。酒店将传统中国园林元素融入整体设计中，营造出“冬天里的花园”的氛围。

就餐

八大碗

（24343055；小什字街64号；9:30—22:00）这里的菜品非常地道，服务热情，菜量大。“八大碗”曾是满族人家平常的菜肴，后被纳入“满汉全席”内。这家店上菜方式颇为隆重，服务员会敲锣打鼓，抬轿子、放鸡鸣，说一些听不懂的吉祥话。老式锅包肉很受欢迎，汁液浓稠，酸甜可口；小鸡炖蘑菇香气四溢，鸡肉炖得非常烂。

老边饺子馆

（24865369；沈河区中街路208号；10:00—22:00）沈阳人都会推荐的一家老字号。饺子的馅料非常丰富，除了常见的牛羊肉馅，还有驴肉馅和虾爬子（皮皮虾）馅。冰花饺子是店里的特色，类似锅贴，不过面皮更薄。除了饺子还有很多东北家常菜，菜量大。

线路推荐

沈阳游学之旅：中山广场—中国工业博物馆—辽宁省博物馆—沈阳科学宫

皇家盛京之旅：沈阳故宫—张氏帅府—慈恩寺—昭陵—福陵

景点

沈阳故宫

标签：世界文化遗产　清代皇家宫苑

沈阳故宫是中国目前仅存的最完整的两大古代宫殿建筑群之一，始建于1625年，是清代初期营建和使用的皇家宫苑，至今保存完好，是一处包含着丰富历史文化内涵的古代遗址。在宫廷遗址上建立的沈阳故宫博物院是著名的古代宫廷艺术博物馆，它以独特的历史、地理条件和浓郁的满族特色而迥异于北京故宫。沈阳故宫那金龙蟠柱的大政殿、崇政殿，排如雁行的十王亭，设有万字炕的清宁宫，古朴典雅的文溯阁，高台建筑凤凰楼，以及“宫高殿低”的建筑风格，在中国宫殿建筑史上都绝无仅有。

门票信息｜50元

营业时间｜4月10日至10月10日8:30—17:30（16:45停止售票），10月11日至次年4月9日9:00—16:30（15:45停止售票），周一闭馆（法定节假日除外）

交通信息｜乘坐地铁1号线到中街站、怀远门站下车，步行10分钟可到达。

电话｜24843001

微信公众号｜沈阳故宫博物院

官网｜http://www.sypm.org.cn

亮点

大政殿、崇政殿、十王亭

张氏帅府（大帅府）

标签：东北第一名人故居

张氏帅府博物馆是在大帅府遗址上建立起来的，是北洋政府末代国家元首、奉系军阀首领张作霖及其长子张学良将军主政东北时期的官邸和私宅。这里庭院相连，楼宇林立。放眼望去，雕梁画栋的四合院、水榭亭台的帅府花园、恢宏气派的红楼群、小巧雅致的帅府办事处、欧式风情的边业银行、中西合璧的小青楼、赵一荻故居，错落有致。这是东北地区规模最大、保存最为完好的名人故居，也被称为“东北第一名人故居”。

门票信息｜46元（通票含临展）

营业时间｜10月16日至4月30日8:30—17:00，5月1日至10月15日8:30—17:30

交通信息｜乘坐地铁1号线到中街站或者怀远门站。

电话｜24850576

微信公众号｜张氏帅府

官网 | www.syzssf.com

★ 亮点

大青楼、西院红楼群、赵四小姐楼

中山广场

标签：城市广场

中山广场位于沈阳市和平区中山路、南京街、北四马路3条道路交会处，始建于1913年，当时称中央广场，1981年恢复了中山广场的名称，一直沿用至今。中山广场中央矗立着一尊大型玻璃制毛泽东塑像，伟人巍然屹立，神采奕奕，亲切慈祥，巨手挥指前方，健步从容向前。中山广场环境清新整洁，游人多在此游玩和休憩。

门票信息 | 免费

营业时间 | 全年

交通信息 | 公交车114、115、123、125、129、220、231、232、249、264、277路等经过此地。

★ 亮点

中山路、南京街、北四马路

中国工业博物馆

标签：沈阳工业辉煌期的集中展现

如果你对沈阳重工业基地的名声早有耳闻，那就不应该错过这里。整个博物馆是沈阳工业辉煌期的一个集中展现，分为通史馆、铁西馆和铸造馆三大部分，记录了沈阳工业发展的历史轨迹、工人生产和生活场景。铸造馆尤其值得一看，由原沈阳铸造厂的厂房改建而成，原汁原味地展现了当年的模样，硕大的钢铁机器和高耸的厂房屋顶，置身其中仿佛穿越了时空。

门票信息 | 免费

营业时间 | 周二至周日9:00—16:00（周一休息，逢法定重大节假日休馆）

交通信息 | 乘地铁到保工街站，换乘175路、176路至卫工街北一路站下车。

电话 | 25702088

★ 亮点

中东铁路钢轨、西周青铜盔、春秋时期盔甲

慈恩寺

标签：沈阳市内最大的佛教寺院

慈恩寺始建于后金天聪二年（1628年），1912年步真和尚主持重修，1930年大雄宝殿完工。到了1987年，寺院经重新修复，设有天王殿、比丘坛、大雄宝殿、伽蓝殿和藏经楼，每逢佛教节日会做法事，游客也可以观看。从寺院出来往东走不远便是万泉河，两岸柳树茂盛，环境清幽。到了慈恩寺很难避开“剩人和尚”的故事，这位僧人原是南方名士，因撰写了讲述清军进犯南京的书籍而被流放至此。最初他只在慈恩寺干些杂活，但其才气吸引了大批文人雅士追随，他在世时广播佛法，后来被奉为辽沈佛教开山祖师。

门票信息 | 免费

营业时间 | 8:00—15:00

交通信息 | 乘坐250路、257路公交车到第二十七中学下车。

电话 | 31950606

微信公众号 | 沈阳市慈恩寺

★ 亮点

比丘坛、藏经楼

沈阳昭陵

标签：关外最后一座皇陵

昭陵因地处老城北部，又称北陵。里边埋葬着皇太极和孝端文皇后。皇太极是努尔哈赤的第八个儿子，追随其父统一了女真各部，又开创了大清基业。他死后的第二年，清军入关，昭陵因而成为关外最后一座皇陵。民国时，墓区周围的官林被辟为北陵公园，保留至今。这座曾经的皇家园林内植被茂密，苍松翠柏中还隐藏着精致的石雕华表和望天吼，随处可见前来锻炼和游玩的沈阳市民。

门票信息｜旺季40元，淡季20元

营业时间｜8:00—17:00

交通信息｜乘坐2号线到北陵公园站。

电话｜86895895

微信公众号｜沈阳北陵公园

亮点

碑亭、明楼、隆恩殿

辽宁省博物馆

标签：新中国成立后建立的第一座博物馆

辽宁省博物馆是一座综合性博物馆，其前身为东北博物馆，素以"藏品丰富、特色鲜明"而享誉海内外。馆藏文物总量达11.2万件（套），其中尤以红山文化玉器、商周时期窖藏青铜器以及《唐摹王羲之一门书翰》《曹娥诔辞》《草书古诗四帖》《虢国夫人游春图》《簪花仕女图》《草书千字文》《瑞鹤图》等书画精品最具特色和影响。

门票信息｜旺季40元，淡季20元

营业时间｜旺季9:00—17:00，淡季9:30—16:30，周一不开放

交通信息｜乘坐地铁2号线至白塔河路站，换乘有轨电车1号线至运行中心下车，再南行800米到达。

电话｜23205102-5100

微信公众号｜辽宁省博物馆

官网｜http://www.lnmuseum.com.cn/

亮点

《簪花仕女图》《瑞鹤图》

沈阳福陵

标签：皇家陵墓

福陵是清太祖努尔哈赤和孝慈高皇后叶赫那拉氏的陵墓，俗称东陵，位于沈阳东郊的天柱山，建成于清顺治八年（1651年），康熙、乾隆时期又有部分增建。陵寝南面正中有正红门，门前有华表、石狮、石坊、下马碑等。进入正红门内为一条笔直的参道，参道两侧，排列着一组石象生。过108蹬，碑楼内立着康熙皇帝题撰的《大清福陵神功圣德碑》。碑楼后面的城堡式建筑为方城，是陵园的主体建筑部分。围墙上有4座角楼。北面是明楼，内有石碑一座。方城正中是隆恩门，方城内正中台基上坐落着隆恩殿。方城北面是宝城和月牙城，宝顶下的地宫埋葬着努尔哈赤和叶赫那拉氏的棺木及骨灰。

门票信息｜门票42元（包括清福陵40元，东陵公园2元）

营业时间｜4月至10月8:00—17:00，11月至次年3月8:30—16:30

交通信息｜乘坐148、168、218、385路公交车或沈抚3号线至东陵公园。

电话｜88031478

官网｜http://www.qingfuling.com/

亮点

坐虎、方城、隆恩楼

沈阳棋盘山风景区

标签：4A级景区

棋盘山因山上原有一块石头刻有棋盘而得名。景区由棋盘山、辉山、大洋山和秀湖构成，即所谓的"三山一水"。景区内山水辉映，树木葱郁，夏季可以赏荷，秋天可以看枫，山顶建有望湖亭，登亭远眺，四周美景尽收眼底。棋盘山上修建了索道和滑道，往返一次20分钟，可以体验登山、高山速滑等多种娱乐项目。每年冬季，这里的"棋盘山冰雪大世界"就成了看冰雕、玩雪、滑雪的乐园，景区内还有关东影视城等景区，十分有趣。

门票信息｜20元

营业时间｜全天

交通信息｜乘坐384路或168路南北线联运支线公交车可到。

电话｜88050627

亮点

棋盘山、辉山、大洋山

沈阳市植物园（沈阳世博园）

标签： 森林中的世博园

沈阳市植物园（沈阳世博园）是2006中国沈阳世界园艺博览会的会址，被誉为“森林中的世博园”。这里是集绿色生态观赏、人文景观建筑、科研科普教育、精品园林艺术、娱乐休闲活动于一体的多功能综合性旅游景区。园内栽种露地草本植物、露地木本植物和温室植物2000余种。园区内汇集、展示了东北、西北、华北及内蒙古地区的植物资源，是东北地区收集植物最多的综合性植物展园。近百个风情展园如繁星般点缀在整个园区之中，散发出人文艺术与自然景观和谐统一的独特魅力。

门票信息｜50元

营业时间｜8:30—17:00

交通信息｜乘168、234、330路公交车至世博园西门站。

电话｜88038035

网址｜http://www.syszwy.com.cn/

★ 亮点

辽宁农艺园、全国青少年生态文化园、宿根花卉园

沈阳森林动物园

标签： 4A级景区　青少年科普基地　中国丹顶鹤人工繁育科研基地

沈阳森林动物园位于棋盘山国际风景旅游开发区内，是国家一级森林野生动物园，是集动物保护、科普教育、科学研究、旅游休闲于一体的4A级景区。园林景观设计充分利用原始地形地貌，追求自然和谐，隐蔽建造动物笼舍场馆。动物园内各种动物的房舍大都建在小山后面，或隐在山上灌木丛中。

门票信息｜成人60元，儿童30元

营业时间｜8:30—17:00

交通信息｜乘168、330、331路公交车可达。

电话｜88050808

网址｜http://www.syslzoo.com/

★ 亮点

丹顶鹤、狮子、东北虎

辽宁古生物博物馆

标签： 古生物博物馆

辽宁古生物博物馆是我国迄今规模最大的古生物博物馆。建筑外形像庞大的地质体和巨型恐龙的融合：断层将地质体垂直切割，火山熔岩自上而下奔泻流淌。博物馆以展示生命起源与演化为主线，以介绍辽宁“十大古生物群”为重点，引领观众走进辽宁30多亿年地质历史的长河。

门票信息｜免费

营业时间｜9:30—16:00（15:30停止入馆），周一闭馆

交通信息｜乘坐地铁2号线至师范大学站。

电话｜86593017

网址｜http://www.pmol.org.cn

★ 亮点

燕辽生物群、热河生物群、辽宁的古人类

太清宫

标签： 道教

太清宫原名“三教堂”，郭守真曾在此传道，羽化后葬于后院。乾隆年间修复扩建，成为当时东北地区最大的道观。现在的太清宫是重建的，四进四合院的布局，虽规模不大，木雕和众神造像却处处透着精巧。据说在吕祖殿求签非常灵验，不过各殿只有初一、十五才会开放。从故宫步行即可到达。

门票信息｜2元，农历初一、十五免费

营业时间｜8:00—15:30

交通信息｜地铁1号线到中街站、怀远门站下车。

电话｜22727906

★ 亮点

吕祖殿

大连

大连位于辽东半岛南端，西北濒临渤海，东南面向黄海，与山东半岛隔海相望，共扼渤海湾。

大连的气候十分宜人，属具有海洋性特点的季风性大陆气候，冬无严寒，夏无酷暑。这座城市以海滨风光为主，若为看海而来，你可以沿着海岸线向东，穿越滨海浴场与海洋馆，到瑰丽的金石滩地质公园，也能去不远处的海上探访长海岛屿的渔家。

人文景观以都市建筑和近代战争遗址为主，旅顺中日甲午战争和日俄战争遗址、白玉山、万忠墓、旅顺监狱、东鸡冠山炮台都很有名。此外，还有极地馆、圣亚海洋世界等特色景点。加之舒适温和的气候，大连已成为理想的旅游、度假和避暑胜地。

电话区号 0411

交通

飞机

大连周水子国际机场（96600；www.dlairport.com；微信公众号：大连国际机场）

火车

大连站（62831222；微信公众号：大连站）位于市中心，是大连主要的运营车站，每天有频繁的班次与东北其他地区、华北地区相连接。

大连北站（62821260；微信公众号：大连北站）途经线路为哈大高速铁路、丹大快速铁路、沈大铁路等。

长途汽车

大连虎跃快客（96669；www.huyue.com.cn；胜利广场28号）

大连汽车客运总站（北岗桥汽车站；83628681；鞍山路20号）

地铁

大连目前开设了4条地铁线路（88099999；http://www.dlmetro.com/portal/indexShow.do；微信公众号：大连地铁），支持现场人工或者机器购票，也可使用各种移动支付功能。

公交车

大连公交系统（968600；www.dalianbus.com）发达，乘公交前往各大景点很方便。公交均为自动投币或刷IC卡付费，远程车会采取分级票价。

土特产和纪念品

当地特色有獐子岛辽参、旅顺海虾米、贝雕工艺品。

住宿

经济型

建国璞隐酒店(大连中山路友好广场店)

（39582777；中山区一德街11号）酒店位于大连市繁华中心区域友好广场，距地铁2号线约100米，酒店附近有多条公交线路直达老虎滩、星海广场、金石滩等旅游景点，交通便利。酒店地处繁华的商业中心，周边有多所大型商场，遍布各种特色美食，与酒店仅一路之隔的延安路上，美食应有尽有。

中档

铁道1896花园酒店

（66661897；西岗区胜利街42号）酒店毗邻俄罗斯风情街，由28幢百年老别墅和一个雅致的花园组成，前身是俄罗斯官员与富商的宅邸，如今改成了豪华的古典欧式客房。你能从门口的金色小牌看到别墅的历史，例如，32号楼就曾住过张学良与赵四小姐。每间房的设施与面积都不同，若有特殊需求建议预先询问，最好避开喧闹的临街房。

高档

一方城堡豪华精选酒店

（86560000；滨海西路600号）酒店坐落于星海广场，在房间内可以俯瞰星海湾美景。巴伐利亚城堡建筑外形让它成为大连地标性建筑，也是大连的网红打卡地、出片的好地点。周边商业、金融与各种娱乐设施云集。酒店还为亲子娱乐增设了城堡儿童乐园，另有儿童主题房增添童趣时光。

就餐

68-86大连老菜馆

（82657491；中山区新生街3号）著名的老字号，接地气的就餐环境、亲民的价格和家常的味道，很受大连人的喜爱。即便服务有时跟不上，到了饭点依旧一位难求。推荐菜价格偏高，不如试试当地人推崇的三鲜焖子、锅包肉和葱油豆腐皮。

品海楼（老虎滩店）

（82739088；中山区滨海东路72号）主打海鲜，食材新鲜，烹饪方式得当。装潢复古精致，是拍照打卡的好去处。海胆是必点的。

线路推荐

浪漫星海之旅：星海广场—大连圣亚海洋世界—俄罗斯风情街—南山旅游风情街—大连海昌发现王国主题公园

海滩度假之旅：大连老虎滩海洋公园—金石滩国家旅游度假区—大连森林动物园—棒棰岛

景点

大连老虎滩海洋公园

标签：5A级景区

大连老虎滩海洋公园位于大连的南部海滨，依山傍海，是海洋动物和鸟类的世界，也是观赏海滨风光的胜地。在极地馆里可以观看白鲸、海狮、海豚和海象等海洋动物表演，是亲子游的绝佳选择。还可乘坐全国最长的跨海空中索道到达“鸟语林”，那里生活着孔雀、丹顶鹤、白鹭等数十种鸟。公园里还有海上观光游艇、四维影院等项目，更有惊险刺激的侏罗纪激流探险、蹦极等娱乐设施。

门票信息｜旺季220元，淡季190元

营业时间｜8:30—16:30

交通信息｜2、4、30、403、404路公交汽车及大连城市旅游巴士均在此停靠。

电话｜82689356

微信公众号｜大连老虎滩海洋公园

官网｜http://www.laohutan.com.cn

亮点

极地馆、珊瑚馆、海兽馆

金石滩国家旅游度假区

标签：5A级景区　国家生态旅游示范区

金石滩位于大连市区东北部，这里三面环海、风光优美，被称为“大连人的后花园”。黄金沙滩视野开阔，海水清澈度和沙质都比市区的海滩更胜一筹。在滨海国家地质公园可以欣赏到数亿年前的岩石沉积和大量古生物化石形成的奇特巨石，形似石猴观海抑或大鹏展翅，是摄影爱好者喜欢的地方。

门票信息｜联票160元起

营业时间｜全天

交通信息｜可乘坐地铁3号线至终点站金石滩站。

电话｜87900241

微信公众号｜大连金石滩旅游

官网｜http://www.jinshitan.com

亮点

玫瑰园、南秀院、鳌滩

大连海昌发现王国主题公园

标签：迪士尼设计公司同款

发现王国由曾经参与设计迪士尼公园的美国RPVA公司规划设计，公园占地面积约47万平方米，毗邻十里黄金海岸。这里的游乐设施世界顶尖，环球风情演艺和丰富多彩的四季庆典主题活动成功吸引了中外游客。配套的发现王国度假酒店与大海相邻，完善了公园的休闲度假功能，如果预算充足，推荐住一晚。

门票信息｜129元起

营业时间｜9:30—17:00

交通信息｜可乘坐地铁3号线至终点站金石滩站。

电话｜87900000

微信公众号｜大连海昌发现王国

官网｜http://faxian.haichangoceanpark.com/dlfxwg/index.htm

亮点

疯狂小镇、神秘沙漠、金属工厂

大连圣亚海洋世界

标签：最受欢迎主题公园

圣亚海洋世界共有4个场馆，分别是海洋世界、极地世界、珊瑚世界、深海传奇，每个馆都有一个独特的主题，以精妙绝伦的海洋动物表演和长达118米的海底通道最为著名。极地世界里有各种诙谐幽默的动物表演，最著名的便是国内唯一可以模仿迈克尔·杰克逊舞步的海象。珊瑚世界里有着1000多个珊瑚礁生物群，五彩斑斓的珊瑚非常适合摄影留念。

门票信息｜240元

营业时间｜9:00—17:00

交通信息｜乘16、22、23、406、531、901路公交车至医大二院下车。

电话｜84581113

微信公众号｜大连圣亚海洋世界

官网｜http://www.sunasia.com

亮点

海洋世界、珊瑚世界、极地世界

大连森林动物园

标签：科普教育基地

大连森林动物园分为一期圈养区和二期散养区（野生放养园）两部分。位于白云山景区内的卓越地理位置，使其依山傍海。百雁群飞、海豹表演、黑熊打拳击和黑猩猩幽默表演等项目妙趣横生。园区有200余种动物，数量多达3000只，其中有多种国家级保护动物和从国外引进的珍稀动物。在这里你可以参观各种圈养和放养的动物，更可以与可爱温驯的羊驼等亲密接触。散养区内还有热带雨林、沙漠景观、热带果木等景观。

门票信息｜4月至10月120元，11月至次年3月100元

营业时间｜4月至10月8:30—16:00，11月至次年3月9:00—16:00

交通信息｜乘525、529、715路车至森林动物园站下车。

电话｜82476970

微信公众号｜大连森林动物园

官网｜http://www.dlzoo.com/

亮点

热带雨林馆、澳洲袋鼠园、欢乐灵长园

棒棰岛

标签：避暑疗养之地

离岸500米处的海面上有一小岛突兀而立，远远望去，像一根农家捣衣服用的棒槌，故称“棒棰岛”。这是一处以山、海、岛、滩为主要景观的风景胜地。三面环山，一面临海，北面群山环绕，南面是开阔的海域和凹凸不平的鹅卵石滩。这里景色优美，气候宜人，是避暑疗养的好地方。

门票信息｜20元

营业时间｜8:00—19:00

交通信息｜无公交车可直达棒棰岛景区。从市中心到棒棰岛景区仅9公里，打车约20分钟可以抵达。

电话｜82867366

微信公众号｜大连棒棰岛文化旅游发展有限公司

★ 亮点

三山岛

俄罗斯风情街

标签： 中国第一条俄罗斯风格街道

保留了38栋原白俄罗斯时的建筑，是中国第一条具有俄罗斯19世纪至20世纪建筑风格的街道。这条街已有百余年历史，现在是集旅游、购物、休闲、娱乐于一体的俄式一条街。街边有很多俄罗斯餐厅以及售卖俄罗斯纪念品的小店，有兴趣可以逛一逛，吃一顿正宗的俄罗斯午餐。

门票信息｜免费

营业时间｜全天

交通信息｜乘坐公交40、403、526、538、613路至胜利桥北站，下车后沿上海路向南步行100米即可到达。

★ 亮点

俄罗斯纪念品

旅顺博物馆

标签： 历史艺术博物馆

旅顺博物馆历史悠久，始建于1917年，由原旅顺动物园、旅顺植物园和旅顺博物馆合并而成。博物馆内有近10万件藏品，包括青铜器、陶瓷等精品，还有部分罕见的外国文物。其中，印度犍陀罗石刻艺术品是目前中国唯一的收藏，极具看点。同时，这里还是中国大型园林博物馆之一，馆内留有很多珍贵树木，置身其间，心旷神怡。多位国家领导人曾先后莅临视察。

门票信息｜免费

营业时间｜4月至10月9:00—16:30（16:00停止入馆），11月至次年3月9:00—16:00（15:30停止入馆），每周一全天闭馆维护

交通信息｜乘坐旅顺口1、3、6、10、12、14路至列宁街站下车。

电话｜86383334

官网｜http://www.lvshunmuseum.org

微信公众号｜旅顺博物馆

★ 亮点

司令部旧址、中苏友谊塔

旅顺日俄监狱旧址博物馆

标签： 国家国防教育示范基地 全国爱国主义教育示范基地

博物馆保存完整、内涵丰富、规模较大。旅顺日俄监狱始建于1902年，由俄国建成，日本于1907年对其扩建，中国和朝鲜等国家的反战和平人士曾被囚禁和屠杀于此。监狱总占地面积22.6万平方米，围墙内占地面积2.6万平方米，有各种牢房275间，工场15座，可同时关押2000多人。监狱围墙外，有被关押者服苦役的窑场、林场、果园、菜地等。1945年8月，日本战败投降，监狱解体。这里是全国爱国主义教育示范基地，免费参观，但是须预约。

门票信息｜免费

营业时间｜详情请参见官网

交通信息｜在旅顺汽车站乘坐3、4、205、206路公交车在元宝房车站下车。

电话｜86610675

官网｜http://www.lsprison.com/

微信公众号｜旅顺日俄监狱旧址博物馆

★ 亮点

日本大正年立旅顺剑山石碑、清光绪年铸军队炮车轮

鞍山、抚顺、本溪、丹东

鞍山是辽宁省第三大城市，因市区南部一座形似马鞍的山峰而得名，是东北地区最大的钢铁工业城市，又因盛产岫玉而被称为“中国玉都”，世界最大的玉佛也在这里。

清史爱好者不会错过抚顺——努尔哈赤就是由百公里外的赫图阿拉城，一路带着八旗军打到了萨尔浒，开启了大清的序章；数百

年后，在抚顺战犯管理所，中国最后一位皇帝彻底成了公民，替王朝画下句点。

本溪山水洞泉湖，如诗如画；碑文摩崖刻，有韵有歌；地质特色鲜明，有国家地质公园；四季分明，亦憩亦游。“钢都”的硬汉形象也渐渐被“枫叶之都”的名号刷新。

每一个来到丹东的人都不会忘记战争留下的伤痛，而江边日益增多的高楼则代表着日新月异的丹东形象。这里和朝鲜仅一江之隔，想要进入那个神秘的国度，是一件轻而易举的事情。

电话区号 鞍山0412、抚顺024、本溪024、丹东0415

交通

飞机

鞍山腾鳌机场（0412-6374999；http://www.lnairport.com/anshan/；微信公众号：鞍山机场服务平台）

丹东浪头机场（0415-6176569；微信公众号：丹东机场）

火车

鞍山站（0412-5631322）多为过路车，每天有数趟列车去往沈阳、大连与辽西等地。

鞍山西站（0412-95105105）距市区约8公里，有哈大高铁和盘营高铁两条线，可便捷地通往沈阳、大连、北京、上海等地。

抚顺北站（024-52523243）主要线路沈吉铁路、沈抚城际铁路、沈白高速铁路。

本溪站（024-42022222）位于市中心，丹东经沈阳发往各地的火车都会经过本溪站。

丹东火车站（0415-2121234）沈丹铁路的终点。从丹东至沈阳只需1小时出头，有高铁直达哈尔滨和长春等主要的东北城市，以及北京、上海等地。

长途汽车

鞍山客运总站（0412-2225019；鞍山市南建国路83号）

抚顺长途汽车中心客运站（024-57682229；抚顺市抚顺城路与汪清街交叉口东北100米）

本溪长客中心站（024-43850822；本溪市解放北路166号）

丹东客运总站（0415-2134571；丹东市十纬路98号）

公交车

鞍山新版公交卡已经实现全国通用，可在北京、沈阳、大连、长春、南京等165个联网城市刷卡乘坐公共交通，并可享受当地优惠政策，刷卡资费以当地规定为准。抚顺和本溪公交发达，持公交IC卡可以乘坐市区内公交车。丹东市内大部分旅游景点都有公交线路可达，并且支持投币、刷公交卡、手机扫码支付等方式，可通过“安东行”App实现充值、查询等服务。

土特产和纪念品

鞍山当地特色有海城馅饼、岫岩滑子蘑、尖把梨，抚顺当地特色有单片黑木耳、清原龙胆，本溪当地特色有马家烧麦、长宽猪蹄，丹东当地特色有老树桶野山蜂蜜、东港梭子蟹、丹东板栗。

住宿

经济型

丹东丹铁大酒店

（0415-2305368；丹东市振兴区十一纬路3号）老牌国营酒店，位置非常好，闹中取静，虽然在火车站边上，但也不会太嘈杂。从酒店步行10分钟便可走到鸭绿江畔，在酒店凭高远望便可欣赏到鸭绿江的美丽风光。

中档

鞍山东山宾馆

（0412-5533548；鞍山市铁东区东风街108号）东山宾馆始建于1952年，是鞍山市著名的国宾馆，也是一家有着悠久历史的老字号宾馆。地理位置优越，毗邻风光秀丽的二一九公园，与建有世界最大玉佛的玉佛苑遥相呼应。开业至今，曾接待过多位国内外的政府人员，风评极佳。

高档

抚顺友谊宾馆

（024-83868888；抚顺市新抚区永宁街4号）抚顺比较老牌的宾馆，是接待外宾的重要场地。设施完善，服务到位，地理位置极佳，在部分房间可以看到浑河。

就餐

贰号院私庭旧俚 · 私房菜

（024-57826666；抚顺市新抚区浑河南路万达社区2号公寓；10:00—21:00）抚顺为数不多的网红餐厅，开在独栋别墅里，装修风格现代，气氛浪漫。人气很高，菜式多样，创意菜居多，低温雪花和牛是招牌菜，值得一试。

大铁锅岁月饭店

（024-46858868；本溪市本溪满族自治县山水俪城；9:00—21:00）量大实惠，人气火爆。来吃正宗东北菜，一定要点铁锅炖，想吃铁锅炖大鹅记得提前给店家打电话。

线路推荐

抚顺历史文化之旅：筐子沟原生态风景区—赫图阿拉城—抚顺战犯管理所—抚顺煤矿博物馆

印象本溪：大石湖风景名胜区—本溪大峡谷—洋湖沟—虎谷峡风景区—枫林谷森林公园

丹东自然之旅：凤凰山—黄椅山森林公园—大鹿岛

鞍山景点

鞍山千山旅游风景区

标签：佛教　道教

千山最早形成于38亿年前，在古代被称为“积翠山”，最高峰仙人台海拔708.5米。因相传有999座山峰，遥望若青莲接天，故又称“千朵莲花山”，简称“千山”。作为东北最大的宗教聚集之地，千山宗教文化厚重，佛道共融一山。山上有近40座庙宇，如龙泉寺、祖越寺、香岩寺、中会寺、大安寺、无量观、五龙宫等，共有“九宫、八观、五大禅林、十二茅庵”。身高70米的天成弥勒大佛是世界最大，在这里能看到原佛教协会会长赵朴初先生亲笔题写的“千山弥勒大佛”，以及世界佛教联合会副会长释觉光亲笔题的“天成弥勒道场”。

门票信息｜旺季80元，淡季60元

营业时间｜8:30—16:30

交通信息｜乘8路、88路公交车以及千山号旅游专线可到。

电话｜2557666

微信公众号｜千山景区

官网｜http://www.qianshanjingqu.com/

亮点

弥勒大佛，仙人台，天上天景区

玉佛苑

标签：世界最大玉佛

玉佛苑位于玉佛山风景名胜区的核心景区内，因供奉世界最大玉佛而享誉海内外，占地面积27万平方米，三面环山，一面临水，风水极佳。玉佛苑以玉佛阁为主体，由天王殿、舍利堂、药师殿、地藏殿、罗汉圣地等组成，将玉文化、佛文化和山水园林文化融为一体。主体建筑玉佛阁气势恢宏、金碧辉煌，殿内的“释迦牟尼渡海观音”玉佛重260.76吨，七色一体，雕琢细腻，1997年11月荣膺“大世界基尼斯之最”。

门票信息｜70元

营业时间｜4月至10月8:00—17:00，11月至次年3月8:00—16:30

交通信息｜鞍山火车站有通往千山、玉佛苑的公交车，车票2元。

电话｜5550382

微信公众号｜鞍山玉佛苑

★ 亮点

天王殿、舍利堂、药师殿

鞍山市博物馆

标签：明清家具

鞍山市博物馆位于鞍山市玉佛苑景区内，见识过世界最大玉佛后可来此参观。这是一座历史与艺术并重，集收藏、展览、研究、考古、文化交流于一体的地方综合性历史博物馆。外覆灰色砖瓦，古朴典雅，气势恢宏，内设基本陈列展厅和多功能厅。馆藏文物万余件，种类丰富，其中国家三级以上珍贵文物近千件，在省内同级博物馆中名列前茅，展品包括陶瓷、铜器、金银器、木器家具、书画、漆器、玉器、古钱币等11类，尤以明清家具最为珍贵。

门票信息｜免费

营业时间｜9:00—16:00（周一闭馆）

交通信息｜鞍山火车站有通往千山、玉佛苑的公交车，车票2元。

电话｜5680911

微信公众号｜鞍山市博物馆

官网｜http://www.asbwg.com/index.html

★ 亮点

民国仿嘉庆款绿地粉彩勾莲纹开光茶壶、清宣统款粉彩夔凤穿花纹碗

抚顺景点

筐子沟原生态风景区

标签：天然氧吧

景区总面积85平方公里，森林覆盖率95%，空气清新，负氧离子含量极高，一条河流贯穿南北，清澈见底，让人心旷神怡，“原生态”是这里最大的特色。即便是炎热的夏季，这里依旧十分凉爽，适宜避暑。筐子沟不仅自然环境优美，还拥有厚重的历史。这里曾经驻扎过东北抗联三师抗击日寇的游击师，师长王仁斋壮烈牺牲于此。为缅怀先烈，政府在此修建了抗联三师纪念馆，供后人纪念学习王仁斋同志大无畏的民族精神。

门票信息｜60元

营业时间｜8:30—16:30

交通信息｜提前一天预约座位，从沈阳市或清原县乘坐直通车直达筐子沟景区，或自驾前往。

电话｜53677666

微信公众号｜筐子沟景区

官网｜http://www.kzgjq.com/

★ 亮点

三叠瀑、绝壁岩、赤岩松

皇家海洋乐园

标签：东北最高摩天轮

皇家海洋乐园号称“全球十大必去水上乐园”，地位和实力可见一斑。这里开创了亚洲首条海底鲨鱼漂流隧道，十分壮观。乐园力图还原自然，设置了室内真沙海滩，还通过巨型亚克力展窗，打破了人与动物的距离局限。此外，在这里能看到东北最高摩天轮，还有国内首创海洋主题马戏表演。

门票信息｜210元

营业时间｜9:00—16:00

交通信息｜从沈阳站搭乘雷锋号城际巴士1号线可达。

电话｜56118888

微信公众号｜皇家海洋乐园

★ 亮点

海洋馆、世纪丛林、沙滩冲浪馆

赫图阿拉城

标签：后金第一都城

“赫图阿拉”是满语，意为“横岗”，即“平顶山岗”。赫图阿拉城始建于明万历三十一年（1603年），明万历四十四年（1616年）正月初一，努尔哈赤于此黄衣称朕，建国号

大金，建元天命，史称"后金"。赫图阿拉故城也因此成为清代关外三京之首，被视作龙兴之地，御封为"启运之地"。这座城坐落于新宾满族自治县永陵镇苏子河南岸，依山而建。最近几年经过重建，历史面貌也因而显现。

门票信息｜60元

营业时间｜4月至10月8:00—17:00，11月至次年3月8:30—16:00

交通信息｜乘坐抚顺—新宾的长途汽车在永陵镇下车，再打车前往赫图阿拉城。

电话｜55157595

微信公众号｜新宾赫图阿拉城景区

官网｜http://www.lnhtal.com/

辽宁

★ 亮点

汗宫大衙门、汗王寝宫、昭忠祠

玉龙溪大峡谷风景区

标签：国家重点生态保护区

玉龙溪原始森林公园是国家重点生态保护区。地理位置十分优越，位于清原县南长岭岭顶，是通往红河峡谷漂流景区和浑河源森林公园的必经之地。玉龙溪贯穿整个景区，溪水因水道形如巨龙、水质清澈、色如碧玉而得名。景区内奇峰峻秀、林木葱郁、峡谷纵横、植被茂密，负氧离子含量极高。加上一年四季景色各不相同，春时山花烂漫，夏季繁花似锦，秋季红叶飘飞，冬季雪松冰瀑遍布，全年都适合游玩。

门票信息｜50元

营业时间｜8:00—17:00

交通信息｜距离沈吉高速清原出口仅2公里，建议自驾前往。

电话｜53055000

官网｜http://www.ylxslgy.com/

微信公众号｜玉龙溪原始森林公园

★ 亮点

迎客峰、鸡血巨石、关门石

抚顺战犯管理所

标签："改造日本战犯"

你可能很少见过这么"正面"的监狱。它原是日本人在1936年成立的抚顺典狱，新中国成立后改作战犯管理所，专门用以进行思想改造。日本战犯、以溥仪为首的伪满战犯和蒋介石集团战犯都曾关押在此。修缮后的管理所恢复了原貌，并设有"改造日本战犯"和"改造末代皇帝"两个主题展，可从中一窥战犯们的日常生活与溥仪跌宕起伏的一生。若想了解末代皇帝变身"凡人"的心路历程，可以读一读溥仪自传《我的前半生》，其中对管理所生活多有描写。

门票信息｜免费

营业时间｜周二至周日8:30—16:00

交通信息｜乘9路、603路公交可达。

电话｜57673307

★ 亮点

战犯生活区、监室及劳动场所

本溪景点

本溪水洞

标签：5A级景区 国际旅游洞穴协会亚洲会员单位

本溪水洞是数百万年前形成的大型充水溶洞，洞口呈半月形，内分水、旱二洞。进洞口气势磅礴，可容纳千人。在大厅往右是长300米的旱洞，洞穴高低错落，洞中有洞，别有洞天，洞顶和岩壁钟乳石多沿裂隙成群发育，呈现各式物象，自然成趣，宛若龙宫仙境。古井、龙潭、百步池等诸多的景观，也是令人"脑洞大开"，浮想联翩。洞的尽头是一泓清潭，深不见底，水汽袭来，寒意森森。

门票信息｜140元

营业时间｜4月至10月8:30—17:00，11月至次年3月9:00—16:00

交通信息｜从火车站乘坐公交车16路到本溪长客站，再乘坐本溪—小市的客车在本溪水洞景区下车。

电话 | 4891198

微信公众号 | 本溪水洞景区

官网 | http://www.lnbenxishuidong.com/

亮点

充水溶洞

老边沟

标签：林下石海

老边沟与大石湖两大景区以东顶峰为交会点，以石峰岭为交界线而形成一个统一的整体。入口在南营坊村边，景区内分为石阵坡、拥硌河、万象谷、森林花海四个游览区。石阵坡游览区里，石峰风化剥蚀下来的石屑随山势滚落成石坡、石阵、石堆，堪称“林下石海”。拥硌河是老边沟的中心区域，东邻万象谷，西连石阵坡。河东坡有根据史实打造的抗联遗址。整个游览区山花多、枫树多，春天山花烂漫，秋天枫叶流丹。

门票信息 | 78元

营业时间 | 7:00—17:00

交通信息 | 建议自驾前往。

电话 | 43318888

微信公众号 | 辽宁大石湖风景区有限责任公司

官网 | http://www.lndsh.com/index.asp

亮点

回龙湾、錾岩湾、萦水湾

大石湖风景名胜区

标签：杜鹃红叶

大石湖风景区含五龙湖、冰凌峡、木兰谷三个游览区。湖、滩、瀑次第相连，尤以五龙湖最为壮观。冰凌峡位于游览区的东北侧山谷中，连接湖下、湖上。“岭岭开杜鹃，山山有红叶”，溪水潺潺，巨石磊磊，不仅是春季观花、秋天赏叶的好去处，更是消夏的好地方。

门票信息 | 60元

营业时间 | 7:00—18:00

交通信息 | 建议自驾前往。

电话 | 43319999

微信公众号 | 辽宁大石湖风景区有限责任公司

官网 | http://www.lndsh.com/

亮点

石湖栈道、龙王古庙

五女山

标签：世界文化遗产　4A级景区　全国十大考古新发现

五女山景区与辽宁省最大的水库桓龙湖相接，主峰海拔823米。这里地理位置得天独厚，山峰气势雄伟，植被覆盖茂密，历史遗迹与自然风光并存。五女山山城规模较大，气势恢宏，体系完备。山城内外，曾发现多处高句丽早期遗迹，如王宫、兵营、粮仓、天池等，还出土了一批典型的高句丽文物。

门票信息 | 80元

营业时间 | 8:00—16:00

交通信息 | 需驾车前往。

电话 | 48237888

微信公众号 | 辽宁五女山旅游开发集团

官网 | http://www.lnwnsjt.com/

亮点

太极亭、点将台

丹东景点

虎山长城

标签：4A级景区

虎山长城始建于明成化五年（1469年），是由当时的辽东副总兵韩斌督建的，是明万里长城东端起点。建筑材料有别于其他长城，摒弃砖块修建，就地取材使用泥沙黄土。这里紧邻国界，登上顶端烽火台便可看到朝鲜人民生活作息场景。“一步跨”景点处界江最窄，仅有几米，是距离朝鲜最近的地方，可以拍照留念。

门票信息｜4月至10月60元，11月至次年3月55元

营业时间｜4月至10月7:30—17:30，11月至次年3月8:00—16:30

交通信息｜在丹东客运站乘坐前往宽甸的长途巴士于虎山头站下车。

电话｜31090183

微信公众号｜丹东文旅集团虎山长城景区

★ 亮点

虎山长城历史博物馆、古栈道遗址、一步跨

辽宁

鸭绿江断桥

标签：红色旅游　4A级景区

这座建成于1911年的铁桥原本是一座铁路桥，也是延伸安奉铁路线到朝鲜半岛铁路线的第一座桥梁，后改为公路桥。1950年朝鲜战争中，它被美军炸掉一半。谁说残缺不是一种美？沿着布满弹孔的断桥走上江面，临着江风，远眺静寂的朝鲜，让人心中感慨良多。

门票信息｜30元

营业时间｜4月至10月7:30—18:00，11月至次年3月8:00—17:00

交通信息｜乘坐公交105、121、128、303路至鸭绿江断桥站。

电话｜2122145

微信公众号｜鸭绿江断桥

★ 亮点

桥上弹孔

凤凰山

标签：“万里长城第一山”

凤凰山在南北朝时期开始建庙至今，有朝阳寺、紫阳观、药王庙等10余处寺院、道观。每年四月二十八是药王孙思邈的生日，届时有“药王巡城”“祭祀药王”等民俗宗教活动。山中摩崖石刻众多，从明代开始历经数百年，现在仍有“振衣千仞”“亘立中天”“山高水长”“此山不老我曾来”等上百处石刻，且保存完好，具有极高的观赏价值。

门票信息｜80元

营业时间｜5月至10月5:00—19:00，11月至次年4月7:30—17:00

交通信息｜从凤凰城火车站可乘坐10路公交车到凤凰山景区。

电话｜8126042

微信公众号｜辽宁丹东凤凰山

官网｜http://www.cnfhs.com/

★ 亮点

箭眼、马蹄窝、点将台

抗美援朝纪念馆

标签：全国爱国主义教育示范基地

抗美援朝纪念馆位于鸭绿江畔的英华山上，与朝鲜隔江相望，是全国唯一全面反映中国人民抗美援朝战争和抗美援朝运动历史的专题纪念馆。抗美援朝纪念馆园区由纪念馆、纪念塔、全景画馆、国防教育园组成，馆藏抗美援朝文物2万余件。抗美援朝纪念塔高53米，寓意1953年抗美援朝战争取得伟大胜利，塔体为方形中空式，灰白色花岗岩贴面，正面镶嵌着邓小平同志题写的“抗美援朝纪念塔”七个镏金大字，塔的下部是由旗帜、鲜花、彩带组成的汉白玉塔花，代表和平、胜利和友谊。

门票信息｜免费

营业时间｜9:00—16:30，周一闭馆

交通信息｜乘坐122、302路公交车在抗美援朝纪念馆站下车。

电话｜2175988

微信公众号｜抗美援朝纪念馆

★ 亮点

抗美援朝纪念塔

大鹿岛

标签：4A级景区　中国北方夏威夷

大鹿岛位于烟波浩渺的黄海北域，曾见证“致远”等舰的激昂与悲壮。人们来到爱国名将邓世昌墓地、雕像前凭吊，不忘爱国之志。大鹿岛青山俊秀，海水湛蓝，为典型的北国海岛风光。气候宜人，冬无严寒，夏无酷暑，岛前环抱的月亮湾、双珠滩，水清沙柔，浪缓滩平。

门票信息｜45元

营业时间｜7:30—17:30

交通信息｜在丹东站附近找旅游大巴可直达码头。

电话｜7599833

微信公众号｜大鹿岛旅游公司

亮点

月亮湾

锦州、营口、阜新、辽阳

作为华北通往东北的要道，锦州是一座素享盛名的商贸重镇，更是一座生机勃勃、蕴含巨大发展潜力的现代港口城市。锦州自古便是兵家必争之地，改变历史的松锦之战与辽沈战役都在这里打响。如今战争纪念馆虽在，而曾经弥漫的硝烟已变成了烧烤烟雾，对峙的军队也换成了北普陀山登高礼佛的信徒和找寻“潮涨隐、潮落现”天下一绝的笔架山天桥的旅行者。若你对古建筑感兴趣，不要错过1小时车程外的义县。

一纸《天津条约》让营口成为东北开埠最早（1861年）的城市，辽宁的母亲河辽河亦由此流入大海。但对旅行者而言，城里似乎缺乏亮点，更多人将之视为前往盘锦红海滩的中转地。若需停留，博物馆的远古人类化石和炮台旁落入大海的夕阳或能带来一丝乐趣，若是吃货就去鲅鱼圈，让海鲜犒赏你的味蕾。

阜新历史文化悠久，因出土世界第一玉和华夏第一龙，而被誉为“玉龙故乡，文明发端”。阜新是契丹民族的摇篮、武当宗师张三丰的故里、藏传佛教的东方传播中心，两座被誉为“东藏”的藏式寺庙香火至今依然旺盛。通过大清沟、乌兰木图山、章古台、那木斯莱等“天苍苍、野茫茫”的边塞风光，依稀可见清代皇家牧场的昔日辉煌。

虽然如今名声不算响，但辽阳其实是东北最老的城市，已有2400多年建城史。从公元前3世纪到17世纪中叶，辽阳一直是东北地区的政治、经济、文化中心和交通枢纽、军事重镇。明末，努尔哈赤攻占辽阳，定都东京城，为大清王朝的一统天下奠定了坚实的基础。辽阳钟灵毓秀、人才辈出。世界名著《红楼梦》作者曹雪芹的祖籍在辽阳，这里也是名震三江的关东才子王尔烈的故乡。

电话区号 锦州0416、营口0417、阜新0418、辽阳0419

交通

飞机

营口兰旗机场（0417-6612188）距市区约17公里，开通有到上海、广州、西安、哈尔滨等地的航线。

火车

锦州站（0416-3663476；微信公众号：锦州站）位于市中心，每天经停锦承铁路、沈山铁路的列车。向北能通达沈阳和东北其他大城市，向东能到大连，向西可至阜新、朝阳和内蒙古赤峰。

营口东站（0417-3922596）为哈大铁路和盘营铁路枢纽，有高铁和动车连接东北主要城市。

阜新南站（0418-56720222；微信公众号：四季荟杭州站）每天营运的火车班次不多，大多去往沈阳、朝阳，另外还有去往锦州、北京、赤峰的车。

辽阳火车站（0419-2321622）每天有沈大线、辽溪线和哈大客专列车百余班。其中50多趟开往沈阳，车程不到1小时。往返本溪的火车都绕行沈阳，想前往本溪，坐汽车反而更快捷。

长途汽车

锦州汽车客运站（0416-2181166；锦州市延安路四段1号）

营口客运站（0417-2166699；营口市金牛山大街东23号）

阜新市长途客运站（0418-6562720；迎宾大街95号）

辽阳市中心客运站（0419-3792020；辽阳市白塔区胜利路64号；微信公众号：辽阳市中心客运站）

公交车

锦州公交IC卡是全国互联互通卡，目前可在200个城市刷卡乘车，刷卡即可按当地优惠政策乘车。办理互联互通卡时向工作人员说明开通互联互通功能即可。

营口市内公交便捷，标识清晰，大部分旅游景点都有公交线路可达，并且支持投币、刷公交卡、手机扫码支付等方式。“营口行”App有线路查询、失物招领等功能。

阜新市内公交便捷，标识清晰，大部分旅游景点都有公交线路可达，在阜新乘公交车，可以使用“虎跃乘车码”扫码乘车，或登录支付宝领取“阜新虎跃电子公交卡”扫码乘车。

在辽阳乘车，可以刷公交卡、银行卡，还可以用手机扫码，需下载“云闪付”App或“辽阳惠民卡”App。

辽宁

土特产和纪念品

锦州当地特色有凌川白酒、北镇葡萄，营口当地特色有博洛铺小米、营口大酱、营口大闸蟹，阜新当地特色有彰武花生、彰武黑豆、化石戈小米，辽阳当地特色有塔糖、葱花缸炉、辽阳香水梨。

住宿

经济型

锦州大厦宾馆

（0416-48865918；锦州市古塔区中央大街3段58号）宾馆位于古塔区中央大街上，地处经济繁华的锦州站前广场，临近辽沈战役纪念馆，地理位置优越。总建筑面积近4万平方米，装修豪华典雅，性价比很高。

中档

营口晟鼎裕龙阁商务酒店一部

（0417-2990388；营口市站前区学府路南4号）房间干净整洁，还有小冰箱，门前的公交站有车直达各大景点和两个火车站。

高档

麗枫酒店(阜新三一八公园店)

（0418-5989999；阜新市矿工大街48号）酒店位于阜新海州区矿工大街，三一八公园正门对面，临近创业路。周边学校多，文化气息浓厚，购物方便，靠近多家商城。房间拥有宽敞的落地大窗，视野开阔，酒店大堂有浓浓的薰衣草香气。

就餐

老白清真烧烤

（0416-2331199；锦州市上海路二段天兴新大陆B座2-4号，市医院斜对面；9:00—21:00）这家店在重口味的锦州烧烤界算是“清流”，烤串基本7分熟上桌，再由食客自行调整咸淡与熟度。羊肉小串蘸蒜蓉辣酱是当地人的最爱。

老世泰

（0419-2807555；辽阳市新华路275号；8:00—21:00）这家店是当地老字号，专售满族传统糕点，如大卷酥、鸭尾酥、葱花缸炉、沙琪玛，当日现做，售完为止。

线路推荐

锦州宗教文化之旅：奉国寺—万佛堂石窟

印象锦州之旅：北普陀山风景名胜区—笔架山

辽阳博物纪念之旅：辽阳博物馆—辽阳民俗博物馆—王尔烈纪念馆—曹雪芹纪念馆

锦州景点

北普陀山风景名胜区

标签：4A级景区 “辽宁50佳景”之一

这里的“北”，是相对浙江普陀山而言。山中建寺始于隋唐，兴盛并定名于辽代。东端的观音洞历史最久，传言辽太子耶律倍逃难时曾蒙观音拯救，在此隐居，这也是萧太后赐名“北普陀”的由来。不过如今洞穴已被新寺包围，得细心寻找才能看到古洞旁乾隆御笔的金光普照石碑。

门票信息｜50元

营业时间｜8:30—16:30

交通信息｜在锦州火车站前可乘坐公交206路至终点站王屯，然后换乘226路区间车到景区门口。

电话｜4675190

微信公众号｜锦州市园林集团北普陀风景名胜区

亮点

高空滑索、鸡冠山

笔架山

标签：儒释道集大成者

从北岸到大笔架山，有一座跨海天桥，每当落潮时，海水便慢慢地向两边退去，通道仿佛一条蜿蜒的蛟龙浮现海中，潮水落尽，大桥便完全显露出来，直通大笔架山。每当涨潮，海水又从两边向天桥夹击而来，天桥在海浪中渐渐变窄，直至完全隐去。大笔架山上有吕祖亭、五母宫、三清阁等古建筑，以三清阁最为著名，高26米，6层石楼由石墙、石廊、石门、石窗、石龛和石梯组成，就连飞檐挑角、门神壁画，也全都是用石头刻成。整个建筑既有传统的艺术风格，又吸收了西方古建筑之特点。阁中现存大小汉白玉石佛43尊，供奉道家、儒家、佛家，为三教合一的寺庙。

门票信息｜65元

营业时间｜8:00—17:00

交通信息｜在锦州火车站西侧乘坐到笔架山的巴士，平均15分钟一趟，全程需45分钟。

电话｜3582477

微信公众号｜锦州市笔架山风景区

亮点

笔架山岛、天桥

奉国寺

标签：辽代寺院

奉国寺是耶律隆绪为缅怀萧太后而在其故里建造的皇家寺院。当你跨入千年不改其貌的大雄殿，对当地人将之称为“大佛寺”一定会深表认同。殿内的7尊大佛，通高9米以上，属于罕见的过去佛，是中国现存最古老、最大的一组彩绘泥塑佛像。据说正中的毗婆尸佛按萧太后样貌形塑，她身后有一尊明代重塑的男身观音，电影《一代宗师》中章子怡跪拜的即是他。最左的佛像是大多数人熟悉的释迦牟尼，他的头微微西倾，仿佛在回望出生地蓝毗尼。

门票信息｜50元

营业时间｜8:30—16:00

交通信息｜在义县县城内乘坐公交车2路、5路至奉国寺站下车，步行可达。

电话｜7721535

微信公众号｜义县奉国寺

亮点

观音阁、大雄殿、天王殿

营口景点

营口市博物馆

标签：“旧石器时代之最”

馆藏文物有弛名中外的金牛山遗址人类和哺乳动物化石，馆藏火花、货币、民间驴皮影、织绣等物。营口古代文明展、营口近代历史图片展等基本陈列展览常年对外免费开放，同时还有各类不断更新的专题展览。馆藏一级文物酱釉剔花卷草纹罐，是元代磁州窑系生产的产品，敛口、丰肩、圈足，造型质朴粗犷，剔花线条简洁流畅，简单中彰显丰厚的内涵，是金元时期北方磁州窑系典型的器物。

门票信息｜免费

营业时间｜9:00—16:30，周一闭馆

交通信息｜可以乘坐公交3、7、9、12、19路在青少年宫站下车。

电话｜2835170

微信公众号｜营口市博物馆

官网｜http://www.ykbwg.com/

亮点

元代酱釉剔花卷草纹罐

辽宁

西炮台

标签：爱国主义教育示范基地 全国重点文物保护单位

西炮台始建于1882年，建成于1888年，位于营口市区的西端，辽河入海口处的左岸，是清王朝在东北修筑的一座近代海防军事工程，占地面积约6万平方米，是全国沿海炮台遗址保持原始风貌较好的一座。在甲午中日战争中，清军曾在这里阻击日本侵略者。西炮台遗址建筑风格独特，全台呈“凸”字形，由护台河、围墙、炮台等建筑组成。自1991年以来，西炮台历经几次修复，已恢复大小营门3处、兵营3栋，复制铁炮17尊，修复大小炮台、围墙等。

门票信息｜10元

营业时间｜4月至10月8:30—16:30，11月至次年3月8:30—15:30

交通信息｜在营口站乘坐公交3路至西炮台站。

电话｜4830090

微信公众号｜营口市西炮台

官网｜http://www.ykxpt.com/

亮点

炮台、护台壕沟、护台城墙

阜新景点

海棠山

标签：4A级景区 国家自然保护区

海棠山位于阜新市东南，属闾山支脉。道光年间，普安寺第四世活佛见后山空荡，发愿镌刻，留下了东北难得一见的藏传佛教诸佛造像。当你绕过新修的措钦大殿，神态殊异的宗喀巴、释迦牟尼、度母、护法和兼具蒙、满、藏、汉文字的摩崖石刻就在环寺路两侧。若只想看个大概，如此绕上2小时也就足够。至于想将267尊佛像“一网打尽”，恐怕得做好深入西坡密林的心理准备。

门票信息｜45元

营业时间｜8:00—17:00，周一闭馆

交通信息｜可由阜新南站乘8路公交到阜蒙县后拼车，也能从阜新市客运站搭车到大坂镇，再步行2公里到山门。

电话｜8210034

微信公众号｜海棠山风景名胜区

官网｜http://www.htsfjq.cn/

亮点

摩崖造像、普安寺措钦大殿

辽阳景点

广佑寺

标签：世界殿内最高最大的木质释迦坐像

广佑寺初建于东汉，是中国最早的佛教寺院之一。清末义和团将其作为总部，引来沙俄镇压，寺庙被焚，仅留两尊白塔和元代铜佛。如今的广佑寺是2002年新建的，规模庞大。无论是五门六柱的青石牌坊、宫殿般雄伟的大雄宝殿，或是殿内光手指就有一人高度的木质漆金佛，都是相机取景框难以容纳的大小。如果想要一睹寺院真正的宝藏，不要错过铜佛中的普贤菩萨。

西门外是免费的白塔公园。园内一座双檐五角的药师佛亭，是另一尊铜佛的新居。据说白塔筑于辽代，塔身砖雕十分精美，能找到

牡丹、龙纹、火焰等图样，71米的身高也让它勇夺东北第一高塔的封号。园内的圆通禅寺虽是新建，但门楣上留有书法家启功的题字，可顺便游览。

门票信息｜40元

营业时间｜8:00—17:00

交通信息｜广佑寺离火车站很近，步行可达。

电话｜2890666

微信公众号｜辽宁省辽阳市广佑寺

亮点

圆通禅院、辽阳白塔

辽阳博物馆

标签：省级文物保护单位

辽阳博物馆，原系民国时期东三省官银号总办、东北边业银行总裁彭贤的别宅，因此又称“彭公馆”，是仿清代王府三进一厅两园的四合院式建筑群。2009年，辽阳博物馆从原彭公馆（今辽阳民俗博物馆）原址搬迁至新馆，辽阳博物馆新馆的建筑风格为中式仿古建筑，分为三个院落，拥有完备的陈列展览体系。其中西院新馆举办辽阳博物馆馆藏精品展览、东北第一城——辽阳古代历史文物陈列，并配有两个临时展厅，是全面展示古城悠久历史文化的主阵地；中院为汉魏壁画馆和碑廊、碑林展区，体现辽阳地下文物和馆藏文物的两大突出特色；东院利用彭公馆古建筑群举办民俗陈列，展现具有辽阳特色的民俗文化。

门票信息｜免费

营业时间｜冬令时9:00—16:30，15:30停止入馆；夏令时9:00—17:00，16:00停止入馆；周一闭馆，法定节假日除外

交通信息｜乘坐3、16、15、19路公交车可到。

电话｜3716888

官网｜http://www.lnlymuseum.com/

微信公众号｜辽阳博物馆

亮点

王尔烈寿屏、辽阳碑林、辽阳汉魏壁画馆

东京陵

标签：后金第一座正式皇陵

努尔哈赤迁都辽阳后，将清永陵的祖坟迁移来此，称“东京陵”，就位于辽阳东北郊鲁山脚下，是后金第一座正式皇陵。顺治年间，随着辽阳淡出权力中心与清永陵建造完成，祖坟再度迁回，仅留下曾在政治上与努尔哈赤有龃龉的胞弟舒尔哈齐、长子褚英、异母弟穆尔哈齐与其子的三座陵园。陵园鲜有人涉足，院内杂草丛生，古建斑驳。舒尔哈齐墓的缭墙和碑亭倒是保存完好，石碑刻字清晰可见。

门票信息｜免费

营业时间｜全天

交通信息｜在市内乘23、53路到下坎站，再步行500米可达。

亮点

石碑

王尔烈纪念馆

标签：关东第一才子

王尔烈祖籍河南，于雍正年间出生于辽阳，曾任嘉庆皇帝的老师，后入翰林院，参与编写了《四库全书》。他在乾隆年间声名很高，是文章、书法俱佳的“关东第一才子”，也是正直清廉的官场代表。纪念馆由其故居改建，这座翰林府在建筑布局上，不同于封建时代那种对称封闭式官宦人家的公馆，面积并不大，分为东西两院，房屋20余间。西院为住宅，东院为书房、花园。门朝南开，门口有上马石、影壁，一间小门楼外挂“太史第”、内挂“传胪”两匾，蓝底金字，由大学士王杰题写。

门票信息｜免费

营业时间｜9:00—16:30，周一闭馆

交通信息｜乘3、20路到西小什下车，或乘1路、3路、10路到木鱼石下车朝武圣路步行190米。

电话｜3610612

亮点

古建筑

盘锦

红海滩、大米，已成为辽宁盘锦撕不去的标签。其实，也无须撕去。外地人贴给盘锦的这两个标签歪打正着，概括了“双面盘锦”：一面是诗意浪漫的美景，一面是烟火平实的生活。

盘锦，是一座河与海共同塑造的城市。大辽河、辽河与大凌河，如三条巨龙游过辽河三角洲，汇入渤海之前，为盘锦留下大片平坦且肥沃的冲积平原。丰富的水资源，赋予了盘锦有“地球之肾”美誉的湿地，这里也成为芦苇与翅碱蓬的“乐园”。盘锦因此赢得了“湿地之都”的荣誉。

电话区号 0427

交通

火车

盘锦站（6606168）主要途经线路有沟海铁路、盘营高速铁路，列车主要开往大连、北京、沈阳等地。

长途汽车

盘锦市客运站（2812172；兴隆台区泰山路145号；微信公众号：盘锦市客运站有限责任公司）

盘锦长途汽车客运站（3832341；双台子区红旗大街2号）

公交车

可使用支付宝在盘锦乘车，也可办理公交一卡通。

土特产和纪念品

当地特色有大米和螃蟹。

住宿

经济型

盘锦双兴宾馆

（2899718；兴隆台区双兴中路6号）宾馆位于兴隆台区，临近兴隆大厦，周边配套设施齐全，交通十分便利，追求性价比可以来这里。

中档

盘锦银龙大酒店

（8299999；府前大街与绵江路交叉路口往西北约50米）酒店位于盘山新县城，在县政府西侧，临近京沈高速盘锦北路口。交通十分便利，距离盘锦火车站、盘山客运站约10分钟车程。如果你来盘锦看红海滩，从酒店出发约40分钟车程就可抵达。

高档

盘锦东方银座铂尔曼酒店

（3899888；大洼区石化路181号）这家店相比一线城市的铂尔曼来说还是有差距，但是好在设施较新，卫生间干湿分离，房间干净，住起来很省心。位于大洼区，交通十分便利。

就餐

小时候文化餐厅（盘山店）

（3575888；盘山县水岸蓝桥1期；10:30—21:30）如店名一样，主打复古情怀。店内有套圈、推铁环等童年游戏。锅包肉做得香酥可口，河蟹豆腐是他家招牌。这里距离高速很近，路过累了可以进来体验一下。

柴火老院子（总店）

（7824111；兴隆台区林丰路欧式小区）能看到后厨做饭，店里很干净整洁。店内提供正宗东北菜，菜量很大，在当地很有名气，遇到节假日人会很多。

景点

红海滩风景区

标签：5A级景区　国家级自然保护区

如果你曾在网上关注“中国必去景点”之类的帖子，对红海滩应该不会太陌生。

风景区整体坐落于盘锦120万余亩的苇

海湿地内，这里是丹顶鹤繁殖区域的南限，也是世界珍稀鸟类黑嘴鸥的主要繁殖地。无垠的苇海里栖息着数十万只鸟类。织就红海滩的是一棵棵纤柔的碱蓬草，它每年4月长出地面，初为嫩红，渐次转深，由红变紫。每年9月至10月，这片湿地便会迎来最好的季节。蜿蜒栈道旁，艳红碱蓬铺展似柔软红毯，金黄芦苇与稻穗摇曳成浪；远方是掠过天际的飞鸟，桌上是已然肥美的河蟹。更讲究些，就在退潮时刻来，此时经海水冲刷的碱蓬草晶莹璀璨，盈满海水的沟壑流淌如大地血管，很受摄影爱好者推崇。

门票信息 | 110元

营业时间 | 9:00—16:00

交通信息 | 从盘锦火车站出发，乘1路公交车到兴隆台步行街下车。

电话 | 6989999

官网 | http://www.hhtld.com/index.htm

微信公众号 | 红海滩风景廊道

亮点

百鸟翔滩、渔舟唱晚、稻梦湾

铁岭

因赵本山一句“比较大的城市”，人们认识了铁岭；李雪琴的一句“宇宙的尽头是铁岭”，又让这个城市“火上加火”。事实上，城里能逛的地方不算太多。由车站向东，就进入了繁华商圈，再拐过几个弯，也就从周恩来读书的银冈书院攀上了东端的龙首山。傍晚之前，你很可能已从调兵山归来，正坐在火勺店，一边大啖羊汤，一边掐指算着回程班次。

电话区号 024

交通

火车

铁岭站（74822222）以普通列车为主，每天有数十趟车往返长春和哈尔滨。

铁岭西站（95105105）位于哈大专线上，每天有多趟高铁经长春去往哈尔滨。

长途汽车

铁岭市客运中心（72236114；光荣街38号）

公交车

铁岭市面积不大，公共交通便捷，公共汽车公司与美团共同推出的电子公交卡服务已经上线，可刷手机乘公交。此外，铁岭电子公交卡还实行了分段计费，乘客可在App上随时查询公交到站信息，搜索路线、附近站点等信息，并可设置到站提醒服务。

土特产和纪念品

当地特色有火勺。

住宿

经济型

铁道1902饭店

（74824160；站北街2号）位于车站北面，由俄式老房改造，装修较有风格，房间也宽敞。

中档

铁岭天兴酒店

（74019857；银州区广裕街38号）酒店位于铁岭市内商圈繁盛地区，交通便利，地理位置优越，毗邻铁岭著名风景区龙首山，与铁岭特色二人转剧场——铁岭大戏院相邻，和大商新玛特超市仅百步距离，虽然身在商圈，但客房很安静。装修很新，酒店环境舒适，服务周到。

高档

铁岭金城岳海国际酒店

（74299999；银州区广裕街28号）酒店位于铁岭市银州区繁华中心地段，毗邻环境优美的龙首山景区，距离铁岭火车站约1公里，地理位置优越，交通便利。酒店设置了总统套房、行政客房等多种档位房型，是出差、旅行的好选择。

就餐

和生记火勺店

（3575888；柴河街南段汇兴家园南门；6:00—20:30）当地老字号，就餐环境一流，店内还挂着赵本山的题字。招牌牛肉火勺个头迷你，但薄脆外皮下包裹的馅料很饱满，得配着羊汤吃才地道。若不想跑远，离车站1公里多的广裕街38号有分店。

贡家老铺（嘉和城店）

（13188672675；长青路扬达嘉和城；9:00—22:00）这是一家连锁的东北菜馆，装修仿古式，木质桌椅很有感觉。包间很多，店内做面食一绝，招牌的开心大花卷外酥里嫩，是食客必点。老式锅包肉风味独特，里边的肉很嫩，浇的汤汁适宜，非常美味。

景点

明月禅寺

标签：“辽北首刹”

调兵山是辽北地区的一座名山，西临燕山，东瞰广袤的辽北平原。这里地理位置卓绝，是兵家必争之地。金国太宗完颜晟于天会四年（1126年）命金国名将完颜宗弼（金兀术）调集全国兵马于调兵山下演武，一举攻下北宋半壁江山，并俘获徽、钦二帝，北归时曾驻留调兵山，因此留下了点将台、兀术街、锁龙沟等诸多历史遗迹相关传说，调兵山也由此得名。兀术峰是调兵山主峰，林木苍郁，兀术峰上坐落着明月禅寺，是调兵山自然景观与人文胜迹的融合。一踏入明月禅寺就可见崇楼重阁，古朴典雅，梵刹清静。

门票信息｜5元

营业时间｜8:00—17:00

交通信息｜需驾车前往。

电话｜76879099

官网｜http://www.mingyuechansi.com/

微信公众号｜明月禅寺

亮点

山门殿、天王殿、大雄宝殿、观音殿

龙首山

标签：健身公园

龙首山位于铁岭市东面，柴河从山脚流淌而过。当你站在市区，很容易便会望见这座如龙首般翘然耸立的山峰。当年周恩来在铁岭求学与视察时，也曾两度登上龙首山。如今这里已成为市民的健身公园，平坦的马路从山脚蜿蜒至山顶，走一圈毫无难度。

若只想拣精华看，就往魁星楼方向走。此区域的秀峰塔是一座明代砖塔，塔身饰有佛龛与铜铃，当微风吹起，就会传来悦耳铃响；最高处的慈清寺始建于唐代，松柏掩映庙门，颇为古朴。

门票信息｜免费

营业时间｜全天

交通信息｜乘1、6、17路至龙园站，下车后走5分钟即到山脚。

亮点

“龙首千秋”山门、慈清寺、秀峰塔

银冈书院

标签：致知格物之堂　关东第一书院

这栋位于幽静巷弄内的三进四合院，是东北地区最早的书院，由清顺治年间的文人郝浴创立，旧名“致知格物之堂”。除了修复如旧的讲堂，西院还辟有周恩来读书旧址纪念馆，通过遗物与图片、专题介绍周恩来在此读书、视察的情况，以及他简朴的一生。

门票信息｜免费

营业时间｜9:00—15:30，周一全天和周五下午闭馆

交通信息｜从火车站搭3路或1路环线（北环方向）至大商新马特，步行8分钟可达。

电话｜74155545

亮点

银园

朝阳、葫芦岛

自20世纪70年代起，朝阳就像打翻了百宝箱。先是中华龙鸟跑出地平线，红山文化“女神”翩翩降临牛河梁；接着三燕故都遗址被发现，两佛舍利同时现世。如今“化石宝库”和“东方佛都”成了朝阳的主要标签。

至于葫芦岛，抵达这里也就意味着你的“关外”冒险即将进入尾声。当年，努尔哈赤与皇太极就是由此一路向南，最终走进了中原。如今，你依然能顺着这条路走：先用一天到兴城见证明朝最后的胜利，接着至绥中欣赏别具一格的水上长城，这也是当年吴三桂降清之所。此时，你距离山海关其实就只有15公里了。

 **电话区号 朝阳0421、葫芦岛0429**

交通

飞机

朝阳机场（0421-2615965; http://www.lnairport.com/chaoyang/; 微信公众号：朝阳机场服务平台）有飞机飞往北京、上海、大连，航班时间随季节而调整。

火车

朝阳站（0421-6608232）由内蒙古和河北方向往返东北的火车都会经停朝阳站。

葫芦岛站（0429-2126116）主要途经线路有沈山铁路、锦葫支线。

葫芦岛北站（0429-3954321）主要途经线路有京哈铁路（秦沈客运专线）。

长途汽车

朝阳客运中心（0421-2779555; 朝阳市文化路三段66号）

葫芦岛客运总站（0429-3901868; 葫芦岛市连山区龙程街）

绥中客运站（0429-6122741; 葫芦岛市站前街近老马路）

公交车

在朝阳，乘客持带有“交通联合”标志的交通一卡通，可在已实现互联互通城市的地铁和公交使用，目前，全国已有260个地级以上城市实现交通一卡通互联互通。

葫芦岛市公共交通便利，可刷IC卡乘车，其公交IC卡在全国多个城市可互通使用。

土特产和纪念品

朝阳当地特色有喀左陈醋、朝阳小米、朝阳大枣、建平苦参，葫芦岛当地特色有虹螺岘干豆腐、小南沟桑葚、建昌核桃。

住宿

经济型

如家酒店·neo（朝阳朝阳大街大润发店）

（0421-7213555; 朝阳市双塔区朝阳大街二段87号）酒店地处市中心，交通比较方便，周围超市饭馆都不少，服务也不错，性价比高。

中档

朝阳富斯顿国际酒店

（0421-2999999; 朝阳市双塔区朝阳大街一段146号）是当地比较好的酒店，酒店为四星级，房间大而干净，楼下是商业街，购物、就餐都方便。

高档

新汇阳宾馆

（0429-6906666; 葫芦岛市中央路2段1号）2016年开业，是葫芦岛一带条件最好的酒店之一，房间大、设施全，离车站约有20分钟的步行距离。房间很干净，服务也到位。

就餐

小二楼炖肠

（15542110400; 朝阳市商业路20号楼

4单元2楼；9:00至卖完关门）这是颇受当地人喜爱的隐秘小店，藏身居民楼还不带招牌，好在鼎沸的人声能给你指路。酸甜口的炖肠不是人人都吃得惯，相较下，拌菜和烤串算是安全牌。

石磨水豆腐（兴海南路店）

（15042910190；兴城市温泉东路宸兴园南侧约40米）葫芦岛最出名的美食是绥中水豆腐：煮熟的豆腐盛在柳条笊篱上，配上一碗卤子，蒜泥、香菜末、干辣椒、韭菜花酱各一碟，依据个人口味拌入，再就着高粱米饭吃。如此便是当地人熟悉的早餐和午餐了。

朝阳景点

南北塔

标签：国家级文物保护单位

人来人往的城区内，两座13级密檐式砖塔隔着街巷遥相对望，静默地矗立千年。从朝阳站笔直向前走，先抵达的是建于辽代的南塔。2004年，14枚定光佛舍利的出土令它声名鹊起，绕塔信众络绎不绝。然而若定睛看，你会发现它意外地朴素，四壁佛像浮雕已"人去楼空"，仅余下若干对称的孔洞。穿过慕容街的古玩、化石摊贩，北塔就在眼前。据记载，它初建于北魏，曾是三燕都城遗址上的一座木塔，后被烧毁，隋文帝时代重建，唐、辽复修，近代又重筑塔檐和塔基。进入地宫能将这种"塔中塔"的构造看得最清楚——三燕宫殿础石、北魏夯土台基、隋唐辽塔砖，层层相包，历历在目。最后还有一尊盗墓者搬不走的石经幢供你瞻仰。1988年，随隋文帝葬下的两枚释迦牟尼佛舍利出土，一枚被挪去了凤凰山，一枚则留在了北塔的天宫内。北塔北面，有座北塔博物馆，别看它外表朴素，南北塔出土的珍贵文物几乎全藏在地下层的展厅内。无论是安放舍利的五重宝函、波斯玻璃瓶、鎏金银塔或金银经塔全是难得一见的珍品，长廊尽头还有供奉定光佛舍利的舍利殿。

门票信息｜通票60元

营业时间｜8:30—11:30，13:00—16:30，周一闭馆

交通信息｜需驾车前往。

电话｜2813498

★ 亮点

北塔博物馆

鸟化石国家地质公园

标签：4A级景区

20世纪90年代，大批中生代热河生物群化石在朝阳出土，刷新了学界对鸟类起源的认知，也让朝阳成为"地球上第一只鸟起飞和第一朵花绽放的地方"。化石收藏当然是公园的重点。主展厅古生物化石博物馆共3层，全面地介绍了化石成因和宇宙形成、演化等知识，藏品从迷你昆虫标本到数十米长的恐龙化石都有。其中最早的被子植物辽宁古果、最早的鸟类中华龙鸟在热河生物群厅。1楼有罕见的辽宁巨龙化石，能给你带来视觉震撼。

地质长廊直接建于挖掘现场之上，沿步道深入坑底，亿万年前产生的地质褶皱和断层环绕身侧，穿插有玻璃罩保护的生物化石，让人震撼。木化石林由一千余株古树木化石组成，其中一株七彩树化玉通体多彩，是国内个体最大、玉化程度最好的木化石标本之一。展馆间步行不过十来分钟，还穿插有造景，走起来很轻松。

门票信息｜通票90元

营业时间｜8:30—16:30

交通信息｜从火车站附近的商业城乘15路可到公园大门。

电话｜2575340

★ 亮点

七彩树化玉

葫芦岛景点

兴城古城

标签：明朝文物

兴城古城原来叫“宁远城”，始建于明宣德三年（1428年），后由袁崇焕镇守，使努尔哈赤与皇太极先后兵败宁远。1944年的一把火结束了古城的辉煌，如今城内的景点多是2002年复建。蓟辽督师府是明代北方最高军政领导机构，修复后主要展出明与后金战争的相关历史与袁崇焕的功绩。景点和上城墙都是收费的，如果想要免费玩，在古城“逛大街”是极佳之选。中轴线上的明代一条街是条仿古商业街，主要贩售古玩与花生糕，南段的两座祖氏石坊是真正的明朝文物。

门票信息｜联票100元

营业时间｜8:00—17:00

交通信息｜古城西门离兴城火车站和客运站都只有百余米的距离，步行即可到达。

电话｜5452883

亮点

兴城蓟辽督师府、兴城钟鼓楼、兴城古城将军府、宁远驿站

觉华岛（菊花岛）

标签：4A级景区 明朝军队屯粮之所

觉华岛又名菊花岛，位于兴城古城东南方，明朝曾是军队屯粮之所。如今的岛屿经过改造，以渔家乐和拜佛为主打，一度衰败的庙宇重新拔地而起，渔家纷纷挂上招牌，俨然是个标准的休闲度假岛。享受岛屿风光之后，可前往位于码头南方1.6公里处海滨的三礁览胜，但它其实就是3座建筑于礁石上的凉亭。

门票信息｜通票135元起

营业时间｜8:00—18:00

交通信息｜前往兴城海滨与交通码头，可在兴城古城南门外的南关站搭兴城1路或2路公交车。

电话｜5621003

亮点

辽代大龙宫寺、明代大悲阁

九门口长城

标签：长城东端重要关隘

九门口古称“一片石”，始建于明代，是长城东端的重要关隘。明末，李自成、吴三桂与多尔衮曾在此鏖战，李自成兵败后清军入关。民国时期，直奉战争与解放战争也曾在此展开。景区最显眼的，莫过于跨九江河而建的一段“水上长城”，本该严实的砖墙在此开出9个桥洞，让这段百米长城看起来更像是石孔桥。2003年，九江河被人工截潜，从此“城在水上走，水从城中流”，再也不分汛旱，四季能见。

门票信息｜通票40元起

营业时间｜8:00—17:00

交通信息｜葫芦岛与兴城有多趟班车发往绥中，可由绥中乘车至万家镇，4月至10月有旅游专线直达景区。

电话｜6499789

亮点

明长城隧道

朱梅墓

标签：明朝将领之墓

朱梅是明末著名将领，曾五挂将军印，击退后金进攻，他逝世后崇祯皇帝下旨厚葬，是明末少数得以善终的将领之一。如今，这里静谧和谐，华表、石狮、石羊、石马守卫着村民的民房，饰有莲花、祥云、鲤鱼的雄伟石牌坊成了果园的背景，墓园周围一派田园风光。

门票信息｜免费

营业时间｜全天

交通信息｜经万家镇乘车至九门口，下车不远处即是。

亮点

石碑

莫尔道嘎林间驶过的列车

内蒙古

也许只有在内蒙古，你才能最直观地感知到中国东西疆域的辽阔与广博。地理意义上的辽阔与游牧民族逐水草而居的习俗赋予了内蒙古自由豪爽的意象，多彩的民族文化更是点亮了这片土地。洁白的蒙古包与原色的木刻楞是寒夜里最让人心安的归处，那达慕、冬捕节、安代舞在欢声笑语与牛羊盛宴中将心与心连接。内蒙古还是一座游不尽的“地质公园”，在那些早已成为向往之地的草原、森林、沙漠以外，姿态万千的冰蚀地貌、火山锥体、风蚀峡谷将会是你的意外之喜。

行前参考

实用方言

晌午头子：中午

这疙瘩：这地方

街里：旗、府、县、镇的通称

何时去

4月至5月：春季干燥多风，草原青黄不接，要防范沙尘天气。

6月至8月：旅游旺季，也是一年中草原最美的季节。此时草原上凉爽宜人，鲜花盛开，那达慕大会气氛热烈。

9月至10月：凉爽舒适，秋色绚烂，可欣赏层林尽染的北国风光。

11月至次年3月：漫长寒冷的冬季，冰雪运动是旅游新方向，但需提防暴风雪等极端天气。

内蒙古草原日落

注意事项

来内蒙古旅行多为在夏秋季节欣赏草原风光，去草原之前最好携带防蚊虫叮咬的药品，并准备一双防水性能较好的运动鞋或鞋套，以免草丛中的露水沾湿鞋袜。草原日照强烈，户外游览时可以准备遮阳帽、防晒霜、太阳镜、润唇膏等物品。此外在景区附近付费骑马、骑骆驼或在蒙古包中就餐时应选择规范的、明码标价的场所和服务，如果有纷争可拨打12345便民热线。

当地新讯

内蒙古近年来大力发展冬季冰雪旅游项目，赤峰市陆续举办了达里诺尔冬捕节、紫蒙湖冬捕节、达日罕乌拉苏木银冬驼文化节等一系列富有民族和地域特色的节庆活动，呼伦贝尔市陈旗草原小镇的那达慕浩特正式运营，致力于打造中国唯一的那达慕永久性会址场地，而鄂尔多斯市也在举办诗歌那达慕、冰雪嘉年华、冬捕冰钓、年货集市等活动。

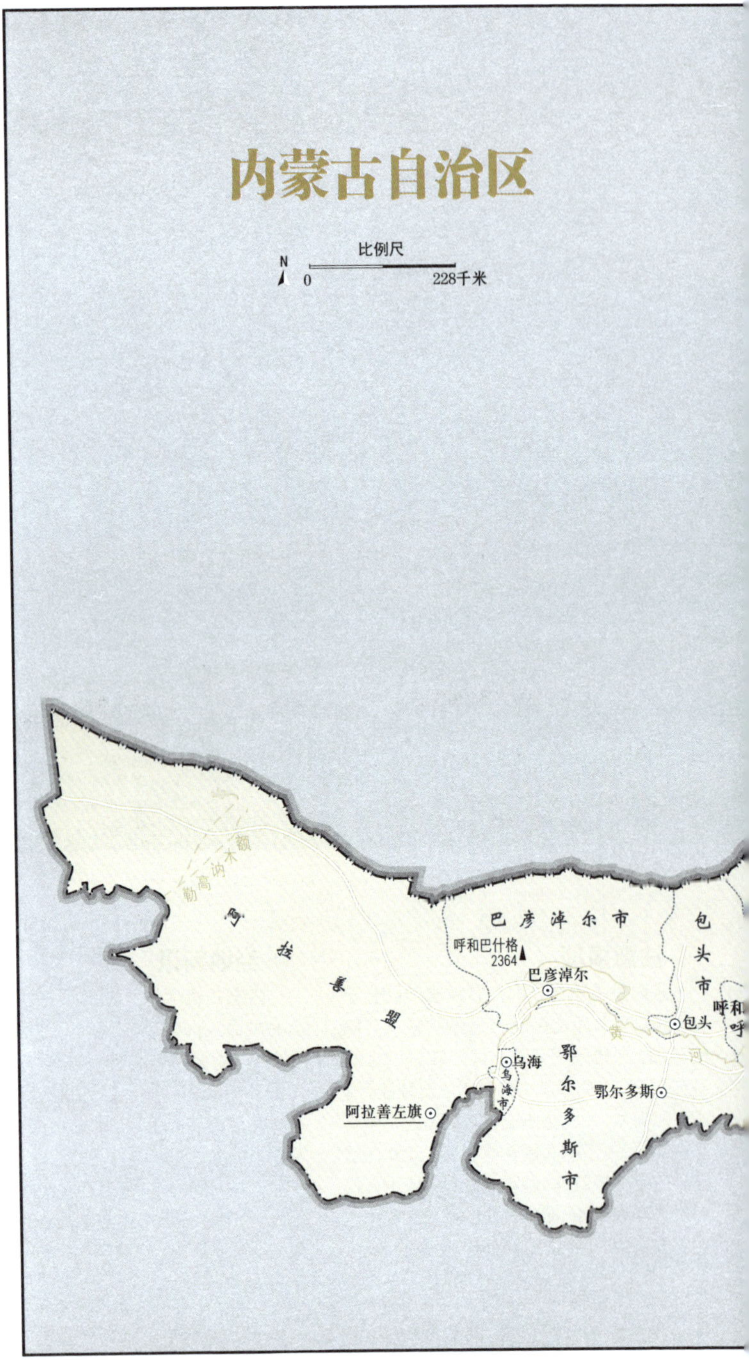

内蒙古自治区

比例尺
N
0
228千米
额
木
纳
高
勒
阿
拉
善
盟
巴彦淖尔市
呼和巴什格
2364
巴彦淖尔
包
头
市
包头
呼和
呼
黄
河
乌海
乌海市
鄂尔多斯市
鄂尔多斯
阿拉善左旗

额尔古纳河
呼伦贝尔市
呼伦湖
海拉尔河
呼伦贝尔
克鲁伦河
甘河
嫩江
绰尔河
兴安盟
乌兰浩特
霍林河
锡林郭勒盟
锡林浩特
通辽市
新开河
辽河
西辽河
通辽
赤峰市
西拉木伦河
老哈河
赤峰
察布市
乌兰察布

呼和浩特

呼和浩特是内蒙古自治区首府，在蒙古语中意为“青色的城”，坐落在大青山南麓的土默川平原上。这里北拥草原，南临黄河，历史悠久，有距今70万年的古人类石器制造场大窑文化遗址，有始筑于战国时代的中国最古老的赵长城，有1世纪作为“胡汉和亲”历史见证的昭君墓等古迹。这里还是丝茶驼路中转之地以及召庙文化盛行之地，是草原文化与黄河文化、游牧文明与农耕文明交汇、融合的前沿。

呼和浩特本身景点不多，但适合作为前往周边地区的中转地，也适合来品尝传统的内蒙古美食。

电话区号 0471

交通

飞机

呼和浩特白塔国际机场（96777；www.hhhtbtjc.com；赛罕区机场路；微信公众号：呼和浩特白塔国际机场）

火车

呼和浩特站（2243222；新城区车站东街41号；微信公众号：呼和浩特车站）京包铁路、呼哈铁路、呼鄂铁路途经于此。

呼和浩特东站（2246511；新城区万通路；微信公众号：呼和浩特车站）唐呼铁路、呼张高速铁路途经于此。

长途汽车

呼和浩特长途汽车站（6965969；新城区车站西街1号）有发往全区大部分盟市和北京、天津、山西、河北、宁夏、河南、山东等省市的客车。

呼和浩特客运东站枢纽（新城区万通路与车站北街交会处）又名汽车客运中心，与呼和浩特长途汽车站联网售票，两站之间有免费摆渡车。

呼和浩特市客运西站（6937881；新城区车站西街39号）有发往哈素海、察素齐、卓资山、武川等地的客车。

地铁

呼和浩特市开通了地铁1号线和2号线，票价为2—6元，可以通过“青城地铁”“亿通行”“云闪付”等手机应用和自助售票机、人工售票窗口购票。

公交车

呼和浩特市内公交票价大部分为1元，支持现金、青城市民卡、云闪付、银联卡以及微信和支付宝乘车码等支付方式。

土特产和纪念品

当地特色有托县茴香、托县辣椒、武川荞麦。

住宿

经济型

H水晶酒店（呼和浩特鼓楼将军衙署地铁站店）

（3982200；新城区新城南街2号）酒店开业于2016年，地理位置优越，紧邻地铁1号线将军衙署B站口，距呼市内两个火车站都不太远，附近还有将军衙署博物院和格日勒阿妈奶茶馆等著名景点和饭店。客房内整洁素雅，均配有直饮水。

中档

呼和浩特国际会展中心亚朵酒店

（3356000-8000；赛罕区大学东街72号；微信公众号：亚朵ATOUR）酒店于2019年开业，房间宽敞明亮，客房内配有舒适的床品、阿芙精油精华洗护用品和免费矿泉水。店中设有自助早餐厅、健身房及24小时洗熨烘干自助洗衣房。酒店门口公交便利，餐馆和超市众多，临近维多利万悦城、万达广场和内蒙古博物院。

高档

内蒙古饭店

（6938888；新城区乌兰察布西街31号；微信公众号：内蒙古饭店）作为呼市老牌五星级酒店，内蒙古饭店从建筑外观到内部装潢都极具蒙古族风情，典雅大气。客房内床品舒适，服务人员热情真诚，早餐十分地道。酒店地理位置优越，对面是满都海公园，门口的公交车站有开往博物院、乌兰夫纪念馆、火车东站和汽车通达南站的线路。

就餐

格日勒阿妈奶茶馆（将军衙署店）

（6966867；新城区总局街3号；7:00—14:00，17:00—21:30）作为呼市人气很高的蒙餐连锁老店，格日勒阿妈奶茶馆发展出了极为丰富的菜单，各类奶制品和牛羊肉菜应有尽有，不要错过奶茶、甜奶酪馅饼、蒙古冰糕、嚼口酸奶拌炒米、手把肉等菜品。餐馆面积较大且装修较有特色，提供包厢和宝宝椅。

线路推荐

呼和浩特历史文化之旅： 内蒙古博物院—大召寺—将军衙署博物院—固伦恪靖公主府—昭君博物院

景点

大召寺

标签：4A级景区 藏传佛教建筑

大召寺位于蒙古族聚居的玉泉区南部，曾由皇太极赐名无量寺，是呼市内建成最早的格鲁派藏传佛教寺院，由明代蒙古土默特部首领俺答汗受封顺义王后同其妻子三娘子主持创建。寺内大殿为藏汉风格结合的喇嘛庙，宝殿内有明代文物“大召三绝”，分别是尼泊尔工匠所铸造的银佛、佛前通天柱上的两条木雕蟠龙和佛经故事壁画。农历正月十五和六月十五的上午，寺内会举办转召、晒大佛、跳恰木等传统活动。

门票信息 | 35元

营业时间 | 8:00—18:30

交通信息 | 位于玉泉区大召西夹道与新生街交叉口东南，可乘坐公交6、38、42、58路至大召站。

电话 | 6306166

亮点

大召三绝

昭君博物院

标签：4A级景区 博物馆

昭君博物院由北至南依次有昭君主题游园、王昭君墓和匈奴历史博物馆等建筑。昭君墓因常年芳草萋萋而被称为青冢，墓体高达33米，上有一亭，可在此远眺北边的大青山和呼和浩特城区。匈奴历史博物馆是系统展示与科普匈奴历史文化沿革的场所，现已成为民族友好团结的见证。

门票信息 | 免费

营业时间 | 9:00—17:00

交通信息 | 位于玉泉区昭君路6公里处，可乘坐公交44、107、127、209路至昭君博物院站。

电话 | 5150202

微信公众号 | 昭君博物院

网址 | www.zjbwy.org.cn

亮点

王昭君墓、匈奴历史博物馆

内蒙古博物院

标签：博物馆

内蒙古博物院的设计融合了民族地域特色和现代感，让人可以立即联想到草原、河流与蒙古包。馆内有“远古世界”“文明曙光”“边关岁月”“大辽契丹”“交融的魅力”“草原丰碑”六大基本陈列，展示了蒙古高原的悠久历史，所陈藏品具有鲜明的游牧民族风采，战国时期的匈奴单于鹰顶金冠为镇馆之宝。此外院中还有达斡尔民俗风情文物展、“飞天神舟”等涵盖了民俗文化与自然地质科学的各类专题展。

门票信息｜免费

营业时间｜9:00—17:00，周一闭馆

交通信息｜位于新城区新华东街27号，可乘坐公交2、3、16、27、53、59、66、67路等至内蒙古博物院站，或乘地铁1号线至内蒙古博物院站。

电话｜4614000

微信公众号｜内蒙古博物院

网址｜www.nmgbwy.cn

★ 亮点

匈奴单于鹰顶金冠

将军衙署博物院

标签：博物馆

有“漠南第一府”之称的绥远城将军衙署始建于乾隆二年（1737年），是清廷对漠南蒙古实施政治军事统治的八旗驻防城的核心组成部分，清代共有79任将军驻守于此。傅作义、董其武等人也曾在此办公，新中国成立后至1985年，衙署是绥远省人民政府和内蒙古人民政府的办公地。因此人们说“一座将军府，半部青城史”，衙署作为政治军事中心，见证了呼市近300年的变迁。

门票信息｜免费

营业时间｜9:30—16:30，周一闭馆

交通信息｜位于新城区新华大街31号，可乘坐地铁1号线至将军衙署站，或乘坐公交3、4、19、27、29路至将军衙署站。

电话｜6905963

微信公众号｜内蒙古自治区将军衙署博物院

网址｜jjys.org.cn

★ 亮点

衙署大堂、八旗旗帜

万部华严经塔

标签：辽代白塔

万部华严经塔位于辽代丰州故城西北角，曾存放有众多华严经卷，为八角七级的砖木混合结构楼阁式佛塔，因塔身粉饰有白垩土，俗称白塔。白塔最引人注目的是其叠涩出檐式的沉稳造型和精美繁复的砖雕，双层须弥座上依次有层次丰富的蜀柱与壸门、斗拱与花卉、“卍”字花纹、花卉和莲瓣装饰，塔身部分则有直棱窗、板门、格扇门与券门的形式变换，并雕有菩萨像、天王像及浮雕龙纹柱。塔内墙壁上还保存有用汉、藏、契丹、女真、蒙古、维吾尔等文字书写的题记。

门票信息｜免费

营业时间｜9:00—17:30

交通信息｜位于赛罕区太平庄乡白塔村，可乘113路公交车至白塔站下车。

★ 亮点

砖雕

老牛湾国家地质公园

标签：4A级景区

老牛湾地处晋蒙交界处，位于清水河县一侧的公园是观赏河对面“老牛”（山西偏关县境内）的最佳视野区域。杨家川河在此汇入黄河，可从神牛广场出发，观赏交汇的两条河在黄土高原上切割出的“牛头”和“牛身”景象。老牛湾也是黄河与明长城的唯一交会处，自然与历史的壮阔风貌在此完美融合。由于下游有万家寨水库，七八月份会有一段开闸放水带来的枯水期，可以在出发前电询景区或宾馆了解最佳出行时间。

门票信息｜40元，船票分60元与120元两种

营业时间｜8:00—18:00

交通信息｜位于清水河县单台子乡老牛湾村，可在呼市通达南站乘坐发往清水河县的客车，再从清水河汽车站乘坐前往老牛湾的客车，可提前询问汽车站客车是否能进入景区。

电话 | 2849306
微信公众号 | 老牛湾国家地质公园
网址 | www.laoniuwan.org.cn

★ 亮点

老牛湾、窑洞

哈素海（敕勒川草原文化旅游区）

标签：4A级景区 湿地公园

哈素海位于大青山南麓，是黄河河道变迁后留下的牛轭湖，而湖区与大青山之间的草原就是北朝民歌中“风吹草低见牛羊”的敕勒川。哈素海中鱼类丰富，岸边的芦苇荡中时有候鸟栖息，环湖24公里长的公路上分布着众多观景点，乘船深入湖中更能探寻别样美景。旅游区内包括哈素海码头、天鹅堡温泉、戏水乐园、敕勒川草原等游览区域，冬季湖区则有多彩的冰雪运动项目。

门票信息 | 免费，各景点及娱乐项目单独收费
营业时间 | 全天
交通信息 | 位于土默特左旗哈素乡，可从呼和浩特客运西站乘坐发往哈素海的客车，或前往旗府察素齐后再乘班车前往哈素海。
电话 | 8147966
微信公众号 | 敕勒川旅游

★ 亮点

哈素海

赤峰、通辽、呼伦贝尔、兴安

赤峰、通辽、呼伦贝尔、兴安位于内蒙古东部，东北—西南走向的大兴安岭是这里的脊梁，发源于大兴安岭西麓的海拉尔河自西向东流经呼伦贝尔高原，孕育了新石器时期的扎赉诺尔文化和哈克文化。其支流伊敏河连接着两岸的海拉尔老城与新城，莫日格勒河则在呼伦贝尔草原腹地蜿蜒出“天下第一曲水”。

流淌于科尔沁沙地上的西拉木伦河连接起了赤峰与通辽两地，河流发源地克什克腾旗境内散布着众多冰川活动留下的地质奇观。这里有逐水草而居的牧民和无垠的草原与沙漠，那达慕大会上安代舞者翩然起舞，冬捕节与冰雪盛会满载收获的喜悦与运动的激情。

兴安盟地处大兴安岭中段向松嫩平原的过渡带，新中国第一个少数民族自治政府在此诞生，而位于中蒙边界的阿尔山被呼伦贝尔、科尔沁、锡林郭勒和蒙古四大草原环抱，有天池等千姿百态的火山熔岩景观。

电话区号 赤峰0476、通辽0475、呼伦贝尔0470、兴安0482

交通

飞机

赤峰玉龙机场（0476-8333956；赤峰市喀喇沁旗牛营子镇玉龙村；微信公众号：赤峰民航机场公司）

通辽机场（0475-8233236；通辽市科尔沁区民航路；微信公众号：内蒙古通辽民航机场）

呼伦贝尔东山国际机场（0470-96777；呼伦贝尔市海拉尔区机场大街）

乌兰浩特义勒力特机场（0482-8682000；乌兰浩特市义勒力特镇；微信公众号：乌兰浩特机场）

火车

赤峰站（0476-12306；赤峰市松山区穆家营子镇西站大街）赤峰站原名赤峰西站，是赤峰市的高铁站，赤喀高速铁路、京通铁路、赤大白铁路途经于此。

通辽站（0475-2223822；通辽市科尔沁区南顺大街14号；微信公众号：通辽火车站）大郑铁路、京通铁路、通霍铁路、通让铁路、集通铁路、新通高速铁路途经于此。

海拉尔站（0470-2221322；呼伦贝尔市海

拉尔区靠山街60号）滨洲铁路、伊阿铁路途经于此。

乌兰浩特站（0482-2252322；兴安盟乌兰浩特市乌兰西大街）白阿铁路、锡乌铁路途经于此。

长途汽车

赤峰汽车站（0476-8427555；赤峰市松山区松山大街80号；微信公众号：赤峰汽车站）

通辽汽车站（0475-8234065；通辽市科尔沁区南顺大街230号；微信公众号：通辽长途汽车站）

海拉尔公路客运总站（0470-8333719；呼伦贝尔市海拉尔区扎兰屯路1000号；微信公众号：海拉尔公路客运总站）

乌兰浩特汽车站（0482-8241343；乌兰浩特市巴乌线与矿泉东街交叉口东北150米；微信公众号：乌兰浩特汽车站）

公交车

赤峰、通辽、呼伦贝尔海拉尔区、兴安盟乌兰浩特市内的公交车票大多为1元，支持现金、公交IC卡、云闪付、银联卡、各手机银行和微信、支付宝乘车码等支付方式。

土特产和纪念品

赤峰当地特色有巴林大米、赤峰小米，通辽当地特色有开鲁红干椒、科尔沁蒙古馅饼，呼伦贝尔当地特色有扎兰屯沙果、呼伦湖秀丽白虾，兴安盟当地特色有阿尔山黑木耳、俄体粉条。

住宿

经济型

辽河大酒店（赤峰高铁站店）

（0476-8369111；赤峰市松山区平双路107A号）酒店于2020年开业，房间宽敞，床品舒适，设施齐全，配有免费停车场。酒店的优势在于紧邻交通枢纽，赤峰高铁站就在酒店对面，驾车5分钟可达赤峰汽车站，附近还有一家评价不错的蒙餐馆。

中档

草原大厦酒店

（0475-2220666；通辽市科尔沁区南顺大街15号火车站东侧；微信公众号：通辽草原大厦）酒店紧邻通辽火车站和通辽汽车站，周边配套设施完善，方便旅客出行。客房安静、宽敞、整洁，配有无线网络、24小时热水和电梯。酒店自营餐饮，有蒙餐、粤、辽、湘、鲁等菜系，早餐种类丰富。

高档

呼伦贝尔宾馆（海拉尔）

（0470-8211000；呼伦贝尔市海拉尔区胜利大街32号；微信公众号：呼伦贝尔宾馆）宾馆始建于1958年，坐落于海拉尔市区美丽的伊敏河畔，曾接待过国家元首和各界名人，已加入世界金钥匙酒店联盟。宾馆内部装潢典雅大气，历史文化底蕴深厚，房间内配有加湿器等设备。作为内蒙古首家蒙餐研发中心，宾馆的餐饮也值得一试。

就餐

浩日沁奶茶馆

（0482-8238808；兴安盟乌兰浩特市乌市客运站西壹家家居北100米；6:00—22:00）这是当地一家知名的蒙餐老店，环境优雅，装潢极具蒙古族风情。特色菜有烤羊排、手把肉、沙葱鸡蛋、肚包肉等经典蒙餐和各类奶制品，早餐时段店内人气更高，咸奶茶、蒙古包子和馅饼吸引着本地和外地的食客。

鑫香家常菜

（15604769839；赤峰市红山区哈达西街57-6号；9:00—21:30）位于老城区的这家老字号菜馆拥有众多回头客，主打赤峰口味东北菜，菜的分量很大，特色菜有咸口锅包肉、雪绵豆沙、鱼香肉丝、锅包茄子等。就餐高峰期可能要等位，店门口的停车位较少。

线路推荐

呼伦贝尔森林草原边境之旅：呼伦贝尔民族博物院—巴彦呼硕草原—金帐汗草原—满洲里—额尔古纳湿地—莫尔道嘎国家森林公园

兴安盟森林探索之旅：扎赉特旗神山—乌兰毛都草原—阿尔山国家森林公园—白狼峰景区—阿尔山口岸

赤峰景点

克什克腾石阵

标签： 5A级景区 冰川石林

克什克腾石阵原名阿斯哈图石林，“阿斯哈图”在蒙古语中意为“险峻的岩石”，这片因第四纪冰川活动形成的花岗岩冰石林分布在海拔约1700米的北大山上，地处高山草甸草原与原始白桦林的交会地带。与著名的南方石林景观不同，克什克腾石阵里的石柱、石笋、石塔等有水平方向的纹理，在开阔的山野草原间更显浑厚粗犷。依据石林的不同组合形态，景区现开放有三大观赏区，涵盖了月亮城堡、鱼尾塔、三结义、鲲鹏落草原等富有想象力的景点。

门票信息 | 120元

营业时间 | 7:00—18:00

交通信息 | 景区位于赤峰市克什克腾旗境内，可从经棚镇自驾或包车沿热阿线（热水塘—阿斯哈图石林）公路前往。

电话 | 5070998

微信公众号 | 克旗文旅

网址 | www.hexigtenglobalgeopark.com

亮点

石柱、石笋、石塔

喀喇沁亲王府

标签： 4A级景区 清代建筑

喀喇沁亲王府始建于清康熙十八年(1679年)，是内蒙古现存王府建筑中年代最久远、规模最大、等级最高、保存最完整的一处，现被辟为喀喇沁旗王府博物馆。先后有十二代喀喇沁蒙古王爷在此袭政，其末代亲王便是著名的改革派亲王贡桑诺尔布。王府中的建筑结合了满、蒙、藏、汉四族特色，中轴线上是厅堂主建筑群，东跨院是王爷和福晋的起居所在，西跨院具备书斋、练武、祭祀等功能，此外还有后花园。

门票信息 | 50元

营业时间 | 8:30—17:00

交通信息 | 位于喀喇沁旗王爷府镇，可从锦山汽车站乘坐途经王爷府的客车，发车时间为5:40—17:00，每班间隔25分钟。

电话 | 3929111

亮点

东跨院、西跨院

达里诺尔湖

标签： 4A级景区 内蒙古四大湖之一

达里诺尔湖是贡格尔草原西南部的天然湖泊，“达里”在蒙古语中意为“海”，“诺尔”则是“湖”的意思。景区南岸主要由曼陀山和碧海银滩构成，可乘景区环保车登高眺望湖景，或漫步在亲水的木栈道上；北岸则是观鸟胜地，每年的4月中旬至5月中旬、10月中旬至11月，可在观鸟长廊欣赏在此栖居的天鹅、白鹳等候鸟。湖内特产华子鱼肉质鲜美，是值得尝试的美味。此外，有远古岩画的砧子山和达里诺尔自然博物馆位于北岸草原上，元代最后一个都城鲁王城的遗址位于湖西岸，可一同观赏。

门票信息 | 北岸景区联票90元，南岸景区联票120元

营业时间 | 8:00—18:00

交通信息 | 位于赤峰市克什克腾旗西北部，适合自驾前往，也可从经棚镇汽车站乘客车或包车前往达里湖。

电话 | 5090024

微信公众号 | 克旗文旅

★ 亮点

观日出日落

克什克腾世界地质公园青山园区

标签：4A级景区 世界地质公园

青山园区是克什克腾世界地质公园九大园区之一，位于大兴安岭东南支脉的大青山上。神石、峰林、冰臼堪称“青山三绝”，其中第四纪冰川运动形成的岩臼群为同类地貌中规模较大、类型较多者，被誉为“世界奇观”。岩臼集中分布在大青山顶南部平缓起伏的花岗岩面上，大小深浅不一，当地人称之为“九缸十八锅”。尽管它们表面上看来只是些平凡的岩石坑，但有的坑中积水，有的已成为天然盆栽，除了科研价值外也颇具观赏性。

门票信息 | 门票80元，联票170元

营业时间 | 8:30—18:00

交通信息 | 位于经棚镇东南30公里处的万合永镇关东车村，可从经棚镇包车或自驾前往。

电话 | 5232222

微信公众号 | 克什克腾世界地质公园

网址 | www.hexigtenglobalgeopark.com

★ 亮点

岩臼

乌兰布统

标签：4A级景区 草原

乌兰布统景区位于克什克腾旗西南部，是距北京最近的内蒙古草原，清朝时曾为木兰围场的一部分，中华人民共和国成立后曾为原北京军区红山军马场，现为克什克腾世界地质公园九大园区之一。乌兰布统的汉语含义为“红色坛子”，因景区内的红山宛如倒立的瓮而得名。其自然风貌以草甸草原为主，还有原始树林、溪谷、湖泊、沙地等多种景观，涵盖了将军泡子、公主湖、五彩山、象群山、盘龙峡谷等景点。《康熙王朝》《汉武大帝》等知名影视剧都曾来此取景。

门票信息 | 联票120元，3日内有效

营业时间 | 全天

交通信息 | 经棚镇和赤峰市汽车站均有发往乌兰布统的客车，也可以自驾或包车前往。

电话 | 5030588

微信公众号 | 克旗文旅公司-乌兰布统景区

网址 | www.hexigtenglobalgeopark.com

★ 亮点

公主湖、将军泡子、盘龙峡谷

召庙景区

标签：4A级景区 寺庙

召庙景区内自然人文景观丰富，主要由作为外殿的清代善福寺和善福寺中的辽代石窟寺——真寂之寺这两部分组成，后者为契丹族皇家寺庙，也是全国少见的辽代石窟遗迹，其中主殿2号窟展现了释迦牟尼涅槃的景象。庙宇处在圣水、别愣、灵岩三山间，第四纪冰川活动雕琢出的象形石和冰臼散布在花岗岩山体上。每年农历四月十四至四月十六，召庙会举办盛大的庙会，香客祈福和跳查玛舞等活动让景区热闹非凡。

门票信息 | 旺季50元，淡季30元

营业时间 | 8:30—20:00，真寂之寺17:30关闭

交通信息 | 位于巴林左旗林东镇南15公里的山谷中，需自驾或从林东镇包车前往。

电话 | 7888699

★ 亮点

真寂之寺石窟、灵岩山

赤峰博物馆（新馆）

标签：博物馆

赤峰博物馆新馆位于锡伯河畔，其主体建筑风格雄浑古朴，借鉴了唐代和辽代建筑的特色。馆内现有日出红山、古韵青铜、契丹王朝、黄金长河四个基本陈列展厅，分别展示了赤峰地区在新石器时代、北方草原青铜时

代、辽金时期及元代的璀璨文化成就。不容错过的镇馆之宝是清康熙帝三女儿荣宪公主的朝服——一件用近十万颗海珠串织而成的团龙袍，显示出其时技艺之精湛和国力之强盛。另一件有“中华第一龙”之誉的红山文化遗存C形碧玉雕龙现存于中国国家博物馆。

门票信息｜免费

营业时间｜9:00—16:30，周一闭馆

交通信息｜位于赤峰市新城区富河街10A路北，可乘坐公交37、66路至博物馆站。

电话｜8255185

微信公众号｜赤峰博物馆

亮点

团龙袍

通辽景点

孝庄园

标签：4A级景区　名人故居

孝庄园建在达尔罕王府的旧址之上，据考证这里就是达尔罕亲王的妹妹、后来的孝庄皇后的出生地。2012年，以复建后的达尔罕王府为核心的孝庄园建成开放，分中轴线和东、西辅线三路，包括孝庄故居达尔罕亲王府、唐格尔庙、孝庄博物馆、嘎达梅林纪念馆、科尔沁蒙古大营、满蒙盟誓遗址纪念碑、白龙湖等景点，较为全面地展示了科尔沁的历史文化和民俗文化。

门票信息｜50元

营业时间｜旺季8:30—17:30，淡季9:00—16:00

交通信息｜位于科尔沁左翼中旗花吐古拉镇西北部，可从通辽汽车站乘车至舍伯吐镇，再从镇上包车往返。

电话｜2859581

微信公众号｜通辽孝庄园文化旅游区

亮点

孝庄文皇后青铜雕像

大青沟国家级自然保护区

标签：4A级景区　沙漠森林

大青沟位于科尔沁沙地南缘，因南北走向的沟谷中有众多泉眼汇聚成河，这处古代遗迹的混交阔叶林群落得以保存。“人”字形的沟谷分为西侧的大青沟和东侧的小青沟两部分，内有丰富的动植物资源。现在这里被开发为原始森林景区、三岔口漂流景区和小青湖水上乐园三部分，游人可在此体验滑草、骑马、漂流、钓鱼、乘快艇等休闲娱乐活动。

门票信息｜50元（原始森林景区）

营业时间｜4月底至10月中旬

交通信息｜景区位于科尔沁左翼后旗甘旗卡镇西南25公里处，可从甘旗卡客运站的青沟专线公交站乘发往大青沟旅游公交专线前往。

电话｜5582213

微信公众号｜大青沟景区旅游指南

亮点

原始森林

库伦三大寺

标签：4A级景区　佛教建筑

库伦三大寺指库伦旗内于清顺治到乾隆年间兴建的兴源寺、象教寺和福缘寺三座喇嘛庙，它们共同作为库伦旗的政治中心，又分别承担着宗教活动、衙门办公和财政管理的职能。由于库伦旗是清代内蒙古地区为数不多的政教合一的喇嘛旗，三大寺在蒙古族人心中如同圣地。寺院均融合了汉、蒙、藏三族的建筑风格和文化元素，如兴源寺嘛呢殿的墙壁上绘有清代早期的汉传佛教和藏传佛教的十八罗汉图。信徒往往在农历每月的初一、十五前来朝拜，农历正月和农历六月的法会上则有绚丽的查玛舞表演。

门票信息｜50元，淡季免费

营业时间｜8:00—16:00

交通信息｜位于通辽市库伦旗库伦镇老城中心街与幸福路交会处路北，可从库伦汽车站

乘电动车前往。

电话 | 4912719

微信公众号 | 库伦三大寺

亮点

兴源寺清代壁画、象教寺玉柱堂、福缘寺佛殿彩绘

库伦旗安代博物馆

标签：博物馆　国家级非物质文化遗产

安代舞兴起于明代中叶，是由萨满法师“博”针对因爱情和家庭不幸而悲伤郁苦的女子所主持并施行的一种疗愈方式，后来演变为民间舞蹈，主要包括祭天安代、祭水安代、祭树安代和祭雨安代四类，现在安代舞被列为国家级非物质文化遗产。库伦旗是安代舞保存得最为完好的一地，并建立了这座全国唯一的以安代文化为主题的博物馆。馆中还展出了库伦地区的历史文物、藏传佛教历史和蒙医药文化，帮助人们更全面地了解库伦这一“中国安代艺术之乡”及“中国蒙医药文化之乡”。

门票信息 | 免费

营业时间 | 9:30—17:30，周二、六、日闭馆

交通信息 | 位于通辽市库伦旗安达大街与杏坛路交叉口往西约110米处，可从库伦汽车站乘电动车前往。

亮点

安代舞文化展览、辽代壁画

呼伦贝尔景点

满洲里市中俄边境旅游区

标签：5A级景区　边境旅游

位于中俄边境的满洲里现已成为中国最大的陆运口岸，1928年，周恩来、李立三等人就是从这里出境前去参加中国共产党第六次代表大会的，今天第五代国门出口对面便有一座中共六大纪念馆。国门景区以国门、41号界碑等为核心，与附近的套娃景区、查干湖景区和中俄满洲里——后贝加尔斯克互市贸易旅游区一并组成了满洲里市中俄边境旅游区。其中套娃景区主打俄罗斯风情的民俗、马戏、购物与食宿，互市贸易旅游区则是中俄居民的购物场所，物价略高。

门票信息 | 国门景区80元、套娃景区45元

营业时间 | 国门景区9:00—18:00；套娃景区旺季9:00—22:30，平季9:00—18:00，淡季9:00—17:30

交通信息 | 国门景区位于满洲里市五道街，套娃景区位于满洲里市华埠大街23号，可乘6路、10路公交车分别在国门站、套娃广场站下车。

电话 | 6229068（国门景区），6668688（套娃景区）

微信公众号 | 满洲里市中俄边境旅游区

亮点

国门、套娃建筑群

红花尔基樟子松国家森林公园

标签：4A级景区　国家森林公园

红花尔基位于大兴安岭山地向呼伦贝尔草原的过渡地带，也是亚洲最大、中国唯一的成片沙地樟子松林带，作为国家二级珍贵树种的樟子松在我国三北防护林工程中发挥着重要作用。意为“盆地、洼地”的红花尔基有被多条河流与湖泊滋养的森林草原和湿地景观，人们常在公园的核心景观翠月湖畔休憩，进园公路两侧散布着可供住宿的木屋、博物馆和高尔夫球场等设施。

门票信息 | 60元

营业时间 | 7:00—18:00，国庆后闭园

交通信息 | 位于呼伦贝尔市鄂温克族自治旗红花尔基镇，可从海拉尔公路客运总站乘坐开往红花尔基的客车，也可在鄂温克博物馆门前乘坐。

电话 | 8942340

微信公众号 | 爱上樟子松

内蒙古

★ 亮点

樟子松林

金帐汗草原

标签: 4A级景区

金帐汗草原位于呼伦贝尔草原腹地，因会屯战役后成吉思汗曾在此架起金帐而得名。发源于大兴安岭西麓的莫日格勒河在平坦的草原上向呼和诺尔湖迂回前进，造就了金帐汗草原独一无二的风采，也吸引了历史上许多部落在此游牧。1961年，包括叶圣陶、老舍、曹禺、端木蕻良等著名作家在内的代表团来此参观，为眼前的美景深深折服，端木蕻良更是盛赞莫日格勒河为“全国第一曲水”。如今草原旅游区的游乐项目完善，可在此欣赏马头琴、呼麦等蒙古表演和精彩的大型实景演出。

门票信息｜20元

营业时间｜全天

交通信息｜位于呼伦贝尔市陈巴尔虎旗莫尔格勒河畔，距海拉尔36公里，可自驾或包车往返。

电话｜9022747

★ 亮点

成吉思汗金帐、鄂伦春撮罗子、七星帐蒙古包群

额尔古纳湿地

标签: 4A级景区 国家级湿地公园

额尔古纳湿地原名根河湿地，因额尔古纳河的支流根河蜿蜒流经拉布大林北部而得名，是我国现今保护得最完整的湿地之一。景区位于根河、额尔古纳河、得尔布干河和哈乌尔河交汇处，是完整的额尔古纳湿地的一部分。山顶的观景平台是最佳观赏点，可步行也可乘景区电瓶车前往。只有站在高处方能领略到大自然的鬼斧神工，S弯、马蹄岛和眼前的绿意一览无余。从另一侧下山，沿着森林栈道行于白桦林中，还能抵达山腰处的湿地博物馆。

门票信息｜旺季65元，淡季20元

营业时间｜7:00—18:30

交通信息｜位于额尔古纳市拉布大林的西北郊，距拉布大林汽车站2公里，可乘额尔古纳2路公交车至湿地景区站。

电话｜6999818

微信公众号｜内蒙古额尔古纳国家湿地公园

★ 亮点

马蹄岛、白桦林、S弯

莫尔道嘎国家森林公园

标签: 4A级景区 国家级森林公园

莫尔道嘎国家森林公园地处北纬51°的大兴安岭地区，是我国观光路线最长、位置最靠北的寒温带明亮针叶林公园。公园内以落叶松、樟子松和白桦树为主，自然景观层次丰富，有鲜明的季节特色和完整的森林生态系统。由于景区的小火车仅运行至大门内10公里处，森林深处弥漫着杜香香气的红豆坡、一目九岭观景台、索鄂温克使鹿部落和在永冻层上生长的冰上森林等景点都需自驾或包车前往。森林的最佳旅游时间为7月至9月。

门票信息｜160元

营业时间｜5月至6月9:00—18:00，7月至8月7:00—18:00，9月至12月8:30—18:00

交通信息｜位于额尔古纳市莫尔道嘎镇西北11公里处，可乘车至莫尔道嘎镇汽车站后包车前往。

电话｜2963410

微信公众号｜北国天堂莫尔道嘎

★ 亮点

红豆坡、一目九岭、索鄂温克使鹿部落

兴安景点

阿尔山国家森林公园

标签: 5A级景区 国家森林公园

阿尔山国家森林公园位于大兴安岭西南麓，原始森林占据了这片土地80%的面积，孕

育着哈拉哈河和柴河的源头，高位火山口湖、堰塞湖、熔岩台地等多种火山爆发后形成的地貌奇观更是旅途中的亮点所在。金江沟与三潭峡间的哈拉哈河在-3.2℃的年平均气温下因地热而终年不冻，深不可测的阿尔山天池是国内仅次于长白山天池和天山天池的第三高天池，石塘林堪称亚洲火山地质奇观，日出时分水汽蒸腾的杜鹃湖、俯瞰如宝石的驼峰岭天池同样美不胜收。

门票信息 | 旺季180元，淡季140元，观光车105元，2日内有效

营业时间 | 观光车7:00—17:00

交通信息 | 公园的两个入口分别是近阿尔山市的金江沟门区和扎兰屯柴河一侧的柴河源门区。如从金江沟进入，在阿尔山市区包车或自驾越野车前往是游览景区的最佳选择，但旺季自驾只能在17:00以后自由参观各个景点。

电话 | 400-015-1757

网址 | www.aesly.com

★ 亮点

阿尔山天池、驼峰岭天池、石塘林

成吉思汗庙

标签：4A级景区　全国重点文物保护单位

成吉思汗庙始建于1940年，位于罕山之巅，是内蒙古“东庙西陵”中的东庙，更是世界上唯一一座为纪念成吉思汗而建的庙宇。庙宇由蒙古族艺术家耐勒尔设计，正殿和东西偏殿组成了一个“山”字，庄严的白色方形墙体与覆有绿色琉璃瓦的圆尖顶则构成了蒙古包的形状。正殿内立有2米多高的成吉思汗像，偏殿中陈列着一些元代服饰、书简、器皿及其复制品。

门票信息 | 40元

营业时间 | 旺季8:30—17:30，淡季8:30—17:00

交通信息 | 位于乌兰浩特市兴安北大路82号，可乘坐公交1路至成吉思汗庙站。

电话 | 8410294

微信公众号 | 乌兰浩特市文化遗产保护中心

★ 亮点

成吉思汗像

图牧吉国家级自然保护区

标签：国家级自然保护区

地处“鱼米之乡”的图牧吉保护区位于大兴安岭山地与松嫩平原的过渡地带、湿地草原与干旱草原的过渡地带，有大面积的沼泽湿地。其中面积最大的湖泊百灵湖里放养着众多鱼类，不断改善的生态环境让这里成为大鸨、灰鹤、鸬鹚、丹顶鹤、白鹳等300余种鸟类的乐园。每年四五月份和九十月份可以来图牧吉水库附近观鸟，品尝鲜鱼、鲜羊。

门票信息 | 免费

营业时间 | 全天

交通信息 | 位于扎赉特旗图牧吉镇境内，可从乌兰浩特或音德尔镇汽车站乘坐发往图牧吉镇的客车。

电话 | 6125166

网址 | bhq.zltq.gov.cn

★ 亮点

候鸟群、百灵湖

阿尔山火车站

标签：全国重点文物保护单位

阿尔山火车站是白阿铁路的终点站，投用于日军占领下的1937年，这栋黄绿相间的二层建筑也因此成了日本侵华战争的见证者。站楼设有炮楼和碉堡，车站以北1公里处还有一个可体验的火车机车转盘。如果乘火车前来，沿途的风景同样不容错过：白阿铁路上大石寨到索伦区间拥有绝美的草原风光，白狼到阿尔山区间则有壮阔的林海、南兴安隧道与碉堡。

门票信息 | 免费

营业时间 | 全天

交通信息 | 位于阿尔山市兴林路南段，目前

车站有往返于白城和阿尔山之间的K7595/K7596次和往返于沈阳和阿尔山之间的K7565/K7566次列车，后者为季节性列车，4月末至10月初从沈阳运行至阿尔山，一年中其余时间只运行至乌兰浩特。

电话 | 2256232

亮点

火车站建筑

南兴安碉堡

标签：战争遗迹

这里的两个碉堡分别位于白阿铁路南兴安隧道的东西出入口处，是日军为了看守这条用于输送林木等军需资源的隧道而修建的军事设施。全长3218.5米的南兴安隧道完工于1937年，至今仍是内蒙古最长的铁路隧道，也是火车进入阿尔山的唯一通道。钢筋混凝土结构的碉堡共5层，值勤室、盥洗室、发电室、弹药库、宿舍、浴池、仓库等一应俱全，修建隧道的劳工曾被关押并杀害在碉堡地下的水牢中。

门票信息 | 免费

营业时间 | 9:00—17:00

交通信息 | 临近203省道，可乘乌兰浩特至阿尔山的客车在此下车。

亮点

碉堡、兴安地区抗战历史介绍

中国温泉博物馆

标签：博物馆

阿尔山全称为“哈伦阿尔山”，意为“热的圣水”，由此可知这里的矿泉温泉早已名声远扬。博物馆位于海神圣泉度假区内，属于阿尔山温泉资源最密集的一片区域，泉水水温为15—48℃，以冷泉著称。馆外有12眼观赏泉，馆内的37眼冷泉、温泉、热泉、高热泉中有7眼饮用泉，其余的可泡汤疗养。

门票信息 | 参观30元，泡温泉298元

营业时间 | 9:00—21:00

交通信息 | 位于阿尔山市温泉街海神圣泉度假区内，可自驾前往。

电话 | 7126722

微信公众号 | 阿尔山海神圣泉

网址 | www.aeswq.cn

亮点

泡温泉、矿泉井

包头、乌兰察布、鄂尔多斯、锡林郭勒

包头、乌兰察布、鄂尔多斯、锡林郭勒位于内蒙古中部。河套平原的东端是有“草原钢城”之称的包头，达茂旗草原上挺立的敖包象征着蒙古族古老习俗与信仰的延续，清代“走西口”南来北往的移民与商贸成就了塞上水旱码头的繁华。“北京向西一步，就是乌兰察布”，作为内蒙古离北京最近的城市，乌兰察布自古就是沟通东北、华北、西北的交通枢纽，夏日的乌兰察布可称得上清凉之都。鹰顶金冠饰是鄂尔多斯高原上最醒目的文化标志之一，这里出土的青铜器和金饰彰显出草原游牧民族的飒爽英姿。而锡林郭勒有内蒙古中部最美的草原，从大兴安岭西麓到漫长的中蒙国境线再至浑善达克沙地，乌珠穆沁草原的样貌经历了森林草原、草甸草原、典型草原、荒漠草原的转变。

电话区号 **包头0472、乌兰察布0474、鄂尔多斯0477、锡林郭勒0479**

交通

飞机

包头东河机场（0472-4616100；包头市东河区飞机场路；微信公众号：包头东河机场）

乌兰察布集宁机场（0474-2300902；乌兰察布市集宁区马莲渠乡三成局村；微信公众号：乌兰察布集宁机场UCB）

鄂尔多斯国际机场（0477-8901111；ordo

sairport.com；鄂尔多斯市伊金霍洛旗曼斋庙村阿大公路；微信公众号：鄂尔多斯国际机场）

锡林浩特机场（0479-8213931；锡林浩特市西部机场路；微信公众号：内蒙古锡林浩特民航机场）

火车

包头站（0472-2224012；包头市昆都仑区阿拉坦汗大街；微信公众号：包头火车站）京包铁路、包兰铁路、包神铁路、包白铁路、包西铁路等途经于此。

乌兰察布站（0474-12306；乌兰察布市察哈尔右翼前旗哈达路）张呼高速铁路途经于此。

鄂尔多斯站（0477-12306；鄂尔多斯市伊金霍洛旗滨海东路东侧）包西铁路、呼准鄂铁路途经于此。

锡林浩特站（0479-2239072；锡林郭勒盟锡林浩特市锡林大街）桑锡铁路、锡乌铁路途经于此。

长途汽车

包头长途客运总站（0472-4870099；东河区站北西路3号）

乌兰察布汽车客运总站（察哈尔右翼前旗黄旗海镇弓沟街）

鄂尔多斯客运总站（0477-8380248；鄂尔多斯市东胜区广场街与沙日乌素路交叉口东北；微信公众号：鄂尔多斯市汽车运输集团有限公司）

锡林浩特汽车站（0479-8223592；锡林郭勒盟锡林浩特市那达慕大街仁爱医院东侧；微信公众号：锡林浩特长途汽车站）

公交车

包头、乌兰察布、鄂尔多斯、锡林浩特市内公交车票大部分为1元，支持现金、公交卡以及微信和支付宝乘车码等支付方式。

土特产和纪念品

包头当地特色有三蓝地毯、固阳燕麦，乌兰察布当地特色有卓资山熏鸡、丰镇月饼，鄂尔多斯当地特色有鄂托克阿尔巴斯山羊肉、鄂尔多斯羊绒，锡林郭勒当地特色有乌珠穆沁羊肉、正蓝旗奶皮子。

住宿

经济型

汉庭酒店（包头东站站前广场店）

（0472-4102999；包头市东河区火车站站前广场东侧东官房小区西门；微信公众号：汉庭酒店）酒店开业于2020年，距包头东站仅有100米距离，距长途客运总站、东河机场也较近，交通十分便利。酒店配备免费停车场，提供洗衣、熨衣服务，客房干净整洁，床品舒适，卫生间内配有挂衣绳，整体来说在车站周围的酒店中性价比较高。

中档

希岸酒店（乌兰察布市政府店）

（0474-8245678；乌兰察布市集宁区新区广场东13号楼；微信公众号：希岸酒店）酒店于2019年开业，临近乌兰察布市博物馆，以周到贴心的服务著称。客房宽敞雅致，采用高级床上用品和沐浴用品，提供洗衣、熨衣服务，服务人员会以热毛巾和花茶待客。酒店带有停车场。

高档

雍贵酒店

（0477-3889999；鄂尔多斯市东胜区迎宾路17号；微信公众号：鄂尔多斯雍贵酒店）酒店地理位置极佳，西邻铁西公园和青铜文化广场，东北方向有万达广场和鄂尔多斯客运总站，方便出行购物。50多平方米的客房装潢雅致，配有红木家具、蓝牙音响等品质家居用品。这里的自助早餐丰盛可口，在酒店院中即可乘坐机场大巴。

就餐

牧人嘎查蒙餐（富强路店）

（0472-3348588；包头市青山区富强路88号；10:00—14:00，16:30—22:00）作为包头市内知名的老字号蒙餐馆，牧人嘎查烹制种类丰富的羊肉菜品和奶制品，也提供分量大的山西风味家常菜。餐厅店面不大，人气很旺，就餐高峰期可能需等位，老板会送奶制品给等位的顾客。这里的特色菜有奶茶、手扒肉、盘丝馅饼、烤羊排、血肉肠双拼等。

木炭翁涮府（旗舰店）

（0479-8857291；锡林浩特市杭盖路362号；9:00—23:00）木炭翁是锡林浩特有名的木炭铜锅涮肉店，因新鲜地道的羊肉食材和实惠的价格而广受好评。饭店店面宽敞，环境优雅，门口场地宽敞，停车也很方便。清汤锅底已足够鲜美，蘸料选择也很丰富。这里的必点菜品有羊羔肉、高钙肉、肥牛、太阳卷、野生蘑菇等。

线路推荐

乌兰察布生态休闲之旅：乌兰察布市博物馆—老虎山—乌兰哈达火山群—格根塔拉草原

鄂尔多斯沙漠探险之旅：鄂尔多斯博物馆—乌兰木伦湖夜景—响沙湾旅游区—恩格贝生态旅游示范区

包头景点

五当召

标签：4A级景区　藏传佛教寺庙

始建于康熙年间的五当召位于吉忽伦图山南麓，是内蒙古自治区内规模最大的藏传佛教格鲁派寺院，素有“小布达拉宫”之称。庙宇由6座大殿、3座活佛府、苏卜尔盖陵和94栋喇嘛土楼宿舍组成。建筑错落有致，白墙、红柱与金色的法轮色彩鲜明，具有浓郁的藏式风格。五当召于农历七月二十五至八月初一举行的嘛呢经会十分隆重，届时僧侣和信众会参加转召、晒大佛、诵经、祈福等仪式和庙会活动。

门票信息 | 60元

营业时间 | 旺季8:30—17:45，淡季8:30—17:00

交通信息 | 位于石拐区吉忽伦图苏木，可从包头东站公交站乘坐发往石拐区的7路公交车，再转乘直达五当召的客车。

电话 | 8715022

微信公众号 | 五当召

网址 | www.zgwdz.com

亮点

苏古沁殿、苏卜尔盖陵

美岱召

标签：4A级景区　藏传佛教寺庙

亦城亦寺的美岱召地处大青山南麓，是俺答汗在明隆庆年间受封顺义王后所建的府邸。美岱召的汉名为寿灵寺，是俺答汗的重孙受命为四世达赖来此弘法而建，“美岱”即引申为“弥勒”。从城墙南门泰和门进入便是寺院，院中有明代建筑大雄宝殿，殿中保存有明代壁画精品《蒙古贵族礼佛图》。城东北角有萨县抗日游击队纪念址，城外广场上还有一座美岱召博物馆。

门票信息 | 30元

营业时间 | 8:00—18:00

交通信息 | 位于土默特右旗美岱召镇美岱召村，可从东河区东恒大厦乘坐前往土右旗旗府萨拉齐的班车，再转乘6路公交车至美岱召。

电话 | 8850012

亮点

大雄宝殿及殿内明代壁画、美岱召博物馆

北方兵器城

标签：4A级景区　军工文化

北方兵器城景区由北方重工集团投资筹建，园区内的武器种类丰富，最大亮点在于游客可以动手操作。景区主要包括地面常规重武器陈列区和地下常规轻武器展区，前者陈列有28门代表性武器，包括接受过毛泽东主席检阅的“共和国第一炮”、多次击落美国U-2无人机的“红旗Ⅱ号”导弹和歼5、歼6战斗机等。游人还可在此免费参观有“中国的保尔·柯察金”之誉的兵器制造专家吴运铎的事迹展览馆。

门票信息 | 15元

营业时间 | 4月至9月8:00—19:00，10月至次年3月8:00—18:00

交通信息 | 位于青山区兵工路与富强路交叉口，可乘坐公交20、27路至北方兵器城站。

电话 | 3303120

网址 | www.bfbqc.cn

★ 亮点

亲身体验火炮武器操作

梅力更自然生态风景区

标签：4A级景区 森林公园

梅力更景区地处阴山山脉中段、乌拉山南麓，以花岗岩高山峡谷、瀑布和姿态万千的松柏而闻名，山脚下有始建于康熙年间的藏传佛教寺庙梅力更召。景区内的登山道路很多直接开凿在裸露的山壁上，陡峭却也充满乐趣。经过天眼瀑布、骆驼峰等景点后便可见有“阴山第一瀑”之誉的梅力更大瀑布，它是由地质挤压形成的裂隙水汇聚而成。景区内还设有森林体验中心，内有山洞探险、幻境体验馆等项目，适合亲子游玩。

门票信息 | 35元

营业时间 | 8:30—18:00

交通信息 | 位于九原区哈业胡同乡梅力更沟，可乘坐公交9路至梅力更站。

电话 | 5155595

微信公众号 | 梅力更自然生态风景区

★ 亮点

梅力更大瀑布

春坤山生态旅游景区

标签：4A级景区 高山草甸

东西走向的春坤山位于九峰山北麓，其主峰红芪峰海拔2340米，为包头境内最高点。同时春坤山为蒙西地区面积最大的高山草甸草原，因此有“鹿城之巅”“云中草原”的美誉。夏季的春坤山是避暑胜地，除了可以走在木栈道上近距离感受草原风光，还有云顶敖包、石洞沟、白桦林等充满自然和民族风情的景观值得游览。近年来景区服务设施不断完善升级，配套的住宿和餐饮让星空和日出也成为游览亮点。

门票信息 | 50元，观光车20元

营业时间 | 8:30—18:00

交通信息 | 位于固阳县银号镇大庙村委水沟村，可自驾前往。

电话 | 8117379

微信公众号 | 春坤山旅游

网址 | c.cksly.com

★ 亮点

云中草原

包头博物馆

标签：博物馆

包头博物馆的建筑外观雄伟大气，以“草原上的巨石，巨石上的文化”为主题。馆内展览立足包头及其周边地区从古至今的历史文化，设有包头古代历史文化陈列、内蒙古古代岩画陈列、内蒙古唐卡艺术陈列、包头民俗文化展和草原丝绸之路上的包头这5个基本展陈。其中岩画展陈充分利用展厅空间，再现了草原、山地和沙漠等岩画原生的环境，给观众以身临其境之感。

门票信息 | 免费

营业时间 | 夏季9:00—17:00，冬季9:30—16:30，周一闭馆

交通信息 | 位于昆都仑区阿尔丁大街25号，可乘坐公交1、22、C2路至云龙骨科医院站。

电话 | 5317616

微信公众号 | 包头博物馆

网址 | www.nmgbtbwg.cn

★ 亮点

内蒙古古代岩画陈列展

乌兰察布景点

辉腾锡勒草原黄花沟旅游景区

标签：4A级景区 高山草甸

黄花沟地处阴山山脉大青山东段，是典型的高山草甸鲜花草原，到了七八月份，草原上明黄的花朵与碧绿的青草交相辉映，分外美丽。景区所在的辉腾锡勒草原意为“寒冷的山梁”，这里平均海拔达2100米，夏季平均气温仅18℃。第四纪冰川活动给黄花沟留下了丰富的地质景观，可选择从南门窝阔台度假中心或北门黄花沟地质公园入园，其中南门一线草原景观更多，北门一线游乐项目更为集中。

门票信息｜90元（不包含内部穿梭车、小火车、索道等交通工具和骑马等项目）

营业时间｜8:00—17:30，10月8日至次年4月14日闭园

交通信息｜位于察哈尔右翼中旗科布尔镇南20公里处，可乘坐往来于两地的客车或从呼和浩特发往察右中旗的客车，在黄花沟景区路口下车。

电话｜400-0474-400

微信公众号｜辉腾锡勒黄花沟草原旅游区

网址｜www.htxlly.cn

亮点

窝阔台鲜花草原、牛旦沟生态沟谷

岱海

标签：4A级景区 温泉

岱海是内蒙古第三大内陆湖、全区四大水产基地之一，周围20余条河流和中层地下水汇聚成了这座咸水湖泊。岱海历史悠久，汉代便记载有“诸闻泽”这一名称，康熙帝曾巡边于此。近年来岱海的水质有所改善，游人可在码头乘快艇或游船深入湖中游览，在岸边体验射箭等游乐项目。岱海的银鱼和鲫鱼、附近的温泉酒店及岱海国际滑雪场较为出名，出行前建议打电话确认是否开放。

门票信息｜40元

营业时间｜5月1日至10月15日8:00—18:30

交通信息｜位于凉城县东10公里处，可在集宁长途汽车站乘坐发往凉城县的客车在景区门口下车。

电话｜4208111

亮点

温泉

苏木山

标签：4A级景区 山岳

苏木山位于兴和县大南山深处，其最高峰黄石崖海拔超过2000米，是乌兰察布境内最高点。与乌兰察布地区其他山地类似，苏木山的平均气温即使在盛夏一般也不超过20℃，秋季树叶五彩斑斓，别有一番趣味。从驿站进山，可沿冰凌沟、观景平台、云海亭的路线游览，视野开阔。景区内还有滑索、滑道等下山方式。

门票信息｜50元

营业时间｜5月中下旬至10月中旬7:30—18:30，以官方通知为准

交通信息｜位于兴和县南37公里处，可在集宁区联营商场乘坐开往景区的专线车，票价180元，含往返路费、景区门票和旱滑道费用。

电话｜8229009

微信公众号｜苏木山景区

亮点

云海亭、黄石崖

乌兰察布市博物馆

标签：博物馆

乌兰察布市博物馆以“多元、融合、升华、辐射”为展陈主题，包括文明星火、民族熔炉、帝国腹里、塞外手足4个基本展厅，展示了乌兰察布地区从远古到现代的历史发展和文化变迁。馆中保存有大量唐代及以前的

陶器、青铜器和金器，其造型具有鲜明的北方游牧民族文化特色，如战国末期的虎衔鹰金饰牌和三鹿纹金饰牌等。

门票信息 | 免费

营业时间 | 9:00—16:30，周一闭馆

交通信息 | 位于集宁区格根西街10号，可乘坐公交26路至图书馆站。

电话 | 8309511

微信公众号 | 乌兰察布市博物馆

★ 亮点

战国虎衔鹰金饰牌、三鹿纹金饰牌

乌兰哈达火山地质公园

标签：火山

数十座火山锥散落在乌兰哈达境内的乌拉山岩群和汉诺坝玄武岩上，其中1、2号火山已风化消失，人们常游览的是国道西侧的4、5、6号火山和东侧的3号火山。3、5、6号火山为中心式喷发火山，火山口仍清晰可辨，因此被称作“炼丹炉”。5号火山是其中最高大、最少受人为干扰的一座，以它为主角的摄影作品曾被选为《中国国家地理》杂志的封面。4号黑脑包火山则是一座结壳状火山，3号火山修有栈道可登至火山口，6号火山则已成为“宇航员”登上“火星”的拍照胜地，山下有航空服租赁。

门票信息 | 免费

营业时间 | 全天

交通信息 | 位于察哈尔右翼后旗乌兰哈达苏木与白音察干镇之间，可自驾或从集宁区包车、租越野车前往。

微信公众号 | 乌兰哈达火山地质公园

★ 亮点

3号、5号、6号火山

鄂尔多斯景点

成吉思汗陵

标签：5A级景区

成吉思汗陵位于巴音昌呼格草原，景区由祭祀文化区、历史文化区、民俗文化区、草原观光区、休闲度假区等组成。由于蒙古皇族的密葬传统，祭祀文化区的核心陵宫并非确切的成吉思汗陵墓，而是象征成吉思汗灵魂的白色宫帐。后来祭祀成吉思汗几位皇后的白宫也坐落于此，到忽必烈掌政期间被统称为“八白宫”。景区内还有壮观的“金帐铁马”雕塑和蒙古历史文化博物馆等展馆。旅游旺季，景区内还有舞台剧上演。

门票信息 | 旺季180元，淡季150元

营业时间 | 旺季7:00—19:00，淡季8:00—17:30

交通信息 | 位于伊金霍洛旗伊金霍洛镇，可乘坐公交东胜K21路、K24路、康巴什2路、3路至伊旗汽车站，再拼车或包车去景区。

电话 | 3965179

微信公众号 | 成吉思汗陵网络服务平台

网址 | cjshl.com

★ 亮点

八白宫

响沙湾景区

标签：5A级景区　沙漠

响沙湾位于库布齐沙漠东端，因这里背风向阳的弯月形沙丘形成了一个大型沙山回音壁而得名。游人在滑沙处游玩时，通过做出不同的动作，能听到或像蛙鸣，或像飞机轰鸣的声音。现在罕台川两岸已被开发为包括度假区、休闲区等在内的大型景区。响沙湾港是去往各岛的交通枢纽，仙沙岛有游乐设施和杂技表演，悦沙岛有水上游乐设施和多种文艺表演，福沙岛充满蒙古风情，莲沙岛则更具现代风格，后两者都有泳池可以戏水。

门票信息 | 40元，各种套票以官方信息为准

营业时间 | 7:30—18:00

交通信息 | 位于达拉特旗，距包头市更近，可从包头长途客运总站、鄂尔多斯客运总站、东胜客运中心站、呼和浩特长途汽车站乘坐发往达拉特旗的客车，再打车至景区。

电话 | 400-878-5550

微信公众号 | 响沙湾

网址 | www.ixsw.cn

亮点

滑沙、沙漠游乐项目、文艺表演

鄂尔多斯博物馆

标签：博物馆

鄂尔多斯的由来与忠诚和信仰有关，数百年前，正是守护成吉思汗陵的卫士及其后裔组成了鄂尔多斯部。博物馆由著名建筑师马岩松设计，外形宛如巨大的棕红色磐石，象征着鄂尔多斯地区特有的红色砒砂岩和当地人民坚毅的精神。馆中有鄂尔多斯古生物化石展、鄂尔多斯古代史展、鄂尔多斯蒙古族历史文化展和城市记忆珍藏展4个基本陈列。

门票信息 | 免费

营业时间 | 9:00—17:30，周一闭馆

交通信息 | 位于康巴什新区文化西路南5号，可乘坐公交康巴什1、7路至博物馆站。

电话 | 8390880

微信公众号 | 鄂尔多斯博物馆

网址 | ordosbwg.org.cn

亮点

鹰顶金冠饰

鄂尔多斯青铜器博物馆

标签：博物馆 青铜文化

19世纪末，一些带有羊、马、骆驼等动物形象的青铜器出土于北方长城沿线，尤其集中于鄂尔多斯地区，故被称为鄂尔多斯式青铜器。鄂尔多斯青铜器博物馆便是收藏、研究、展示此类青铜器及其所代表的北方游牧民族文化的专题博物馆，其馆藏品种之丰富、数量之多位于全国前列。博物馆常设展览包括源远流长的草原文明、鄂尔多斯古代石上艺术和马背上的青铜帝国，博物馆建筑取材于镇馆之宝鹰顶金冠饰。

门票信息 | 免费

营业时间 | 9:00—17:30，周一闭馆

交通信息 | 位于东胜区兴胜路2号，可乘坐公交54、K25、K28路至青铜器博物馆站。

电话 | 8323026

微信公众号 | 鄂尔多斯青铜器博物馆

网址 | ordosqtqbwg.org.cn

亮点

鹰顶金冠饰

恩格贝生态旅游示范区

标签：4A级景区 沙漠农业

“恩格贝”在蒙古语中意为“平安、吉祥”，这里曾是一片水草丰美的土地。旅游区位于库布齐沙漠中段北缘，面积约30万亩，园区中的树林、农业大棚、养殖场、半月湖和远山正瑛纪念馆等集中体现了20世纪80年代以来，人们在此防沙治沙、艰苦创业的伟大成就，支付宝蚂蚁森林的树林也在附近。游人还可以在沙漠大峡谷中体验滑沙、骑骆驼等项目。

门票信息 | 免费进入，景点联票35元

营业时间 | 8:00—17:00，10月15日至次年4月15日闭园

交通信息 | 位于达拉特旗乌兰乡东南，可从包头昆区长途客运站乘坐发往杭锦旗的客车，在景区路口下车。

电话 | 400-047-7836

微信公众号 | 恩格贝生态旅游示范区

网址 | egb.ordos.gov.cn

亮点

沙漠科学馆、恩格贝驼园、农业观光园

锡林郭勒景点

元上都遗址

标签：4A级景区 世界文化遗产

元上都位于正蓝旗金莲川草原上，初为忽必烈于1256年开建的开平府，后成为元朝两都巡幸制度中的上都、夏都。都城由宫城、

内城、外城和关厢等部分组成，三重城墙外为防内涝均设有护城河。现存遗址被称作“一座拥抱着巨大文明的废墟”，可站在城墙遗址高处通过残存的建筑台基来辨认城池的布局。最好先去附近的元上都博物馆了解相关背景知识，再参观遗址园区。

门票信息｜40元，博物馆免费

营业时间｜8:30—17:00

交通信息｜位于正蓝旗上都镇东北约20公里处的闪电河北岸，需自驾或从上都镇包车前往。

电话｜4223338

微信公众号｜锡林郭勒盟文化遗产保护研究中心

网址｜www.sjycysdyz.org.cn

★ 亮点

明德门、大安阁、穆清阁遗址

贝子庙

标签：4A级景区 藏传佛教建筑

地处额尔敦敖包山南坡的贝子庙始建于清乾隆八年（1743年），为历史上内蒙古四大藏传佛教寺庙之一，由清朝贝子巴拉吉尔道尔吉主持修建，乾隆帝赐名“崇善寺”。鼎盛时期形成了由7座大殿、5座拉布楞殿以及5座佛塔组成的规模宏大的建筑群，学徒们在此学习佛理、医药、数学等知识，现存建筑多为“文革”后复建。13座敖包在庙后的敖包山上依次排开，农历五月十三会举行热闹的祭敖包仪式。

门票信息｜20元

营业时间｜8:00—18:00

交通信息｜位于贝子庙街和额尔敦路交会处，可乘坐公交6路至贝子庙广场站。

电话｜8239111

★ 亮点

朝克沁殿、额尔敦敖包山

乌拉盖九曲湾景区

标签：4A级景区

发源于大兴安岭西麓山地的乌拉盖河是内蒙古境内第一大内陆河，在河流的滋养下，乌拉盖草原水草丰美，犹如哈达般蜿蜒的河流成了草原最美的一道风景。河岸的湿地上生长着美丽的红柳，两岸浓密的植被让这里的“九曲”拥有不同于别处的魅力。乌拉盖的日落尤其美丽，站在高处的观景台上可以望见远处的乌拉盖湖。

门票信息｜50元，观光车往返30元

营业时间｜6月1日至10月7日8:00—18:00

交通信息｜位于东乌珠穆沁旗，可自驾或包车前往。

电话｜3359558

★ 亮点

乌拉盖河

二连盆地白垩纪恐龙国家地质公园

标签：4A级景区 恐龙

1893年，地质学家奥勃鲁契夫在二连盐池中发现了恐龙化石，让二连浩特这座因边境贸易兴起的城市成为内蒙古高原上最早发现恐龙蛋化石和恐龙化石的地方。公园由博物馆、硅化木化石群、二连盐池等景观组成。其中恐龙科普馆展示了人们发现、挖掘恐龙化石和复原恐龙骨架的过程，矿物晶体馆陈列着近300种矿物和晶体标本，恐龙化石原地埋藏馆保护着当年的考古发掘现场，伊林驿站遗址博物馆则介绍了中国驿站制度形成和发展的历史。

门票信息｜50元

营业时间｜6月1日至9月15日8:40—18:30，9月16日至次年5月31日9:00—17:30

交通信息｜位于二连浩特市区东北9公里处，可自驾或打车前往。

电话｜2267100

微信公众号｜二连浩特国家地质公园

★亮点

恐龙科普馆、二连盐池

锡林郭勒草原火山地质公园

标签：火山

景区位于锡林浩特市城区南侧，其中国家地质公园在白银库伦牧场境内，分鸽子山东、西两个园区，而自治区地质公园平顶山园区位于贝力克牧场境内。公园内有保存完整的火山地质遗迹，其中鸽子山园区有火山锥、喷气锥、火山口、熔岩流等，平顶山园区则以多阶熔岩台地而著称。园内还会组织赛马、射箭、坐勒勒车等活动。

门票信息｜详见官方信息

营业时间｜8:00—20:00

交通信息｜位于锡林浩特市区南207国道55公里处，可自驾或包车前往。

微信公众号｜锡林郭勒草原火山地质公园

网址｜www.xlgldzgy.cn

★亮点

平顶火山群、双面雕塑

乃林郭勒牧场

标签：牧场

乃林郭勒位于中蒙边境的满都宝力格镇额仑草原上，因乃林河迂回流经于此而得名。这是乌珠穆沁草原上游牧文化保存得最好的一片区域，被誉为内蒙古最美的夏牧场，每年5月底至8月底，几十户牧民和他们的牛羊驻扎于此，延续着千百年来的生活方式。2004年，11户牧民联合投资兴办了包含夏牧场、天鹅湖、游牧文化展览馆、金长城遗址、九曲湾等景区在内的度假村，但近年来住宿不一定开放。气候对草原景观的影响较大，最好在雨水丰沛的时节前往。

门票信息｜免费

营业时间｜全天

交通信息｜位于东乌珠穆沁旗满都宝力格镇东北31公里处，可自驾或包车前往。

电话｜15047927888

★亮点

夏牧场、天鹅湖

汇宗寺

标签：藏传佛教寺庙

汇宗寺始建于1691年，又名青庙、旧庙、东庙，曾为整个内蒙古地区的藏传佛教中心。1690年，康熙帝在乌兰布统平定噶尔丹叛乱后，率文武百官在多伦诺尔与漠北漠南各部旗的统领会盟，这便是著名的多伦会盟。建于会盟地原址的汇宗寺由康熙帝敕建，寺庙以汉式传统庙宇建筑为主，融合了蒙、满、藏族艺术元素，规模宏大。但汇宗寺自1913年后历经战火与动乱摧残，现在的规模仅为鼎盛时期的二十分之一。

门票信息｜免费

营业时间｜7:00—19:00

交通信息｜位于多伦县新城区会盟大街85号，可从城中步行或打车前往。

电话｜18935018766

微信公众号｜汇宗古刹

★亮点

天王殿、大雄宝殿

乌海、巴彦淖尔、阿拉善

阿拉善在内蒙古的最西端，是人们追寻秋季梦境的天堂，自9月下旬起，额济纳河两岸的胡杨林将金秋之绚烂演绎到极致，巴丹吉林沙漠和腾格里沙漠之美各有不同，但翻越一座又一座沙丘后可能遇见的清澈海子总能让人惊喜万分。往东走，黄河过宁蒙边界后北上，在乌兰布和沙漠与库布齐沙漠间孕育出乌海这座盛产煤炭的“乌金之海”，而这条母亲河在阴山南麓拐出的“几”字湾造就了物产富饶的河套平原，藏于阴山中的岩画与古刹、乌拉特草原上寂寥的风蚀地貌和美丽浩荡的乌梁素海是巴彦淖尔的珍宝。

电话区号 乌海0473、巴彦淖尔0478、阿拉善0483

交通

飞机

乌海机场（0473-2996823；乌海市海勃湾区机场路；微信公众号：乌海机场）

巴彦淖尔天吉泰机场（0478-8206888；巴彦淖尔市五原县天吉泰镇机场路；微信公众号：巴彦淖尔机场96777服务平台）

额济纳旗桃来机场（0483-96777；阿拉善盟额济纳旗达来呼布镇西北约12公里处；微信公众号：阿拉善民航机场公司）

阿拉善左旗巴彦浩特机场（0483-3960199；阿拉善盟阿拉善左旗巴彦浩特镇西南约20公里处；微信公众号：阿拉善民航机场公司）

阿拉善右旗巴丹吉林机场（0483-6026724；阿拉善盟巴丹吉林镇西部约12.5公里处；微信公众号：阿拉善民航机场公司）

火车

乌海站（0473-2229411；乌海市海勃湾区车站南路与新华大街交会处）包兰铁路、海公铁路途经于此。

临河站（0478-2222333；巴彦淖尔市临河区胜利南路）包兰铁路、临策铁路途经于此。

额济纳站（0478-2331382；阿拉善盟额济纳旗达来呼布镇）临哈铁路途经于此。

长途汽车

乌海汽车站（0473-2026346；乌海市海勃湾区车站南路16-5号）

临河汽车站（0478-8212202；巴彦淖尔市临河区临五路；微信公众号：临河汽车站）

额旗汽车站（0483-6521312；阿拉善盟额济纳旗赛汗西路）

公交车

乌海、巴彦淖尔、阿拉善的公交车票价多为1元，支持现金、公交卡以及微信、支付宝乘车码等支付方式。

土特产和纪念品

乌海当地特色有乌海葡萄、内蒙古肉苁蓉，巴彦淖尔当地特色有五原黄柿子、巴彦淖尔羊肉，阿拉善当地特色有阿拉善锁阳、银饰品。

住宿

经济型

7天连锁酒店(乌海万达广场店)

（0473-6153777；乌海市海勃湾区人民南路40号美林国际C座）酒店地理位置优越，位于万达广场对面，有免费停车场，门口的公交站有5条线路，就餐、购物、出行十分便利。酒店房间干净整洁，35平方米的面积和明亮的大窗让人心情愉悦，阳面的房间还可望见甘德尔山上的成吉思汗雕像。

中档

锦颐优选酒店(临河百货大楼店)

（0478-8752666；巴彦淖尔市临河区胜利路人民公园东门斜对面；www.nmgjyhotel.com；微信公众号：锦颐连锁酒店）酒店位于市中心繁华地段，紧邻人民公园，附近有多家购物中心，沿胜利路南行即可抵达火车站。客房干净整洁，服务温馨，配有舒适的床垫、丰盛的蒙式早餐和免费矿泉水，提供免费停车场。

高档

额济纳旗陶来假日酒店

（0483-2246888；阿拉善盟额济纳旗环城东路与居延东街交叉口西北侧；微信公众号：陶来假日酒店）酒店开业于2016年，坐落在美丽的额济纳河西岸，外观为豪华气派的中式建筑，对面便是胡杨林景区南门的景观桥，观光十分便利。酒店内部有一座微型园林，环境优美，客房宽敞整洁，提供丰富的自助早餐。

就餐

托娅奶茶馆

（13847332889；乌海市海勃湾区大庆北路陶然尚品东门往北20米；6:30—13:30，17:30—21:00）托娅奶茶馆是乌海市内一家地道的蒙餐馆，店面干净整洁，附近交通便利。特色菜有羊肉包子、手把肉、奶豆腐、奶皮子等，奶茶也是必点，其中羊肉包子人气很旺，去晚了很可能没有。

从头到蹄羊肉馆

（15104830098；阿拉善盟额济纳旗苏泊淖尔路与315省道交叉口西200米；8:30—14:00，16:30—23:00）这家餐馆店如其名，主打各类羊肉硬菜，和大多数西北菜一样口味偏重，十分下饭，在当地人中颇受欢迎。特色菜有烤羊蹄、爆炒羊头、烤羊排、羊杂汤等。由于人气极旺，就餐高峰期可能需要在店外就座，环境比较拥挤。

线路推荐

巴彦淖尔地质探奇之旅：乌梁素海—风蚀冰臼地质公园—温根峡谷—黄河三盛公国家水利风景区—阴山岩画

额济纳大漠胡杨之旅：额济纳博物馆—额济纳胡杨林景区—黑城弱水怪树林景区—古居延泽景区—策克口岸—神树

乌海景点

乌海湖休闲旅游度假区

标签：4A级景区 湖泊

乌海湖118平方公里的清澈水面西接乌兰布和沙漠，东临乌海市区，是黄河海勃湾水利枢纽工程于2013年12月建成后形成的湖区。湿地、沙漠与巍峨的甘德尔山一同构成了山水相连的神奇画卷。乌海湖有助于调节城市的小气候，也让黄河逐渐覆盖了岸边沙漠，形成了众多沙岛，吸引了很多候鸟在此栖息。现在湖泊两岸开展了覆盖水陆空的多种游乐项目，可在此尽享玩沙、戏水的乐趣。

门票信息 | 免费，游览项目单独收费

营业时间 | 5月和10月8:30—18:00，7月和8月8:30—20:00，6月和9月8:30—19:00

交通信息 | 位于海勃湾区滨河大道与君正街交叉口，可乘坐公交15路至书法艺术馆站。

电话 | 2885155

微信公众号 | 乌海湖旅游

亮点

乌海湖、乌兰布和沙漠

甘德尔山景区

标签：山岳

景区位于贺兰山北部余脉中，主峰高1800多米。“甘德尔”在蒙古语中意为哈达，因绵延起伏的山势形似哈达而得名。甘德尔山最引人注目的便是山顶高达88.95米的成吉思汗铜像，庄严肃穆的一代天骄眼神坚毅而慈祥地望着黄河的方向，雕像内部为新建成的成吉思汗博物馆。晚间遥望甘德尔山又是另一番美景，雄伟的山体和雕像成为灯光投影的载体，在天幕下分外壮观。

门票信息 | 索道票100元，雕像参观费80元

营业时间 | 8:30—18:00

交通信息 | 位于海勃湾区人民路9公里处，可自驾或打车前往。

电话 | 2055998

微信公众号 | 甘德尔山生态文明景区

亮点

甘德尔山夜景、成吉思汗雕像

乌海市博物馆

标签：博物馆

乌海市博物馆设有3个基本展厅，其中“沧海桑田”通过当地发掘出的海洋古生物化石、植物化石和哺乳类动物化石等介绍了

乌海地区从海洋到原始森林的地质变迁；“大漠天问”以乌海市文化旅游的象征——太阳神岩画为主题，展示了新石器时代黄河边的北方原始部族在桌子山留下的构思奇特的岩画艺术；“紫塞风云”则介绍了乌海地区从秦汉到西夏、蒙元时期的历史沿革及重要文物。

门票信息 | 免费

营业时间 | 9:00—11:30，15:00—17:30，周一闭馆

交通信息 | 位于海勃湾区滨河大道乌海市科学技术馆二楼，可乘坐公交6、15、45路至市民服务中心站。

电话 | 2616364

微信公众号 | 乌海博物馆

网址 | www.whsbwg.org.cn

★ 亮点

砖石雕、召烧沟岩画拓片

蒙古族家居博物馆

标签：博物馆

蒙古族家居博物馆位于乌海湖畔，其建筑造型极具特色，由四座如古铜色箱子一般的建筑物组成，外墙上雕有精美花纹。博物馆的展览以融合、多彩、生活为主题，展示了清末民初的蒙古族家具和饰品，如衣柜、板箱、方桌、轿子、餐具、捕猎用具和贵族头饰等。蒙古族工匠擅长就地取材，利用松木、桦木、柳木等木材，从天然矿物质中提取颜料，并结合动物的血、奶制作器具，以实现高饱和度的明亮配色和非凡的质感。

门票信息 | 免费

营业时间 | 9:00—11:30，15:00—17:30，周一闭馆

交通信息 | 位于海勃湾区滨河大道16号，可乘坐公交15路至兴泰滨河领域南门站。

电话 | 2203896

★ 亮点

元代雕花石供桌、成吉思汗像挂毯

巴彦淖尔景点

黄河河套文化旅游区

标签：4A级景区　湿地

黄河河套文化旅游区位于“二黄河”沿岸，这里留存着古代水利工程遗迹，见证了河套灌区农耕业发展的历史。现在这片河滩芦苇沼泽湿地被开发为巴彦淖尔市内最大的开放性湿地旅游区，每年端午节期间会举办盛大的龙舟赛。平日里，人们可在景区内的广场、儿童乐园、民俗文化村、非遗小镇、采摘园等景点游览参观，还可乘游船或皮筏欣赏黄河美景。

门票信息 | 免费

营业时间 | 全天

交通信息 | 位于临河区金川大道，可乘坐公交2、11A、11B路至市蒙医医院站。

电话 | 2696333

微信公众号 | 黄河河套文化旅游区

★ 亮点

黄河湿地景观、黄河水利文化博物馆、羊皮筏子体验

乌梁素海

标签：4A级景区　湖泊

乌梁素海是黄河改道后留下的河迹湖，现水域面积将近300平方公里，尽管这一规模仅达20世纪30年代的五分之一左右，它依然是黄河流域最大的淡水湖，对生态环境起着重要的调节作用。旅游区位于湖泊东南部，服务设施完善，游人可以乘船享受喂水鸟的乐趣，或是坐快艇感受浪花飞溅的速度与激情。这里的芦苇与蒲草是疣鼻天鹅、斑嘴鹈鹕等珍稀水禽的乐园，湖内鱼类资源十分丰富，可在此享用全鱼宴。

门票信息 | 40元，有多种套票可以选择

营业时间 | 8:00—18:00

交通信息 | 位于乌拉特前旗北边20公里处，可在乌拉特前旗汽车站或火车站乘坐K3路

公交车至乌梁素海旅游区站。

电话｜3605565

亮点

观鸟、水上游乐项目

内蒙古河套文化博物院

标签：博物馆

河套文化博物馆展示了河套平原及其周边地区的文化与历史变迁，共设7个基本陈列。其中，“文化生态篇”和“先人演进篇”分别介绍了新生代黄河形成的地质史，梳理了旧石器时代古人类的文明演进历程，“岩刻春秋篇”和“青铜铸史篇”展示了阴山岩画和草原游牧民族的青铜文化。“长城嬗替篇”讲述了跨越战国至明清时期的战争与融合，“水利开拓篇”揭示了河套平原农业兴旺的原因，最终“文化升华篇”着眼于民国时期河套地区的社会史。

门票信息｜免费

营业时间｜夏季9:00—17:30，冬季9:00—17:00，周一闭馆

交通信息｜位于临河区五一街，可乘坐公交2路至青少年科技馆站。

电话｜8525900

微信公众号｜内蒙古河套文化博物院

亮点

河套文化展示、阴山岩画展

新忽热古城遗址

标签：古城遗址

新忽热古城建于公元前105年，是西汉为接受匈奴投降而建的受降城。得益于当地稳定的地质构造和干旱的气候，古城残留下方圆1平方公里的夯土城墙，在旷野上越发显得雄浑辽阔。城内曾采集到汉代陶片、唐代钱币、西夏陶器等文物，据考古专家研究，该古城是《蒙古秘史》中记载的兀剌海城，从汉至元历代都曾沿用并加固城池。

门票信息｜免费

营业时间｜全天

交通信息｜位于乌拉特中旗新忽热苏木镇镇政府北侧，可从乌拉特中旗汽车站乘坐发往新忽热苏木的班车，从镇政府往北走步行可达。

电话｜5919500

亮点

汉代受降城遗址

黄河三盛公水利风景区

标签：水利枢纽

建于1959年的三盛公水利枢纽是我国最大的引黄灌溉水利枢纽工程，对河套平原的农业发展起着重要作用。以三盛公拦河闸为核心的风景区位于磴口县、杭锦旗两地交界处，集观光、科普、休闲等功能于一体，现有同心锁、博物馆、游船、快艇等众多游览项目。其中同心锁和雕塑园中的雕塑均由金属废料制成，凸显了景区的生态理念。夏季沿黄公路旁的向日葵花盛放，冬季黄河冰凌蔚为壮观。

门票信息｜45元

营业时间｜4月至10月8:30—18:00，11月至次年3月9:00—17:30

交通信息｜位于磴口县巴彦高勒镇东南约3公里处，可自驾或打车前往。

电话｜4400004

亮点

水利枢纽、同心锁

阿拉善景点

额济纳胡杨林景区

标签：5A级景区 胡杨林

额济纳河两岸是我国四大胡杨林观赏区之一，以331国道为轴心串起了从一道桥到八道桥44万亩的大漠胡杨风光，这里也是阿拉

善沙漠世界地质公园居延园区的一部分。一道桥有恋影林、祈福树等景点。二道桥因有湖泊，也被称为倒影林，在此可换乘摆渡车前往电影《英雄》的拍摄地四道桥英雄林和位于巴丹吉林沙漠北缘的八道桥。8月至9月的三道桥是红柳花的海洋，四道桥边的胡杨树粗壮苍劲，从这里可乘摆渡车去往树龄年轻、富有野趣的七道桥梦境林。

门票信息｜旺季一至七道桥150元，八道桥沙海王国景区50元；淡季一至四道桥50元

营业时间｜5:00—19:00

交通信息｜位于达来呼布镇一道桥东，可抵达额济纳旗后步行、打车或自驾前往。

电话｜6529998

微信公众号｜额济纳胡杨林景区

网址｜www.alxapark.com

★ 亮点

金色胡杨林

巴丹吉林沙漠

标签：4A级景区　沙漠

巴丹吉林沙漠是阿拉善世界沙漠地质公园的主要园区，海拔为1200—1500米，这里藏着“奇峰、鸣沙、湖泊、神泉、古庙”五绝。阿拉善世界沙漠公园地质博物馆可作为进入沙漠的第一站，珍贵的淡水湖巴丹湖上的沙山倒影令人惊艳。往深处走，咸水湖中的小岛上有涌出淡水的神泉，海拔1600多米的必鲁图沙峰是饱览7个海子环抱沙山的最佳地点，面积最大的湖泊诺尔图倒映着巨大的沙峰，清代的庙宇苏敏吉林坐落于“山海”之间。

门票信息｜免费

营业时间｜8:00—18:00

交通信息｜位于阿拉善右旗巴丹吉林镇东北70公里处，可在阿拉善左旗汽车站乘坐前往巴彦浩特的客车前往。

电话｜6026555

微信公众号｜巴丹吉林沙漠

网址｜www.badanjilin.cn

★ 亮点

巴丹湖、必鲁图沙峰、苏敏吉林

黑城弱水怪树林景区

标签：4A级景区　古城遗址

景区由黑水城、红城、大同城遗址和怪树林、弱水胡杨林等景点组成。黑水即额济纳河，又名弱水，黑水城为西夏党项人建立的城池，曾是草原丝绸之路上繁华的商贸都市。19世纪起，古城里的大量文物与建筑被掠夺至海外或被破坏，今天遗址西北角的四座白塔成为标志性建筑物。怪树林是一片尽显苍凉悲壮的枯死的胡杨林，在人们的想象中，它们代表着战死的将士。

门票信息｜旺季180元，摆渡车20元，淡季120元

营业时间｜8:00—20:00

交通信息｜位于达来呼布镇东南28公里处，可自驾前往。

电话｜2245196

微信公众号｜黑城弱水怪树林景区

网址｜www.ejina.com

★ 亮点

黑水城遗址、怪树林

贺兰山南寺旅游区

标签：4A级景区　藏传佛教建筑

景区分为寺庙群和原始森林两部分，寺庙群以广宗寺和瞻卯山塔尔巴召合为主，前者俗称南寺，始建于清乾隆二十二年（1757年），因与六世达赖仓央嘉措的渊源而闻名。20世纪70年代仓央嘉措肉身灵塔等寺院建筑被毁，现在的广宗寺包括新建的黄庙、红庙、大经堂、仓央嘉措舍利塔等。景区内山峰上有阿拉善地区最大的敖包，登上山顶可眺望宁夏平原和巴彦浩特镇。

门票信息｜80元

营业时间｜寺庙区8:00—18:00，原始森林

17:00封山

交通信息｜位于阿拉善左旗巴彦浩特镇东南30公里处，可自驾或包车前往。

电话｜6106222

微信公众号｜阿拉善广宗寺旅游

亮点

黄庙、摩崖岩画

漠中胡杨-古居延泽景区

标签：湖泊　胡杨林

“居延”在匈奴语中意为“流动的沙漠”，《水经注》将其译为“弱水流沙”。现位于额济纳东部的东居延泽又被称为天鹅湖，常有水鸟来此觅食。景区内有居延方舟、日出观景台、居延梭梭烽燧、居延千岛湖、居延雅丹等景点，游人可在景区内自驾游览。景区还为来居延泽看日出的游客提供免费早餐。

门票信息｜80元

营业时间｜6:00—18:00

交通信息｜漠中胡杨景区位于达来呼布镇东23公里处，古居延泽景区位于达来呼布镇东40公里处，可自驾或包车前往。

电话｜6525268

微信公众号｜额济纳古居延泽漠中胡杨景区

亮点

居延泽

策克口岸

标签：边境口岸

“策克”在土尔扈特蒙古语中意为“河湾”，这里是历史上北方草原丝绸之路的重要节点，邓小平曾从此出境前往苏联留学，现此地已成为全国第四大、内蒙古第三大陆路口岸，与蒙古国南戈壁省西伯库伦口岸相对应。口岸有572号界碑、口岸纪念碑、中蒙边民互贸市场可供参观，每月的5日至15日为互贸交易日，两国的农牧民会驱车前来交易日用品、奶制品、手工艺品、皮毛服装、奇石等商品。

门票信息｜30元

营业时间｜8:00—18:00

交通信息｜位于额济纳旗苏泊淖尔苏木策克嘎查，可从额济纳旗乘坐发往策克口岸的客车。

电话｜6969991

微信公众号｜中国策克

亮点

572号界碑、中蒙边民互贸市场

云冈石窟外佛雕柱

山西

山西因地处太行山以西而得名，又因春秋战国时期属晋国地，简称“晋”。它地处黄河流域中部，东依太行山脉，西、南部有黄河天堑绕境而过，北跨宏伟的明长城与内蒙古相接。山西省大部分地区海拔在1500米以上，为典型的覆盖有广泛黄土的山地高原，纵横的河谷里隐匿着或巍峨或秀丽的自然风光，也孕育着悠久的华夏文明。山西省现存国家级重点文物保护单位452处，居全国首位。

这是一座“中国古代建筑艺术博物馆”，有北魏的云冈石窟、明清风貌的平遥古城、深邃富丽的晋中大院。这里也有令人沉醉的自然风光，比如夏季也清凉的五台山和南太行峡谷。此外，作为面食大省的山西，花样繁多、富于巧思的手工面食和味道醇正的陈醋是不容错过的另一重风景。

行前参考

实用方言

说卡：刷卡

亚个：昨天

何时去

4月到6月：温差较大，需注意防范沙尘天气。

7月至8月：雨季，多高温天气，适宜去山间避暑。

9月至10月：晴朗温和，为旅游旺季。

11月至次年3月：寒冷干燥，适宜观赏古建筑。

恒山悬空寺

注意事项

春秋季节的太原地区早晚温差大，且春季多有风沙，需注意晚间保暖和面部防护。

山西水土碱性大，且以面食为主，可以适当在饮食中加醋，并注意补充蔬菜水果。

当地新讯

太原近年来加强城市交通建设，预计2024年开通运营地铁1号线，此外还有3号线在规划中，都建成后将实现地铁与机场、火车站的连通。关于交通信息的新近调整，在山西省道路客运联网售票官网（https://www.sxlwsp.com）可查询到。

山西省
比例尺
N
0
67千米
大同市
大同
恒山
2016.1
北台叶斗峰
3061.1
朔州市
朔州
忻州市
忻州
阳泉市
阳泉
太原市
太原
吕
桑干河
滹沱河
黄河
汾

晋中市
长治市
晋城市
临汾市
运城市
长治
晋城
临汾
运城
浊漳河
沁河
汾河
黄河
龙门山
1122
三门峡水库

太原

太原是山西省的省会，别称并州，汾河穿城而过。战国初期，韩、赵、魏三家分晋，太原便地处“三晋”之中、南北交会之地，在吕梁山脉和太行山脉间沟通着中原和北方草原的商路与文明。太原还是北方边防重镇，北朝时，晋阳城作为中国北部首屈一指的都会，商贾云集，佛教繁荣。如今太原老城的布局沿袭自明代，富庶的晋商和民国时迅速崛起的重工业为太原城留下了诸多为人称道的文化遗产。游览完古朴典雅的崇善寺，走进柳巷的人间烟火，或是站在太山上俯瞰历尽沧桑的龙城，都不失为一场令人身心愉悦的旅行。而黄昏时刻南部新城的车水马龙，是古老的太原城向你发出的新邀请。

电话区号 0351

交通

飞机

太原武宿国际机场（96566；www.sxairport.org.cn；小店区太榆路199号；微信公众号：太原机场）

火车

太原站（2233611；微信公众号：太原铁路太原站）南北同蒲铁路、石太铁路、太焦铁路、太中银铁路、太兴铁路途经于此。

太原南站（2632506）太原市的动车、高铁车站，南北同蒲铁路、石太客运专线、太焦线、太中银铁路、大西高速铁路等途经于此。

长途汽车

太原汽车站（4042346；迎泽区迎泽大街88号；微信公众号：太原汽车站公众服务平台）有发往全国各地和省内各市县的客车。

建南汽车站（7071219，7071191；小店区建设南路447号；微信公众号：建南汽车站）有发往平遥、长治、晋城等地的客车。

迎宾汽车站（7679026，8784139；迎泽区太榆路55号；微信公众号：太原迎宾汽车站综合信息服务平台）有发往临汾、运城等地的客车。

太原汽车客运西站（6552571；万柏林区迎泽西大街396号；微信公众号：太原汽车客运西站）有发往吕梁各县市的客车。

太原汽车客运东站（2389025；迎泽区淖马村五龙口街经园路165号）有发往忻州各县市、五台山的客车。

山西省道路客运联网售票官网：www.sxlwsp.com。

地铁

太原市目前有一条地铁（7527899，7527999；www.tymetro.ltd；微信公众号：太原地铁），可以通过听景App、线下自助售票机和客服中心窗口购票。

公交车

太原市内公交便捷，支持现金、公交卡、交通一卡通、银行卡、NFC、太原公交App、微信、支付宝等支付方式。

土特产和纪念品

当地特色有老陈醋、清徐葡萄。

住宿

经济型

布老虎影院酒店（柳巷店）

（4722220；杏花岭区帽儿巷34号）酒店坐落于太原繁华的食品街上，距府西街地铁站344米，交通便利。主打民俗文化风的布老虎酒店最引人瞩目的是它多元的装修风格，可以选择入住布老虎特色民俗风或现代影院风格的房间。

中档

圣美精品酒店（柳巷店）

（7777520；迎泽区柳巷南路86号凯煜大厦5-8层；微信公众号：圣美酒店）酒店坐落于繁华的柳巷内，东临文瀛公园西门，紧邻贵都购物广场、铜锣湾购物中心等大型购物场所，环境优美、购物便捷。客房配有洗衣机和洗衣液，酒店也提供干洗、熨衣服务。

高档

山西饭店

（6688888；迎泽区纯阳宫21号；微信公众号：山西饭店）酒店主体为山西明清建筑风格，其前身是1914年由阎锡山倡议并筹资兴建的“自省堂”，周恩来、蒋介石、宋美龄、孔祥熙、徐志摩、泰戈尔等中外名人曾在此驻足。酒店位于老城区的中心地段，在酒店餐厅还能品尝到正宗晋菜。

就餐

清和元（铜锣湾店）

（6635777；迎泽区柳巷北路铜锣湾A座21-26号楼；6:00—10:00，12:00—14:30，18:00—22:00）清和元是太原著名的老字号清真饭店，在这里，人们可以尽享烧麦、头脑、羊杂割、醋椒羊肉等山西特色美食，还有传统表演可以观赏。饭店临近地铁站，自驾者也可以付费停车，店内还为家庭顾客提供宝宝椅。

线路推荐

老城区民俗历史之旅：永祚寺—太原文庙（山西省民俗博物馆）—崇善寺—纯阳宫—文瀛公园—晋商博物院—太原天主堂—山西博物院—中国煤炭博物馆

汾河西线自然人文之旅：晋祠—天龙山石窟—龙山道教石窟—太山龙泉寺—蒙山大佛

西北郊古建筑深度游线路：崛围山多福寺—净因寺土堂大佛—窦大夫祠

景点

晋祠

标签：太原城市之根 4A级景区

晋祠位于太原市西南25公里处的悬瓮山麓，是中国现存最早的皇家祭祀园林。西周时期周成王胞弟唐叔虞的后人迁至晋阳，在悬瓮山麓晋水发源处修建祠堂，这便是晋祠的源头。漫步于晋祠这座古建园林博物馆中，宋代以来的各式建筑洋洋大观，树龄逾三千年的周柏生机勃勃，智伯渠流水如碧玉，它见证过春秋末年“三家分晋”的历史。晋祠有“三宝三绝三匾”之说，分别是位于晋祠博物馆中轴线上的圣母殿、鱼沼飞梁、献殿这三大国宝建筑，周柏、宋代彩塑、难老泉这“三绝”，以及水镜台、对越、难老三块名匾。

门票信息｜80元

营业时间｜4月1日至10月7日8:00—18:00，10月8日至次年3月31日8:30—17:00

交通信息｜位于太原市晋源区晋祠镇，乘308、804、856路公交专线可直达晋祠。

电话｜7225727

微信公众号｜晋祠

网址｜www.chinajinci.com

亮点

“三宝三绝三匾”

太原文庙（山西省民俗博物馆）

标签：民俗博物馆 文庙

山西省民俗博物馆设在太原文庙中，文庙重建于清光绪八年（1882年），基本展陈有千秋孔子展和山西史、民俗文化主题展等。这座太原规模最大的文庙包括琉璃照壁、六角亭、棂星门、大成门、大成殿、东西两庑和崇圣祠等建筑，基本保留了原有的格局。目前其宽广的院内存放着大量四处汇集而来的明清和民国时期的老物件，如石鼓、石狮、牌坊、门楼装饰、铁炮和老钟表等，还有一尊阎锡山当政时立下的“反贪腐”石碑，到处都是浓郁的历史感。

门票信息｜30元，11月至次年3月8折，每月第三个周日免费

营业时间｜9:00—17:00，周一闭馆

交通信息｜乘870路公交车至火车站（五一

东街）站，或乘102、105路公交车到桥头街站下车。

电话｜2029496

微信公众号｜山西省民俗博物馆

★ 亮点

千秋孔子展、大成殿

崇善寺

标签：明代宫殿式寺院

崇善寺始建于唐代，寺内的大悲殿中藏有宋、金、元、明、清历朝的原版佛教藏经4万余卷，是我国现存佛教藏经雕版印刷品最多的古刹。明洪武十四年（1381年），朱元璋第三子朱棡为纪念其母马皇后对崇善寺进行了扩建，因而主建筑大悲殿为结构完整规范的明代宫殿式建筑，殿内塑有全身贴金的千手千眼十一面观音、千手千钵文殊菩萨和普贤菩萨，均为明代雕塑珍品。

门票信息｜免费

营业时间｜8:00—18:30

交通信息｜乘公交3、4、9、61、102、105、410、502路到桥头街站，沿上马街步行可达。

电话｜2029035

★ 亮点

大悲殿、唐代石质佛塔

永祚寺（双塔寺）

标签：晋阳奇观　佛教建筑

永祚寺地处太原市东南郊，建于明万历年间，现存寺内主要建筑皆为明代砖构，以无钉无木的大雄宝殿和三圣阁为代表。而永祚寺双塔曾为太原标志，被誉为“晋阳奇观”，也是古太原城八景之一。其中南塔文峰塔建于明万历二十七年（1599年），是太原士绅为弥补地形缺陷而建的风水塔。舍利塔建于明万历三十九年（1611年），是皇室建筑师妙峰禅师为补救稍有倾斜的文峰塔所建的佛塔，用以供奉舍利子。

门票信息｜旺季30元，淡季20元

营业时间｜旺季8:30—17:30，淡季9:00—17:00

交通信息｜乘812、820、873路公交车在双塔寺站下车。

电话｜4551302

微信公众号｜太原市双塔博物馆

★ 亮点

双塔（文峰塔和舍利塔）、大雄宝殿（无梁殿）

纯阳宫（山西省艺术博物馆、山西古建筑博物馆）

标签：明代道教宫殿

纯阳宫是道教宫观，位于五一广场西北隅，始建于元代，重修于明、清两代，属山西南、中、北三大道观之“中宫”。“纯阳”是吕洞宾的号，过去这里供奉吕祖、关公。整座宫观拥有设计精巧的五进院落，建筑高低起伏，据说是仿照八卦设计的，行走其间颇有乐趣。院内展品丰富，有画像砖、塑像、珐琅器物和道教文物等，回廊内还置有丰富的石刻文物，其历史跨度上至北朝，下至明代。

门票信息｜30元

营业时间｜夏季9:00—17:00，冬季9:00—16:30，周一闭馆

交通信息｜乘3、4、5路公交车到五一广场站下车。

电话｜7225727

微信公众号｜山西古建筑博物馆

★ 亮点

九宫八卦院建筑、涅槃变相碑、唐代常阳天尊汉白玉石像

天龙山石窟

标签：北齐神武帝高欢的避暑宫

在太原市区西南40公里处的天龙山，有

山西

自北朝东魏时期至唐代开凿的27座洞窟，分布于东西两峰的悬崖腰部、山北和寺西南，其中以唐代石窟数量最多。这里的石雕造像风格洗练，表情细腻柔和，结合了印度佛造像和中国传统雕刻的特点，体现出佛教艺术中国化转型期的特点。最值得细细观赏的是第九窟上下两层的弥勒佛、观音、文殊菩萨和普贤菩萨塑像，为晚唐雕塑珍品。除了饱经沧桑的精美石窟群外，还有众多亭台庙宇散布天龙山间。

门票信息｜50元

营业时间｜旺季9:00—18:00，淡季9:00—17:30，提前1小时停止售票

交通信息｜在晋祠新镇停车场或窑头停车场乘Y1路或Y1区间公交车至石窟游客中心；在窑头停车场乘坐摆渡车（2公里）到达窑头游客服务中心后步行游览；或乘晋祠天龙山旅游旺季专线中巴车。

电话｜6349668

微信公众号｜天龙山石窟博物馆

亮点

第9窟晚唐石窟、天龙山回归佛首特展

龙山道教石窟

标签：国内最大的元代道教石窟群

龙山道教石窟位于龙山山顶，是全国少见的道教石窟群，共有9窟，包括虚皇龛、三清龛、卧如龛、玄真龛、三大法师龛、七真龛及两座辩道龛等，造像庄重朴实，但整体少于流变，与佛教洞窟风格迥异。大部分洞窟开凿于元代，最早的可上溯至隋唐，龛内有精美的藻井、云龙、仙鹤石雕。不过洞窟内盗凿情况严重，多少有一些遗憾。

门票信息｜旺季20元，淡季15元

营业时间｜4月至10月7:30—17:30，11月至次年3月9:00—16:30

交通信息｜乘308路公交车至园艺学校站，步行2公里到售票处；也可以自驾游览。

电话｜2536328

微信公众号｜太原龙山景区、龙山石窟

亮点

石窟、北齐童子寺燃灯塔

蒙山大佛

标签：世界第二高佛像

蒙山大佛又名西山大佛，开凿于北齐天保二年（551年）。旧有的大佛阁毁于元代的战火，后佛头在泥沙的冲刷下断裂、失踪。1983年，与山崖逐渐融为一体的佛身被市政工作人员王剑霓发现，太原市于2006年补建了12米高的佛头，蒙山大佛至此重新成为晋阳城一景。在大佛附近还能看到一座罕见的北宋年间的八角亭台式连理塔，见证了此处从佛门圣地到工业重地的时代巨变。

门票信息｜35元

营业时间｜夏季8:00—18:30，冬季8:00—17:30，提前1.5小时停止售票

交通信息｜乘58、329或Y3路至蒙山大佛景区站下车。

电话｜6159898

亮点

摩崖大佛、蒙山晓月、北宋连理塔

窦大夫祠

标签：元代木结构祠庙

窦大夫祠又称英济祠、烈石神祠，是祀奉春秋末年含冤而死的晋国大夫窦犫（chōu）的祠庙。祠庙北依二龙山，汾河水从门前滔滔流过，苍劲的古柏更添了几分古意。因宋代曾为汾水所淹，今祠内所存建筑多为元代将祠北移后重建的，也有明清时期的观音阁、保宁寺等建筑。在这里还可以一窥山西水利工程的发展变迁，因为历代太原官员选择在此处奉祀水神、褒奖文人，留下了诸多碑刻。

门票信息｜旺季20元，淡季15元

营业时间｜旺季8:30—17:30，淡季9:00—17:00

交通信息｜乘835支路或G1路公交车至中北

大学下车，从校门向西步行可达。

电话｜3923530

微信公众号｜崛围山文物景区

★ 亮点

献殿、烈石寒泉

崛围山多福寺

标签： 明代佛教建筑 古晋阳八景

多福寺位于崛围山山顶，是文殊菩萨的道场之一，始建于唐贞元二年（786年），重修于明洪武年间，因其精美的明代三佛四菩萨塑像与连环壁画令人神往。寺前的砖塔为宋代遗构，而寺内的霜红龛则为明末清初太原著名学者傅山隐居之处，足以见崛围山之清幽美丽。春季山间桃花盛开，当秋季漫山遍野的黄栌经霜转红时，古晋阳八景之一的崛围红叶便显现出来，分外美丽。

门票信息｜崛围山免费，多福寺旺季20元，淡季15元

营业时间｜旺季8:30—17:30，淡季9:00—17:00

交通信息｜乘322路至庄头村站下车，或从下元汽车站乘12路公交车到终点站呼延村后拼车上山。

电话｜4030140

微信公众号｜崛围山文物景区

★ 亮点

崛围红叶、明代建筑和壁画

净因寺土堂大佛

标签： 晋阳第一土佛

相传汉代时这里土山崩裂后出现一洞，洞内土丘形似佛，人们便对土块加以雕刻、着色，因而有了土堂大佛。净因寺始建年代不详，多认为它建于金泰和五年（1205年）。如今土堂大佛为一尊高达9.46米的土雕佛像，坐落于汾河西岸土堂村山腰处的净因寺窑洞内。寺庙分为前后两院，前院以大佛阁为主，后院主建筑为大雄宝殿，院中可见金代石狮和明清遗构。

门票信息｜旺季18元，淡季13元

营业时间｜旺季8:30—17:30，淡季9:00—16:30

交通信息｜乘326路至土堂站下车。

电话｜3564707

微信公众号｜崛围山文物景区

★ 亮点

土堂大佛、土堂怪柏

山西博物院

标签： 山西文化展示

山西博物院内部仿照应县木塔的结构进行设计，其基本陈列由文明摇篮、夏商踪迹、晋国霸业、民族熔炉、佛风遗韵、戏曲故乡、明清晋商7个历史文化专题，以及土木华章、山川精英、翰墨丹青、方圆世界、瓷苑艺葩5个艺术专题构成，全面展现了晋地文化的风采。其中晋国时期的祭祀品鸟尊是镇馆之宝，西周刖人守囿铜挽车也是全国仅有一件的青铜珍品，该车小巧精致，装饰有猴子、老虎、鸟等14个立体动物形象，全车共有15个部位可以转动，构造十分巧妙。

门票信息｜免费

营业时间｜9:00—17:00，16:00停止入馆，每周一、除夕、正月初一闭馆

交通信息｜乘865路公交车至山西博物院站，或乘69路公交车至省博物院站下车。

电话｜8789188

网址｜www.shanximuseum.com

微信公众号｜山西博物院

★ 亮点

鸟尊、刖人守囿铜挽车

太原博物馆

标签： 太原文化地标

太原博物馆坐落于长风文化商务区中央

文化岛上，由保罗·安德鲁巴黎建筑师事务所和北京市建筑设计研究院三所联合承担设计，其建筑外墙以中国红和青铜色为主色调，设计灵感来自中国红灯笼，表现了北方城市的热情与浑厚。博物馆基本展陈以太原历史文化脉络为主线，突出“晋阳崛起”和“走向盛唐”两个重点。博物馆附近还有太原市美术馆、山西省图书馆和山西省科学技术馆可以一同参观。

门票信息｜免费

营业时间｜9:00—17:00，周一闭馆

交通信息｜乘310路至长风国贸站，或乘27路、65路至省科技馆站下车。

电话｜4222173

微信公众号｜太原博物馆

亮点

椭圆倒锥体建筑外观、太原历史文化展

晋商博物院（山西府衙博物馆）

标签：地方行政衙署旧址

2017年山西省人民政府由此迁出，以民国时期的山西督军府旧址为依托建设了全面展示晋商文化的博物院。据《阳曲县志》载，此地原为晋文公重耳庙，北宋初年曾为潘美帅府，元为中书省，明、清为抚院。博物院常设“天下晋商”展览，院中主要建筑有中轴线上的南大门（原清代山西巡抚衙门大门）、渊谊堂（原山西巡抚衙门大堂）、五号楼（原省政府领导办公用楼，苏式建筑）、自省堂（梅山会议厅）、梅山钟楼和作为生活休闲场所的东花园。博物院中还保存有傅山、孙中山、徐世昌、薄一波等古今名人题写的匾额。

门票信息｜38元

营业时间｜5月至10月9:00—17:30，11月至次年4月9:00—17:00，提前半小时停止入院，每周一闭院（法定节假日正常开放）

交通信息｜乘4、10、863、809、828、851、855、K2路公交车至山西省眼科医院站下车；乘地铁2号线至府西街站或缉虎营站下车。

电话｜5223262

网址｜www.sxdjf.com

微信公众号｜晋商博物院

亮点

渊谊堂、梅山钟楼、梅山会议厅

太原天主堂

标签：罗马式天主教堂

始建于清同治五年（1866年）的太原天主堂全名为太原圣母无染原罪主教座堂，是太原教区的主教堂。教堂拥有红白相间的壮观立面、绘有圣经故事的彩色玻璃和拱廊，最初由意大利籍方济各会士江类思主持修建，经义和团破坏后重建于1905年。教堂钟楼悠扬的钟声是老太原人难忘的回忆，平日6:00和16:30、每周六18:00会举行弥撒。

门票信息｜免费

营业时间｜全天

交通信息｜乘610、820、829路至市中心医院站下车。

电话｜3195286

亮点

建筑风格

柳巷

标签：中国四大夜市之一

柳巷是太原城内历史最悠久且繁盛至今的商业街，老字号清和元的头脑、认一力的羊肉蒸饺、六味斋的酱肉、益源庆的山西老陈醋、双合成的糕点都是让太原人对柳巷念念不忘、时常到访的理由。柳巷也是传统文化与现代时尚交融之处，这里的大型购物中心为城市带来便捷与活力，而春节期间柳巷附近的纯阳宫举办的道教仪式，以及街头的民俗表演则让太原从不缺少年味。

门票信息｜免费

营业时间｜全天

交通信息｜乘10、25、K10路至柳巷站。

★ 亮点

老字号商铺、夜市

食品街（帽儿巷）

标签：美食街

离柳巷不远处便是太原热闹的食品街，据传早在宋代这里便有商铺聚集，因卖帽子的商户众多而名帽儿巷。20世纪80年代政府将这里规划为专营美食的街道，如今走在食品街的青石板上，两边是古色古香的明清风格建筑，你既可以在此品尝到山西特色美食，也能够坐在别具一格的酒吧、西餐馆中放松心情。除了方便的公共交通外，街边有可容纳400多辆汽车的停车场，让人可以安心停留。

门票信息｜免费

营业时间｜全天

交通信息｜乘地铁2号线至府西街站；乘610、809、828、863路公交车至解放路钟楼街口站。

★ 亮点

汇集全国各地美食

山西省立国民师范旧址革命活动纪念馆

标签：红色旅游

此地为太原市内现存的唯一一处较为完整的革命旧址，其前身为1919年阎锡山创办的山西省立国民师范学校，后成为中国共产党在第一次、第二次国内革命战争和抗日战争初期，于山西开展革命活动、发动民族救亡运动的重要基地。徐向前、薄一波等山西革命者都是在此学习革命理论、走上救亡图存道路的。纪念馆经过整修，现旧址中的办公楼、东图书馆作为展厅，展示国民师范学校光辉的革命历程。

门票信息｜免费

营业时间｜9:00—17:00，提前半小时停止入馆，每周一、除夕、正月初一闭馆

交通信息｜乘61、73、803、855、864路至五一路坝陵北街口站。

电话｜3071923

★ 亮点

办公楼旧址

唱经楼

标签：科举文化建筑

位于市中心鼓楼街的唱经楼始建于明代初期，是明代以来太原城内科举考试宣唱五经魁首的地方，属于国内少见的明清时期的科举文化遗存。明末清初山西著名文人傅山就是在此被宣布为“榜眼”的。院落内现存建筑有唱经楼、正殿、春秋楼和通廊，平面布局形成一个“工”字形。其中位于正殿东侧的春秋楼增建于清康熙年间，一层为窑洞构造，是具有山西民居特色的楼阁式建筑。

门票信息｜免费

营业时间｜9:00—17:00

交通信息｜乘10、19、25、602、615、K10路至柳北站下车。

★ 亮点

唱经楼

太原县古城

标签：明太原县城　凤凰城

明清时期的太原县城与太原府城并存，坐落于晋阳古城遗址上，晋阳始建于春秋末年。县城分西城、东城、中城、太原府、晋阳宫城、大明宫城、仓城、罗城等，经过近年来的修复与重建，规模宏大的古城已成为太原市区周边游的热门选择。城内的民俗表演、实景演出和节庆期间的灯会让古城成为了解太原民俗文化、放松心情的去处。

门票信息｜进城免费，登城墙20元，《晋阳春秋》演出88元

营业时间｜9:00—22:00

交通信息｜乘79、804、856、905、908、317、301、311、318路公交车至南街站下车，从北门进入，或至晋源站下车后从东门进入。

山西

电话 | 6598888
微信公众号 | 太原古县城

亮点

文庙

阳曲县青龙古镇

标签：传统古村落

始建于春秋时期的青龙古镇因其优越的地理位置，在清康熙、乾隆年间发展为集商贸、农耕、军事、文化于一体的名镇。青龙镇的兴盛和世居于此的晋商王氏家族有密不可分的联系。据说王家的先人因跟随郑和船队出海而锻炼出一身的经商本领，后选择在晋商走西口的必经之地菁蒿嘴安家。嘉庆年间王氏族人王绳中捐百万两白银给朝廷，从而获钦赐的“百万绳中”匾额和一面青龙旗，菁蒿嘴也就更名为青龙镇。今天青龙镇上的博物馆是一大看点，比如农耕文化博物馆和时代生活博物馆，丰富的老物件让人置身一场时光之旅。

门票信息 | 免费
营业时间 | 全天
交通信息 | 乘904路公交车到青龙镇村站下车；自驾可至青龙镇南门停车场或北门停车场。
电话 | 7721066
网址 | www.sxqlgz.com

亮点

明代古地道、农耕文化博物馆、民间艺术博物馆

不二寺

标签：金代佛教建筑

始建于北汉乾祐九年（956年）的不二寺又名不二禅院，寺名取自佛语“入不二法门”，寓意信徒进入此寺便能达到不二境界。院中现有重修于金代的悬山顶三圣殿、重建于2005年的明清风格的大雄宝殿，及一座元代砖塔和一座明代石塔。三圣殿上还可见到太原现存唯一的“扶壁拱”实物例证，此前该建筑方法仅见于早期史籍中。殿内保存完好的彩塑、明代壁画等艺术珍品也值得细看。

门票信息 | 免费
交通信息 | 位于阳曲县城首邑西路74号，乘904路公交车至阳曲首邑西路城南街口站，下车步行可达。

亮点

三圣殿

大同

大同古称云中、平城，在历史上长久处于北方游牧民族和汉族融合的前沿阵地，这座地处雁北的古城因此既具自由辽阔的豪迈气质，也有承自皇家贵胄的精致奢雅。云冈石窟里众灵翩飞，华严寺内梵音悠扬，悬空寺巧夺天工，五岳恒山气象万千，塞北人文与自然交织千年的历史便以大同为中心徐徐展开。如今，大同因丰富的煤炭资源而留下工业时代的辉煌印记，来到大同，时空的交错无处不在。

电话区号 0352

交通

飞机

大同云冈机场（5688112，5688114；www.sxairport.org.cn；云州区倍加造镇北南环东路；微信公众号：大同云冈机场）

火车

大同站（7122922）京包铁路、大秦铁路、北同蒲铁路、云冈铁路、口泉铁路、大准铁路途经于此。

大同南站（5025222）大同南站是太原市的高铁车站，大西高速铁路、张大高速铁路、集大高速铁路途经于此。

长途汽车

大同汽车客运东站（2464510、2303666；

平城区御东新区北环路北侧1039号；微信公众号：大同汽车客运东站）

大同新南公路客运站（5025222；魏都大道699号；微信公众号：大同新南公路客运站）

大同棚户区汽车站（7844428；恒安新区H区东；微信公众号：山西省联网售票）

公交车

大同市内公交便捷，支持现金、公交卡、交通一卡通以及银联云闪付、微信、支付宝乘车码等支付方式。

土特产和纪念品

当地特色有天镇胡麻油、灵丘荞麦。

住宿

经济型

琵琶老店客栈

（3781666；平城区清真大寺西门；微信公众号：琵琶老店客栈）琵琶老店客栈因公元前33年王昭君出塞途经大同时入住此店而得名，是大同市内唯一具有2000多年历史并传承至今的老字号客栈。客栈外部装修古色古香，与古城风貌完美融合，内部装修温馨时尚，配有加湿器、智能坐便器和多种规格的电源插座。

中档

花园大饭店

（5865888；平城区永泰街93号）花园大饭店位于大同古城商业区，是市内享誉已久的四星级酒店，以温馨的服务和大气的装潢而闻名。客房的床品和配置也得到许多住客的赞扬。饭店菜品丰富，一楼为巴西主厨掌厨的拉丁餐厅，二楼为经营正宗晋菜的中餐厅。

高档

大同云中驿栈

（7690777；平城区鼓楼西街纯阳宫西侧1号）云中驿栈紧邻华严寺、九龙壁等名胜古迹，客栈景致优美的内庭本身就已足够赏心悦目，还提供五星级标准的不同装修风格的客房。除了美味的自助早餐，这里还有红酒屋、雪茄吧、阳光房等特色公共休闲区域。

就餐

紫泥369粗粮季（鼓楼店）

（5880888；平城区鼓楼西街13号；11:00—14:30，17:00—21:30）大同本地的特色菜馆多以“粗粮馆”命名，紫泥369是其中最著名的一家。这家餐馆位于古城中心，价格亲民，分量十足，特色菜有黄米凉糕、浑源凉粉、莜面等。节假日期间排队等号时间较长，需合理规划时间。

凤临阁（百盛购物中心大同店）

（5529599；平城区永泰南路凯德世家广场百盛购物中心六层；11:00—14:30，17:30—21:00）凤临阁始创于明正德年间，以百花烧卖闻名于世。这家店位于古城南部商业区，可接待不同规模的食客，大厅内的服务也比较完善。这里的特色菜有过油肉、糖醋丸子等。需要注意，节假日等号人数众多，需提早排号。

线路推荐

大同古城古迹之旅：大同古城墙—善化寺—文庙—关帝庙—法华寺—华严寺—九龙壁—代王府—清真大寺—纯阳宫—大同博物馆

边塞自然人文之旅：北魏明堂遗址公园—云冈石窟—观音堂—方山永固陵—明长城遗址—边墙五堡

景点

云冈石窟

标签：世界文化遗产　5A级景区　皇家佛教艺术宝库

距今已有1500年历史的云冈石窟位列中国四大石窟群之一，北傍武州山、南邻武州

山西

川，地处连接北魏王朝的新都平城和旧都盛乐的交通要道上。云冈石窟最早由北魏文成帝命昙曜法师开凿，形成了代表北魏五代皇帝的昙曜五窟，即今天的第十六窟至第二十窟。云冈石窟3个时期造像风格的变化诉说着石窟艺术“中国化”的历史。佛教自印度东传中国后，北魏工匠在汉代造像基础上吸收了古印度犍陀罗、秣菟罗风格，其中又融合了古希腊风格，此时的佛像沉稳洗练、高鼻深目、面相丰圆。中后期石窟的造像题材越发丰富，装饰也更加华丽繁复，佛像风格逐渐向“秀骨清像”转变。

门票信息 | 旺季120元，淡季100元

营业时间 | 9:00—17:00，16:30停止售票

交通信息 | 乘快速旅游603可直达景区。

电话 | 7992622

微信公众号 | 云冈石窟官微

网址 | www.yungang.org

亮点

昙曜五窟、第三窟至第十三窟

华严寺

标签：辽金佛教建筑

华严寺是建于辽金时期的珍贵木构建筑群，寺名源自大乘佛教的经典《华严经》。华严寺自明代始有上寺和下寺之分，其坐西向东的布局传承了契丹族崇尚太阳“以西为尊”的习俗。北面上寺内的大雄宝殿为金代遗构，面阔9间，是现存古代木构单体建筑中规模最大者，内有32尊明代神像和21幅清代壁画。南面下寺的薄伽教藏殿为沿袭唐风的辽代遗构，内有31尊辽代彩塑珍品和精绝的壁画，以及藏经用的重楼式小木作。院中的华严宝塔下则有存放舍利的地宫可以进入参观，还可登塔俯瞰古城景色。

门票信息 | 旺季50元，淡季40元

营业时间 | 旺季8:30—17:30，淡季8:30—17:00

交通信息 | 乘15、2、30路公交车至清远街口站，或乘4路至清远街站。

电话 | 2042025

微信公众号 | 大同华严寺景区

亮点

大雄宝殿、薄伽教藏殿合掌露齿胁侍菩萨、华严宝塔

善化寺

标签：古寺

位于大同古城南部的善化寺始建于唐代，旧名为开元寺、大普恩寺，于辽末毁于战火，金代重修寺庙，保持了唐代的院落布局。善化寺坐北朝南，是全国现存辽金时期的寺院中布局最完整的一座。其中大雄宝殿为面阔7间、进深5间的辽代建筑，内部开阔的空间和硕大的34尊辽金神像让人心生敬畏。宝殿前是金代所建的三圣殿，殿内供奉着华严三圣。善化寺山门天王殿是国内现存最大的金代山门，位于大雄宝殿西侧的普贤阁同为金代遗构。

门票信息 | 免费

营业时间 | 4月至10月8:30—17:30，11月至次年3月8:30—17:00

交通信息 | 乘35、61、68路至永泰西门站，或乘27路至善化寺站下车。

电话 | 2052898

微信公众号 | 古都大同

亮点

天王殿、三圣殿、大雄宝殿

悬空寺

标签：建筑奇观　儒释道三教合一

悬空寺坐落于恒山金龙峡翠屏峰的峭壁间，分为南楼和北楼，长约10米的长线桥将两者连接。寺院始建于北魏，重筑于明清，原名“玄空阁”，为儒释道三教合一的圣地。寺院虽小，但内部的建筑一应俱全，其中最小的真武殿宽度不足1米，最大的三官殿也仅有6米宽。20根碗口粗的木柱插入岩石中，27根

横梁支撑建筑底部，栈道和楼阁依附岩壁而建，走在悬空的木道上时行人须紧贴岩壁，个中体验极为惊险。寺下方峭壁边还有一块巨石，上书李白到此游览时所写的“壮观”二字。

门票信息｜入园费15元，登临费100元

营业时间｜3月至10月8:00—17:00，11月至次年2月8:30—16:30

交通信息｜从大同汽车客运东站乘至悬空寺的旅游专线，或乘至浑源县城的客车；或者自驾前往。

电话｜7992622

微信公众号｜恒山景区

网址｜www.byhs.net.cn

★ 亮点

悬空栈道、三教殿

恒山

标签：北岳　塞北第一山

位于浑源县的恒山位列“五岳”中的北岳，是道教发祥地之一，现已被列入“国家自然和文化双遗产名录”和“世界自然和文化遗产预备名录”中。恒山开发较为完善的是人文景观集中的恒山庙群区，现遗存的多为明清建筑，如朝殿恒宗殿、会仙府、寝宫等。主峰天峰岭海拔2016.1米，素有“人天北柱”“绝塞名山”之美誉。

门票信息｜45元，索道往返160元

营业时间｜4月至10月8:00—18:00，11月至次年3月8:30—16:00

交通信息｜从大同汽车客运东站乘至悬空寺、恒山的旅游专线，每50分钟一班。

电话｜8322142

微信公众号｜恒山景区

网址｜www.byhs.net.cn

★ 亮点

天峰岭、恒宗殿

大同古城墙

标签：古城墙　4A级景区

大同古城墙是汉、北魏、隋唐、辽金、明清等多个历史文化层叠加的古城墙。现大同城的形制格局由大将军徐达于明洪武五年（1372年）在旧城基础上增筑奠定，经历清代多尔衮削城墙泄愤、新中国成立后居民拆墙砖建造民居等事件后，年久失修的古城墙于2008年在大同市文物保护浪潮中获得新生。今天的大同古城墙规模宏伟，可以乘坐观光车在其上绕城一周，而每年春节期间城墙上布置的灯会和传统曲艺演出也让城墙焕发着勃勃生机。

门票信息｜免费

营业时间｜9:00—21:00，20:30停止进入

交通信息｜善化寺山门对面即有城墙入口，可乘19路至玉百公交站下车。

电话｜7699269

微信公众号｜大同古城墙景区

网址｜dtgcq.com

★ 亮点

雁塔、古都灯会

九龙壁

标签：全国最大的九龙壁

位于古城和阳街的这座九龙壁是大同现存的9座龙壁中形制最大的一座。它原为明太祖朱元璋第十三子代王朱桂府邸的照壁，由426块特制的五彩琉璃构件拼砌而成，体积是北海九龙壁的3倍，上有41组二龙戏珠图案和马、牛、鹿、兔等多种动物形象。尽管气势恢宏的代王府在清代多尔衮屠城中被毁，但九龙壁留存至今。值得一提的是，由于代王府是藩王府，这座九龙壁上的“龙”并不是代表天子的五爪龙，而是四趾蟒。

门票信息｜免费

营业时间｜4月至10月8:00—18:00，11月至次年3月8:00—17:30

交通信息｜乘27、38、59路公交车至九龙壁

站下车。

电话｜2054788

微信公众号｜古都大同

亮点

九龙壁、倒影池

纯阳宫

标签：山西道教“三宫”之一

位于大同古城鼓楼西街的纯阳宫又称为吕祖观，是山西三大纯阳宫中的“北宫”，另外两宫分别是太原纯阳宫和芮城永乐宫。据传，金末元初的西京道宫长刘道宁创建了这座宫院，民国时期纯阳宫成为民主人士祁乐天的家庙。“文革”期间宫院遭到毁坏，后于20世纪90年代逐步得到修复，现共有三进院落、70余间房屋。

门票信息｜免费

营业时间｜夏季8:00—18:00，冬季9:00—17:00

交通信息｜乘27、35、59、61路公交车至鼓楼站下车。

微信公众号｜古都大同

亮点

吕祖殿、三祖殿

清真大寺

标签：中西合璧的清真寺

大同清真大寺位于大同古城内大西街九楼巷，据寺内乾隆七年（1742年）的《敕建清真寺碑》，大寺始建于唐贞观二年（628年）。现存建筑和内部装饰多为明清遗构，主要建筑有礼拜大殿、省心楼、泮桥、渗水池、南北讲堂、浴室等，体现出明清时期园林建筑风格和阿拉伯风格的融合。大殿门前还置有一块刻有《古兰经》经文和汉文题字的元代陨石，分外独特。《元史·泰定帝本纪》上有对这座清真大寺的文字记载，因此它也是我国唯一一座在“二十四史”中有记载的清真寺。

门票信息｜免费

营业时间｜8:00—18:00

交通信息｜乘27路、38路公交车至四牌楼站。

电话｜2067337

亮点

礼拜大殿、省心楼、泮池

法华寺

标签：佛教建筑

法华寺位于大同古城内的和阳街上，始建于元末明初，重修于清代，因塔内存有《法华经》而得名。寺内的标志性建筑为法华塔，又名白塔，这也是大同市内现存的唯一一座覆钵式琉璃喇嘛塔。寺内主要建筑还有天王殿、三士殿和大雄宝殿，殿中均供奉有形象生动的神灵塑像，绘有优美的壁画。

门票信息｜免费

营业时间｜夏季8:00—18:00，冬季8:30—17:30

交通信息｜乘27、38、59路公交车至法华寺站下车。

电话｜7643524

微信公众号｜大同法华寺

亮点

白色空心喇嘛塔、大雄宝殿

永安寺

标签：国宝壁画所在地

永安寺始建于金代，毁于火灾，后由元朝永安节度使高定及其后人组织重建。永安寺以其传法正宗殿内180.2平方米的巨幅壁画闻名于世，尽管殿内原有的恒山四佛像已毁坏，但绘于东西墙壁上的水陆画技法精湛，规模宏大却不失细节，北壁所绘的“十大明王像”庄重威严，均给人以心灵上的震撼，应和了传法殿门左右两侧的砖雕大字“庄”“严”。殿之匾额“传法正宗之殿”是元初书法家雪庵和尚的墨宝，国内罕见。寺中其他建筑，如山门、天王殿等，均为明清时期的建筑。

门票信息｜免费

营业时间｜8:00—18:00

交通信息｜可乘浑源1、3路公交车至古城县衙站下车。

电话｜8322142

★ 亮点

传法正宗殿、壁画

栗毓美墓

标签：清代水利专家之墓

清道光帝为表彰治河有功、病逝任内的河南、山东河道总督栗毓美，为其在家乡浑源县修建了此墓。栗毓美在任期间勤于实地调研，对黄河中下游水患的治理成就显著，深得当地百姓的爱戴。墓园内的石牌坊、仪门、华表、御碑亭、祭厅、墓丘等均为清代汉白玉雕塑中的佳作，栗毓美与时任两广总督的林则徐私交甚好，就连墓志铭也为林则徐所写。

门票信息｜周一至周五免费开放，周末20元

营业时间｜8:00—18:00

交通信息｜位于浑源县天峰北路，乘浑源1路至东方花园小区站下车。

电话｜8331438

★ 亮点

汉白玉石刻、林则徐所撰墓志铭

大同土林

标签：黄土高坡奇观

大同土林位于桑干河畔、大同盆地边缘，为黄土高原上的流水侵蚀地貌，当地人称之为"石板沟"。据地质研究结果，这里在300万年前曾是被水覆盖的盆地，之后逐渐形成了数百米至上千米后的泥沙层，盆地中的水干涸后，尚未固结为岩石的土层受到桑干河支流的侵蚀和风化作用，形成了气象万千的土台、土柱、土崖、土岭等地貌。观赏土林的最佳时间为日出或日落时分，那时土林层次分明，景象最为壮观美丽。

门票信息｜48元

营业时间｜8:00—19:00

交通信息｜乘从大同至浑源的客车到杜庄下车。

电话｜8019543

微信公众号｜大同土林

★ 亮点

土柱、土壁等流水侵蚀地貌

大同火山群国家地质公园

标签：地质公园　火山

大同火山群是第四纪火山运动的遗存之一，现均为死火山群，分为东、南、西、北四区，主要分布在大同市云州区和阳高县境内。其中以西区的火山群最为密集和壮观，包括金山、黑山、狼窝山等。狼窝山是火山群中火山口直径最大、最深的一座，山上有环山步道，走在上面可以近距离感受火山风光。而昊天寺所在的昊天山是西区内火山锥体最完整的一座，也可以驾车上老虎山观光。

门票信息｜免费

营业时间｜8:00—18:30

交通信息｜游客中心位于云州区109国道与339省道交叉口北150米，建议自驾前往。

电话｜5137307

★ 亮点

狼窝山、黑山、昊天寺

新平堡镇四大古堡（新平堡、平远堡、保平堡、桦门堡）

标签：明代边塞城堡古镇

新平堡镇四大古堡坐落于大同天镇县境内，是旧时晋冀蒙三省（区）交界处，这里也曾是明长城防线上的重要关隘与商贸通达之地，匈奴、契丹等北方少数民族与汉族千百年

来在此混居生活，留下了多元融合的文化胜景。堡城内仍有一些明清时期的历史建筑，如玉皇阁、马芳府邸、守备署衙、进士第、王家货栈等。不少古建筑已年久失修，但北大街、东大街和残存的夯土城墙仍保存了丰富的边塞历史文化信息。由此前往保平堡，可以欣赏更完整的堡城遗存。

门票信息｜免费

营业时间｜全天

交通信息｜从大同市区乘坐前往天镇县的客车，再从天镇县汽车站转乘至新平堡镇的客车；或者自驾前往。

亮点

长城城堡古镇、《走西口》取景地

大同煤矿万人坑遗址纪念馆

标签：遇难矿工纪念馆

纪念馆展示了日军占领大同期间为掠夺煤炭资源，强迫当地百姓超负荷劳动而造成8年间6万多人丧命的惨痛历史。其中大部分劳工遗体都被遗弃到荒山野岭间，纪念馆便建在抛尸形成的20多处"死人沟"中最大的一处遗址上。因此纪念馆的主题和氛围是沉重而压抑的，馆中还有一处遗址保留了被发掘时的状态，层层白骨揭露着这座城市的创伤。

门票信息｜免费

营业时间｜9:00—17:00，16:00停止入场，周一闭馆

交通信息｜乘9路支线至煤峪口矿南站。

电话｜7802517

亮点

发掘遗址

朔州、忻州

朔州市地处山西省北部的晋蒙交界区域，历史可追溯到战国时期的雁门郡，因其三面环山的险要地理位置，历来是兵家必争之地，也是中原农耕文明和草原游牧文明交融碰撞的前线。

忻州古称"秀容"，别称为"欣"，是晋中到晋北的门户，有"晋北锁钥"之称。忻州北有恒山山脉，曾经金戈铁马的雁门关便屹立于群山之中；南有系舟山脉，禹王洞里钟乳石姿态万千；西有吕梁山脉，茂密森林中藏着汾河之源；东有太行山脉，五台山的五台内外走出了徐向前、阎锡山等历史名人，更留下了诸多国宝级木构建筑与辉煌灿烂的佛教文明。

行前参考

电话区号 朔州0349、忻州0350

交通

飞机

忻州五台山机场（0350-3326666；忻州市定襄县宏道镇无畏庄村；www.sxairport.org.cn）

火车

朔州站（0349-4057962；朔州市朔城区迎宾路东段）北同蒲铁路、神朔铁路途经于此。

忻州火车站（0350-8687332；忻州市忻府区云中南路10号）北同蒲铁路、忻河铁路途经于此。

忻州西站（忻州市忻府区解原村站前街）大西高速铁路，雄忻高速铁路途经于此。

长途汽车

朔州汽车客运北站（0349-5998177；朔州市开发区文远路；微信公众号：朔州汽车客运北站）

朔州迎宾汽车站（0349-2076172；朔州市朔城区迎宾街8号；微信公众号：朔州迎宾汽车站）

忻州汽车客运中心（15721600636；忻州市忻府区长征街道和平西街南侧；微信公众号：忻州汽车客运中心）

公交车

朔州和忻州市内公交便捷，都支持现金、公交卡、交通一卡通、银联云闪付乘车码、支付宝等支付方式。此外，忻州尚未开通微信乘车码，但朔州已开通。

土特产和纪念品

朔州当地特色有怀仁陶瓷，忻州当地特色有澄泥砚。

住宿

经济型

如家酒店（忻州古城健康东街店）

（0350-3397668；忻州市忻府区健康东街1号；微信公众号：首旅如家）酒店位于忻州市老城区，步行10分钟便可达忻州古城，这个区位对早间或晚间想要在古城游玩的旅客来说十分便利。驾车从酒店前往忻州火车站、二广高速（G55）和客运中心汽车总站等地所需时长均在15分钟以内。附近还有商业街、银行、医院等成熟的配套设施。

中档

朔州晋北客栈

（0349-8810555；朔州市朔城区招远路5号）晋北客栈又名晋北会馆，经营旅店和餐馆两项业务。客栈为新中式风格，内有晋北风情土炕房和商务房可供选择。客栈距高速出口较近，门前可以免费停车，对于自驾旅行者也很方便。早餐具有地方特色，其自营餐馆晋北食府的饭菜味道深受食客好评。

高档

五台山万豪酒店

（0350-3318888；忻州市五台山金岗库乡大甘河村一巷300号；微信公众号：山西五台山万豪酒店）酒店地理位置优越，位于五台山景区内南门游客中心旁，距台怀镇、五爷庙、塔院寺等著名景点车程15分钟左右，距《又见五台山》情景剧场仅有5分钟步程。作为知名的品牌酒店，客房内均配有46寸液晶电视、干湿分离卫浴及独立浴缸等设施。酒店附设的中西餐厅和酒吧、健身房、恒温泳池、会议室等设施可以全面满足旅客的需求。

就餐

绿洲食府

（0349-2057711；朔州市朔城区福煤花园小区二期商业楼东三层；9:30—21:30）绿洲食府经营朔州本地特色菜，量大价优，所处位置交通便利，无论是自驾或乘公交车都方便前往，深受当地人的喜爱。饭店内部宽敞，座位充足，推荐菜有右玉炖羊肉、右玉炒家猪肉、莜面窝窝等。

秀容小馆

（0350-3149999；忻州市忻府区和平西街景泰苑1号B段底层1号；9:30—14:30，17:30—21:00）秀容小馆是在忻州品尝晋菜的不二之选，店内古色古香的装潢典雅大气。特色菜有傅山辣椒炒鸡、粗粮组合、莜面栲栳栳等。小馆附近公共交通便利，距离最近的公交车站在百米以内。但饭店自带的停车位较少，最好提早前往就餐。

线路推荐

朔州城寻古之旅：崇福寺—马邑博物馆—钟楼—天主堂—北齐古城墙遗址

五台山佛教建筑自驾旅：龙泉寺—金阁寺—清凉寺—佛光寺—延庆寺—南禅寺—洪福寺—阎锡山故居—关帝庙

朔州景点

应县木塔

标签：世界三大奇塔之一　斗拱博物馆

应县木塔名为佛宫寺释迦塔，建于辽

山西

清宁二年（1056年），是古代应州城的标志性建筑，也是世界现存最古老而高大的全木结构高层塔式建筑。红木制成的木塔高达67.31米，为明5层、暗9层的八角塔，全塔使用榫卯结构，运用了35种形制不同的斗拱，被梁思成称为“斗拱博物馆”。饱经风霜的木塔经历过7次大地震和山西军阀混战期间的200余发炮弹而屹立不倒，自金代始历代都有修葺。20世纪90年代人们发现了木塔向东北方倾斜的现象，内部有立柱甚至倾斜了约20度，但因木塔结构精巧复杂，开展过多次讨论会但至今未能得出令人满意的修葺方案。

门票信息｜50元

营业时间｜夏季8:00—18:00，冬季8:00—17:00

交通信息｜乘应县1、2、3、5路公交车至辽代广场站。

电话｜508889

微信公众号｜应县木塔景区

亮点

木塔

崇福寺

标签：佛教建筑　“朔州八景”

崇福寺坐落于朔州古城内东大街上，位列“朔州八景”之首，是我国现存的辽金三大建筑之一，以其金代弥陀殿的琉璃脊饰、华册巨匾、雕花窗棂、精美壁画、塑像背光这“五绝”闻名。寺内主要建筑有建于金代的弥陀殿、观音殿和明代建的三宝殿。镇寺之宝北魏曹天度千佛石塔的塔身目前存于台北，塔刹则收藏在寺对面的马邑博物馆。

门票信息｜免费

营业时间｜夏季8:00—18:00，冬季8:30—17:00

交通信息｜乘19路公交车至玉百站下车。

电话｜2023425

微信公众号｜朔州崇福寺

亮点

弥陀殿、观音殿、三宝殿

马邑博物馆

标签：朔州古文化

马邑是朔州文明的摇篮，位于崇福寺对面的马邑博物馆采用了辽金时期皇家建筑风格，通过造像、字画、陶瓷、青铜、石刻等内容板块全面展示马邑地区从新石器时代到清代的人文历史。镇馆之宝为原位于崇福寺内的北魏曹天度千佛石塔的塔刹，该塔是国内唯一一座5世纪的仿木石塔，共雕有1358尊佛像，为独立个体上雕刻有最多佛像的作品。

门票信息｜免费

营业时间｜9:00—17:00，周一闭馆，雨雪天闭馆

交通信息｜乘19路公交车至玉百站下车。

电话｜5997666

微信公众号｜马邑博物馆

网址｜mayimuseum.cn

亮点

北魏曹天度千佛石塔塔刹、雁鱼灯

北齐古城墙遗址

标签：城墙遗迹

557年，北齐文宣帝高洋在秦汉马邑故城旧址上重筑朔州城，形成了南北长1800米、东西宽1600米的土夯古城墙。元末明初时在北齐城墙的基础上对朔州城进行重建，明洪武年间对城墙包砖，建成了有4座瓮城、4座角楼、4座门楼、12座敌楼和4座烟墩的城池，其中东门称文德门，西门为武定门，南门称承恩门，北门为镇塞门。现保留有南城墙及城门、西城墙及城门和瓮城。2010年朔州政府遗址被保护和改造为一座古城墙公园，供市民和游客参观、游玩。

门票信息｜免费

营业时间｜全天

交通信息｜乘8、9、21路公交车至城区商品楼站下车。

★ 亮点

城墙遗迹

天主堂

标签：哥特式教堂

位于朔城区云路巷的天主教堂是朔州古城内重要的历史建筑，是天主教朔州教区的主教堂。教堂原建于1913年，最初位于城南的新安庄，1946年至1996年相继被贺龙第三中学、绥蒙军区和朔县师范占用。教堂的钟楼一度被毁，1980年重建，保留了最初的哥特式风格。

门票信息｜免费

营业时间｜6:00—22:00

交通信息｜乘9、17路公交车至西门口站下车。

电话｜2134454

★ 亮点

哥特式建筑

净土寺

标签：佛教建筑

应县净土寺始建于金天会二年（1124年），现寺院内仅存一座金代遗构大雄宝殿。单檐歇山顶的大殿面阔3间，进深3间，墙壁上绘有清代佛教壁画，为民间传统画风。殿内的天花、藻井及天宫楼阁装饰富丽精巧，精致程度远超同规模的宝殿，堪称小木作中的珍品。

门票信息｜免费

营业时间｜8:30—18:30

交通信息｜位于应县金城镇东北角，出应县木塔景区向西沿着北街走100米即能看到。

电话｜6164654

★ 亮点

金代天宫楼阁藻井

忻州景点

五台山

标签：世界文化景观遗产　5A级景区　佛教名山

五台山又名清凉山，位列中国佛教四大名山之首，有“金五台”之称。其佛教文化始于北魏，兴盛于唐代，后又在明清时期得到复兴，几乎代表了整个中国佛教发展史。五台山因有五峰且峰顶平坦如台而得此名，五座台顶合围的地区为台内，外围则称为台外。其中北台叶门峰海拔3058米，有“华北屋脊”之誉。而在建筑、雕塑、壁画等领域，五台山也都堪称圣地，显通寺的宝殿、塔院寺的白塔，还有各类唐代石刻、元代大殿、明清塑像与壁画等，令人目不暇接。

门票信息｜135元

营业时间｜6:30—21:00

交通信息｜太原汽车客运东站、忻州汽车站常年有发往五台山的旅游大巴；五台山火车站有五台山往返于北京、太原、大同等地的班次。

电话｜6548690

微信公众号｜五台山游客服务中心

网址｜www.wtsykfwzx.com

★ 亮点

显通寺、释迦牟尼舍利塔

雁门关景区

标签：5A级景区　边关旅游

雁门关是世界文化遗产万里长城的重要组成部分，见证了中华民族碰撞交融的悠久历史，被誉为“中华第一关”。同时它也是晋北的分界线——雁门关以北即是俗称的“关外”，因此它也与宁武关、偏关合称为“外三关”。日军侵华战争期间，雁门关遭到了极大的破坏，仅剩3座残破的城门楼。2010年修复工程启动后，逐渐形成了以雁门关独特的军事防御体系及其遗址为主要景观资源，全面展示中国古代边塞文化、长城文化和关隘文化的大型景区。

门票信息｜旺季90元，淡季60元

营业时间｜旺季8:00—18:00，淡季8:30—17:00

交通信息｜在代县汽车站可乘坐发往雁门关景区的客车；或自驾进入景区。

电话｜6100519

微信公众号｜雁门关游客服务中心

网址｜www.yanmenguan.cn

亮点

地利门宁边楼、天险门、镇边祠

忻州古城

标签：文化历史街区　4A级景区

忻州城始建于东汉，因文风昌盛而有“文集九原、雅出秀容”的美誉。因古城的平面图形似一头卧牛，也得到了“卧牛城”之称。古城原有4座城门，其中东门永丰门城楼和西门新兴门城楼毁于新中国成立前，南门景贤门毁于“文革”时期。2019年，为期两年的古城修复活化工程完成，南门、东门及其城楼均得到了修复或重建，古城成为忻州崭新的历史名片。四个方向城门上的匾额很好地概述了忻州的地理位置和军事地位，分别是“晋北锁钥”“三关总要”“双流合抱”“九峰雄峙”。城内的主要建筑有秀容书院、文庙、元遗山祠堂等。

门票信息｜免费

营业时间｜7:00—23:40

交通信息｜乘202、303、304路至红旗广场站下车，19:00后可乘秀容古城夜班1、2、3线前往。

电话｜3238888

微信公众号｜山西忻州古城

亮点

秀容书院、拱辰门、关帝庙

代县古城

标签：活着的古城

代县旧称“代州”，建城于东汉末年，如今老城里散落着璀璨如星的明代遗迹，如边靖楼、阿育王塔、代县文庙、文昌祠大殿等，距县城西南23公里的天台山上还有赵杲观。位于老城中央的边靖楼是明代遗构，悬挂的匾额上分别书有“声闻四达”“威镇三关”“雁门第一楼”，旅行者可以登楼观赏其内部结构和了解代县的历史文化。始建于隋代的阿育王塔则坐落在今天的代县人民政府院内，元代将木塔改为覆钵体的藏式佛塔。此外，武庙农历五月二十三上演的晋剧精彩非凡，值得一看。

门票信息｜免费

营业时间｜全天

交通信息｜乘车至代县汽车站即可。

亮点

明代古迹

河边民俗博物馆（阎锡山故居）

标签：名人故居

这是民国时期掌权山西38载的阎锡山的一座庄园，位于定襄县河边镇、五台山西南麓。1989年，经过一年的筹备后，以阎锡山故居为依托的河边民俗博物馆对外开放，展览对辛亥革命时期的山西，以及阎氏家族的发展做了梳理，展示了剪纸、刺绣、纺织品等晋北民俗文化精品。阎府建筑中既有典型的满清宫殿式建筑，也有传统北方民居风格，还有豪放的带廊窑洞，以及中西合璧的别致建筑，共有30多座院落和近千间房屋。

门票信息｜50元

营业时间｜周一至周五8:30—17:00，周六、周日8:30—17:30

交通信息｜从忻州坐到五台山的大巴到

河边路口下车，再坐三轮摩托（3元）到阎府；从定襄县城有直达景区的城际1路公交车。

电话｜6016658

微信公众号｜山西阎锡山故居

网址｜www.yanxishanguju.net

★ 亮点

都督府、文沱草庐

佛光寺

标签：佛教建筑

佛光寺始建于北魏孝文帝时期，重建于唐宣宗大中十一年（857年），为中国现存最早的皇家木结构建筑，规格甚高，寺内的东大殿更是被梁思成称作“中国第一国宝”。佛光寺的主要建筑有唐代的东大殿、金代的文殊殿、北朝的六角形祖师塔和一些明清时期重建的宫殿等，虽历经风雨，殿中仍保存有数百尊精美的唐代塑像。在佛光寺中细细寻觅，还会发现很多令人惊喜的古迹，如寺门后有唐人留下的“游客留言”，大殿正中的佛座束腰上残存着一小部分唐代壁画，这些唐代遗迹都让佛光寺在中国古寺中占据了多项“第一位”。

门票信息｜免费

营业时间｜8:00—18:30

交通信息｜从五台县南门河（供销路和迎宾路交叉口）乘坐客车到豆村镇，再打车前往佛光寺。

★ 亮点

东大殿、祖师塔、文殊殿

南禅寺

标签：佛教建筑

位于五台县阳白乡李家庄村的南禅寺大殿重建于唐德宗建中三年（782年），是我国现存最古老的木构建筑，也是国内仅存的4座唐代木构建筑之一。南禅寺主要由唐代大佛殿、明代的龙王庙和清代的观音殿、菩萨殿及僧房构成。其中大殿面阔3间，进深3间，单檐歇山顶出檐深远，是中国古建中坡度最缓的屋顶，具有鲜明的唐代风格。殿中保存有17尊精美的唐代佛塑，以释迦牟尼佛、文殊菩萨和普贤菩萨这华严三圣为中心，两边分列有阿难和迦叶两大弟子及胁侍菩萨、护法天王等众神，姿态万千。

门票信息｜免费

营业时间｜7:30—18:00

交通信息｜可从忻州客运站或五台客运站、原平客运站乘坐到东冶镇的客车，再从东冶镇的岔路口包车至南禅寺。

电话｜6309513

★ 亮点

南禅寺大殿

芦芽山风景区

标签：国家级地质公园　国家自然与文化双遗产

芦芽山属于吕梁山脉，为管涔山的主峰，因形似芦芽而得名。大大小小200多座山峰散布在宁武、五寨、岢岚县境内，包含了天池、峡谷、悬崖栈道、草原、冰洞、佛殿等多样的自然人文美景。由于景点分散，每个景点都独立售票，景区内也以汾河源为中心，形成了南、北两条不同的旅游线路。其中北线包括悬崖栈道、石门悬棺和万年冰洞，南线包括芦芽山、马伦草原和情人谷。

门票信息｜万年冰洞景区120元，悬崖栈道景区30元，马伦草原景区100元，情人谷景区30元，汾河之源景区30元，悬空村景区60元，石门悬棺景区25元，天池景区40元

营业时间｜景区根据日出、日落时间变化调整开闭园时间，以官方公众号信息为准

交通信息｜在忻州汽车站乘坐直通车前往芦芽山，或自驾前往景区。

电话｜4785318

微信公众号｜芦芽山景区、山西芦芽山景区

亮点

汾河源头、万年冰洞、天池湖泊群

阳泉、吕梁、晋中

位于晋东的阳泉是一座因煤而兴的工业新城，在山西的经济和交通版图上占据着重要地位。战时，它曾坐守太行山区的万里长城第九关娘子关，经济腾飞的今天它是西电东送战略中最靠近东部的输电城市。来到这里，别忘了品尝豆叶、娘子脆饼等当地美食。

吕梁隔黄河与陕北相望，因吕梁山脉纵贯全境而得名。在沟壑纵横的黄土高原上，石楼天下第一湾气势雄浑，临县碛口古镇则诉说着旧日的商贸发达；汾河水源孕育出了以杏花村为代表的华夏酒文化；而吕梁山区山清水秀，曾经的穷乡僻壤现已成为交通便利的金山银山。

晋中人文旅游资源和铁路资源都极为丰富，数量可观的古城是晋中的第一张名片，以世界文化遗产平遥古城为代表的古城群跨越了漫长历史；晋商文化遗产则是晋中的第二张名片，晋中商人走西口、闯关东，将全国各地的茶叶、丝绸和布匹等远销到俄国乃至西欧；多彩的民俗文化是晋中的第三张名片，晋中社火是百姓日常生产、生活与宗教神话的完美融合。

电话区号 阳泉0353、吕梁0358、晋中0354

交通

飞机

吕梁大武机场（0358-3711111；吕梁市方山县大武镇孙家山村；微信公众号：吕梁机场）

火车

阳泉火车站（0353-4252172；阳泉市城区德胜东街244号）石太铁路途经于此。

吕梁站（0358-4252172；吕梁市离石区下安村西安路）太中银铁路途经于此。

晋中站（晋中市榆次区张庆乡红马营街）太中银铁路、太原铁路枢纽西南环线、大西高速铁路、太焦高速铁路、郑太客运专线途经于此。

平遥古城站（0354-2146099；晋中市平遥古城侯冀村与梁赵村之间）大西高速铁路途经于此。

长途汽车

阳泉市客运总站（0353-6666114；阳泉市宁波北路珍宝园东侧的阳泉东站长途客运区域；微信公众号：阳泉市长途客运总站）

离石汽车客运总站（0358-8229337；吕梁市离石区龙凤南大街209号）

晋中市汽车客运总站（0354-3984222；晋中市开发区龙湖西大街828号；微信公众号：晋中市瑞通旅游集散中心）

公交车

阳泉、吕梁、晋中市内公交便捷，支持现金、公交卡、交通一卡通、银联云闪付、支付宝乘车码等支付方式。其中在阳泉还可以使用“阳泉公交在线”App。

土特产和纪念品

阳泉当地特色有西回小米，吕梁当地特色有交城骏枣，晋中当地特色有平遥牛肉。

住宿

汉庭酒店（吕梁世界广场店）

（0358-8355666；吕梁市离石区永宁路西3号；微信公众号：汉庭酒店）酒店位于吕梁市中心的世纪广场西侧，房间宽敞、装潢温馨。附近配套设施齐全，公共交通便利，临近多家大型购物中心。酒店提供的早餐营养可口，其中的莜面、蛋花汤等极具当地特色。

中档

裕丰源酒店

（0353-8588858；阳泉市经济技术开发区虹桥路21号）裕丰源酒店于2020年开业，新中式的外观装修时尚大气。客房干净卫生，内部设施较新，晚间环境安静，让住客享有高质量的睡眠。酒店早餐种类较多，并设有免费大型停车场。

高档

平遥锦宅

（0354-5841000；晋中市平遥县东大街16号）锦宅位于平遥古城的主街东大街上，曾为清朝一位富庶丝绸商人的宅邸，紧邻"华北第一镖局"旧址。酒店配置了布艺沙发、带纱帘的舒适床铺，庭院内还有凉亭，将原汁原味的中式优雅与现代生活方式完美结合，让住客享受喧嚣景区内的宁静与自在。

就餐

天桥至兴隆步行街

阳泉市步行街有不少小吃，一定要试试抿曲，又称小河捞，为阳泉特色小吃。这种食物是以绿豆掺少量精白面粉和面，经特制抿曲床压制而成的面条，煮熟后捞入各种调料配制成的汤汁中即可享用。

印象碛口酒楼

（13593410676；吕梁市临县碛口镇东市21号东南方向30米；10:30—22:30）酒楼位于离碛线公路边、黄河支流湫水河畔，门口停车便利。店家服务热情，店面宽敞，是多年来游客品尝临县美食的首选去处。特色菜有红烧黄河鲤鱼、土豆丝调莜面、羊肉锅子等。

天元奎饭店

（0354-5687222，5680069；晋中市平遥县南大街73号；7:00—23:30）天元奎是平遥古城著名的老字号饭店，始创于乾隆五十六年（1791年），服务热情周到，环境古典优雅。其特色菜有平遥牛肉、蜜汁山药、肥牛栲栳栳、长龙茄子、炒碗托等。店内销售多种手工醋。

线路推荐

阳泉夏秋季节娘子关休闲之旅：娘子关城—娘子关瀑布—水上人家—平阳湖—地都长城—固关长城

吕梁碛口古镇黄河怀古之旅：西市街—中市街—吕梁古兵器博物馆—东市街—西云寺山门—百川巷/驴市巷—卧龙石—黑龙庙—西湾村—李家山村

晋中五日游：平遥古城—常家庄园/乔家大院/王家大院—绵山、张壁古堡—后土庙

阳泉景点

盂县藏山旅游景区

标签：“赵氏孤儿”藏身地

藏山坐落于太行山西麓，地处盂县长池镇，因相传春秋时期"赵氏孤儿"被藏匿于此而得名，并成为阳泉著名的旅游胜地。景区现分为育孤园、藏孤胜地、三教文化圣地、仙人峰自然生态区四大块。藏山中古迹众多，后人因感念程婴和公孙杵臼等人舍生取义的牺牲精神，建造了主祭藏山大王的藏山祠，由文子祠、寝宫、藏孤洞、梳洗楼、八义祠、报恩祠、启忠祠等多座建筑组成。藏山的自然风光同样优美，登上仙人峰就可以瞭望巍峨的北太行美景。

门票信息｜旺季80元，淡季50元

营业时间｜旺季8:00—19:00，淡季8:00—18:00

交通信息｜从盂县乘至藏山的1路公交车可达。

电话｜8145078
微信公众号｜藏山旅游

亮点
藏山祠、玉皇庙

小河古村评梅景区

标签：名人故居 中国历史文化名村

小河古村位于阳泉市郊区义井镇，是民国四大才女之一石评梅的故乡。石评梅是我国妇女运动的先驱，与陆晶清在1924年合编了《妇女周刊》，并在其短暂的人生中创作了大量的文学作品，尤以诗歌见长。小河古村临近桃河，风景优美，历史文化底蕴深厚，村中有石家花园、李家大院、关帝庙、石家祠堂等明、清、民国各时期的建筑。村内街巷格局完整，保留了古朴的历史风貌。每逢春节、元宵节等传统节日，景区内还会举办灯会和民俗表演。

门票信息｜旺季37元，淡季22元
营业时间｜8:30—17:30
交通信息｜乘30路公交车至小河驾校站。
电话｜400-119-0353
微信公众号｜阳泉评梅景区

亮点
石家大院、地下河

平定县娘子关景区

标签：天下第九关

娘子关地处太行山区的绵山山麓，原名苇泽关，据说因唐代平阳公主曾率娘子军驻守于此而得名。这里自春秋时期以来便是兵家重地，有万里长城第九关之称。现存关城的部分城墙、城楼和东、南两座关门建于明代，城楼上有“京畿藩屏”匾额。城内存有关帝庙、真武阁等古迹，景区内还有水上人家、平阳湖等“北域江南”美景。乘火车去娘子关也是个很有意义的选择，途经娘子关的石太铁路开工于1904年，是中国第一条双线电气化铁路，也是山西省首条铁路，娘子关站至今保存完好，具有浓郁的历史风情。

门票信息｜娘子关关城27元，娘子关瀑布20元，平阳湖20元，水上人家8元
营业时间｜9:00—17:00
交通信息｜从平定县乘游2路公交车至娘子关关城站下车。
电话｜5681888
微信公众号｜山西娘子关旅游风景区

亮点
关城、水上人家、水帘洞瀑布

狮脑山（森林公园）

标签：红色旅游

狮脑山公园位于阳泉市区西南的狮脑山主峰，1940年百团大战的第一枪就在这里打响，在此发生的狮脑山阻击战也为百团大战初期的胜利奠定了坚实基础。现公园内有百团大战纪念碑、百团大战纪念馆、“长城”、钟楼等建筑。纪念碑分为主碑和3座副碑、2座题字碑，其布局所形成的箭头直指百团大战最初的目标战场——石太铁路。公园景色优美，站在山头最高峰上可俯瞰阳泉市景。

门票信息｜免费
营业时间｜全天
交通信息｜建议驾车或打车至阳泉市郊区新华西街狮脑山公园。
电话｜2300602

亮点
百团大战纪念馆、百团大战遗址

平定县固关长城

标签：明代京西四大名关之一

固关长城始建于春秋战国时期，传说秦始皇的尸首曾夹杂在咸鱼中经此返回咸阳。明代时，固关与居庸关、紫荆关、倒马关

并列京西四大名关，同为“京畿藩屏”。现存的长城遗址主要是明代遗迹，北起娘子关嘉峪沟，南至白灰村村口，全长20公里，城墙上有炮台、烽火台、哨台等军事设施，是国内保留较完整的石砌内长城，长城专家罗哲文曾赞扬固关长城“有小八达岭之风韵”。

门票信息｜50元

营业时间｜8:00—18:30

交通信息｜固关长城位于娘子关镇新关村，可从平定县东关汽车站乘到旧关的汽车在新关村下车；或自驾前往。

电话｜6142258

★ 亮点

长城与高速公路交会

吕梁景点

离石汉画像石博物馆

标签：汉画像石　博物馆

画像石是我国两汉时期特有的文物，作为随葬品镶嵌在墓室内，吕梁则为国内汉画像石四大分布区之一，人物、车马、神怪和异兽等石刻灵动飘逸。博物馆共三层，地下一层为古墓展厅，人们可通过复原的马茂庄2号墓来了解画像石；一楼为汉画像石展厅，在这里可近距离观赏100余块汉画像石和40余件随葬器物的纹路与细节；二楼展出的独具边塞风格的商周青铜器和当地的窑藏陶瓷器也值得一看。

门票信息｜免费

营业时间｜8:00—17:30，周一闭馆

交通信息｜乘101、301、304、308路公交车至市博物馆站。

电话｜8232765

★ 亮点

汉代画像石、商代方国青铜器

临县碛口古镇

标签：九曲黄河第一镇　中国历史文化名镇

“碛”意为浅水中的沙石，碛口古镇位于湫水河汇入黄河的河口以东，因船只到此不能通行，经黄河运输的货物需在镇上转运而盛极一时。镇内街巷格局完整，有商行云集的西市街、曾经汇聚驼马的东市街和以钱庄饭店为主的中市街。香火不绝的黑龙庙位于半山腰，人们在此唱戏、祈求风调雨顺和出行平安。庙门口视野开阔，是俯瞰黄河与古镇的绝佳位置。秋季丰收之时，碛口古镇上各处都是用著名的兔坂红枣拼出的装饰图案，喜庆的颜色让古镇分外美丽。

门票信息｜免费

营业时间｜全天

交通信息｜可从离石汽车客运总站乘坐发往碛口镇的旅游直通车，或在离石区虎山路东端的“纪念碑”处乘发往碛口的客车；临县汽车站也有发往碛口的客车。

电话｜4467001

★ 亮点

碛口古街、黑龙庙、西湾村

汾阳文峰塔

标签：《山河故人》取景地

汾阳文峰塔高达84.97米，高度位居全国砖构古塔之首。关于塔的来源，据清康熙《汾阳县志》记载，明末清初时人们为平衡汾阳地势西高东南低、不利于文脉的局面，而在此建造了一座风水塔，人们常来此祈求文运。文峰塔共13层，外廓平面为八角形。现文峰塔与汾阳府文庙、唐代风格的汾阳王府都位于文湖景区范围内。

门票信息｜免费

营业时间｜全天

交通信息｜位于汾阳市建昌村，乘汾阳4路至文湖景区站可达。

亮点

文峰塔

玄中寺

标签： 净土宗祖庭 4A级景区

玄中寺始建于北魏，因地处石壁山中又名石壁寺，唐代被赐名石壁永宁寺，宋金时期多次毁于火灾，元代重建后被赐名龙山护国永宁十方大玄中禅寺。玄中寺是中国佛教净土宗的发源地和祖庭之一，净土信仰由此传播到日本、朝鲜等地，大雄宝殿祖师堂中昙鸾、道绰、善导三位法师的画像即为日本僧人所赠。寺中还存有历史跨度极大的历代碑刻，如北魏、北齐、隋朝的造像碑和唐朝的戒坛碑，以及罕见的八思巴文圣旨碑等。

门票信息｜30元

营业时间｜8:00—17:00

交通信息｜玄中寺位于交城县洪相乡北的石壁山中，可从县城包车前往。

电话｜3912301

微信公众号｜净土祖庭山西玄中寺

亮点

祖师堂、历代佛像及碑刻

晋中景点

绵山

标签： 5A级景区 寒食节发源地

绵山即是春秋时期晋文公重耳放火逼介子推出山的故事发生地，因此这里成了寒食节的发源地，绵山所处的介休市的名称也由此而来。景区面积共310平方公里，当地人习惯将绵山分为前山与后山，前山风景以悬崖上的道观为主，后山则以自然风光为主。不容错过的有大罗宫、云峰寺、栖贤谷和介公岭几处景点，其中栖贤谷的山路陡峭惊险，徒步游览之前最好合理测评自己的体力。后山的龙头寺视野开阔，站在南天门楼阁上可观赏晚霞与云海。

门票信息｜旺季110元，淡季80元

营业时间｜旺季8:30—18:30，淡季8:30—17:00

交通信息｜旺季可乘坐每周五、周六、周日7:00由介休东站发往绵山的直通车，17:00返回；乘介休302路公交车可到终点站绵山游客中心；也可以自驾前往。

电话｜7055111

微信公众号｜绵山风景区

网址｜www.cnsanjia.com

亮点

大罗宫、栖贤谷、介公岭

平遥古城

标签： 世界文化遗产 5A级景区

平遥古城是我国保存最完好的四大古城之一，距今已有2700余年历史，城墙、官衙、城隍庙与文庙等城池“标配”都具有很高的历史价值和艺术价值。现存的平遥古城墙建于明洪武年间，登临其上可以观赏古城内鳞次栉比的宅院与齐整的街巷。城中的清虚观现已辟为平遥县博物馆，这里的彩塑、碑刻和雕塑均为佳作。晚清时期平遥是中国的金融中心，开中国银行业之先河的“日升昌”票号即诞生于此。如今众多晋商票号旧址已被辟为博物馆，从中可以了解到平遥银行业、商会、军事、文化等方面发展的历史。

门票信息｜入城免费，通票125元

营业时间｜旺季8:00—18:00，淡季8:00—17:30

交通信息｜可通过火车、高铁、汽车等方式到达平遥县，出站后均有公交车直达古城，出平遥汽车站后步行可达古城。

电话｜5690000

微信公众号｜平遥古城景区官方服务平台

亮点

明清古街、平遥县衙、城墙

《又见平遥》情景体验剧

标签：北方第一部大型室内情景体验剧

《又见平遥》是由王潮歌和樊跃共同策划的著名室内情景体验剧，讲述了一个关于仁德与仗义的故事：清朝末年，平遥城票号东家赵易硕和同兴镖局232名镖师远赴沙俄，想要保回王掌柜的唯一血脉，最终在中俄万里茶路上牺牲自我。剧场不设固定座位与舞台，观众可以在戏剧进行时随意走动，从而体验到融入表演者、舞台乃至戏剧中的奇妙感受。

门票信息｜238元

营业时间｜14:00—15:30，19:00—20:30

交通信息｜位于平遥县顺城路154号，从古城永定门出来后右转可见。

电话｜5602222

微信公众号｜又见平遥

网址｜youjianpingyao.top

★ 亮点

沉浸式互动观演

山西

镇国寺

标签：世界文化遗产

镇国寺原名京城寺，是世界文化遗产平遥古城"一城二寺"中的一寺，为我国佛教寺院中现存的3处五代建筑之一。寺中主殿万佛殿建于五代，无论是建筑结构还是内部的11尊佛塑均承继了唐代风格。建筑上表现为大斗拱支撑的坡度平缓的大出檐屋脊，大殿为榫卯结构，直到清嘉庆年间才砌成保护性砖墙。

门票信息｜25元

营业时间｜夏季8:30—18:00，冬季8:30—17:00

交通信息｜可乘平遥209路公交车至郝洞（镇国寺）站；或者自驾前往。

电话｜5848041

★ 亮点

万佛殿、五代彩塑、三佛楼

双林寺

标签：世界文化遗产　东方彩塑艺术宝库

双林寺原名中都寺，"双林"之名源自佛经典故"双林入灭"，是世界文化遗产平遥古城"一城二寺"中的一寺。双林寺以其留存的元、明时期的千余尊彩塑而闻名，天王殿、地藏殿、释迦殿、菩萨殿、大雄宝殿内都保存有或威严，或灵动，或典雅的佛教神灵塑像。寺内的彩塑均用当地红黏土制成，优良的黏性使得塑像表面光滑细腻，栩栩如生。众多塑像中，释迦殿的韦陀像以其蕴藏着无限动感的静态之姿最为人瞩目。

门票信息｜35元

营业时间｜6月至9月8:30—17:40，10月至次年5月8:30—17:10

交通信息｜双林寺位于平遥县城西南6公里处的桥头村双林正街，推荐自驾或打车前往。

电话｜5779023

★ 亮点

四大金刚、韦陀、渡海观音

榆次老城

标签：中国民间文化艺术博物馆　历史街区

榆次老城建始于隋代，城隍庙、西花园、县衙、文庙和凤鸣书院是城中保存得较好的古迹，其中以城隍庙内的明代建筑玄鉴楼的精美程度为最。因其古色古香的历史建筑和规整的城郭布局，《走西口》《乔家大院》《铁梨花》《刀客家族的女人》等数十部影视剧都曾在此取景拍摄。年代剧爱好者不妨到此寻觅记忆里的光影踪迹。每逢中秋、春节、元宵等传统节日，老城内常会有灯会、庙会，届时古城将收取门票。

门票信息｜入城免费，景点通票60元

营业时间｜夏季8:00—17:30，冬季8:30—17:00

交通信息｜乘12、18、38、206路等公交车至榆次老城站。

电话｜8500003

微信公众号｜榆次老城景区

网址｜www.yclc.com.cn

亮点

城隍庙玄鉴楼、县衙、凤鸣书院

乔家大院

标签：晋商文化　山西十佳旅游景点

作为影视作品《大红灯笼高高挂》和《乔家大院》的取景地，晋商翘楚乔氏家族的宅邸乔家大院成为最负盛名的晋商宅院之一，它包括建于清乾隆年间的“四堂一园”——在中堂、德兴堂、宁守堂、保元堂和乔家花园。流连于这座富商宅邸中，你会发现传统福寿文化在建筑设计中的处处隐喻，发挥“谐音梗”的想象力让古人的巧思也变得分外可爱。那些气度不凡的名家匾额、雕刻以及镇院之宝九龙屏风最好联系着乔家历史和大院布局一同欣赏，从这些细节之处可窥见乔家的人生价值观。

门票信息｜115元

营业时间｜4月至10月8:30—18:30，11月至次年3月8:30—17:00

交通信息｜乘祁县火车站发往晓义的公交车在大院景区门口下车；或乘祁县至太原的客车，进入208国道后在景区门口下车。

电话｜5321045

微信公众号｜山西乔家大院、乔家大院景区

网址｜www.qjdywhyq.com

亮点

在中堂、福德祠、九龙屏风

常家庄园

标签：晋商文化

榆次车辋常氏家族因经营驼帮、走中俄茶叶贸易线路而发家，其经商足迹南至茶产地武夷山，北至俄国境内乃至欧洲其他国家，从而开辟出一条中俄万里茶道。近两百年的兴盛和后人的增建使得常家庄园拥有全国最大的北派私家园林、民间祠堂和家族书院。庄园内砖、木、石三雕有很高的艺术价值，可在已辟为三雕陈列馆的雍和堂内细细观看。同样值得驻足的还有园内各式各样的影壁，它们主要分布在杏园、狮园和常氏祠堂门前。

门票信息｜80元

营业时间｜4月至10月8:00—18:30，11月至次年3月8:00—17:30

交通信息｜位于榆次区东阳镇车辋村，乘12路、旅游直通车在常家庄园站下车。

电话｜2756789

微信公众号｜山西常家庄园景区

网址｜www.cnchang.com

亮点

三雕、清代庄园

张壁古堡

标签：国家级历史文化名村

始建于后赵时期的张壁古堡位于介休市龙凤镇，地处太行山支脉绵山北麓，是一座保存较好的具备军事防御性质的古村落。在这里人们可下至地道，感受独特的明堡暗道构造。地道入口大多位于隐秘的民居或窑洞内，而南门城墙上的可罕庙地道口则是部队将领的专用入口。地道分为上中下三层，中层地道两侧还辟有齐全的马厩、水井、指挥所和仓储设施等。漫步古村中，南门外藏风桥和关帝庙的位置体现了古人的风水观念，空王殿外的孔雀蓝琉璃碑、观音堂内的泥包铁像等都是张壁村留下的神秘而珍贵的文化遗产。

门票信息｜旺季60元，淡季50元

营业时间｜旺季8:00—18:00，淡季8:00—17:00

交通信息｜乘介休301路、4路公交车至终点站张壁古堡站下车。

电话｜7086002

微信公众号｜张壁古堡

★ 亮点

地道、可罕王祠、古民居

曹家大院（三多堂）

标签：电视剧《亮剑》取景地

曹家大院地处太谷区北洸乡北洸村，曹氏家族在清代因经商至蒙、俄乃至西欧而成为太谷首富，原修建有“福、禄、寿、喜”四座大院，现仅存“寿”院。因院中有多子堂、多福堂、多寿堂，又名三多堂，从中可看出中国古代大家族的人生期许。大院中收藏有诸多珍宝，如红木制成的百寿大屏风、翠鸟羽毛制作的翡翠羽毛镜等。现大院已被辟为三多堂博物馆。

门票信息｜4月至10月72元，11月至次年3月60元

营业时间｜4月至10月8:00—18:00，11月至次年3月9:00—17:00

交通信息｜位于太谷区108国道旁，乘T06路公交车至三多堂站下车。

电话｜6130000

★ 亮点

翡翠羽毛镜、百寿大屏风、法国金火车头钟

长治、晋城、临汾、运城

长治是全国保存有宋金古构最多的地区，浊漳河谷里的一座座古寺庄重静谧，在巍巍太行山景的映衬下，晚唐遗风的屋顶宛如展翅之鹏般灵动。走进太行山与太岳山，除了自然风光，还能去黄崖洞、八路军纪念馆重温中华民族获得独立的可歌可泣的历史。

晋城地处山西东南一隅，在明清两代，从郭峪古村走出了18位举人和15位进士，皇城相府、湘峪古堡等民间堡寨见证着晋东南的不平凡。“地上文物看山西”，而山西过半的宋金木构古建在晋城。无论是城东的青莲寺还是城北的玉皇庙，让人叹为观止的彩塑神像和上至唐宋的殿堂总是一齐出场。

临汾西依吕梁，东临太岳，汾河在两山之间穿境而过，冲刷出临汾盆地肥沃的土层。传说中帝尧建都于此，人们建造尧庙来敬奉这位上古明君；明初人口大迁移的历史则让临汾洪洞大槐树成为许多华人的精神故乡；朝西望去，小西天的千佛彩塑、东岳庙的天宫地狱令人喟叹古人的想象力与创造力；而晋陕峡谷中磅礴壮观的壶口瀑布早已成为地标性风景。

来到运城，以“盐湖”命名的城区彰显了“盐”在这座运盐之城的历史地位，得天独厚的地理条件孕育出了最早的晋商文化。运城国宝级文物众多，还是元杂剧初期的传播中心，永乐宫的《朝元图》代表着中国古代壁画的卓越成就，庙宇中的古戏台沟通了市井与神圣，稷山马村砖雕墓里生动演绎了一曲“地下人间”。

行前参考

电话区号 长治0355、晋城0356、临汾0357、运城0359

交通

飞机

长治王村机场（0355-2176465；www.sxairport.org.cn；长治市潞州区王村机场路）

临汾尧都机场（0357-2222234；临汾市尧都区乔李镇乔李村北；www.sxairport.org.cn；微信公众号：临汾民航机场）

运城张孝机场（0359-2598168；www.sxairport.org.cn；运城市盐湖区空港区关公东街1号）

火车

长治站（0355-5826922；长治市潞州区站前路与解放西街交叉口）太焦铁路、邯长铁路途经于此。

晋城站（0356-2235102；晋城市迎宾街98号）太焦铁路途经于此。

晋城东站（0356-95105105；晋城市泽州县金村镇水东村）郑太高速铁路途经于此。

临汾站（0357-3323322；临汾市尧都区车站街5号）南同蒲铁路途经于此。

临汾西站（临汾市尧都区刘村镇周家庄村；微信公众号：临汾西站）大西高速铁路、南同蒲铁路途经于此。

运城站（0359-8659410；运城市盐湖区潞街村2号）南同蒲铁路途经于此。

运城北站（0359-8659424；运城市盐湖区陶上村迎宾街）大西高速铁路途经于此。

长途汽车

长治市汽车客运东站（0355-2253277，2253177；长治市太行东街与东外环路交叉口东北角；微信公众号：长治市汽车客运总站）

长治市客运中心（客运西站）（0355-6063886；长治市城区府后西街347号）

晋城市客运东站（0356-2132800；晋城市城区红星街以南、市凤凰岭公园以北；微信公众号：晋城市客运东站）

临汾城西客运站（0357-7186111；临汾市尧都区迎宾大道中段路北；微信公众号：山西汽运集团临汾城西客运站）

临汾城北站（0357-3081860；临汾市尧都区贾村）

运城市客运中心站（0359-6389213，6398215；运城市盐湖区解放北路）

运城市旅游集散中心（0359-8678820；原运城市汽车客运东站，运城市盐湖区运城钢材市场对面）

公交车

长治、晋城、临汾、运城公交线路众多，支持现金、公交卡、交通一卡通、银联云闪付以及微信、支付宝乘车码等支付方式。临汾的公交站点还配有智能电子站牌，可以使用“临汾掌上公交”App查询和支付，在运城可通过微信公众号“运城公交”来查询市区公交和城际公交线路信息。

土特产和纪念品

长治当地特色有上党党参，晋城当地特色有晋城红果，临汾当地特色有古县核桃，运城当地特色有王过酥梨。

住宿

经济型

客来安酒店

（0355-6068222；长治市潞州区府后西街358号）酒店紧邻长治汽车客运中心站（客运西站），步行即可到达，如果需要早起或晚上抵达，这里就很方便了。客房的优点在于居住空间宽敞明亮，活动空间大，酒店的停车场让自驾游客解决了后顾之忧。

中档

蔚徕酒店（运城盐湖南风广场店）

（0359-2895777；运城市盐湖区解放中路365号；微信公众号：蔚徕酒店）酒店装修于2020年，房间宽敞明亮，采用堪比高星级酒店的优质床品，无线网络全覆盖。酒店提供美味的早餐和自助洗衣服务，交通也十分便利，在门口可乘坐直达盐湖风景区、舜帝陵、池神庙等景区的公交车。

高档

金都花园大饭店

（0357-2688888；临汾市尧都区迎宾大道1号；微信公众号：临汾-金都花园大饭店）酒店外观气势恢宏，古色古香，在这里居住可以快速前往临汾必游景区尧庙和华门，也可以品尝到粤、鲁、川、湘菜及临汾特色菜肴。酒店配备种类齐全的康养娱乐设施，可以满足旅客的休闲、健身需要。

就餐

天仁聚驴肉香（西客运中心店）

（0355-6031313；长治市潞州区府后

西街347号西客运中心大巴进站口东门对面；8:50—14:30，17:30—21:30）作为长治市区最著名的驴肉馆，这家店交通便利，可作为旅客来到长治的第一餐。特色菜有驴肉汤锅、手撕驴肉、驴肉甩饼、软米饭等。

晋城十小碗（凤台东街店）

（0356-2191866；晋城市城区凤台东街1122号；11:00—14:00，17:30—21:00）晋城菜肴在山西菜中别具一格，一些同名菜品有不同的做法。位于晋城必吃榜首位的晋城十小碗主打地道的“高平十大碗”美食，虽然一大一小初看令人感到疑惑，但这正是这家老店的妙处所在。因为菜品分为大小碗后可以品尝到更多种类的菜肴，对于独行的旅行者也很友好。特色菜有红烧黑豆腐、核桃肉、天和蛋、小酥肉等。

线路推荐

南太行浊漳河谷自驾之旅：原起寺—天台庵—大云院—佛头寺—龙门寺

沁河民间古堡之旅：砥洎城—海会寺—郭峪古城—皇城相府—天官王府—湘峪古堡

临汾古建塑像之旅：尧庙—姑射山仙洞沟—明代监狱—关帝庙—大槐树寻根祭祖园—广胜寺—蒲县东岳庙—隰县小西天

运城北部怀古之旅：解州关帝庙—常平关帝庙—舜帝陵庙—池神庙—万荣东岳庙—后土祠—李家大院—马村砖雕墓—青龙寺—稷王庙—龙兴寺—绛州大堂

长治景点

太行山大峡谷风景区

标签：5A级景区　中国最美十大峡谷之一　国家地质公园

巍峨与秀美并存的壶关县太行山大峡谷地处南太行山脉，位列“中国最美十大峡谷”榜单中。景区包括有“太行第一雄峡”之称的八泉峡，以及红豆峡、青龙峡、黑龙潭、紫团山五大景区。八泉峡作为景区的精华所在，妙在游人既可以站在北天门制高点欣赏峡谷风光，也可以泛舟高峡平湖上，近距离感受山泉飞瀑的清凉。而青龙峡景区入口处有太行山国家地质博物馆，峡谷内还有刺激的攀岩和漂流可以尝试。

门票信息｜八泉峡、红豆峡、青龙峡景区联票100元，黑龙潭和紫团山景区因道路施工暂停开放

营业时间｜7:00—19:00

交通信息｜位于壶关县府前街19号，从壶关县汽车站乘坐大峡谷公交可达；大峡谷游客中心在夏季和国庆长假期间，有免费景交车往返于各个峡谷景区。

电话｜400-0710-999

微信公众号｜山西壶关太行山大峡谷旅游景区、太行山大峡谷风景区

网址｜www.thsdxg.com.cn

★ 亮点

北天门、中天门、高峡平湖

上党门

标签：长治标志性古建筑

长治古称上党，上党门即为长治的象征和标志性建筑。原有的上党郡衙署宫殿建于隋唐时期，后被金元战火焚毁。现存的是明洪武三年重建的单檐悬山顶的上党门门庭和重檐歇山顶的钟楼、鼓楼，上有“风驰”“云动”两块匾额。尽管现存建筑规模远远小于唐代极盛时期的280余间亭台楼阁，但步入其中仍能感受到上党郡厚重的历史与旧日的辉煌。

门票信息｜免费

营业时间｜8:00—18:00

交通信息｜乘5、14、201、202、606路公交车至昌盛站下车。

★ 亮点

上党门

山西

潞安府城隍庙

标签：州府级城隍庙

潞安府城隍庙位于长治市大北街庙道巷，是全国少见的州府级别的城隍庙，庙宇附近的重檐歇山顶宏门即象征着它的级别。院中保存有元代大殿、中殿，以及建于明代的戏楼和重楼。人们可在此看到具有典型明代特征的华丽繁复的琉璃脊兽构件，以及描翠点金的层叠斗拱装饰。每年农历四月十五会有热闹的城隍庙庙会在此举办，届时可以一边感受民俗文化，一边在美食街、美食城里品味当地小吃。

门票信息｜5元

营业时间｜8:00—18:00

交通信息｜乘8、9、15、21、38路等公交车至潞州中学站。

电话｜3033159

亮点

元代大殿、中殿、明代戏楼

翠云山法兴寺

标签：唐宋宗教艺术珍品

法兴寺位于长子县慈林镇崔庄村，始建于北魏神鼎元年（401年）。法兴寺有保存较好的唐宋佛教艺术珍品，来此可以观赏到国宝级“三绝”，即现存唐塔中仅此一处的“回”字形舍利塔、长明不灭的唐代燃灯塔和圆觉殿中承继了唐代风骨的宋代泥塑，泥塑中的十二圆觉菩萨像更被誉为“宋塑菩萨之冠”。因煤矿采空，寺庙原址的地基开裂下陷，法兴寺在20世纪80年代经历过一次保护性迁移，迁建至对面的翠云山上。

门票信息｜15元

营业时间｜8:00—17:00

交通信息｜在长子县乘长子321路西线至崔庄站，或在长治客运中心站乘坐前往慈林山的客车。

电话｜7731892

亮点

唐代舍利塔、唐代燃灯塔、圆觉殿宋代泥塑

平顺通天峡风景区

标签：4A级景区　南太行峡谷

通天峡主景区位于平顺县虹梯关乡梯后村，这里拥有南太行山脉中的高山平湖、奇峰峻岭、猕猴乐园和水帘瀑布等各类自然美景。景区精品旅游线路一般为沿着石屏山下的通天湖欣赏碧绿的湖景，再穿过通天洞进入仙人峰景区，以沿云梯步行或乘索道的方式登上最高峰仙人峰。峰顶的六角玻璃观景台则可为这趟旅途带来更惊险刺激的体验。

门票信息｜100元

营业时间｜8:00—18:00

交通信息｜从平顺县城打车或自驾前往。

电话｜7732666

微信公众号｜山西平顺通天峡景区

亮点

石屏山、通天湖、悬崖天街

大云院

标签：五代木构宗教建筑

大云院位于平顺县城西北23公里处的实会村北龙耳山中，始建于五代后晋天福三年（938年）。院中有“三宝”值得游人来此细赏，分别是作为五代建筑珍贵范例的主殿弥陀殿、弥陀殿中保留的佛教飞天壁画，以及雕刻有莲花、狮子、麒麟、蛟龙和乐伎的八角石雕七宝塔。其中，弥陀殿阑额上加施普柏枋的做法是中国现存木构建筑中最早的实例，五代壁画则承袭了晚唐时期“焦墨薄彩”的风格，格外珍贵。

门票信息｜20元

交通信息｜可乘平顺县至石城镇或林州的客运巴士至实会村公交站，下车后步行可达。
电话｜8925293

亮点

五代佛教壁画、弥陀殿、七宝塔

金灯寺

标签：石窟寺院

金灯寺位于杏城镇虹梯关乡背泉村东的林滤山东崖，始建于明弘治年间，建筑布局顺着陡崖山势而展开。寺内共有14个雕有窟檐和门窗的洞窟，为我国最大的明代石窟群，被誉为“中国石窟艺术的尾声”。寺中人文景观与自然风光奇妙交融：一股山泉注入水陆殿内的水池，水池上有田字形的路桥供信众瞻仰佛像，而水陆殿墙壁上是石刻的水陆画，显示出明代工匠的创新巧思。金灯寺所在的虹梯关乡也是南太行山风景最为壮丽的区域之一，虹梯关古道将山顶的金灯寺和山脚的洪谷寺连接起来，站在金灯寺中便可俯瞰河南境内的洪谷山。

门票信息｜48元
营业时间｜7:00—18:00
交通信息｜建议自驾前往。

亮点

水陆殿、千佛塔

八路军太行纪念馆

标签：红色旅游

这是全国唯一一家以八路军抗战历史为主题的纪念馆，位于武乡县太行街363号，主馆八路军抗战史陈列馆全面呈现了八路军及华北敌后根据地人民英勇抗击外来侵略的可歌可泣的历史。在这里你还能够见到朱德、彭德怀、叶剑英、林彪、聂荣臻、罗荣桓、刘伯承、徐向前、贺龙、邓小平、左权11位八路军将领的雕像。而在付费的百团大战半景画馆、窑洞战景观和临近的八路军文化园中，你能够通过互动活动更深入地体会那段艰辛的抗战历史。

门票信息｜免费，内有收费景点
营业时间｜8:30—17:30
交通信息｜可乘武乡1、3路公交车至八路军太行纪念馆站下。
电话｜6437583
微信公众号｜八路军太行纪念馆服务号
网址｜balujun.cn

亮点

八路军抗战史陈列馆

晋城景点

皇城相府

标签：5A级景区　城堡式官宅民居

皇城相府又名午亭山村，位于阳城县北留镇皇城村，是一处罕见的城堡式官宅民居建筑群，分内城和外城两座城池，历经明清两代修建。这也是《康熙字典》编撰主持者、清代相国、康熙帝师陈廷敬的故居。相府气派齐整的布局和深厚的历史底蕴会让每一位访客惊叹，外城的石牌坊上刻有陈家五代人的官职，登上高耸的具备军事防御性质的河山楼，相府16座宅院、640间房屋便能尽收眼底，其中大学士第还曾作为康熙南巡时的住所。

门票信息｜旺季120元，淡季100元
营业时间｜旺季8:00—18:00，淡季8:00—17:30
交通信息｜可从客运东站公交站乘201路旅游公交至皇城相府公交站。
电话｜4858228
微信公众号｜皇城相府生态文化旅游区
网址｜hcxfjq.com

亮点

石牌坊、御书楼、西山院

晋城博物馆

标签：综合性博物馆

古色古香的晋城博物馆位于城区凤台东街1263号，可由上至下参观，三楼、四楼为常设展厅，分别为“晋城古代文明史”和“晋城古代建筑艺术”，后者能让你在一天内看遍晋城宋金古建筑中的精品。结合专业的解说，甚至比在现场看得更加清晰明了。古代建筑艺术厅内有许多复原的古建模型，包括青莲寺的释迦殿、西溪二仙庙、崇明寺佛殿等。此外，在这里还可以看到府城玉皇庙玉皇殿屋脊上的金代二十八星宿琉璃构件原件，全国仅此独有。

门票信息｜免费

营业时间｜9:00—17:00，16:00停止入场，周一闭馆

交通信息｜乘4、12、16、19、50路公交车至市康复医院站。

电话｜6965130

微信公众号｜晋城文博

亮点

晋城古代建筑艺术展厅、金代二十八星宿屋脊构件

珏山

标签：4A级景区　赏月名山

珏山位于泽州县金村镇寺南庄村，又名角山，以险峻雄奇而闻名，有“晋魏河山第一奇”之誉，也是著名的赏月名山。因珏山双峰海拔相差不到1米，所以当圆月升起到两峰之间时，便呈现出“珏山吐月”这一胜景。珏山南顶楼阁的二楼回廊是拍摄月景的绝佳位置，山北青莲寺中的款月亭自古也是赏月佳处。登山步道沿途还散布着供奉财神、真武大帝等神灵的道观，给珏山带来了更多人文气息。

门票信息｜通票100元，包括珏山、青莲寺、东滩河、围滩等四大景区

营业时间｜8:00—18:00

交通信息｜可乘213路公交车至终点站珏山。

电话｜3059777

微信公众号｜珏山旅游景区

亮点

珏山吐月

青莲寺

标签：佛教寺庙

青莲寺原名硖石寺，分为古寺、上寺（新青莲寺）两院，坐落于丹河畔、硖石山中，是中国佛教净土宗最早的寺院之一，由高僧昙始、慧远始创于北齐天宝年间。院中的明代砖砌藏式佛塔是青莲寺的标志性建筑，大佛殿中7尊唐代彩塑则是青莲寺的镇寺之宝，其中主佛释迦牟尼是国内现存唯一的唐代垂足大佛，南殿内的宋代彩塑形象承继了唐代遗风。上寺始建于隋唐，格局更为完整，内有保存完好的宋代藏经阁、释迦殿，其上的宋代雕刻构件同样是难得的艺术珍品。

门票信息｜现景区门票包含在珏山大景区100元旅游通票内

营业时间｜8:00—17:30

交通信息｜可乘213路公交车至青莲寺站。

电话｜3959730

亮点

明代藏式舍利塔、唐宋彩塑、款月亭

郭峪古城（郭峪村）

标签：中国历史文化名村　城堡式古村落

郭峪村因其丰富的煤炭资源和铁矿资源兴盛于明末，为防范陕西农民军的入侵，村民修建了包括门楼与城墙在内的防御性的砖石城堡。事实上，皇城相府即为郭峪古城的北翼城。如今修缮后的郭峪古城还保有着时光赐予的沧桑感，一座座残旧的四合院中摆放着一些老物件，但大多已无人居住。走在凹凸不平的石板路上，看到城中央高耸的豫楼、汤帝庙中大气的元代戏台，方能感受

到这座老城旧日的繁华盛景。古城已启动了夜间亮化工程，运气好时还能在古城墙附近遇上有“民间焰火之最”之誉的晋南打铁花表演。

门票信息｜35元

营业时间｜7:00—19:00

交通信息｜可从客运东站公交站乘201路旅游公交至郭峪古城站。

电话｜6922226

微信公众号｜皇城相府生态文化旅游区

★ 亮点

豫楼、老狮院、汤帝庙、打铁花

海会寺

标签：古建筑　佛教寺庙

寺院位于阳城县北留镇大桥村，始建于隋代，兴盛于明清，旧名为郭峪院，唐昭宗赐名龙泉禅院，后来宋太宗赐名海会寺。院内有唐宋至明清各朝的建筑遗存，旅行者可以一次看遍不同时期的建筑风格。寺内代表性建筑是两座国宝级古塔，分别是一座宋代舍利砖塔和一座明代琉璃悬阁宝塔，可登琉璃塔凭栏眺望沁河景色。景区内的海会书院在明清两代文风鼎盛，走出过许多大儒，明代吏部尚书王国、张慎言曾在此读书讲学。

门票信息｜30元

营业时间｜8:30—17:00

交通信息｜可从客运东站公交站乘201路旅游公交至海会寺站。

电话｜4858228

微信公众号｜海会寺

★ 亮点

宋代舍利砖塔、琉璃悬阁宝塔

蟒河国家级自然保护区

标签：国家森林公园

蟒河景区位于阳城县蟒河镇桑林乡蟒河村，内为喀斯特地貌峡谷，全长10公里的地面钙化景观被称为“中国东部唯一的钙化型峡谷奇观”。这里还是动植物资源宝库，猕猴是这里的“大王”，每年7月还会在此举办猕猴文化节，想要近距离观赏猕猴嬉戏的话，最好选择夏天出行，这时是猕猴最乐意下山觅食、戏水的季节。

门票信息｜门票72元，车票20元

营业时间｜旺季7:30—18:00，淡季8:00—16:30

交通信息｜可在阳城县客运中心站乘阳城823路至终点站蟒河站，或在晋城客运东站乘发往蟒河的旅游公交专线，旅游旺季时晋城旅游集散中心也有开往蟒河的景区直通车。

电话｜4868222

微信公众号｜山西蟒河生态旅游区

★ 亮点

小黄果树瀑布、蟒源猕猴、莲花峰

王莽岭

标签：国家地质公园　国家森林公园

“不登王莽岭，岂识太行山”，南太行的最高峰便是晋豫两省的界山王莽岭，因传说西汉王莽追刘秀时在此安营扎寨而得名。景区由王莽岭、锡崖沟（挂壁公路、红岩大峡谷）、昆山、刘秀城等组成，内有区间车（50元）通行。从王莽岭山顶乘车下山便可路过锡崖沟挂壁公路，而峡谷谷底的瀑布和小径幽深的风光同样不容错过。如果需要在景区内过夜，王莽岭山顶是著名的观日出胜地，山顶有客栈可供住宿。

门票信息｜旺季70元，淡季50元，锡崖沟景区门票25元

营业时间｜旺季8:00—18:30，淡季8:00—18:00

交通信息｜可从陵川汽车站外乘坐去王莽岭的中巴车。

电话｜6878621

微信公众号｜太行云顶王莽岭

网址｜wangmangling.com

亮点

石库天书、刘秀城、观日台

临汾景点

洪洞大槐树寻根祭祖园

标签：5A级景区　国家级非物质文化遗产

据历史文献记载，明初战乱平息后，为均衡各地人口，从人口稠密的洪洞大槐树下迁出过18批移民，他们被迁往京、冀、豫、鲁、皖等18个省（市）、500多个县市，从此在新的地方生根安家，大槐树也因此成为国人心目中“寻根”“祭祖”的代名词。景区位于洪洞县古槐北路公园街2号，现依托移民文化遗迹与洪洞优美的自然风光发展旅游业，开辟出了移民古迹区、祭祖活动区、民俗游览区、汾河生态区、根祖文化广场等观光区域。

门票信息｜旺季80元，淡季60元

营业时间｜7:30—18:00

交通信息｜乘洪洞3、5路至大槐树景区站下车。

电话｜6658086

微信公众号｜洪洞大槐树景区

网址｜www.sxhtdhs.com

亮点

洪洞大槐树文化节、洪崖古洞、祭祖堂

乡宁云丘山景区

标签：5A级景区　道教名山　国家级非物质文化遗产

云丘山位于乡宁县关王庙乡，是全真教龙门派开山祖庭，与武当山齐名，其最高峰玉皇顶海拔1629米。山里的塔尔坡古村有2500多年历史，有错落有致的晋南窑洞建筑群和当地古老的晋南民俗表演。而每年农历二月十五前后，人们会欢庆从唐代传承至今的中和节，届时方圆百里的百姓都会前来烧香祈福，持鞭杆的男子和提花篮的女子聚会于此商谈亲事。

门票信息｜80元

营业时间｜7:30—17:00

交通信息｜从临汾尧庙汽车站坐车到乡宁客运站，再转乘8:00始发的直达景区的客车；或打车、自驾前往。

电话｜6034567

微信公众号｜云丘山景区

网址｜www.yunqiushan.cn

亮点

塔尔坡古村、中和节、冰洞群

山西壶口瀑布

标签：中国第二大瀑布　国家地质公园

位于黄河中游、晋陕大峡谷中段的壶口瀑布是中国第二大瀑布，因气势磅礴的景象犹如向茶壶中注水而得此名。山西和陕西境内都有壶口瀑布景区，区别在于山西这边地势较低，适合下至龙洞后自下而上观赏，而陕西一边地势较高，可俯观瀑布。瀑布四时之景不同，冬季可看“冰瀑玉壶”，春季有“三月桃花汛”，此时是瀑布一年中第一个水量小高峰，9月、10月汛期水量最大，秋风、水雾与彩虹共同构成了美景“壶口秋风”。

门票信息｜壶口瀑布景区100元，克难坡景区35元

营业时间｜7:00—18:30

交通信息｜从尧庙汽车站乘车前往吉县，再在吉县汽车站乘坐直达壶口瀑布景区的客车。

电话｜7955000

微信公众号｜山西壶口瀑布

亮点

壶口瀑布

尧庙

标签：尧文化　寻根祭祖庙宇

尧庙位于尧都区尧庙村尧都大道东端，

始建于西晋，是历代国君祭祀帝尧和炎黄子孙寻根祭祖的圣地，也是了解尧文化的最佳场所。现在尧庙中的仪门、五凤楼、寝宫等为清代遗构，柏抱槐、柏抱楸、夜笑柏、鹿鸣柏等为晋代植下的古树。园区内还展示了襄汾县陶寺遗址出土文物的复制品，它们属于中原地区龙山文化遗存，对探索夏朝文化、中国古代国家产生的历史具有重要意义。每年春节期间，尧庙及周边还会举办热闹的庙会。

门票信息 | 40元

营业时间 | 8:00—18:00

交通信息 | 乘3、11、30路至尧庙汽车站。

电话 | 3901113

微信公众号 | 掌上尧庙

★ 亮点

五凤楼、尧井台、广运殿

广胜寺

标签：佛教寺庙

广胜寺位于临汾市洪洞县广胜寺镇圪衕村东，始建于东汉建和元年（147年），是佛教传入中土初期创建的佛寺之一，分为上寺、下寺及水神庙三部分。园区内共有三绝，分别是世界最高的多彩琉璃塔飞虹塔、制版于金代的大藏经孤本《赵城金藏》和水神庙内的元代壁画。因广胜寺历经北魏太武帝灭佛运动、金代战火和元代平阳大地震，故现存建筑多为元代遗构。飞虹塔位于上寺，塔后的弥陀殿曾秘藏了数百年的《赵城金藏》现已成为国家图书馆镇馆之宝，而下寺的元代壁画现存于美国多家博物馆中。不过人们今天仍能看到水神庙主殿内市井题材的元代壁画，在宗教场所中这也显得尤为珍奇。

门票信息 | 55元

营业时间 | 夏季8:00—18:30，冬季8:00—17:30

交通信息 | 可乘洪洞21、22路公交车至广胜寺站下车。

电话 | 5565533

微信公众号 | 洪洞广胜寺景区

★ 亮点

飞虹塔、水神庙、元代壁画

明代监狱

标签：古代监狱文化　《苏三起解》

京剧《玉堂春》唱出了名妓苏三蒙冤落难故事，也让洪洞监狱闻名遐迩。在洪洞县，百姓已经习惯将县衙内的这座监狱叫作“苏三监狱”。监狱始建于明洪武二年（1369年），位于县城内旧县衙西南角，由普通牢房、狱神庙、虎头牢、丈八墙、苏三井等组成。牢房内展示着明代律法和各种刑具器物，还能看到令人震撼的监狱设计，如普通牢房上空密布着悬有铜铃的铁丝网，填有流沙的死囚牢隔墙厚达1.7米，其时压抑的氛围可想而知。

门票信息 | 40元（含县城内关帝庙门票）

营业时间 | 8:00—17:30

交通信息 | 乘洪洞1、2、6、7、27路至苏三监狱站下车。

电话 | 6226127

微信公众号 | 洪洞苏三监狱文化景区

★ 亮点

古代监狱

蒲县东岳庙

标签：东岳信仰　宗教场所

东岳庙是主管冥府的东岳大帝黄飞虎的行宫，蒲县东岳庙坐落于县城东郊柏山之巅，始建年代不详，金代即存在。庙中最有特色的是由三面合围的15孔窑洞组成的“地狱”，内有140余尊塑像，生动形象地表现了古人想象中的下油锅、碾磨、锯解、抱铜柱、上刀山等地狱酷刑。此外，代表进入天堂的“登仙桥”、乐楼木雕、献亭的盘龙柱也是古人留下的艺术品。每年农历三月二十八日是东岳大帝诞辰日，庙里还会举办“朝山会”祭祀仪式，现已被列入国家级非物质文化遗产。
门票信息｜30元
营业时间｜8:30—17:30
交通信息｜可从临汾城北汽车站或在河汾路乘坐至蒲县的客车，到柏山进山口下车步行2公里上山；或在蒲县县城搭出租车上山。
电话｜5321423

亮点

登仙桥、十八层地狱

霍州署

标签：中国四大古代官衙之一

霍州署位于临汾市霍州市东大街16号，是中国唯一一座保存得较为完整的古代州级署衙，与故宫博物院、保定总督署、内乡县衙并称为“中国四大古代官衙”。因霍州曾为重要的军事关隘，署衙的防御等级高，元代时曾为皇帝的临时行宫，清代时慈禧和光绪也曾于此避难。院内布局可分为中轴线、东辅线、西辅线三大建筑群，经地震和战火毁坏后，除2009年复建的建筑外，还保存有元代大堂、明代仪门、唐代石虎、元代石狮，以及清朝至民国时期的部分建筑遗存，规模可观。
门票信息｜40元
营业时间｜4月至10月8:00—18:00，11月至次年3月8:30—17:30
交通信息｜乘霍州1路、2路公交车至前进街站下车。
电话｜5611548

亮点

仪门、元代大堂

运城景点

解州关帝庙

标签：关庙之祖

运城作为关公故里所在地，关公信仰氛围浓厚。解州关帝庙始建于隋代，是我国现存的规模最大、档次最高、保存最完整的关帝庙宇，被誉为“武庙之冠”“关庙之祖”。由于历经火灾和地震，关帝庙中的气势恢宏的宫殿群基本是清代遗构。有几处雕刻精品不容错过，如春秋楼上层回廊外的悬空垂柱、御书楼内的华丽藻井和崇宁殿26根盘龙石柱等。附近还有关公故里常平村的常平关帝庙可以一起游览。
门票信息｜旺季60元，淡季50元
营业时间｜旺季8:00—18:00，淡季9:00—17:00
交通信息｜乘11路公交车至解州关帝庙站下车。
电话｜2808369
微信公众号｜解州关帝庙
网址｜www.guandimiao.com.cn

亮点

春秋楼、御书楼藻井、崇宁殿盘龙石柱

解州关帝庙庙会

标签：古庙会　关帝信仰

相传关羽于四月初八受封，解州镇四月初八的古庙会自北宋流传至今，主要是祭祀关公，以求保境平安。届时在解州主要街道上有盛大的“关帝巡城”仪式：当日早晨，3顶圣轿分别载着崇宁殿内的3尊关公“软身”木雕圣像从关帝庙走到解州镇街头，迎接信众的观瞻膜拜。在此期间，你还能观赏丰富多彩的社火表演和歌舞演出，品尝当地特色美食。
活动时间｜农历四月初六至初九
交通信息｜乘11路公交车至解州关帝庙站下车。

亮点

关帝巡城

运城盐湖景区

标签：中国死海康养城

运城即“运盐之城”，位于城区南部的天

然盐湖是世界三大硫酸钠型内陆盐湖之一，是运城的自然宝库。如今这里是一处旅游休闲度假区，提供“盐水漂浮”“黑泥养生”“矿盐理疗”等特色康养服务。此外，也可以在五步产盐法示范区体验河东大盐的生产过程，并尝试体验盐雕技艺。清澈的盐湖边则有惊险刺激的浮桥、文艺的秋千供人玩耍。如果仅观赏盐湖可以在公交站旁的观景台欣赏。

门票信息｜室外游园24元，福海康养城5+1套票198元

营业时间｜室外景观8:00—18:30，康养城11:00—20:30

交通信息｜可乘21、33、66、88、109路至运城盐湖站下车。

电话｜8968888

微信公众号｜中国死海运城盐湖

★ 亮点

盐湖和多彩的盐田

永乐宫

标签：东方艺术画廊

建于元代的永乐宫是奉祀吕洞宾的道观，为全真道教三大祖庭之一，更是现存最完整、规模最大的道教宫观建筑群。主殿内的壁画气势恢宏，线条浑圆有力，其艺术成就可与莫高窟壁画相媲美。宫内的元代建筑吸收了宋、辽、金时期的建筑特点，规模宏伟而风格独特。永乐宫的另一传奇之处在于20世纪50年代末，因黄河三门峡水库的修建，永乐宫要从黄河北岸的永乐镇搬迁到现址。在缺乏壁画切割经验和器具的背景下，文物工作者克服重重困难，共耗时6年完成了迁移，景区内的搬迁史料陈列馆记录了这一段往事。

门票信息｜旺季60元，淡季50元

营业时间｜旺季8:00—18:00，淡季9:00—17:00

交通信息｜可乘芮城1路至永乐宫站下车。

电话｜3011491

微信公众号｜山西芮城永乐宫

网址｜sxrcylg.cn

★ 亮点

三清殿元代壁画《朝元图》

普救寺

标签：《西厢记》故事发生地

普救寺是元杂剧《西厢记》中张生与崔莺莺爱情萌生的地方，这也赋予了寺院浓厚的浪漫色彩，今天已成为诸多情侣见证爱情、永结同心的场所。寺院始建于唐代，原称西永清院，五代时更名为普救寺。其标志性建筑为明代地震后重建的十三层舍利塔，又名莺莺塔，它是中国古代四大回音建筑之一，人与塔互动能产生多种回声现象。如用石块敲打击蛙台青石，台下蛙鸣亭中的人可听到3声“蛙鸣”。

门票信息｜旺季60元，淡季50元

营业时间｜旺季8:00—18:00，淡季8:30—17:30

交通信息｜乘永济2、3路至普救寺站下车。

电话｜8485263

微信公众号｜山西普救寺

★ 亮点

莺莺塔、蛙鸣亭

万荣东岳庙（飞云楼）

标签：道教木构建筑

主祭东岳大帝的东岳庙的始建年代不详，但其主要建筑飞云楼的古朴沧桑之美足以震撼人心，它与应县木塔在山西并称为“北塔南楼”，在万荣人中有自豪的“万荣有个飞云楼，半截插在云里头”之说。整栋建筑为榫卯结构，呈现出木材原本的纯色，明三层、暗五层的层檐下，均是密集排列着的斗拱，屋顶是黄绿琉璃瓦，上塑武士像，给人以极鲜明的视觉冲击。东岳庙内还有始建于元代的殿堂，每年农历三月二十八东岳大帝诞辰时，这里还有热闹的庙会。

门票信息｜20元

营业时间｜9:00—17:00

交通信息｜乘运城107路公交车至飞云楼站下车。

电话｜4531977

亮点

飞云楼

马村砖雕墓（稷山县金墓博物馆）

标签：金代砖雕墓葬

马村砖雕墓是国内少见的在原址上建立的墓葬博物馆。这是医药世家段氏家族的墓葬群，建于金大定年间，墓内仿木砖雕画面的逼真程度让这里有“地下人间”之称。现共发掘出14座墓葬，其中有4座对外开放，进入冬暖夏凉的墓室参观成为旅行者不可多得的探幽体验。因段氏家族热爱戏曲，故墓内对于戏剧题材的表现也是晋南一绝，吹拉弹唱的戏班表现出大家族平日娱乐生活的充实与富足，段家后人收藏的方砖上更是刻着“孝养家，食养生，戏养神”的座右铭。

门票信息｜25元

营业时间｜旺季8:00—18:00，淡季9:00—17:00

交通信息｜位于稷山县城西4公里的马村，临近青龙寺。

亮点

杂剧砖雕、“妇人启门”砖雕

西安鼓楼

陕西

陕西，简称“陕”或“秦”，省会古都西安，位于我国西北内陆腹地。雄壮巍峨的秦岭山脉横贯东西，同北山一道将陕西分为三个区域：如关外大漠般苍凉的陕北黄土高原，浑厚千里的关中地带，以及陕南如诗如画的秦巴山区。北有黄河滔滔奔流而过，南有汉江悠悠滋养众生，熊猫、朱鹮和金钱豹也选择在这里定居。陕西是中华民族的重要发祥地之一，从蓝田猿人到半坡遗址，从青铜文明到秦兵马俑，从大汉雄风到盛唐韶华，13个王朝建都陕西，让这里凝聚了中华民族的历史骄傲。这片大地像一幅自然与人文交相辉映的画卷，在时间和空间上一同为归人过客展示着世间美好。

行前参考

实用方言

撩咂咧：很好、很美

野个、明个：昨天、明天

包说咧：不要说了

何时去

3月至6月：春天乍暖还寒，3月至4月可以选择到西安错峰出游。6月雨水较多，黄河壶口迎来气势磅礴的景色。

7月至8月：陕西的旅游旺季，西安热门景点均人满为患，不妨去秦岭或者岭南避暑。或是直上陕北，此时的黄河景观甚美，可到洽川黄河湿地赏荷。

11月至次年2月：气温转凉，陕西迎来旅游淡季，可在遍布的古迹中怀古幽思，畅游宁静的三秦大地。

兵马俑

注意事项

出行前最好对当地一些常用的造假、敲诈伎俩多些了解。陕西的旅游业发展很好，但在著名景点仍存在“野导”“黄牛”等现象，所以任何服务都最好从官方途径购买，切记占小便宜吃大亏。

如要进行户外徒步或登山项目时，请严格遵守《陕西省旅游条例》，不建议旅行者进行任何景区之外的徒步活动。如因非法穿越造成了自然资源和生态环境破坏的，需要追究刑事责任。

当地新讯

陕西省首家县级支线民航机场——榆林府谷机场进展顺利，预计2024年6月正式通航，同时宝鸡凤翔机场也进入了全面开工前的最后冲刺阶段。

陇海铁路即将开通宝鸡—西安—潼关的绿色动车组，阳安铁路汉中—安康段、宁西铁路西安—商南段以及咸铜铁路也有相应计划。

陕西

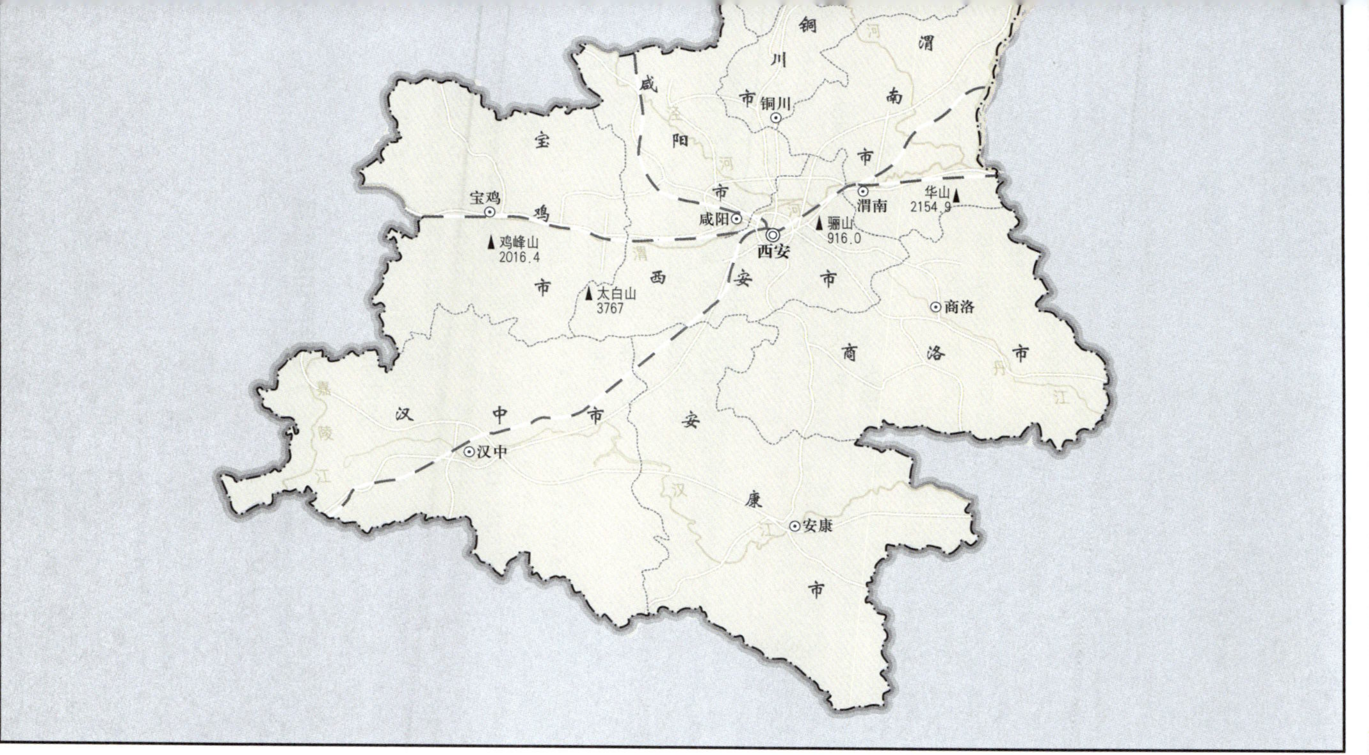
铜川市
铜川
渭南市
渭南
华山 2154.9
咸阳市
咸阳
泾河
宝鸡市
宝鸡
鸡峰山 2016.4
西安市
西安
骊山 916.0
渭河
太白山 3767
商洛市
商洛
丹江
汉中市
汉中
嘉陵江
安康市
安康
汉江

西安

西安古称长安，地处关中平原中部，是闻名世界的历史名城。西安有3100多年的建城史和1100多年的国都史，先后有西周、秦、西汉、东汉、新、西晋（愍帝）、前赵、前秦、后秦、西魏、北周、隋、唐13个王朝在此建都，是中国六大古都中建都历史最长的一个。古城里的道路横平竖直，城墙钟楼是古城池的记忆，大大小小的博物馆讲述着这座城市灿若星辰的历史故事。日新月异的发展并未抹去历史的痕迹，聪慧勤劳的西安人在众多遗迹上修建动工，将兴庆宫、曲江池等遗址公园打造为百姓公园。清晨午后，人们悠闲踱步在街头巷尾，抬眼就能看见清灰垛口的古城墙；灯火通明的商业区旁，秦腔唱段连绵不绝地传入耳中。历史与现代的交融，在西安展现得淋漓尽致。

电话区号 029

陕西

交通

飞机

西安咸阳国际机场（96788；www.xxia.com；微信公众号：西安机场旅客服务）距西安市区25公里，目前拥有三座航站楼，分别为T1航站楼、T2（国内）航站楼和T3（国内及国际）航站楼。

火车

西安站（82130402；新城区环城北路44号）有发往全国各地的动车、快速、特快等车次，是我国路网中连通西北、西南的交通枢纽。

西安北站（86320500；未央区元朔路近文景路）高铁站，是徐兰客运专线、西成客运专线、大西客运专线、西银客运专线及关中城际铁路网的中心枢纽车站。

长途汽车

西安主要长途客运站有8个，管理规范。车站人流量大，可关注微信公众号“西安公路客运网上售票”查询和预订。

西安汽车站（87427420；解放路354号）

西安三府湾客运站（83136088；新城区长缨西路353号）

西安纺织城客运站（86528733；灞桥区席王街道办新寺村）

西安城西客运站（84630000；枣园东路92号）

西安城北客运站（86523019；未央区北二环路西段9号）

西安城南客运站（88667788；朱雀大街南段与南三环十字西南角）

西安市汽车站（8426197；莲湖区丰庆路13号）

地铁

西安地铁（89093123；www.xianrail.com）票价2元起，可通过支付宝和微信开通西安电子地铁卡，也可申请长安通卡（实体）/电子卡。截至2021年6月，西安市开通运营的地铁线路共有8条，通往多数景点。东西走向的14号线与既有机场城际贯通运营。

公交车

西安城内大多数公交线路票价2元，几乎都是无人售票的空调巴士。可刷微信或者支付宝的“长安通”乘车码乘车，另外还有西咸交通电子卡，但远途或者非市中心的公交可能无法使用。在西安市和周边县城使用“车来了”和各大地图App等均可实时追踪公交，也很准时。微信小程序“西安公交”提供公交线路的票价和最新优惠情况。

土特产和纪念品

当地特色有甑糕、黄桂稠酒、水晶饼。

住宿

经济型

梧桐宿酒店

（89363535；建国路35号）2020年新装修的酒店，距离张学良故居就几步路，拥有明亮干净的房间和宽敞的公共空间，还提供咖啡机和免费咖啡豆。酒店紧邻几所重点学校，学生考试的时段房间会很紧张。

中档

西安建国饭店

（82598888；互助路2号）西安建国饭店地处东门外，交通便利，是首旅建国管理的涉外宾馆。饭店设有多间高级食府，每日不断为顾客提供佳肴，扒房餐厅的欧陆风情，誉满西安；四季中餐厅可享受地道的粤式美食。

高档

西安大唐博相府酒店

（85563333；芙蓉东路6-1号）西安大唐博相府酒店位于曲江核心景区，酒店为仿唐式建筑风格，三进庭院格局，融会中国古典园林景致，纳山水、古树于府内。

就餐

大嘻咬biangbiang面（历史博物馆店）

（85425011；雁塔区翠华北路118号；9:00—22:00）这家餐厅创建于2013年，一直经营陕西特色面食小吃。招牌biáng biáng面劲道可口，腊汁肉夹馍和陕西凉皮的搭配也是一绝，再来一瓶冰峰汽水，幸福感爆棚。

定家小酥肉

（15802902999；莲湖区大皮院223号；10:30—20:00）这是大皮院一家开了20多年的老店，口碑不错，大多数时间在这里吃饭需要拼桌。店内主打的是小酥肉配米饭，饮料可以点西安本地的冰峰汽水，或者自家做的酸梅汤。这家的小酥肉使用牛里脊肉先炸后蒸，再加上辣椒等调料，香而不腻。

线路推荐

市区经典路线：大雁塔—西安城墙和钟楼—回坊文化风情街—大唐芙蓉园—大唐不夜城

历史文化路线：陕西历史博物馆—西安博物院（小雁塔）—秦始皇帝陵博物院（兵马俑）—华清宫—大明宫国家遗址公园

景点

西安城墙

标签：5A级景区

西安城墙始建于582年（隋开皇二年），是西安最鲜明的城市符号，其变迁也是这座古城兴衰的见证。作为中国现存规模最大、保存最完整的古代城垣建筑，西安城墙延续了整个古都长安的历史文脉，包括护城河、吊桥、闸楼、箭楼、城楼、角楼、敌楼、女儿墙、垛口等一系列古代建筑设施，全长将近14公里。

门票信息｜成人54元，学生27元

营业时间｜8:00—24:00

交通信息｜西安城墙现共有8个登门点，22、23、27、29、33等多路公交均可到达，地铁2号线可达永宁门。

电话｜87272792

网址｜www.xacitywall.com

微信公众号｜遇见城墙

亮点

骑行

大雁塔文化休闲景区

标签：5A级景区　皇家寺院

大雁塔文化休闲景区坐落在大雁塔脚下，正是这座千年古塔赋予它得天独厚的唐代文化底蕴与佛教文化精髓。自2003年12月31日大雁塔北广场盛装开放以来，每日接待的游客均数以万计，被誉为西安的“城市会客厅”。

门票信息｜大雁塔3月至11月底25元，12月至次年2月20元

营业时间｜全天

交通信息｜可乘坐地铁3号线至大雁塔站。

电话｜85527958

亮点

大慈恩寺、音乐喷泉

大唐芙蓉园

标签： 5A级景区 唐风主题公园

大唐芙蓉园位于西安城南的曲江开发区，与大雁塔遥遥相望。它在原唐代芙蓉园遗址以北，是仿照唐代皇家园林式样建造的，是中国第一个全方位展示盛唐风貌的大型皇家园林式文化主题公园。园内建有紫云楼、仕女馆、御宴宫、杏园、芳林苑、凤鸣九天剧院、唐市等许多仿古建筑，是全国最大的仿唐皇家建筑群。

门票信息 | 免费，演出单独收费

营业时间 | 9:00—22:00

交通信息 | 可乘坐地铁4号线至大唐芙蓉园站。

电话 | 85540901

网址 | www.tangparadise.cn

微信公众号 | 大唐芙蓉园

★ 亮点

《梦回大唐》《大唐追梦》

大明宫国家遗址公园

标签： 5A级景区 宫殿

大明宫始建于贞观八年（634年），位于太极宫东北角。原是唐太宗为唐高祖盖的“清暑”新宫，因高祖病逝而停工，直到唐高宗时期才修建完成。大明宫采用与太极宫一样的前朝后寝的格局，成为国家统治中心之一，全盛时面积达北京故宫的4.5倍。2010年10月1日，大明宫国家遗址公园建成开放。新建成的大明宫国家遗址公园延续了唐大明宫的历史格局，使盛唐文化的丰富内涵得到最完整、最充分和最集中的体现。

门票信息 | 收费区60元

营业时间 | 9:30—18:00

交通信息 | 可乘坐公交2、262、528、717、723路至大明宫丹凤门站。

电话 | 82200808

★ 亮点

含元殿、文化数字体验中心

曲江池遗址公园

标签： 5A级景区 公园

曲江池遗址公园位于西安市东南部，坐落于首批国家级文化产业示范区——西安曲江新区，是曲江新区“七园一城一塔”的重要组成部分。公园以曲江池水面为中心，共分为八大景区、三十六处景点，向游客免费开放。现在的曲江池遗址公园已经成为广大市民游客“走进历史，感受人文，体验生活”的首选之地。

门票信息 | 免费

营业时间 | 全天

交通信息 | 可乘坐公交22、161、212、609路、曲江公交旅游环线到达。

电话 | 85562540

★ 亮点

划船

秦始皇帝陵博物院

标签： 5A级景区 世界遗产

自1974年兵马俑偶然现世，在遗址上建成的秦始皇兵马俑博物馆就一直是西安旅游目的地的首选。秦始皇帝陵博物院是以秦始皇兵马俑博物馆为基础，以秦始皇陵遗址公园为依托的一座大型遗址博物院。秦始皇陵布局缜密、规模宏伟，具有重大的历史、科学和艺术价值，目前在陵区已发现各类陪葬坑、陪葬墓等600余处。

门票信息 | 120元

营业时间 | 3月16日至11月15日8:30—17:00，11月16日至次年3月15日8:30—16:30

交通信息 | 可在火车站东广场乘坐游5（306）、307、914路公交旅游专线至兵马俑博物馆。

电话 | 81399127

网址 | www.bmy.com.cn

★ 亮点

兵马俑

陕西

华清宫

标签：5A级景区

华清宫（华清池·骊山）景区位于西安城东30公里处，毗邻兵马俑。周、秦、汉、隋、唐等历代帝王在此建有离宫别苑，因其亘古不变的温泉资源、烽火戏诸侯的历史典故、唐明皇与杨贵妃的爱情故事、"西安事变"发生地而闻名。华清宫内集中了唐御汤遗址博物馆、西安事变旧址——五间厅、九龙湖与芙蓉湖风景区、唐梨园遗址博物馆和飞霜殿、万寿殿、长生殿等标志性建筑群。骊山也在景区内，可一并游览。

门票信息｜120元

营业时间｜3月至11月7:00—19:00，12月至次年2月7:30—18:00

交通信息｜可在火车站（东广场）乘坐914、915、游5（306）路公交至华清宫站，或乘坐地铁9号线至华清宫站。

电话｜83812003

网址｜www.hqc.cn

亮点

《长恨歌》、骊山晚照

西安钟楼

标签：历史建筑

始建于明洪武十七年（1384年）的钟楼，扎根于西安城的中心处，至今有600余年历史。钟楼拥有与故宫中和殿相同的重檐攒尖顶，透露出明王朝迁都之议的过往。而万历十年（1582年）为弥补城市扩建造成的中轴偏移，将钟楼西侧部分整体搬迁至现址的经历，更成为古代工程技术史上的奇迹。

门票信息｜30元，和鼓楼联票50元

营业时间｜4月1日至10月10日8:30—21:00，其余时段8:30—18:00

交通信息｜可乘地铁2号线至钟楼站。

电话｜87276420

亮点

环形地下通道、钟楼东迁歌碑

西安鼓楼

标签：历史建筑

鼓楼位于钟楼西北角，两者之间只有几步之遥，事实上它比钟楼还要年长4岁。与四角攒尖顶的钟楼不同，鼓楼是歇山顶，更显宽广威严。作为中国现存最大的鼓楼，西安鼓楼的两块蓝底金字木匾也以面积巨大而闻名——南匾"文武盛地"，北匾"声闻于天"，道尽了万丈豪情。

门票信息｜30元，和钟楼联票50元

营业时间｜4月1日至10月10日8:30—21:00，其余时段8:30—18:00

交通信息｜可乘坐地铁2号线至钟楼站。

电话｜87276420

亮点

编钟演出

回坊文化风情街（回民街）

标签：街道

回坊作为西安风情的代表之一，是回民街区多条街道的统称，由北广济街、北院门、西羊市、大皮院、化觉巷、洒金桥等数条街道组成。这片位于鼓楼西北侧的老城区，凭着种类繁多的清真小吃，成为每位来到西安的旅行者必定造访的美食街区。

门票信息｜免费

营业时间｜全天

交通信息｜可乘坐公交4、7、8、15、32路等至钟楼站。

亮点

美食、清真寺

大唐不夜城

标签：打卡地　街景

大唐不夜城以盛唐文化为背景，以唐风元素为主线，建有大雁塔北广场、玄奘广场、贞观广场、创领新时代广场四大广场，西安音乐厅、陕西大剧院、西安美术馆、曲江太平洋电影城等四大文化场馆，大唐佛文化、大唐群英谱、贞观之治、武后行从、开元盛世等五大文化雕塑，是西安唐文化展示和体验的首选之地。

门票信息｜免费

营业时间｜全天

交通信息｜可乘坐地铁3、4号线至大雁塔站。

微信公众号｜大唐不夜城官方

★ 亮点

不倒翁、音乐喷泉

陕西历史博物馆

标签：博物馆

博物馆为“中央殿堂、四隅崇楼”的唐风建筑群，气势雄浑庄重，融民族传统、地方特色和时代精神于一体。馆区收藏的170余万件（组）藏品，上起远古人类使用的简单石器，下至当代社会生活的各类见证物，时间跨度超过100万年。在这些琳琅满目的藏品中，尤以典雅庄重的商周青铜器、千姿百态的历代陶俑、精美绝伦的汉唐金银器，以及举世无双的唐墓壁画最富特色。

门票信息｜基本馆免费，专题展另收费

营业时间｜夏季8:30—18:00，冬季9:00—17:30，周一闭馆

交通信息｜可乘坐公交5、19、26、30路抵达，或乘坐地铁2、3号线至小寨站。

电话｜85253806

网址｜www.sxhm.com

微信公众号｜陕西历史博物馆票务系统

★ 亮点

大唐遗宝展、唐代壁画珍品展

西安博物院（小雁塔）

标签：博物馆

西安博物院位于西安城南2公里处，占地面积245亩。院址以著名唐代建筑、全国重点文物保护单位小雁塔为中心，整体按文物鉴赏、旅游观光、综合服务三大功能区设计，形成了一个集博物馆、名胜古迹、城市公园为一体，文化气氛浓厚的历史文化休闲场所。

门票信息｜免费

营业时间｜3月15日至10月31日9:00—17:00，11月1日至次年3月14日9:00—16:30

交通信息｜可乘坐地铁2号线至南稍门站。

电话｜87803591

网址｜www.xabwy.com

★ 亮点

雁塔晨钟、园林院落

西安半坡博物馆

标签：博物馆

西安半坡博物馆位于西安市东郊浐河东岸、半坡村北，是中国第一座史前遗址博物馆。半坡遗址于1953年春被发现，是一处典型的新石器时代仰韶文化母系氏族聚落遗址，距今已有6000多年的历史。博物馆展示了聚落的社会组织、生产生活、经济形态、婚姻状况、风俗习惯、文化艺术等。

门票信息｜3月至11月65元，12月至次年2月45元

营业时间｜3月至11月8:00—18:00，12月至次年2月8:00—17:30

交通信息｜可乘坐公交15、406、913路直达，或乘坐地铁1号线至半坡站。

电话｜62815385

网址｜www.bpmuseum.com

★ 亮点

遗址大厅、陈列厅

西安碑林博物馆

标签：博物馆

这里前身为陕西省博物馆，1993年更名为西安碑林博物馆，以收藏、展示和研究历代碑石、石刻造像及墓志为主。因其藏品体

系完备、体量巨大、价值极高，这里被誉为中国“历史文化宝库”“书法艺术殿堂”。

门票信息 | 旺季65元，淡季50元，和城墙联票100元

营业时间 | 3月至11月8:00—18:30，12月至次年2月8:00—18:00

交通信息 | 可乘坐地铁至永宁门站、和平门站。

电话 | 87210764

网址 | www.beilin-museum.com

亮点

《石台孝经》《开成石经》

化觉巷清真大寺

标签：清真寺

化觉巷清真大寺又名“东大寺”，是西安最大、保存最完整的清真寺，是中国西北四大清真寺之一，也是回坊中唯一作为收费景点对外开放的清真寺。寺院内布置严格按照伊斯兰教制度，殿内雕刻藻饰、蔓草花纹装饰都由阿拉伯文套雕组成，巧夺天工。

门票信息 | 旺季25元，淡季15元

营业时间 | 8:00—20:00

交通信息 | 可乘坐地铁至钟楼站。

电话 | 87295212

亮点

月碑

陕西黑河国家森林公园

标签：森林公园

陕西黑河国家森林公园位于黑河（古称芒水）源头周至县境内。园区森林茂密，奇峰若雕，怪石嶙峋，山水如画。大熊猫、金丝猴、羚牛等珍稀野生动物徜徉其间，傥骆道、营盘梁、钓鱼台、大蟒河等历史人文景观凸现着深沉厚重的文化积淀。

门票信息 | 3月至11月55元，12月至次年2月30元

营业时间 | 6:00—20:00

交通信息 | 从西安丰庆路汽车站乘班车，抵达周至县汽车站，后换乘由周至开往厚畛子、板房子、大蟒河等地的班车至公园管理处（水苑山庄）。

电话 | 85102008

网址 | www.heihepark.com

亮点

钓鱼台、殷家坪

关中民俗艺术博物院

标签：博物馆

关中民俗艺术博物院是以抢救保护、收藏、研究、展示民俗文化遗产为宗旨的大型文化旅游景区，坐落于秦岭终南山世界地质公园中心带、隋唐佛教圣地南五台山脚下，建筑整体呈明、清园林风格，古朴典雅，气势恢宏。博物院珍藏了周秦汉唐以来历代的民俗遗物4万余件（套）。

门票信息 | 120元

营业时间 | 3月至10月8:00—18:30，11月至次年2月8:30—17:30，周一闭馆

交通信息 | 可乘坐公交500路直达。

电话 | 85829182

网址 | www.gzmsbwy.cn

亮点

明清古民居、拴马桩

白鹿原影视城

标签：影视城

白鹿原影视城是中国首家开放式关中文化影视体验地，建于2011年，是以著名作家陈忠实的茅盾文学奖获奖作品《白鹿原》和同名电影为依托打造的西北首家影视主题乐园。影视城以“天地白鹿原，一览大关中”为口号，集影视拍摄、文化休闲、精彩演艺、儿童游乐为一体。

门票信息 | 免费

营业时间｜4月至10月9:00—20:00，11月至次年3月9:00—18:00

交通信息｜可乘坐公交927路至佘家湾站，或乘坐公交920路至焦岱站。

电话｜82842666

网址｜www.sxblyysc.com

★ 亮点

宗祠、白嘉轩家

太平国家森林公园

标签：森林公园

太平国家森林公园位于鄠邑区太平峪内，因隋朝皇家在此修建避暑别院太平宫而得名，今天的森林公园以玩水赏花著称。景区年平均气温7—10℃，森林覆盖率96%以上，原始森林保护完整，资源丰富，有"天下紫荆，源系太平"之说。

门票信息｜3月至11月60元，12月至次年2月40元

营业时间｜3月至11月9:00—18:00，12月至次年2月9:00—17:00

交通信息｜在西安城南客运站、西安城西客运站、西安城北客运站和咸阳汽车南站都有旅游直通车直达。

电话｜84959806

网址｜www.tppark.com

★ 亮点

黄羊坝、彩虹瀑布

翠华山景区

标签：山岳

"太乙近天都，连山到海隅"，王维《终南山》所描写的就是翠华山。如今，这里是少数能自驾上山顶的景区，适合带着全家老小来此亲近终南山。翠华山山崩景区以山崩地貌为特色，其山崩地貌类型全、结构典型、保存完整。

门票信息｜3月至11月65元，12月至次年2月40元

营业时间｜3月至11月9:00—17:00，12月至次年2月9:00—16:30

交通信息｜可包车或自驾前往。

电话｜85892176

网址｜www.cuihuashan.com

微信公众号｜翠华山旅游景区

★ 亮点

堰塞湖、滑雪场

楼观台国家森林公园

标签：森林公园　道观

楼观台国家森林公园地处周至县楼观镇，历史文化源远流长，是我国古代哲学家老子讲授《道德经》的地方，在道教史上称为"仙都""洞天之冠"。名胜古迹主要有说经台、炼丹炉、洞宾泉等，分布于茂林修竹之中，文化内涵极为丰富。

门票信息｜3月至11月45元，12月至次年2月30元

营业时间｜8:00—18:00

交通信息｜西安市汽车站每天有去往谭家寨的班车，途经楼观台。

电话｜87118911

★ 亮点

说经台、炼丹峰

西安秦岭野生动物园

标签：动物园

西安秦岭野生动物园集野生动物保护、科普教育、旅游观光、休闲度假于一体，园区展养着秦岭四宝——大熊猫、羚牛、金丝猴、朱鹮，以及来自世界各地极富代表性的野生动物，共200余种、6000余头（只），动物种群、数量均居西北首位。

门票信息｜3月至11月100元，12月至次年2月80元

营业时间｜3月至11月8:30—18:00，12月至次年2月9:00—17:00

交通信息｜可乘坐公交游9路（游9区间）至秦岭野生动物园站。

电话｜85670000

网址｜www.xianzoo.com

亮点

金丝猴馆、小熊猫馆、朱鹮馆

咸阳、铜川、渭南、商洛

咸阳位于关中平原腹地，有2300多年历史，曾是周、汉、唐等朝代的京畿重地和古丝绸之路第一驿站。随着同西安连通地铁，这座帝都古城已经同大西安都市圈紧密关联在一起。

铜川古称同官，古为长安京畿之地，在几十年前因煤而兴，是西部工业发展的绝对重镇。如今铜川逐渐完成转型，并随着西安市区北扩、西铜城际铁路的规划建设和西铜公交线路的开通，融入西安大都市半小时经济圈。

渭南是关中的东部门户，素有“三秦要道，八省通衢”之称，大名鼎鼎的华山、韩城、龙门均在渭南，这里还拥有9座唐帝陵，其中唐桥陵的神道石刻可与乾陵媲美。

商洛因境内有商山、洛水而得名，它与丹凤、商南一线自古就是关中去往湖北的大道，“关中四关”之一的武关也在此处，数百年来南北文化在此交融。

电话区号 咸阳029、铜川0919、渭南0913、商洛0914

交通

火车

咸阳火车站（咸阳市渭城区抗战路1号）离市中心很近，西出西安的普通列车基本都会停靠这里，可去往乌鲁木齐、西宁、兰州以及大部分中东部的大城市。

铜川站（铜川市王益区五一路24号）咸铜铁路正在进行电气化改造，有望开通动集列车。

渭南北站（渭南市临渭区108国道）有班次频繁的动车和高铁通往大部分北方城市以及西南的成都和重庆，到西安只需10多分钟。

商洛站（商洛市沙河子镇）在市区以东8公里处，是宁西铁路上的市级火车站。

长途汽车

西咸综合客运枢纽（029-33213335；咸阳市秦都区秦皇中路近胜利街）

耀州高速客运站（0919-6587891；铜川市耀州区铁牛路13号）

渭南客运中心站（0913-2338015；渭南市渭清路近东风大街）

商洛市汽车客运站（0914-2850009；商洛市龟山大道近迎宾大道）

公交车

咸阳、铜川、渭南、商洛市区公交网络发达，可投币或刷支付宝乘车码乘车。

土特产和纪念品

咸阳当地特色有御面、永寿槐花蜜和蓼花糖，铜川当地特色有雪花糖、宜君老豆腐和耀瓷，渭南当地特色有白水杜康酒、潼关酱菜，商洛当地特色有商洛核桃、富硒茶、天麻。

住宿

经济型

顺达宾馆（西安咸阳国际机场店）

（029-33123395；咸阳市海航基地西边方村B区3排）顺达宾馆就在咸阳国际机场海航基地西侧，优越的地理位置是最大优势，适合转机或者起早的游客。酒店房间不大，设施齐全，卫生条件一般，但性价比较高。

中档

宜君拾花山居酒店

（0919-5283888；铜川市宜君县花溪谷景区东大门300米处）酒店位于南山公园路花溪谷景区内，房屋为轻型钢架结构独栋，分布在山林花海中，环境优美。走出房间是整齐的木质小道，满眼尽是鲜花盛开。

高档

渭南桃园·美莎国际酒店

（0913-2555555；渭南市临渭区乐天大街与仓程路十字东南角）酒店位于临渭区繁华路段，距离西岳华山30分钟车程，可方便到达机场，出行便利。酒店楼高25层，拥有多间不同类型的客房，设施现代智能化。

就餐

柞水土菜馆

（15991995190；商洛市营盘镇中心幼儿园北行120米；9:00—21:00）菜馆位于柞水县营盘镇美食街上，评价很好。主打当地农家菜，酸菜魔芋口感不错，黄金锅巴分量很大，性价比很高。

三舍公馆

（0913-5123999；韩城市金城区老城隍庙巷口南30米；11:00—14:30，17:00—20:30）可以来建于清末的民居庭院里吃一顿地道的韩城菜，这里的招牌菜黄河鲤鱼（188元）有三种口味，肉质鲜嫩，由三荤三素和两种主食搭配的韩城八碗（188元）更能满足游客对韩城菜的期待。

线路推荐

铜川人文研究路线： 照金香山—耀州窑博物馆—陈炉古镇—耀州文庙

渭南自然风光路线： 少华山国家森林公园—华山风景名胜区—洽川风景名胜区—黄河龙门

咸阳景点

咸阳博物馆

标签：博物馆

咸阳博物馆地处咸阳市中山街中段，坐落在建于明代的文庙中，主体建筑保存完整，全木斗拱牌坊后是古朴幽静的四进院落。辉煌的帝都·秦咸阳文明展向观众展示了从秦非子立国至秦始皇多年的历史文化，馆藏玉器展涵盖了从古至今在咸阳出土的精品陈列，除此之外还有几个专题展值得浏览。咸阳博物馆的新馆已在西咸新区的秦汉新城开始修建。

门票信息 | 免费

营业时间 | 9:00—17:30，周一闭馆

交通信息 | 可乘坐公交19、50路到达。

电话 | 33213015

网址 | www.xybwg.cn

微信公众号 | 咸阳博物院官微

★ **亮点**

秦咸阳文明展

茂陵

标签：陵墓

西汉五陵之一的茂陵是汉武帝刘彻的陵墓，位于咸阳与兴平之间的五陵塬上，距西安约40公里。陵墓周围有李夫人、卫青、霍去病、霍光、金日磾等人的陪葬墓，茂陵博物馆就坐落在霍去病墓的陵园里。陵墓的东西两侧是博物馆的展厅，陈列了数千件珍宝，其中不乏国宝文物。

门票信息 | 联票旺季75元，淡季55元

营业时间 | 旺季8:00—18:00，淡季8:00—17:30

交通信息 | 建议包车或自驾前往。

电话 | 38456140

★ **亮点**

茂陵博物馆、霍去病墓、“马踏匈奴”石刻

汉阳陵

标签：陵墓

汉阳陵位于西安市北郊的渭河之畔，是西汉景帝刘启与王皇后同茔异穴合葬的陵

园。依托陵园而建的汉景帝阳陵博物院目前设有考古陈列馆、帝陵外藏坑遗址保护展示厅、南阙门遗址保护展示厅、宗庙遗址四个基本陈列，展示文物超过1万件。面积宽广的陵区中，只有进入阳陵考古陈列馆和帝陵外藏坑保护展示厅（地下馆）才需要购买门票。

门票信息｜旺季70元，淡季55元

营业时间｜旺季8:30—18:30，淡季8:30—18:00

交通信息｜在咸阳火车站广场东侧乘5路公交车可直达。

电话｜62657530

网址｜www.hylae.com

亮点

封土堆、帝陵外藏坑保护展示厅、阳陵考古陈列馆

昭陵博物馆

标签：博物馆

昭陵博物馆依托李勣（徐茂公）墓而建，包括两个碑石陈列室和出土文物、雕刻绘画展厅。除展出近年来发掘出土的10多座陪葬墓中文物外，主要陈列昭陵范围出土的各式唐代碎石与墓志铭。因为这些碎石独有的巨大书法艺术价值，这座博物馆又被人称为昭陵碑林。

门票信息｜旺季40元，淡季25元

营业时间｜旺季8:30—18:00，淡季8:30—17:00

交通信息｜可从咸阳汽车北站乘坐到烟霞的班车直达博物馆。

电话｜35767009

亮点

文物精华展、唐墓壁画展、昭陵碑林

乾陵

标签：陵墓

乾陵埋葬着唐高宗李治和武则天两位皇帝，是世界上唯一一座一对夫妻两朝皇帝的合葬陵。整座陵墓依山而建，仿唐长安城格局营造，规模宏大，俯视着三秦大地，被称为“唐陵之冠”。陵园内保存着神秘的无字碑，园区东南有17座子孙儿女的陪葬墓，乾陵博物馆就是在唐永泰公主墓的遗址上建立的。

门票信息｜通票102元

营业时间｜8:30—17:30

交通信息｜在乾县火车站乘坐1路、2路均可抵达乾陵南门。

电话｜35510222

网址｜www.tangwenhua.com

微信公众号｜乾陵

亮点

无字碑、梁山、乾陵博物馆

彬州大佛寺石窟

标签：石窟

彬州大佛寺石窟建于唐贞观二年（628年），是唐太宗李世民为纪念浅水塬之战的阵亡战士所建，因其佛像高大雄伟，后被俗称为“大佛寺”。寺内石窟群规模浩大，千百年来注视着丝路驼队一路西行，是丝绸之路重要的地理坐标。2014年作为中国、哈萨克斯坦和吉尔吉斯斯坦三国联合申遗的“丝绸之路：长安—天山廊道的路网”中的一处遗址点，成功列入《世界遗产名录》。

门票信息｜旺季35元，淡季20元

营业时间｜9:00—17:00

交通信息｜在彬州汽车站乘3路到大佛寺站。

电话｜34791330

网址｜www.bxdfssk.com

亮点

明镜台、千佛洞、丈八佛窟

铜川景点

照金香山

标签：纪念馆

“南有瑞金，北有照金”，照金香山风

景区拥有众多白垩纪宜君砾岩和凤凰山砾岩构成的山峰，沟溪纵横，属典型的丹霞地貌。刘志丹、谢子长、习仲勋等老一辈革命家在这里创建了我国北方地区第一个山区革命根据地，随着2004年陕甘边照金革命根据地纪念馆的建成开放，这里成为广大游客接受爱国主义教育和国防教育的最佳场所。

门票信息｜旺季35元，淡季25元

营业时间｜8:00—17:00

交通信息｜可乘坐旅游公交1路到达。

电话｜8162888

微信公众号｜今日照金

★ 亮点

革命纪念馆、香山寺

药王山

标签：山岳

药王山从汉代开山至今已有2000年历史，自然景观独特，文化内涵丰富。隋唐时期伟大的医药学家孙思邈晚年归隐于此，著书立说，后世尊称他为“药王”，药王山因此得名。山上五峰环拱，古柏苍翠，殿宇轩昂，碑石林立，从北周时已有摩崖石像开凿，后世为纪念孙思邈又建祠刻碑。

门票信息｜旺季70元，淡季50元

营业时间｜8:30—17:30

交通信息｜可乘坐药王山公交旅游专线直达景区。

电话｜6603519

★ 亮点

金元古建筑群、元代壁画

耀州窑博物馆

标签：博物馆

耀州窑是我国古代著名瓷窑，是北方青瓷的代表。20世纪50年代，耀州窑遗址发掘出土文物300多万件，是名副其实的陶瓷文化宝库，被评为20世纪“中国百大考古发现之一”。耀州窑博物馆就是在该遗址基础上修建而成的，全面展示了耀州窑从唐、五代、北宋、金、元、明、清至今1400余年的连续烧瓷历史及其辉煌的文化、艺术成就。

门票信息｜免费

营业时间｜周二至周日9:00—17:00

交通信息｜可乘坐公交6路到达。

电话｜7189413

微信公众号｜耀州窑博物馆

★ 亮点

青釉提梁倒注瓷壶、黑釉塔式瓷盖罐

渭南景点

华山风景名胜区

标签：5A级景区

华山位于华阴市境内，距西安120公里，素有“奇险天下第一山”之称。华山为五岳之中的西岳，著名景点超过200处，有凌空架设的长空栈道、三面临空的鹞子翻身，以及在峭壁绝崖上凿出的千尺幢、百尺峡、老君犁沟等，景观独特，文化内涵丰厚。“自古华山一条路”深入人心，如果体力和时间都充足，由华山峪登山的传统路线最值得尝试。

门票信息｜3月至11月160元，12月至次年2月100元

营业时间｜西山门全天开放，东山门和翁峪根据索道运营时间开放

交通信息｜可从高铁华山北站乘公交1、2路前往游客中心，购票后换乘摆渡车即可抵达登山起点玉泉院（华山镇），或在高铁站坐旅游专线到达景区。

电话｜400-091-3777

网址｜www.chinahuashan.com

微信公众号｜华山景区

★ 亮点

千尺幢、长空栈道、鹞子翻身

少华山国家森林公园

标签：森林公园

少华山国家森林公园位于华州区城东南5公里处的秦岭北麓，西起少华峰，东至蟠龙山，南依秦岭主脊，北接关中平原，由红崖湖、石门峡、密林谷、潜龙寺、少华峰五大景区组成。少华山与相距40余里的华山并称“两华”，相比华山少了些险峻，多了些秀美，生态环境保持较好，气候宜人。

门票信息｜60元

营业时间｜旺季8:00—17:30，淡季8:30—17:00

交通信息｜建议包车或自驾前往。

电话｜4810160

网址｜www.shaohs.cn

亮点

潜龙寺、石门峡、少华峰

桥陵国家考古遗址公园

标签：陵墓

桥陵位于蒲城县城西北15公里的丰山，距西安110公里，建于唐玄宗开元四年（716年），是唐睿宗李旦的陵寝，也是关中唐十八陵中气势最恢宏的。桥陵以山为陵，在山腹开凿地下寝宫，在地面上绕山筑城，四面各开一门，陵区群山有“三山九峰一平台”的宏大气势，四门遗址及地面石刻基本完整，尤其是南神道两侧气势磅礴的石刻群，无不彰显着开元盛世的辉煌。

门票信息｜35元

营业时间｜8:00—18:00

交通信息｜在蒲城城西客运站乘坐前往大孔的中巴到桥陵路口，下车后步行可达。

亮点

三出阙、獬豸石刻、青龙门石狮

司马迁祠

标签：历史建筑

“史记韩城，风追司马”，我国第一部纪传体通史《史记》的作者司马迁正是韩城人。司马迁祠位于韩城市芝川镇东，是为纪念司马迁而建的祠墓。景区大致可分为司马迁祠景区和国家文史公园两部分，二者相互联系又各有特色。

门票信息｜80元

营业时间｜8:00—18:00

交通信息｜在韩城客运总站或古城南关乘坐大禹庙到司马迁祠的旅游公交可到景区。

电话｜5414335

亮点

司马古道、司马迁铜像、文史公园

梁带村芮国遗址博物馆

标签：博物馆

梁带村遗址位于韩城市区东北7公里的西庄镇梁带村村北，是我国两周之际古芮国遗址。2004年10月，考古工作者对梁带村两周遗址进行考古发掘，数以万计的金、玉、象牙、漆木器等随葬品相继出土。如今的博物馆中，600余件（组）珍贵文物向人们展示了这个在史书中只留下只字片语的周代诸侯国。

门票信息｜50元

营业时间｜旺季8:30—18:00，淡季9:00—17:30

交通信息｜乘坐韩城到大桥的班车到梁代村路口，下车后步行可达。

电话｜5358581

亮点

玉猪龙、M27号墓

党家村

标签：古村落

这个有近700年历史的村寨以党、贾两姓

为主，位于韩城市东北方。党家村古建筑群是韩城民居的典型代表，风貌古朴自然，文化内涵丰富，被国内外专家誉为“东方人类古代传统文明居住村寨的活化石”和“世界民居之瑰宝”。

门票信息 | 50元

营业时间 | 8:00—18:00

交通信息 | 可乘坐韩城客运站发往下峪口的中巴或韩城到大桥的公交车在党家村路口下车。

电话 | 5325950

★ 亮点

看家楼、文星阁、泌阳堡

洽川风景名胜区

标签： 湿地

洽川地处合阳县城以东20公里的黄河之滨，自然风光迷人，是黄河流域最大的河滨温泉湿地。洽川人文底蕴深厚，历史可以追溯到4000多年前的有莘国，脍炙人口的“关关雎鸠，在河之洲”也源于此处，描述了西周文王与洽川姑娘太姒的爱情故事。

门票信息 | 处女泉55元

营业时间 | 旺季8:00—18:00，淡季9:00—17:00

交通信息 | 可在合阳城乡公交公司乘坐到洽川的班车。

电话 | 5620067

网址 | www.hechuan16.com

★ 亮点

兼葭渡、处女泉、黄土枫林

陕西

商洛景点

金丝峡

标签： 5A级景区　地质公园

金丝峡作为国家地质公园，经过了20年的精心呵护与养育，现已成为陕南最火的旅游景区。秦岭经历亿万年的造山运动，在这里形成了最完整的嶂谷地质构造，险峰与溶洞呈串珠状分布，在秦岭东南麓形成了绚丽多彩的生态画卷。

门票信息 | 100元，含观光车

营业时间 | 3月9日至11月7:30—17:00，12月至次年3月8日8:00—16:00

交通信息 | 可自驾前往。

电话 | 6566888

微信公众号 | 金丝峡

★ 亮点

丹江源、黑龙峡、漂流

牛背梁国家森林公园

标签： 森林公园

秦岭穿过柞水县的山脊因像牛背而得名“牛背脊”，其主脊南坡海拔由1300米飙升至2800米，呈现出鲜明的植被垂直景观带，观赏效果和科研价值很高。公园将秦岭造山带地质内容和地表景观风光整合在一起，使地质遗迹景观、人文景观、植物资源交相辉映。

门票信息 | 110元

营业时间 | 8:00—16:00，冬季闭园

交通信息 | 柞水客运站有班车直达牛背梁。

电话 | 4283666

★ 亮点

羚牛谷、六尺岭、峡谷漂流

塔云山

标签： 山岳

塔云山位于镇安县城西南35公里处，是驰名秦、鄂、川、豫等地的道教名山。主峰金顶海拔1600多米，形似宝塔，直耸云端。山上的道士们在金顶修建了观音殿，三面悬于万丈悬崖之巅，鬼斧神工，赢得“秦岭第一仙境，天下最险道观”的赞誉。

门票信息 | 3月至11月100元，12月至次年2月70元，强制观光车20元

营业时间 | 8:00—16:00
交通信息 | 镇安客运站（商运司）5月至10月有多班发往塔云山的班车。
电话 | 18891592222
微信公众号 | 陕西塔云山景区

亮点

塔云仙馆、观音殿

天竺山国家森林公园

标签：森林公园

天竺山以险峻闻名，是秦岭中一颗璀璨的明珠。主峰海拔2074米，颇具仙山气质。自汉以来，这里就被当作道教活动中心，山峦高处的道观矗立崖边，保存完好，自然景致与宗教文化相辅相成，有“西北小武当”之美誉。

门票信息 | 3月至11月80元，12月至次年2月50元
营业时间 | 8:00—18:00
交通信息 | 山阳华龙汽车站发往漫川关的班车会经过僧道关村的天竺山路口，下车后步行可达。
电话 | 8888882
微信公众号 | 陕西商洛天竺山

亮点

云盖观、双峰观、天竺大顶

宝鸡、汉中、安康

宝鸡古称陈仓，是典故“明修栈道，暗度陈仓”发源地，后因“石鸡啼鸣”之祥瑞改称宝鸡。这里出土的青铜重器因镌刻有周秦王朝历史铭文而为宝鸡赢得“青铜器之乡”的誉称，安放着佛祖真身舍利的法门寺更是“关中塔庙始祖”。

汉中位于陕西省南部，镶嵌在秦巴之间，是长江第一大支流汉江的源头。汉中自秦设郡至今已有2300多年历史，刘邦在此称王，丝绸之路开拓者张骞在这里出生，造纸术发明者蔡伦受封于此，韩信、诸葛亮、曹操等帝王将相也曾在这里建功立业。

安康地处秦巴腹地，这里以汉江为界分为两大地域，北为秦岭地区，南为大巴山地区，是古代兵家必争之地，巴蜀文化、荆楚文化、秦陇文化和中原文化在此相互交融。

电话区号 宝鸡0917、汉中0916、安康0915

交通

飞机

汉中城固机场（汉中市城固县柳林镇）在汉中市区以东17公里处，已开通飞往北京、深圳、上海、杭州等地的航线。

安康富强机场（安康市五里镇西北5公里）2020年投入使用的新机场，距安康市中心20公里，通航城市有北京、上海、广州、深圳、重庆等地。

火车

宝鸡站（宝鸡市渭滨区经二路近文化路）陇海线和宝成线上的大站，从这里去四川、甘肃、青海和新疆很方便，也有去北京、上海、广州等大多数城市的直达列车。

汉中站（汉中市汉台区站前路10号）被当地人称为高铁站，有安阳铁路上的普通列车停靠，也有班次众多的西成高铁动车组。可以由此乘坐动车前往洋县西、西安北、华山北、洛阳龙门、成都东、重庆北等站。

安康站（安康市进站路1号）位于襄渝、阳安、西康铁路的交会点上，是陕西重要的铁路枢纽，开通了往返西安的动集列车。

长途汽车

宝鸡汽车站（0917-3212694；宝鸡市渭滨区经二路106号）

汉中客运枢纽站（0916-2213322；汉中市汉台区火车站南出站口东侧）

安康高速客运站（0915-3336851；安康市安康大道近高新大道）

公交车

宝鸡、汉中、安康的公交很发达，市内公交票价1—2元，可刷公交卡或支付宝乘车码乘车。

土特产和纪念品

宝鸡当地特色有擀面皮、西凤酒、岐山臊子面，汉中当地特色有菜豆腐、腊肉、黄酒，安康当地特色有紫阳富硒茶、平利绞股蓝、岚皋魔芋。

住宿

经济型

菲林酒店

（0917-3370666；宝鸡市渭滨区经二路45号东方国际4楼）酒店性价比不错，紧邻小吃街和步行街，离火车站也只有700米。房间采用简约风格，比较干净。

中档

汉中百悦国际酒店

（0916-2129999；汉中市汉台区天汉大道999号万邦时代广场）酒店位于万邦时代广场，地理位置优越，周围是繁华的市区商业圈，距离火车站也不远。在淡季前来会有不错的折扣。

高档

安康明江国际酒店

（0915-8188888；安康市汉滨区滨江大道4号）酒店坐落于美丽的汉江畔，建筑装修高端新颖，入住体验奢华。12层以上的江景房风景绝佳，需要预订。

就餐

令氏家外家周礼食府

（0917-3330888；宝鸡市公园路1号安装大厦1楼；7:30—22:00）菜单很大，压在餐桌的玻璃下，有很多好吃又独特的小吃。主打"一人吃好"套餐，包括3个凉菜和10款小吃，分量足够吃饱。饭点通常需要等位。

张明富面皮店

（18729168868；汉中市汉台区东大街古汉台对面；6:00至次日1:00）面皮一直雄踞汉中小吃榜首，与关中面皮不同，这里选用的是热米皮。张明富是一家老字号，面皮十分劲道。当地人习惯配一碗菜豆腐，可以缓解辛辣。

线路推荐

宝鸡古迹人文路线：宝鸡青铜器博物院—金台观—大散关—周公庙—法门寺

汉中人文古建路线：拜将坛—石门栈道—武侯墓—青木川古镇—华阳景区

宝鸡景点

法门寺

标签：5A级景区　寺庙

法门寺始建于东汉末年，距今约有1700年历史，因供奉佛祖释迦牟尼指骨舍利而成为著名佛教圣地，在海内外均享有极高声誉。法门寺地宫是迄今最大的塔下地宫，出土多件佛教至高宝物，法门寺珍宝馆现存2000多件文物。

门票信息｜旺季100元，淡季90元

营业时间｜9:00—18:00

交通信息｜西安城西客运站有直达法门寺的班车，也可从扶风汽车站打车到法门寺。

电话｜5258888

网址｜www.famensi.com

★亮点

法门寺博物馆、合十舍利塔

太白山国家森林公园

标签：5A级景区　森林公园

"秦岭主峰太白山，中国南北分界岭"，

陕西

太白山公园以森林景观为主题，海拔高度从620米到3511米，是中国海拔最高的国家森林公园。垂直分布的四个气候带造就了"一山看四季，十里不同天"的奇景，保留着完整的第四纪冰川遗迹。丰富多样的环境是大熊猫、金丝猴、红腹角雉等野生动物的家园。

门票信息｜旺季90元，淡季54元

营业时间｜旺季7:30—18:00，淡季8:00—18:00

交通信息｜从西安火车站东广场有直达太白山的高速大巴。

电话｜400-639-1615

微信公众号｜太白山

亮点

天圆地方、自然保护区、拔仙台

宝鸡青铜器博物院

标签：青铜器

这是我国第一座以青铜器命名的专题博物馆，向公众展示了"青铜器之乡"宝鸡在周秦时期鼎盛的青铜文化。馆内设有基本陈列、专题展览、临时展览，展出1500多件商周青铜器精品，不乏国宝级重器。博物院已成为宝鸡地区的地标建筑。

门票信息｜免费

营业时间｜9:00—17:00，周一闭馆

交通信息｜可乘坐公交10、71路至中华石鼓园站。

电话｜2769018

网址｜www.bjqtm.com

亮点

何尊、折觥、秦公镈

大散关

标签：古迹

大散关是"关中四关"中的西关，自古就是兵家必争之地，"明修栈道，暗度陈仓"就是从这里经过，陆游的诗句"铁马秋风大散关"也是描写这里的沧桑和豪迈。景区是在古大散关遗址上新建的，从入口处开始爬山，登顶后可远眺群山叠嶂。

门票信息｜50元

营业时间｜9:00—17:00

交通信息｜在宝鸡汽车站乘坐前往凤县、两当、徽县、汉中方向的班车都可路过景区。

亮点

烽火台、关楼、陈仓古道

汉中景点

汉中博物馆

标签：博物馆

这里位于一处土台之上，因刘邦分封汉王时曾驻跸于此而得名古汉台。秦宫汉瓦遗址已荡然无存，如今这里的建筑大多为明清复建。1958年，汉中市以古汉台为馆址，建立了汉中博物馆，后相继整修了园林庭院和多处陈列。

门票信息｜免费

营业时间｜周二至周日8:30—17:30

交通信息｜可乘坐公交11、16路到达。

电话｜8152188

微信公众号｜汉中市博物馆

亮点

汉台碑林、褒斜道石门

青木川古镇

标签：古镇

作为全国特色景观旅游名镇、中国历史文化名镇的青木川，地处陕、甘、川三省交界处，曾因叶广芩的小说《青木川》而火爆全国。古镇建筑历经百年沧桑，存有大量保存完好的历史古迹。

门票信息｜免费，景点单独收费

营业时间｜全天

交通信息｜汉中每天有发往青木川汽车站的班车。

电话｜4341555

微信公众号｜青木川景区

★ 亮点

回龙场老街、魏氏宅院

张骞纪念馆

标签：纪念馆

2014年6月，张骞墓作为“丝绸之路：长安—天山廊道路网”的项目申遗成功，成了陕南第一个被列入《世界遗产名录》的景点。纪念馆基于墓葬而建，保存完好，是中国统一多民族国家形成以及中西文化交流的实物见证，具有极高的历史价值。

门票信息｜3月至11月60元，12月至次年2月40元

营业时间｜周二至周日9:00—17:00

交通信息｜可打车前往。

电话｜2727771

★ 亮点

石虎、城固县博物馆

华阳景区

标签：森林公园

华阳景区在洋县以北50多公里的深山中，被人誉为陕西的“小香格里拉”，天然的森林和清泉让这里成为避暑疗养胜地。在这里可以观赏到“秦岭四宝”，沿山谷里的栈道步行观光，仿佛进入云雾缥缈的仙境。

门票信息｜90元

营业时间｜8:00—17:30，冬天闭园

交通信息｜可从洋县搭乘前往华阳的班车前往。

电话｜8372088

微信公众号｜华阳景区

★ 亮点

古镇、秦岭四宝园、傥骆古道

安康景点

安康博物馆

标签：博物馆

汉江北岸的这座博物馆凭借端庄大气的仿古建筑外观，吸引了无数人的目光。这里前身为安康历史博物馆，经“新唐风”大师张锦秋院士的设计后焕然一新，拥有高台临江、秦地楚风等风格，常设有三个基本陈列，可以帮助游客更好地了解安康。

门票信息｜免费

营业时间｜周二至周日9:00—17:00

交通信息｜可乘坐公交7、9、22、32路至博物馆站。

电话｜3287945

微信公众号｜安康博物馆

★ 亮点

史密篋、名人书画

南宫山

标签：森林公园

在葱葱郁郁的大巴山脉中，南宫山因1亿年前古火山喷发留下的险峻石林脱颖而出。这里的主峰金顶海拔2200多米，旁边的两座山峰形如笔架。山中环境优美，生物种类繁多。在清代中后期，这里变成了佛教圣地，更增添一分传奇色彩。

门票信息｜3月至11月90元，12月至次年2月50元

营业时间｜6:00—22:00

交通信息｜建议包车或自驾前往。

电话｜2510007

微信公众号｜南宫山景区

亮点

真身殿、大雄宝殿、金顶

延安、榆林

延安位于黄河中游，是中华民族重要的发祥地。"三黄一圣"代表着人们对延安旅游的认知，其中黄河是无数人来延安的最大理由，可以在壶口和乾坤湾感受母亲河的咆哮和柔美，万人来朝的黄帝陵是追溯华夏文化源头最好的打卡地，黄土则是陕北最典型的地貌，而"一圣"自然是指这里的革命圣地。

榆林地处陕西省最北部，既有苍凉厚重、独具魅力的地理景观，千百年来边塞多民族的交流融合又成就了这里丰富多彩的人文景观。从延安一路北上，陕北的特色在这里展现得淋漓尽致。

电话区号 延安0911、榆林0912

交通

飞机

延安南泥湾机场（0911-8812277；延安市宝塔区柳林镇尚家沟）位于市区以南约16公里处，开通有往来于西安、北京、广州、上海等地的航班。

榆林榆阳机场（0912-3457114；榆林市西北约15公里处）每天有多趟航班往返于榆林与西安，也有飞往北京、上海、武汉等地的航班。

火车

延安火车站（延安市七里铺大街柳林路路口）包西铁路上的重要站点，有动车前往西安、黄陵、绥德、榆林等地，比长途汽车快很多，也有发往北京的列车。

榆林火车站（榆林市兴榆路中段）从这里乘坐动车可北上神木、府谷，南下绥德、延安、西安、安康、宝鸡等地，也可前往包头、呼和浩特、齐齐哈尔、成都、昆明、上海、北京、太原等省外城市。

长途汽车

延安汽车南站（0911-2491167；延安市七里铺大街）

延安汽车东站（0911-2113350）

榆林汽车站（0912-8114920；榆林市新建南路榆阳中路）

公交车

延安、榆林市内公交四通八达，可刷公交卡或支付宝乘车码乘坐。

土特产和纪念品

延安当地特色有黄陵面花、子长粉条和吴起羊肉，榆林当地特色有黄芪和海红果。

住宿

经济型

窑苑假日酒店

（0911-8068888；延安市延安大学内）酒店位于延安大学那六排标志性的窑洞里，是一座窑洞式主题酒店。室内并没有传统的炕，略带民族风设计的靠枕提亮了整个房间的色调。厚重的历史、高校的底蕴、清新的环境相得益彰，需要预订。

中档

神木世纪金源大酒店

（0912-8355555；神木市惠泉路与北关路交叉路口往东）世纪金源大酒店位于神木市的繁华商业区，房间大而干净，卫浴干湿分离。酒店周边有很多吃饭的地方，交通便利，内部也有中餐厅，味道不错。

高档

宝塔窑苑民宿

（18509110167；延安市宝塔山景区内）这家民宿在革命圣地宝塔山景区内，将保留下来的旧址窑洞进行改造，融入了陕北民俗和窑洞建筑等元素。传统的窑洞里藏着现代化的房间，加上宝塔山山腰的景观，使这里成为延安最昂贵的住处之一。

就餐

老延安

（0911-2385777；延安市宝塔山游客中心隔壁；10:30—22:30）地理位置、装修风格和就餐环境很好的一家延安餐厅，味道更是超出预期。可以品尝一些耳熟能详的延安特色菜，38元一套的“小米加步枪”（小米粥和羊排）是这家店的特色。

榆林拼三鲜

（0912-8697777；榆林市怀德路204号；11:00—21:30）当地人气最高的餐馆，装修大气时尚。菜品是北方特色，主打的拼三鲜分量很大，羊肉馅饺子也很好吃。饭点儿要排队等号，建议避开就餐高峰来体验。

线路推荐

延安红色旅游路线：延安革命纪念馆—桥儿沟革命旧址—中共中央西北局旧址—凤凰山革命旧址—王家坪革命旧址—杨家岭革命旧址

榆林人文体验路线：榆林古城—镇北台—红石峡—统万城—盘龙山古建筑群

陕西

延安景点

宝塔山

标签：5A级景区 山岳

宝塔山旧名嘉岭山，是延安市区“三山”中旅游开发最完善的一座，有延安的地标性建筑——宝塔。出于文物保护的考量，游客只能在平台上仰望这座始建于唐代的千年古塔。宝塔山是革命圣地延安的标志和象征，融历史文物和革命遗址于一体。登顶后，可将圣地景色和高原风光尽收眼底。

门票信息 | 60元

营业时间 | 7:30—17:30

交通信息 | 可乘坐公交1、5、18路到达。

电话 | 2113735

微信公众号 | 宝塔山景区

亮点

宝塔、摩崖石刻

延安革命纪念馆

标签：红色旅游

延安革命纪念馆是中华人民共和国成立后最早建立的革命纪念馆之一，展出了大量珍贵的革命文物、文献和照片，按历史顺序分为11个单元，是学习延安精神的绝佳场所。游客可来此深入了解老一辈革命家在延安住窑洞、吃小米、驱日寇的过往。

门票信息 | 免费

营业时间 | 8:00—16:00

交通信息 | 可乘坐公交1、3、7、8、13、23路到达。

电话 | 8213694

网址 | www.yagmjng.com

亮点

专题展览

中共中央西北局旧址

标签：红色旅游

中共中央西北局曾是党中央在西北地区的代表机构，也是该区域党、政、军、群的最高领导机关。为保护和管理好延安革命旧址，政府规划修复了40多间老窑洞，还新建了一座三层楼的展馆，展出相关历史的旧物与图文资料。西北局旧址就在延安火车站以北。

门票信息 | 免费，讲解150元

营业时间 | 8:00—17:30

交通信息 | 从火车站到市区的公交车大多经过这里。

电话 | 2118160

亮点

窑洞、纪念碑

凤凰山革命旧址

标签：红色旅游

位于凤凰山北麓山脚下的凤凰山革命旧址，是中共中央1937年1月从志丹迁往延安的第一个驻地。中共中央先后在这里召开了多次重要会议，如洛川会议和六届六中全会等，推动了各项工作的迅速发展。窑院结合的四合院建筑均为后期重建。

门票信息｜免费

营业时间｜夏季8:00—18:00，其余季节8:00—17:00，周一休息

交通信息｜可乘坐公交15、25、K12、K13路到达。

电话｜2119815

亮点

防空洞、白求恩图片展

王家坪革命旧址

标签：红色旅游

王家坪隔延河与城相望，依山傍水，环境优美。这里曾是中央军委和八路军总部，也是毛泽东、周恩来等人撤离延安前最后一个中央政权驻地。七间高大宽敞、四角翘起的大瓦房是军委礼堂，屋内保留着木梁柱，可容纳近千人。

门票信息｜免费

营业时间｜夏季8:00—18:00，其余季节8:00—17:00

交通信息｜可乘坐公交23、104路到达。

电话｜2338384

亮点

中央军委礼堂

瓦窑堡革命旧址纪念馆

标签：红色旅游

1935年末，毛泽东在瓦窑堡城南中山街南侧下河滩田家院内主持召开了中共中央政治局会议，即瓦窑堡会议，确定了抗日民族统一战线的战略。院内是一排面向东南的砖窑洞，当地人通常把纪念馆（毛泽东旧居）称为“上院”，把实际的会议旧址称为“下院”。

门票信息｜免费

营业时间｜9:00—16:00

交通信息｜可乘坐公交3、5路到达。

电话｜7110798

亮点

毛泽东旧居、《红都瓦窑堡》展览室

黄帝陵

标签：5A级景区　陵园

轩辕黄帝的故事过于奇幻，《史记·五帝本纪》记载“黄帝崩，葬桥山”，这座桥山很早就被认为是黄帝归葬处，古称“桥陵”。这里是历代帝王和名人祭祀黄帝的场所，最早可以追溯到公元前422年。1961年，黄帝陵被国务院公布为第一批全国重点文物保护单位，编为“古墓葬第一号”，对华夏文明的历史研究有着特殊意义。

门票信息｜3月至11月75元，12月至次年2月50元

营业时间｜8:00—17:30

交通信息｜西安火车站广场南侧的汽车站有班车直达黄帝陵。

电话｜5212742

微信公众号｜民族圣地黄帝陵

亮点

黄帝手植柏、轩辕庙、黄帝陵冢

壶口瀑布

标签：4A级景区　瀑布

“千里黄河一壶收”，黄河奔流至此，两岸石壁耸立，河口收束狭如壶口，故名壶口瀑布。壶口瀑布是从延安甚至西安出发的最热门的一日游目的地，来到此处，可见滔滔黄水倾泻而下，激流澎湃，浊浪翻滚，壮丽的盛景

独一无二。

门票信息｜90元

营业时间｜夏季7:30—18:00，冬季8:00—17:30

交通信息｜从延安乘坐旅游直通车可直达景区。

电话｜4838030

★ 亮点

十里龙槽、孟门山、八大奇观

黄河蛇曲国家地质公园

标签：地质公园

黄河蛇曲国家地质公园又被当地人称为“乾坤湾”，集中展示了河流地貌景观和黄土地貌景观。河流如蛇身蜿蜒的曲线一般，在大地上画出了一道道美妙的弧线，这便是“蛇曲”之意。公园内景点分散但管理规范，景区内有观光车营运。

门票信息｜通票80元

营业时间｜夏季6:00—19:30，冬季8:00—17:30

交通信息｜从延安乘坐旅游直通车可直达景区。

电话｜8335555

★ 亮点

黄河蛇曲地质博物馆、清水湾、乾坤湾

甘泉雨岔大峡谷

标签：峡谷

亿万年前，强烈的地震将这里的地表切割出一道道造型奇特的裂缝，经过多年的风雨侵蚀，地缝的棱角变得圆润，崖壁随着太阳照射角度的改变而呈现出美妙的波纹。由于这里的景色与美国的羚羊峡谷极其相似，又被称为“中国羚羊谷”，是摄影爱好者的心爱之地。

门票信息｜128元，电瓶车70元

营业时间｜夏季8:00—15:00，冬季8:30—14:30

交通信息｜从延安乘坐旅游直通车可直达景区。

电话｜4562018

★ 亮点

桦树沟、龙巴沟

洛川黄土国家地质公园

标签：地质公园

黄土是灰黄色质地均一的土状堆积，在经过长期的流水侵蚀分割后，形成千沟万壑、支离破碎的景观，并伴随滑坡、崩塌以及沉积等各种地质活动，最终形成了黄土景观。洛川黄土国家地质公园有关于黄土地质的多角度展示，是游客体验黄土高原地貌之旅的必去景点。

门票信息｜免费

营业时间｜9:00—17:00

交通信息｜可从洛川县城打车前往。

★ 亮点

洛川黄土国家地质公园博物馆

洛川会议旧址

标签：红色旅游

1937年“七七事变”后，中共中央在这个名为冯家村的地方召开政治局扩大会议，于是这里成为全民抗战的发起地，也是八路军的诞生地。院内为两孔砖窑，坐北朝南，一孔是洛川会议会址，一孔是毛泽东的卧室兼办公室。

门票信息｜免费

营业时间｜9:00—17:00

交通信息｜可从洛川县城乘坐公交4路到达。

电话｜3861545

网址｜www.lchyjng.com

★ 亮点

洛川革命简史馆、洛川会议史实展馆

陕西

榆林景点

榆林古城

标签：古城

明成化年间，延绥镇巡抚余子俊将镇治所由绥德迁至榆林卫后，榆林城经过了三次规模较大的修建。作为“九边重镇”之一，榆林城虽历经600余年沧桑，但大部分得以保存下来，古城内有众多名胜古迹，如星明楼、凌霄塔等。

门票信息｜免费

营业时间｜全天

亮点

星明楼、凌霄塔

镇北台

标签：城墙

镇北台号称“长城第一台”，是明代长城遗址中最宏大、气势最磅礴的烽火台，与山海关、居庸关、嘉峪关并称为“三关一台”。登临其上，可以像曾经的守城者一样眺望四方，向南可望见榆林古城，向北可见沙丘和绿洲相互环绕的塞外大漠，视野开阔。

门票信息｜30元

营业时间｜夏季8:00—20:00，冬季8:00—17:30，春秋季8:00—18:00

电话｜7150715

交通信息｜可乘坐公交3、5路到达。

亮点

长城博物馆

红石峡

标签：古迹

红石峡位于镇北台西2公里处，峡谷东崖高约11米，西崖高13米，东西对峙，陡峭雄伟。这里被誉为“塞上碑林”，古代驻守榆林的文人墨客甚至武将都喜欢到红石峡题刻以抒发边塞豪情壮志，使这里成了长城书法艺术的一大宝库。

门票信息｜30元

营业时间｜夏季7:30—19:30，冬季8:00—18:00

交通信息｜从镇北台车站步行可达。

电话｜7183765

亮点

摩崖石刻、红山寺

统万城

标签：遗址

“统一天下，君临万邦”，大漠中赫然升起的雪白城池就这样孤傲地倚在陕蒙边界，这是中国唯一的匈奴国都遗址，也是匈奴称雄一时的历史佐证。经过了1600多年的岁月洗礼，你仍能从统万城的废墟一窥它当年的雄伟。

门票信息｜免费

营业时间｜8:00—18:00

交通信息｜可自驾或包车前往。

亮点

瓮城、统万城博物馆

鸣沙山月牙泉

甘肃

“雍凉之地”甘肃，常被人们誉为一条丝带，上面缀满熠熠发光的明珠，比如万里长城终点嘉峪关、敦煌莫高窟、天水麦积山石窟……可以说，历史的美丽和苍凉在甘肃体现得淋漓尽致，从一句“秦时明月汉时关”便可感知。

甘肃地势海拔多在1000米以上，自然风光极具特色，黄土高原、内蒙古高原、青藏高原等三大高原在这里交会，带来纵横交错的山脉，也带来了戈壁、盆地等多样地貌。天水市和陇南地区有“小江南”之称，是天然的膏沃之地，这里历史悠久，物产丰富；甘南藏族自治州、临夏回族自治州，是少数民族的集聚地，民情和风俗独具一格；庆阳、平凉地区是有着厚重红色历史的革命老区；河西走廊是古丝绸之路的交通要道，也是甘肃著名的粮仓。甘肃每一处地方背后都有着深厚的人文历史，让人兴趣盎然，忍不住一探究竟。

行前参考

实用方言

啊里起里：去哪里

干三的很：很能干、很利索

四活：试一试

何时去

4月至6月：春季风沙大，气候干燥，出行要做好防沙准备。

7月至9月：最佳旅行时间，甘南草原遍布野花，牛羊成群，河西走廊夏季气候凉爽，昼夜温差大。

冬季：气温较低，不适合户外活动，但正月藏传佛教活动丰富。

麦积山石窟

注意事项

甘肃有较多的少数民族居住，来此旅行应注意尊重少数民族的生活习惯和信仰。去藏民家做客，喝酥油茶时，应等主人捧到面前才能接过来饮用。穆斯林禁食猪肉，在清真餐馆就餐时，不要外带食品。

2021年，由于突发极端天气，参加黄河石林山地马拉松百公里越野赛的选手中，有21人遇难，8人受伤。西北天气多变，即便不是参加体育赛事，也应注意天气情况，考量自己的身体状态再安排行程。

当地新讯

甘肃省于2021年12月新增11家国家4A级旅游景区：武威市天梯山石窟、武威市民勤苏武沙漠、甘南州迭部县俄界、甘南州迭部县腊子口、平凉市静宁界石铺红军长征毛主席旧居纪念馆、定西市岷县狼渡草原、酒泉市肃北县雪域紫亭、陇南市文县白马河民俗风情旅游景区、陇南市礼县秦文化博物馆、张掖市甘州区甘泉红色历史文化旅游区、天水市秦州区青鹃山。

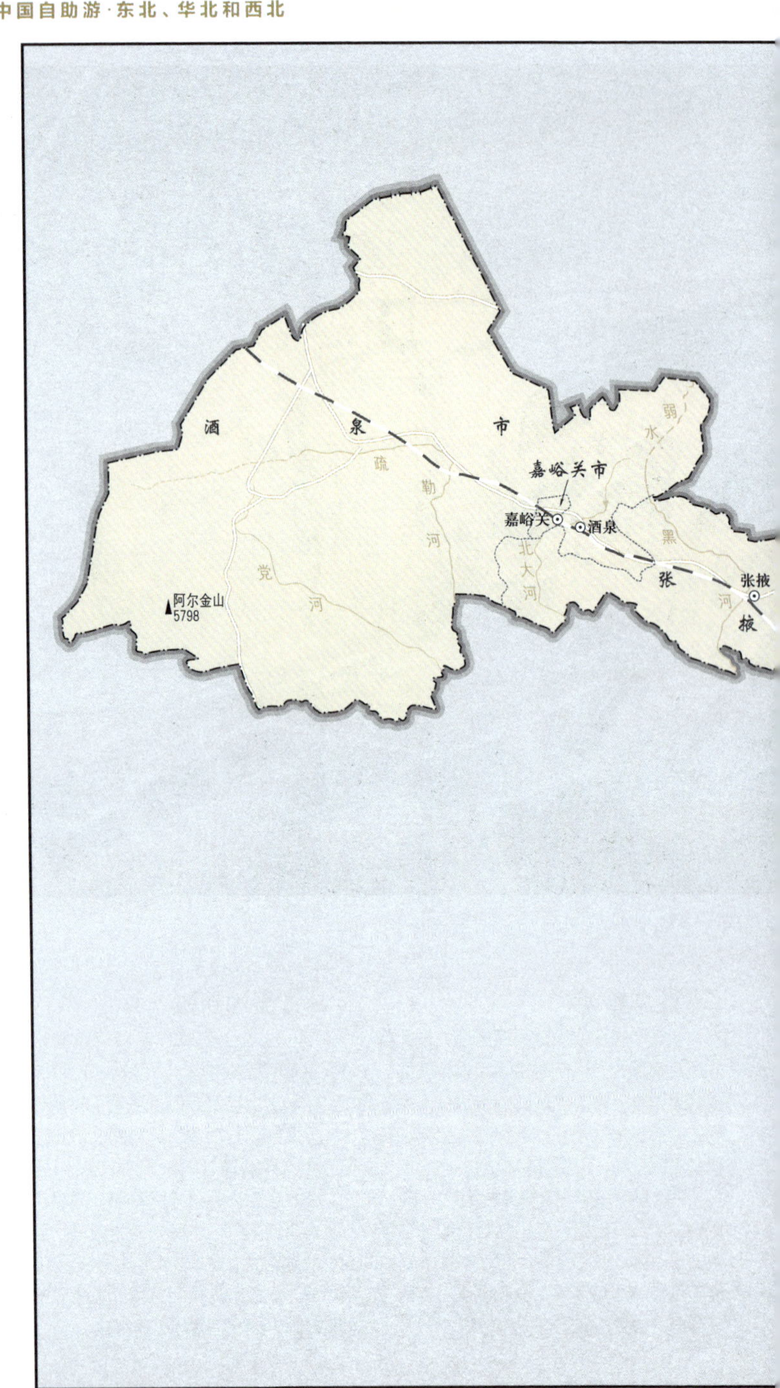
酒
泉
市
嘉峪关市
弱
水
疏
勒
河
嘉峪关
酒泉
黑
北
大
河
张
张掖
党
河
阿尔金山
5798
河
掖

甘肃省
比例尺
N
0
150千米
武威市
金昌
金昌市
武威
石羊河
白银市
白银
黄河
兰州市
兰州
大通河
湟水
临夏回族自治州
临夏
定西市
定西
平凉市
平凉
崆峒山2123.3
庆阳市
庆阳
泾河
天水市
天水
渭河
洮河
合作
甘南藏族自治州
陇南市
陇南
白龙江

兰州

兰州古称“金城”，风沙湮没了它此名的真正由来：一说是取意“固若金汤”来修筑城堡，另一说是这里初次筑城时地下挖出了金子。无论哪种说法，都带着浓厚的民间色彩。

皋兰山、白塔山耸立在这座城市两侧，给偏远的西北大地带来了浓郁的绿色，而从市中心奔流而过的“母亲河”黄河，则为兰州大地带来蒸腾的水汽和独一无二的极致美景。

兰州拉面大名远扬，但其实这里不止于此，“看景下杭州，品瓜上兰州”美称由来已久，不妨一试。如果你既不爱拉面，又不嗜瓜果，没关系，还有黄焖羊肉、手抓羊肉，以及酸酸的浆水面和浆水漏鱼等着你，此外，川菜和火锅在兰州也到处可见。

电话区号 0931

交通

飞机

兰州中川国际机场（96556；http://www.lzzcairport.com/；永登县中川镇；微信公众号：兰州中川国际机场）位于市北郊，作为西部重要的航空枢纽，这里每天都航班繁忙，省内外航线都有折扣机票。

火车

兰州西站 高铁站，位于七里河区。

兰州站 位于城关区，可根据旅行线路安排选择抵离站点。

长途汽车

兰州客运中心（8807114；火车站东路338号）兰州主要的汽车站，在火车站北侧，班车发往省内天水、西宁以及省外西安、银川等地。

地铁

2021年6月，兰州市地铁1号线一期工程全线开通试运营，这是国内首条下穿黄河的轨道交通线路，东起城关区东岗，西至西固区陈官营，穿过兰州市的城关、七里河、安宁、西固等4个主要城区，共设20座车站，全部为地下线。

公交车

公交车基本覆盖全市，一般起价都是1元/人，可用支付宝、微信支付。其中兰州金城旅游观光公交环线涵盖市区内所有景点，还会进行简单景点播报。

土特产和纪念品

当地特色有兰州水烟、冬果梨、三泡台。

住宿

经济型

佶舍青年旅社

（18093187721；天水路183号）这家青旅有42间客房，干净整洁，床位的私密性很好，有一床一锁的电子密码锁，提供独立私人空间。旅舍离火车站非常近，走路只需要5分钟，周围有很多吃的可选择。洗手间只有3个，并且卫生有时候不尽如人意。

中档

CitiGO欢阁酒店

（8313999；通渭路2-8号）酒店在张掖路步行街旁边，出入方便，房间小小的，简约而不失设计感，适合年轻时尚人士。卫浴洁具很有品质感，卫生间不大，干湿分离。酒店提供付费停车。

高档

甘肃阳光大酒店

（4608888；城关区庆阳路428号）兰州唯一的五星级酒店，总建筑面积3万平方米，有各类套房及普通客房222间，有中西餐厅及娱乐、购物等配套设施。酒店位于繁华的市区中心，交通方便，周边生活配套设施完善，服务周到，价格较贵，2019年还对房间进行了升级改造。

就餐

马子禄牛肉面（大众巷店）

（8450505；城关区大众巷86号；营业到中午）要寻找一碗正宗兰州牛肉面，不妨来纪录片《舌尖上的中国》介绍过的这家店。兰州牛肉面的标准“一清二白三红四绿五黄”，即汤色清、萝卜白、辣椒油红、香菜蒜苗绿、面条黄，在这里一一体现，让人食指大动。面馆有两层楼，一楼比较平价，二楼价格较高一些。

正宁路小吃夜市

（城关区正宁路307号；17:30至次日2:00）正宁路小吃街一到晚上就人山人海，堪称兰州特色的“深夜食堂”，羊头、羊杂碎、回民烤串、酿皮、甜醅子等回民小吃从街头铺满街尾。这条街上所有的回民烤串和卖牛奶鸡蛋醪糟的，都叫马大爷，个个有一把大胡子，也是夜市的一道风景线。其中人气最旺的正宁路68号老马家牛奶鸡蛋醪糟，曾经上过《舌尖上的中国》第二季，他家的醪糟有浓浓的牛奶味，加上葡萄干、杏仁、黑芝麻，美味无比。

线路推荐

甘肃亮点赏游：甘肃省博物馆—黄河母亲雕塑—中山桥—大众巷—水车博览园—白塔山公园

景点

甘肃省博物馆

标签： 国家一级博物馆 全国中小学生研学实践教育基地

坐落在黄河之滨的甘肃省博物馆，是国内最早成立的综合性博物馆之一。这里有展厅18个，收藏了35万余件藏品，有“甘肃丝绸之路文明”“甘肃彩陶”“甘肃古生物化石”3个常设主题展览。

国宝“马踏飞燕”就在2楼的丝绸之路文明展中呈现。这个展览集中展示了420余件古丝绸之路的文化遗产，包括铜奔马、铜车马仪仗俑队、北方青铜器、唐三彩、佛教造像、汉唐丝织品、元青花等文物。甘肃彩陶展位于3楼，展出了400余件彩陶，介绍了从大地湾文化、仰韶文化到马家窑文化的彩陶发展史。古生物化石展厅占据了两个楼层，将带你走入白垩纪时代。

门票信息｜免费，可通过微信公众号预约门票，持个人有效证件领票参观

营业时间｜9:00—17:00，16:30停止入场，周一闭馆

交通信息｜乘公交1、18、31、50、53路等至七里河桥（或友谊饭店）站；也可乘坐到达火车西站的其他公交车，下车后向七里河桥方向步行10分钟。

电话｜2339131，2339133

微信公众号｜甘肃省博物馆

网址｜www.gansumuseum.com

亮点

铜奔马、铜车马仪仗俑队、五重套函、北朝石造像塔

中山桥

标签： 黄河第一桥

来到中山桥，第一眼就能看到黄河第一桥的石碑。这座桥始建于清朝光绪年间，初名“兰州黄河铁桥”，是全黄河上的第一座真正意义上的桥梁，也是兰州境内历史最悠久的古桥。为纪念孙中山先生，1928年此桥更名为中山桥。如今古老的中山桥结束了它近百年的通车历史，改做步行观光桥。位于桥北金城关文化博览园里的桥梁博物馆，有大量珍贵的老照片，详细介绍了中山桥的建造维修史。

门票信息｜免费

营业时间｜全天

交通信息｜乘坐公交4、6、9、37、137、74、105路到中山桥站下车，步行约300米可达。

亮点

黄河第一桥的石碑

白塔山公园

标签：兰州规模最大的古建筑群

公园内的山上有一座白塔寺，公园因此而得名。白塔寺相传是为纪念元代一位著名喇嘛而建，白塔高17米，七级八面，其东、西、南、北都配有佛龛。公园里独特的黄河奇石馆藏石丰富，还有三台古建筑群，1958年建筑大师任震英在原址废墟基础上将其重建，与建于清朝的法雨寺、云月寺、三星殿等一起，构成了兰州城里规模最大的古建筑群。

山上有古称“镇山三宝”的象皮鼓、青铜钟、紫荆树，现紫荆树已枯死。登上白塔山顶，可俯视整个兰州，绿树成荫、凉风习习，在你视野里的巍巍白塔与黄河上的铁桥相映生辉，构成一幅雄浑壮丽的画面，也是兰州市的象征之一。

整个公园的最高点牡丹亭附近有缆车，可以选择乘坐缆车下山，在惬意、轻松中感受不一样的风景。

门票信息｜免费，缆车上行45元，下行30元，往返55元

营业时间｜6:00—18:00

交通信息｜乘公交20、35、53、108、112、131路在白塔山公园站下车；也可乘公交4、6、9、15、25、34、59路等在中山桥站下车，步行穿过黄河铁桥即到；或乘坐75、106、107、113、137等公交车到西关什字，往北步行15分钟到达。

电话｜8366114

亮点

白塔寺、三台古建筑群

黄河母亲雕塑

标签：兰州形象代表作

出于对黄河“母亲河”的感情，全国艺术家创作出诸多表现母亲河的雕塑艺术品。兰州这座位于黄河南岸滨河中路中段的黄河母亲雕像是一座花岗岩圆雕，由一名“母亲”和一个“男婴”组成构图，分别象征黄河母亲和华夏子孙。它也是兰州百里黄河风情线的一个组成部分，是游客喜欢的打卡地点之一。

门票信息｜免费

营业时间｜全天

交通信息｜从中山桥可以直接步行前往。

亮点

花岗岩圆雕

水车博览园

标签：巨型水车　水车广场

兰州水车又叫“天车”“灌车”“翻车”“老虎车”，历史悠久，是古代黄河沿岸的灌溉工具。在黄河南岸的滨河东路上，有一个水车博览园，由兰州市旅游局专门设计仿建，为游览参观公园的人再现这一古老的灌溉工具林立黄河两岸的壮观景象。

兰州水车博览园由水车广场、文化广场、水车园3部分组成，中心是水车创始人段续的雕塑，雕塑的右边有一座握桥横跨南北，始建于唐代，如今所见的是仿建的。

多个大型水车在黄河水流冲击力下日夜不停地转动，有些水车除了展示用，还供游客亲自操作，游客参照指示牌，就能体会手摇、脚踏等水车的不同之处。博览园中还有很多反映兰州特色民俗的铜雕艺术作品。

门票信息｜旺季10元，淡季5元

营业时间｜8:00—22:00

交通信息｜乘135、140、26路公交汽车可达。

电话｜8587111

亮点

水车广场、段续雕塑、握桥

刘家峡水库

标签：黄河90度大急弯

刘家峡水库于1974年建成，地处甘肃与青海交界处，距离兰州市大约75公里。库区内湖面辽阔，环境优雅，是一个不错的生态观光地。黄河的河水在刘家峡来了一个90度的大急弯，然后又穿过峡谷，向远方流去。从这里坐船顺流而上，绵延的山峦、碧绿的河水给人带来难以置信的美感，山体在阳光下露出属于西北的土黄色，带来了荒凉的感觉，但正是这种突兀的荒凉，衬托出黄河的滂沱气质。游客一般来这里先参观水库发电机组，然后乘船，一路欣赏黄河上游景色，再行至炳灵寺石窟参观。

门票信息｜免费

营业时间｜全天

交通信息｜从兰州西站乘到刘家峡的班车。

电话｜8843419

★亮点

水库发电机组、库区内湖

吐鲁沟国家森林公园

标签：4A级景区

吐鲁沟国家森林公园位于兰州以西的永登县，属祁连山脉的东麓，发源于俄博峰的吐鲁河在此流过。吐鲁沟峰奇石怪、林木青翠，植被垂直分布特色很鲜明，是一处原始自然风景区，因终年常绿而又名“吐绿沟”。景区分大吐鲁沟和小吐鲁沟两部分，进入核心景区要坐半小时观光车，结合西北大地荒凉贫瘠的大背景，你对它被誉为“神话般的绿色山谷”这样的美称，心里也多了几分体谅。

门票信息｜50元

营业时间｜5月1日至10月7日8:30—18:30

交通信息｜兰州汽车西站每天13:30有一班车，停靠吐鲁沟路口。

电话｜6530015

微信公众号｜吐鲁沟森林公园

网址｜http://www.tlggy.com/

★亮点

怪石、森林

嘉峪关、酒泉、张掖

嘉峪关号称“天下第一雄关”，是古代丝绸之路的必经之地，也是明代万里长城的西端起点，素有“中外钜防”“河西第一隘口”之称。如果对长城文化感兴趣，沿着嘉峪关长城徒步绝对是心之所向的一件事。

酒泉是甘肃省面积最大的市，可以说占据了河西走廊的半壁江山。敦煌艺术的故乡、中国航天的摇篮、“铁人精神”的诞生地、新中国石油和核工业的发祥地等，都是酒泉的别称。

古诗有云：“不望祁连山上雪，错把张掖当江南。”张掖山川奇秀，物产丰饶，历史人文积淀深厚，是古时河西走廊四郡之一。张掖丹霞全国闻名，不同于其他丹霞呈现出一种单纯的红色，这里的的丹霞多彩，雨后欣赏尤为出色。

电话区号 嘉峪关0937、酒泉0937、张掖0936

交通

飞机

嘉峪关机场（0937-6381114；嘉峪关市机场路北端；微信公众号：嘉峪关机场）目前已开通飞往北京、上海、广州、成都、乌鲁木齐、西安、兰州的航班，价格较贵。

张掖甘州机场（0936-8859066；张掖市甘州区机场路）目前开通飞往北京、西安、成都、上海、兰州等城市的航班，夏季是旅游旺季，张掖机场会增加飞往乌鲁木齐、杭州、敦煌等地的航班。

火车

嘉峪关站（0937-5972222；嘉峪关市迎宾

西路西端）有乌鲁木齐到兰州、北京、上海、成都、西安、郑州等城市的往来列车经过。

嘉峪关南站（嘉峪关市镜铁区文殊镇雄关大道）每天有多班动车前往乌鲁木齐、张掖、西宁和兰州。

酒泉站（酒泉市肃州区西洞镇解放路）是兰新线上的大站，有多趟列车发往乌鲁木齐、兰州、西安、上海等地。

酒泉南站（酒泉市肃州区高铁东路）有多趟列车发往兰州等地。

张掖火车站（张掖市甘州区东园镇张火公路）兰新线上的车次往来于此，有发往敦煌、乌鲁木齐、兰州、北京、上海等多地的列车。

长途汽车

嘉峪关汽车站（0937-6224010；嘉峪关市兰新西路312号）

酒泉西关汽车站（0937-2600247；酒泉市西关路47号近雄关路）

张掖汽车站（0936-8215218；张掖市西环路351号）

公交车

嘉峪关公交运营时间为7:00—20:00，票价统一为1元/人，没有电子交通卡，可手机扫码支付。10月16日到次年4月15日采用冬季时刻表，提前半小时收班。电子地图可以查询到所有班车路线。

酒泉火车站前有发往市区的2元中巴车，去火车南站可以乘坐25路公交车。酒泉和嘉峪关之间有城际公交车。

张掖公交票价1元。1路公交车经过县府街、西大街东段、镇远楼、东大街后，开往火车站。

土特产和纪念品

嘉峪关当地特色有泥沟胡萝卜、炮仗面，酒泉当地特色有瓜州蜜瓜、瓜州枸杞、敦煌李广杏，张掖当地特色有肃南马鹿、高台红椒、民乐紫皮大蒜。

住宿

经济型

酒泉天骄宾馆（鼓楼美食街店）

（0937-2667777，13139498534；酒泉市平等巷19号）位于肃州区钟鼓楼附近，地理位置优越，周边生活配套齐全，距离汉唐美食街、酒泉特色小吃一条街仅一街之隔。交通便利，去酒泉火车站、南关车站、高铁站、嘉峪关乘车点步行数分钟可达。宾馆装修简约时尚，入住环境整洁舒适，生活设施齐备。

中档

锦江之星（嘉峪关兰新路店）

（0937-6399806；嘉峪关市兰新东路638号，与五一中路交会处）房内设施和服务都令人满意，整体宽敞舒适，干净温馨，价位适中。酒店门口有公交直达火车站和关城景区。周边娱乐设施齐全，附近有小吃城可一饱口福。

高档

张掖天薇国际大酒店

（0936-8630777；张掖市滨河新区临泽北路天薇嘉苑6号楼）酒店交通便利，离张掖西站仅仅2公里。酒店装潢温馨，设施很新，房间宽敞明亮，布置非常有文化氛围，工作人员服务态度良好，自助早餐丰盛。

就餐

嘉峪关阿迷来牛羊肉粉汤馆

（嘉峪关城区胜利中路26号）这是一家在嘉峪关市很有知名度的羊肉粉汤店，牌匾上题着“雄关第一汤”，十分醒目。去吃过的人都说汤很鲜，吃不出一点儿羊膻味，20元一碗的价格算不上便宜，但看在让人吃了念念难忘的份上，也值得再来一碗。

酒泉肃州羊汤（西关店）

（18193700736；酒泉市西关车站什字

向东100米路南）酒泉古称肃州，肃州羊汤是有名的早点。这家店附近不好停车，店面也不大，但是店里人头攒动。羊杂汤味道鲜美，羊血粉汤也很好吃，配上油泼辣子和赠送的碎末状青灰色的小咸菜，让人吃得相当满意。

张掖祁连羊肉馆（玉水街店）

（0936-8850618，13629364966；张掖市玉水街112号，滨河新区碧桂园门口；10:00—14:30，16:30—23:30）这家店人气很高，常常需要等位，食客的热情可见一斑。他家食材新鲜，菜品精致，分量也不小，服务热情周到。店内的招牌是祁连金牌手抓羊肉，选用的羊肋排，肥瘦均匀，入口鲜嫩多汁。凉拌沙葱、红柳羊肉串也广受好评。

线路推荐

嘉峪关历史人文游：魏晋墓壁画—悬壁长城—嘉峪关关城（长城博物馆）—长城第一墩

酒泉访古：敦煌古城—西千佛洞—阳关—河仓城—玉门关—汉长城—雅丹魔鬼城—莫高窟—石窟艺术陈列中心

张掖赏丹霞：马蹄寺—冰沟丹霞—临泽丹霞

嘉峪关景点

嘉峪关关城

标签：5A级景区　全国重点文物保护单位　全国爱国主义教育示范基地

嘉峪关关城是明长城西端的第一重关，初建时只是一座6米高的土城，后才逐渐成为一座部件俱全的“天下雄关”。它比山海关还早建9年，是目前明代长城全线保存最完好的一个。嘉峪关关城分为内城、外城和城壕，在外城的雄关水寨可以远眺雄壮景色，进入内城，是一个大广场，四周是城墙和两扇关门，再登上城楼，由垛口向外看，向不同的方向可以看到不同的景致。关城的门票是通票，完整的嘉峪关还包括悬壁长城、长城第一墩，因距离较远，被分为三处。

门票信息｜淡季100元（含邮资明信片1元），旺季120元（含邮资明信片1元）

营业时间｜夏秋季8:30—20:00，冬春季8:30—18:00

交通信息｜景区直达车1号线、2号线、3号线停靠站点设置在嘉峪关文物景区。在市区坐4、6路公交车，到关城景区下车。

电话｜6396110

微信公众号｜嘉峪关关城里景区

亮点

长城、丝绸之路、历史古迹

嘉峪关游击将军府

标签：军机政务所

游击将军府初建于明隆庆年间，为明清两代镇守嘉峪关的游击将军处理军机政务的场所。现在保存下来的建筑为两院三厅四合院式，占地面积为1755平方米，建筑面积808平方米。陈列分为两个部分，前院以议事厅为中心，展示古代游击将军及文武官员指挥御敌、签发关文等情景；后院是游击将军及家眷生活的场所，展现游击将军及其家眷的生活场面。

门票信息｜包含在嘉峪关景区门票内

营业时间｜旺季8:30—20:00，淡季8:30—18:00

交通信息｜在嘉峪关长城景区内。

亮点

议事厅

悬壁长城

标签：历史建筑

悬壁长城远观颇为雄奇，其中大概有231米由黄土夯筑的城墙攀缘在高150米、倾斜度45度角的山脊上，在人们眼中，长城似乎从悬崖峭壁上陡跌而下，这也是它名字的由来。你会发现整个游览过程是一个爬山的过程，虽然辛苦，但是站在悬壁长城上远眺，关外苍茫的风光一览无遗，也很值得。

门票信息｜联票120元，单票21元

营业时间｜夏秋季8:30—20:00，冬春季8:30—18:00

交通信息｜悬壁长城在市区西北约10公里处，没有公共交通，单独包车往返约需60元。嘉峪关景点旅游专线车也可到达。嘉峪关关城、悬壁长城和长城第一墩一日包车价格在150—180元。

电话｜5962315

★ 亮点

远眺塞外风光

长城第一墩

标签：嘉峪关南翼明墙的尽头

长城第一墩其实是一个烽火台，也是古长城的起点。它一侧接黑山，一侧接关城，1.5公里的整道墙在游客面前袒露无遗，不经修饰，满是沧桑。可以说，这里相较于其他长城景点尽管稍显单一，却也最原汁原味。第一墩身后的讨赖河是嘉峪关的母亲河，一座吊桥悬于讨赖河上，壮观险峻。

门票信息｜联票120元，单票旺季22元，淡季11元

营业时间｜夏秋季8:30—20:00，冬春季8:30—18:00

交通信息｜可乘坐嘉峪关景点旅游专线车。嘉峪关关城、悬壁长城和长城第一墩一日包车价格在150—180元。

★ 亮点

玻璃观景台、讨赖河

长城博物馆

标签：长城文化专题博物馆

长城博物馆外观古朴，风格独特，是中国第一座全面、系统地展示长城文化的专题性博物馆。馆内有长城各个历史时期的出土文物、古代兵器装备和长城书画作品共7000余件，配有详细的文字图表解说，其中长城工牌、永乐铜炮和嘉峪关关照印版等珍贵资料值得参观。

门票信息｜讲解50元

营业时间｜夏秋季8:30—20:00，冬春季8:30—18:00

交通信息｜在嘉峪关关城景区旁。

电话｜6396281

★ 亮点

长城工牌、永乐铜炮、嘉峪关关照印版

魏晋壁画墓

标签：魏晋墓地

魏晋壁画墓素有“地下画廊”之称，位于嘉峪关市区以东约18公里处的新城镇，魏晋时期的1000余座古墓葬分布在近13平方公里的地域内，多数已经被盗，目前开发了18座。墓室的墙壁上有砖壁画，画着出行、狩猎、畜牧、农耕及宴乐、舞蹈的画面，让人惊叹于1700多年前人类的智慧。墓室内的驿使图，是至今发现最早的邮差图，也是中国邮政的标志图像。墓内禁止拍照。

门票信息｜门票31元，讲解员50元

营业时间｜5月至10月8:30—19:30，11月至次年4月8:30—17:30

交通信息｜仅能包车前往，单独前往约100元，若单日内和关城、悬壁长城、天下第一关一同游览，包车价格约为240元。

电话｜6385353

★ 亮点

驿使图

黑山岩画

标签：北方岩画典型

黑山岩画全称“嘉峪关黑山摩崖浅石刻

岩画”，在嘉峪关西北20公里处，占地约12平方公里。岩画雕刻古拙，画面抽象，风格独特，是中国北方岩画的典型，被称为“留在石头上的史诗长卷”。岩画的内容涉及舞蹈、操练、狩猎、人物、佛塔及飞禽走兽，以描绘野生动物的居多，有明显的地域特点。

营业时间｜全天

交通信息｜没有到景点的班车，包车约100元。

亮点

舞蹈、操练、狩猎的岩画

嘉峪关东湖生态旅游景区

标签：4A级景区 “戈壁明珠”

被誉为“戈壁明珠”的嘉峪关东湖生态旅游景区，地处和诚东路与新华南路交叉处，湖面面积56万平方米，总占地面积165万平方米。它是嘉峪关市城建史上规模最大的生态建设工程，充分展示出“三池水，一片绿”的特色风光，内设中心广场、瀑布通廊、绿色游廊、景观凉亭、拱桥、铁人三项比赛纪念雕塑等景点设施。嘉峪关气象塔是该景区的人气之选。

门票信息｜免费

营业时间｜9:30—22:00

交通信息｜坐3、5路公交可直达东湖。

电话｜6335111

网址｜www.jygdonghu.com

亮点

嘉峪关气象塔

嘉峪关中华孔雀苑

标签：4A级景区 蓝孔雀主题公园

中华孔雀苑是全中国目前最大的蓝孔雀主题公园，在这里蓝孔雀成群徜徉，美丽的羽毛在阳光下闪闪发亮。景区环山绕水，位于嘉峪关城楼下的峪泉镇，占地20多万平方米，不光可以欣赏美丽的孔雀，还可以去生态采摘区、观景平台等游玩。

门票信息｜50元

营业时间｜9:00—18:00

交通信息｜建议自驾前往。

电话｜6213888

微信公众号｜嘉旅孔雀苑

亮点

蓝孔雀种群繁育及规模养殖

滑翔俱乐部

标签：极限运动

嘉峪关附近有强盛波状气流和热力上升气流，曾经举办多届嘉峪关国际滑翔节。在这里可以开展多种滑翔旅游活动，有教练指导并陪同飞行，有兴趣的话可在这里遨游蓝天，从空中俯瞰整个嘉峪关，欣赏祁连雪山的壮丽景色和戈壁瀚海的迷人色彩。

门票信息｜双人动力伞和三角翼280—1080元/人，乘坐热气球观光500—600元/人

营业时间｜5月至10月

交通信息｜嘉峪关关城3个景区内皆有营业点。

电话｜13209488711

亮点

空中俯瞰嘉峪关

文殊山石窟群

标签：全国重点文物保护单位 中国早期佛教遗存

文殊山在宋、元以前叫“嘉裕山”，据说“嘉峪关”的得名就是因为它。整个景区分为前山和后山两个片区，文殊寺就在景区入口处。文殊山的石窟才是这里真正的宝藏，依山势开凿于文殊山前山和后山的崖壁上，被认为是中国早期佛教遗存，直到2018年才正式开放给公众参观。前山万佛洞东壁的《弥勒上生经变画》是文殊山石窟的代表作。

门票信息｜寺院门票42元，石窟门票120元（含寺院）

营业时间｜夏季8:00—18:00，冬季9:00—17:30

交通信息｜从嘉峪关包车前往。

电话｜6164567

微信公众号｜文殊山石窟群旅游

★ 亮点

《弥勒上生经变画》《供养人对坐图》

酒泉景点

敦煌莫高窟

标签：世界文化遗产

莫高窟又称千佛洞，是中国四大石窟之一，坐落在敦煌城东南25公里处的大泉河谷里。莫高窟始建于十六国的前秦时期，经历代兴建，规模不断扩大直至形成今天的模样，成为人类稀有的文化宝藏。石窟群分为北区和南区，以藏经洞陈列馆为界，现有洞窟735个、壁画4.5万平方米、泥质彩塑2415尊。南区对外开放，须在讲解员带领下参观。到达石窟群之前，游客可先去数字展示中心观看电影，再乘坐景区巴士前往石窟。

门票信息｜旺季180元，淡季90元

营业时间｜旺季8:00—18:00，淡季9:00—17:30

交通信息｜从敦煌市区、敦煌火车站到莫高窟数字展示中心都可乘坐12路公交车。

电话｜8825328

微信公众号｜敦煌研究院

★ 亮点

莫高窟洞窟、莫高窟彩塑、莫高窟壁画、藏经洞、西千佛洞等

玉门关

标签：世界文化遗产

“羌笛何须怨杨柳，春风不度玉门关”，唐代王之涣的《凉州词》深入人心，很多人关于玉门关的最初印象就来自这首诗。玉门关是关名，汉武帝时期开始设置，汉时为通往西域各地的门户，因西域输入玉石时取道于此而得名，故址在今甘肃敦煌西北小方盘城。很多人到了玉门关，会觉得它完全不符合最初的想象，而这一个几乎快要被风干的土垒，却不知道流淌过多少历史沧桑。

门票信息｜40元

营业时间｜9:00—18:00

交通信息｜从敦煌到玉门关包车费用在300元左右。

电话｜8851516

微信公众号｜敦煌市阳关玉门关景区服务中心

★ 亮点

历史遗迹

瓜州锁阳城遗址景区

标签：全国重点文物保护单位　世界文化遗产

锁阳城遗址位于瓜州县东南68公里处，始建于西晋，自西夏军队撤出后，城市废弃至今。清代将此地再一次纳入帝国版图，“锁阳城”的称呼便是因为老百姓发现此地盛产锁阳。锁阳城是我国目前保存最为完好的汉唐古城之一，集古墓葬、古城址、古寺院等多种文化遗迹为一体，参观锁阳城时，景区有解说员一路开着电瓶车带你进入保护区并进行讲解，在西南城墙制高点和塔尔寺遗址停留时，不妨细细品味历史的风情。

门票信息｜50元

营业时间｜旺季8:30—18:00，淡季9:00—17:00

交通信息｜瓜州发往桥子乡的班车路过锁阳城售票处。

电话｜18089363844，5521120

微信公众号｜魅力锁阳城

★ 亮点

塔尔寺遗址、城墙制高点

鸣沙山月牙泉风景区

标签：5A级景区 世界地质公园

“山以灵而故鸣，水以神而益秀”，鸣沙山、月牙泉相邻相伴，这一“沙漠奇观”往往被人们称为茫茫戈壁中一朵双生花。鸣沙山月牙泉旅游风景区面积约200平方千米，处于敦煌市南郊约5公里处，流沙和泉水之间虽然只有短短数十米，但是泉处于戈壁而不浊不涸，且不被流沙所掩没，因而成为奇景。景区现在配套开发了游览鸣沙山月牙泉十大景观和十种游览项目，是旅游观光、度假休闲的胜地。

门票信息｜120元

营业时间｜6:00—21:30

交通信息｜乘坐3路公交到终点站鸣沙山月牙泉景区，票价为1元。如果包车去莫高窟，一般都免费送鸣沙山月牙泉。

电话｜8883388

微信公众号｜鸣沙山月牙泉

网址｜http://www.mssyyq.com/

亮点

“沙漠第一泉”

酒泉市博物馆

标签：综合性博物馆

酒泉市博物馆是酒泉市第一个以城市历史文化为主题的综合性博物馆，建于2012年。酒泉市博物馆内现有各类藏品4508件，其中文物2516件。展馆共有4层可供参观，其中，1楼是多元化展区，主要有浮雕《大美酒泉》、七域同辉展厅等，2楼展览分为历史文化和传承创新两个篇章。

门票信息｜免费

营业时间｜周二至周日8:30—12:00，14:30—18:00，周一闭馆

交通信息｜可在酒泉南站搭乘25路公交，在汽配一条街站下车步行即到。

电话｜2650318

微信公众号｜酒泉市博物馆

网址｜http://www.jqsbwg.com/index.html

亮点

浮雕《大美酒泉》

西汉酒泉胜迹公园

标签：4A级景区

汉武帝时期骠骑将军霍去病西征匈奴时，取得著名的河西之战的胜利，相传他将长安御酒倒在泉中，与将士共饮，自此有了酒泉之名，流传至今。这座公园是晚清名臣左宗棠任陕甘总督时主持建造的酒泉园林，至今园内还留存一些当初的景观，园内历史名胜包括汉古酒泉、左公柳、园林古建筑群等。园内九眼泉水流水成湖，左宗棠亲手栽种的左公柳遒劲粗壮，园内鸟飞鱼游，一派自然闲适之景。

门票信息｜免费

营业时间｜5月1日至10月7日7:00—22:00，10月8日至次年4月30日8:00—19:30

交通信息｜酒泉公园距离鼓楼约2公里，在鼓楼前乘坐1路公交可达。

电话｜2633441

微信公众号｜西汉酒泉胜迹景区

亮点

左公柳、酒泉

敦煌雅丹国家地质公园

标签：4A级景区 国家地质公园

敦煌雅丹国家地质公园俗称敦煌雅丹魔鬼城，距敦煌市区约180公里。这是一处风蚀形成的雅丹地貌景观区，夜幕降临之后，阵阵劲风刮过，仿佛野兽在怒吼的声音，令人毛骨悚然，这也是别名“魔鬼城”的由来，这里遗迹类型丰富多样，共有77处地质遗迹点，整体景观雄浑壮丽、怪异神奇，每个雅丹地貌都造型生动、惟妙惟肖。

门票信息｜50元

营业时间｜7:30—21:00

交通信息｜可从敦煌包车前往。

电话｜8841885

★ 亮点

风蚀地貌、地质展馆

阳关景区

标签：4A级景区

“劝君更尽一杯酒，西出阳关无故人”，这是王维《渭城曲》的诗句。阳关自古以来就守护着丝绸之路的南道，汉武帝曾在河西“列四郡、据两关”，阳关就是两关之一。景区位于敦煌市区西南70公里处，大部分历史古建筑都被时光掩埋，唯一的建筑遗迹就是阳关烽燧。入口处有一个阳关博物馆，陈列着不少文物，值得好好参观一下。

门票信息｜50元

营业时间｜8:00—20:00

交通信息｜在敦煌市区包车前往。

电话｜8833089

微信公众号｜敦煌市阳关玉门关景区服务中心

★ 亮点

阳关烽燧、阳关博物馆

瓜州榆林窟

标签：全国重点文物保护单位

瓜州榆林窟也叫“万佛峡”，始建于北魏，是莫高窟的姊妹窟，石窟艺术的风格、内容、绘画形式可谓与莫高窟一脉相承。据说之前的规模比莫高窟还要大，可惜部分洞窟被榆林河大水冲毁。榆林窟位于瓜州县城南76公里处，众多石窟开凿在榆林河谷两侧的砾石崖壁上，现存唐、五代、宋、西夏、元等朝代洞窟43个，其中第25窟的唐代壁画，场面宏大，装饰图案精美，是世所罕见的珍品。

门票信息｜40元

营业时间｜5月至10月9:00—17:30，11月至次年4月10:00—17:00

交通信息｜在敦煌乘火车或公共汽车到瓜州县城，从瓜州去往榆林窟只能包车，往返160元。

电话｜5680111

微信公众号｜榆林窟

★ 亮点

巨幅法会场面、唐代壁画

玉门赤金峡风景区

标签：4A级景区

赤金峡水利风景区地处玉门新市区以北50公里处，依托赤金峡水库建造而成。这里景色秀丽、气候宜人，水库大坝连同东边的黑石仙山、西侧的窟窿山，一同组成一幅美丽的景色。赤金峡景区主要景观有长虹锁桥、赵公祠、龙王阁、滴水观音、大象汲水、山神居等，不妨前往一观，徜徉在赤金峡碧水蓝天、秀木苍山的环抱中。

门票信息｜35元

营业时间｜8:00—21:00

交通信息｜在玉门新城宾馆门口乘坐玉门至赤金峡的旅游专线车到达赤金峡。

电话｜3342067

微信公众号｜玉门市赤金峡国旅

★ 亮点

龙王阁、赵公祠

张掖景点

张掖七彩丹霞地质公园

标签：5A级景区

在几千万年甚至上亿年的湖相沉积、流水与风力的侵蚀等作用下，被誉为中国最美的6处奇异地貌之一的张掖七彩丹霞地貌形成了。七彩丹霞位于临泽县倪家营镇南台村，

甘肃

景区面积50平方公里，这是一片秀美如画、错落起伏的彩色丘陵，丹霞地貌和彩色丘陵高度融合，是不可复制、不可再生的地质遗迹。景区在东、西、北各设一个入口，入口不同观景的线路也不一样。游客通过不同观景台领略丹霞地貌奇观，其中彩云海台、七彩仙缘台以远观为主，七彩锦绣台位于山脊，在七彩虹霞台可以和七彩屏特写近距离接触。

门票信息｜75元

营业时间｜3月1日至4月10日6:30—18:00，4月11日至4月27日6:00—18:00，4月28日至8月31日5:30—19:00，9月1日至10月31日6:30—18:00，11月1日至次年2月29日7:30—17:00

交通信息｜张掖西关车站有直达丹霞景区西入口的大巴车。

电话｜5623666

微信公众号｜张掖七彩丹霞旅游景区

网址｜www.zydanxia.com

亮点

科普、摄影、地质

大佛寺

标签：4A级景区　佛教圣地

张掖大佛寺又称“卧佛寺”，位于张掖市西南，始建于西夏崇宗永安元年，大佛寺作为丝绸之路上的一处非凡的名胜古迹，自古以来就有“塞上名刹，佛国胜境”的美名。该寺得名于寺内有中国最大的室内泥塑卧佛像，卧佛身长34.5米，身后是十大弟子群像，对面墙壁上是精美的清代绘制的二十四诸天礼佛图。除了卧佛，珍贵的明代手书金经以及上千件馆藏精品文物让大佛寺成为张掖的城市文化招牌。

门票信息｜40元

营业时间｜8:00—18:30

交通信息｜张掖市汽车站有车前往大佛寺，4路、5路、8路、14路、23路等多辆公交车都经过大佛寺门口。

电话｜8589955

微信公众号｜张掖大佛寺景区

亮点

佛教文化、寺庙、佛像

肃南马蹄寺

标签：4A级景区

马蹄寺石窟位于肃南裕固族自治县境内，景区核心面积13.85平方公里，始凿于十六国北凉时期。这里“山清、水秀、峰奇、洞异”，山峦起伏，风光迷人，集石窟艺术、祁连山风光和裕固族风情于一体。石窟由胜果寺、普光寺、千佛洞、金塔寺及上、中、下观音洞等7处景观组成，窟龛有70多处。由于文物保护的原因，金塔寺及附近的上、中、下观音洞不再对游人开放参观。

门票信息｜39元

营业时间｜8:00—18:00

交通信息｜张掖汽车南站有专门发往马蹄寺的16座旅游小巴车，可以直接开进景区。

电话｜8891699

亮点

佛教石窟、民俗风情

肃南冰沟丹霞景区

标签：4A级景区

肃南冰沟丹霞素有“赤壁千仞”之称，位于肃南县康乐乡境内，以赤红的宫殿型丹霞地貌为主，被誉为“天成佛国”。与七彩丹霞景区相比，冰沟丹霞更奇特、更壮观，窗棂状宫殿式丹霞为张掖地区独有。这里主要分为大西天景区、小西天景区、大沟景区、白沙沟景区、榆木沟景区等5个风景区，各种地貌形态广泛分布在景区各处，吸引众多海内外游客前来观光游览。

门票信息｜40元

营业时间｜6:00—19:00

交通信息｜张掖西关车站有发往肃南县的班车，会路过景区入口。

电话｜6628022

网址｜www.zhangyedanxia.net

★ 亮点

窗棂状宫殿式丹霞

黑水国遗址

标签：历史遗址

在新石器时代，这片土地上就有人类居住的痕迹，西汉时期，移居至此的匈奴被称为“黑匈”，加上这里有黑河流经，所以得名“黑水国”。黑水国城址分南、北两城，相距约2公里。北城始筑于匈奴占河西之时，汉代沿用；南城始筑于唐代，宋、元、明沿用。城址周围分布有大量汉、魏晋时期的墓葬群，以及小城4座、村落遗址4处。

门票信息｜免费

营业时间｜全天

交通信息｜从张掖西关汽车站乘坐开往临泽的班车，在黑水国遗址下车。

★ 亮点

城郭、古墓、村落遗址

张掖市博物馆

标签：博物馆

张掖市博物馆于2018年落成，共6层，其中地面4层、地下2层。展览分为通史陈列区、专题陈列区、临时陈列区、文物库房等，通过国内先进设计理念和高科技手段，以巧妙独到的方式，彰显出“金张掖”的风采。其中“丝绸之路上的张掖”主题展览，从文化、交通、艺术、经济、宗教、军事等方面，叙述了张掖古往今来的故事，着重强调了其在丝绸之路上的重要地位。其他展品如军用青铜器、魏晋画像砖、西夏时期的金器及玉器、隋唐丝路贸易时各国使用的银币等文物也有极高的价值。

门票信息｜免费，凭身份证登记参观

营业时间｜周二至周日8:30—17:30，周一闭馆

交通信息｜地处大佛寺旁，从张掖西站打车大概10块钱就可以到达。

电话｜8801818

微信公众号｜张掖市博物馆

★ 亮点

“丝绸之路上的张掖”主题展览

张掖钟鼓楼

标签：历史建筑　河西走廊现存最大鼓楼

《重修甘州吊桥及靖远楼》一文中曾经记载，张掖钟鼓楼初建于明正德二年（1507年），原名镇远楼，又称靖远楼。现存建筑为清光绪二十四年（1898年）重修，是河西走廊现存最大的鼓楼。鼓楼由楼台、楼阁、台基组成，三檐歇山顶的楼阁建在台面中央，一共两层木结构，台基四面均有可以通行的拱形门洞，分别被命名为“旭升”“宾晟”“迎薰”“镇远”。一口唐代铁钟悬挂在墩台顶部东南角，纹饰图案十分精美。

门票信息｜免费

营业时间｜全天

交通信息｜从张掖火车站乘1路公交车可直达，市中心步行可达。

★ 亮点

十字形门洞、唐代铁钟

张掖国家湿地公园

标签：4A级景区　湿地公园

被誉为西北内陆最具特色的湿地公园，张掖国家湿地公园有它独特的美丽之处。公园位于张掖甘州区312国道北段，核心区面积1万多亩。这里的动植物资源丰富，湿地类型多样，除了天鹅、灰鹤等大型候鸟，游客们还能欣赏到国家二级保护动物白骨顶鸡和凤头䴙䴘的身影。20公里的湿地核心区环路风景

线、5公里的湿地栈道以及甘泉府、生态垂钓园等景观设施，让人很难不沉浸在张掖湿地风光的独特魅力中。

门票信息｜免费

营业时间｜全天

交通信息｜乘坐8路、14路公交车可以从市区直达公园南门。

电话｜8589010

微信公众号｜张掖国家湿地公园

网址｜www.zyxqsd.com

亮点

观鸟

肃南裕固风情走廊

标签：4A级景区 地貌大观园

肃南裕固风情走廊旅游景区起点距张掖市区50公里，作为张掖国家地质公园的重要组成部分，是集原始森林、湿地湖泊、冰川雪山、丹霞地貌等众多地貌于一体的大观园。裕固风情走廊全长近27公里，面积约880平方公里，一路串联起红西路军纪念碑、万佛峡、裕固民俗文化传承地等景点，集中展示了裕固族历史文化原生态和祁连山自然风光。

门票信息｜全票100元，冰沟景区40元，赛罕塔拉景区60元

营业时间｜5月至10月，其他季节不开放

交通信息｜从张掖出发经213省道，大概1个小时车程到肃南县康乐乡。

电话｜6280039

网址｜www.ygfqzl.com

亮点

休闲观光、民俗园

张掖中国工农红军西路军纪念馆

标签：4A级景区 爱国主义教育基地 省级文物保护单位

纪念馆前身是高台烈士陵园，1957年修建而成，为纪念红西路军转战河西、血战高台壮烈牺牲的红五军军长董振堂、政治部主任杨克明等3000多名革命先烈而建，是目前全国展示中国红西路军历史最全面、最具权威性的纪念馆，也是红西路军历史的纪念、展示、保护和研究中心。经过历次改扩建，现占地面积达到198亩，展厅面积达到7789平方米，有“血战高台”英雄群雕、纪念碑、阵亡烈士公墓等建筑。

门票信息｜免费

营业时间｜8:00—12:00，14:30—17:00

交通信息｜可搭乘公交车1路、3路在高台一中下车。

电话｜6622136

亮点

英雄群雕、纪念碑

平山湖大峡谷

标签：4A级景区 地质公园

“比肩张家界”“媲美科罗拉多大峡谷”——对张掖平山湖景区，《中国地理杂志》及中外知名地质专家和游客一致给出如此高的赞誉。景区距离张掖市区约60公里，隶属平山湖蒙古族乡，总面积150平方公里，山势低缓，沙石山多呈圆锥或柱状，赭红色砂岩遭到上亿年侵蚀后形成了丹霞丘陵，有些被命名为神龟问寿、情侣峰等形象的名字。景区内需要攀爬和步行的范围很大，前来一日游的话需储备好自己的体力。

门票信息｜100元

营业时间｜4月至10月5:00—22:00，11月至次年3月7:00—19:00

交通信息｜乘坐张掖西关汽车站每日上午发往阿拉善右旗的车，在平山湖丁字路口下车，向东步行500米即到。

电话｜8830066

亮点

丹霞丘陵

山丹焉支山森林公园

标签：4A级景区

“失我祁连山，使我六畜不蕃息。失我焉支山，使我妇女无颜色。”这样一首传颂千年的经典之作，本是一首匈奴的民谣，反映了汉人与匈奴人持续战争的宏大背景下的个人生活。

焉支山亦名燕支山，位于张掖市山丹县城南50公里处。李白曾有“虽居焉支山，不到溯雪寒”的绝句留世，因山中盛产胭脂草，因此也叫胭脂山。作为祁连山的支脉，焉支山有以观赏自然风光为主的焉支山省级森林公园，还有唐玄宗天宝年间钟山寺旧址、宗教圣地玉皇殿、大佛殿等自然人文胜景。

门票信息｜45元

营业时间｜8:00—18:00，10月底至次年3月封山

交通信息｜张掖汽车东站有发往焉支山的大巴车。

电话｜2819905

★ 亮点

古迹遗址、钟山寺旧址

山丹军马场

标签：亚洲最大军马繁育基地

山丹军马场位于河西走廊中部，是当前世界最大和历史最悠久的马场，总面积329.54万亩，有2100多年的悠久历史，这里培养出来的“山丹马”雄健剽悍、体形匀称，速度和持久力俱优，是闻名全国的挽乘兼用型优良品种。

山丹军马场地势平坦、水草丰茂、风光旖旎，共有4个场，大马营是前往各个马场的中转站。游客到大马营后，多会选择东行50公里到军马场游览，在所有的军马场当中，只有军马一场作为景点开放，风光也最美。

门票信息｜免费

营业时间｜5月至9月

交通信息｜从山丹县城出发，每天只有一班9:00的车前往军马一场；从张掖出发只能先乘车到山丹县城再转乘，没有直达车。

电话｜3334225

★ 亮点

“山丹马”、塞上影视场地

天水、陇南、甘南、定西、临夏

“天水”这一名字始于汉武帝时所设的天水郡，自先秦至今已有2700年建城史，自古以来是丝绸之路的必经之地。除了麦积山，国内唯一有伏羲塑像的伏羲庙也在天水，因此天水也享有“羲皇故里”的美誉。

秦巴山区、黄土高原、青藏高原在陇南交接，这里因此被称为“秦陇锁钥，巴蜀咽喉”。距今7000多年前，陇南就有人类活动，是秦人的发祥地，文县白马人更被誉为“东亚最古老的部族”。陇南还有“陇上江南”之称，境内有多个国家级自然保护区、森林公园、湿地公园。

甘南藏族自治州地处甘肃省西南部，也是青藏高原与黄土高原过渡的甘、青、川三省接合部，被誉为“中国的小西藏，甘肃的后花园”。7月至9月，甘南草原一片浓绿，野花遍布，牛羊点缀其间。

定西地处黄土高原、青藏高原和西秦岭交会地带，素有“兰州门户、甘肃咽喉”之称。中华民族黄河文明、马家窑文化、寺洼文化、辛店文化等都在此留下了浓墨重彩的一笔。境内有贵清山、遮阳山、莲峰山等自然风光，还有绵延300公里的战国秦长城遗址等旅游资源。

临夏是古丝绸之路南道要冲、唐蕃古道重镇、茶马互市中心，素有“西部旱码头”“东有温州、西有河州”的美誉。临夏的文化艺术底蕴浓郁，除了被誉为“中国彩陶之乡”，在这里还能看到世界文化遗产炳灵寺石

窟、听到世界非物质文化遗产民歌“花儿”。

**电话区号 天水0938、陇南0939、甘南0941、定西0932、临夏0930**

交通

飞机

天水麦积山机场（0938-2652000；天水市羲皇大道二十里铺花牛村；微信公众号：天水机场）距麦积山区3公里，有飞往西安、重庆、南京、杭州等地的航班。

陇南成县机场（0939-3281666；陇南市成县石家沟村青岛路；http://www.gansuairport.com/；微信公众号：陇南机场）有航班往返银川、成都、广州、北京、乌鲁木齐、西安、海口等地。

甘南夏河机场（96111；http://xiahe.cwag.com/；微信公众号：甘南夏河机场）夏秋航季开通西安—拉萨航线（经停夏河）、成都—银川航线（经停夏河），冬春航季会相应减少班次。从夏河到兰州中川机场乘坐飞机更为方便。

火车

天水火车站（0938-4922222；天水市陇昌路东2号）位于兰州和西安之间，每天有很多班次列车往来，也是陇海铁路沿线的重要停靠站。

天水南站（天水市麦积区羲皇大道中路）是徐兰高铁线的一站，从华东多省和广州发往兰州的动车、高铁会经过天水。

陇南站（0939-95105105；陇南市武都区东江新区阶州大道）途经线路主要为兰渝铁路。

定西北站（0932-95105105；定西市安定区临洮路）途经该站的线路为徐兰高速铁路。

定西站（0932-5977222；定西市安定区中华路街道）途经线路主要为陇海线。

长途汽车

天水汽车总站（0938-8214028；天水市秦州区泰山路31号秦州区）

定西市汽车站（0932-8212373；定西市交通路285号）

临夏汽车站（临夏回族自治州临夏市民主西路300号）

公交车

陇南、定西、甘南等地公交线路较多，通常6:00左右就有车次开始运营，各地各线路具体结束运营时间略有不同，须根据出行提前查询确认。

土特产和纪念品

天水当地特色有甘谷酥圈圈、花牛苹果、天水呱呱，陇南当地特色有红川酒、康县龙神茶，甘南当地特色有藏族工艺品、虫草，定西当地特色有当归、黄芪、党参、洮砚、装饰品、名贵藏药，临夏当地特色有彩陶、砖雕。

住宿

经济型

陇南中和宾馆

（0939-6311555；陇南市前河沿路157号）酒店开业不久，一切看着很新、很干净。注意避开无窗的房间，有些房间因空气不流通而有异味。

中档

甘南维也纳国际酒店（合作香巴拉广场店）

（0941-8225555；甘南舟曲东路和祖曲路交叉口西北角）2020年开业，共有125间客房，酒店装饰典雅，设备齐全，均设有独立卫生间。地理位置优越，周围设施便利齐全，紧邻温州商业街、甘南州医院、大型超市等。

高档

亚朵酒店（天水高铁南羲皇大道店）

（0938-2612888；天水市天河南路盛达新城，市二中对面）四周商业繁华，出行方便。酒店设施先进，环境舒适，服务优质，优质的隔音系统设计，让入住更为舒适。

就餐

常记呱呱

（15293810320；中华东路步行街1号；7:00至售罄）呱呱是一种面食，通常是早点，呱呱之于天水，如同牛肉面之于兰州。这是本地人最交口称道的一家呱呱店，每天早上卖完就收摊。将呱呱撕成大小不等的块状，配上辣子油、芝麻酱、醋、蒜泥等调料，再来一碗水铺蛋紫菜汤，就是正宗美味的天水早餐。

迎宾楼

（0938-8298188；民主西路24号，近区政府；9:30—21:00）这家店在当地人气很高，是1912年就开店了的老字号，性价比高，服务细致。推荐天水特色火锅——浆水暖锅，锅的形状和老北京涮锅很像，一锅够4个人吃，有排骨、鸡肉、羊肉等多种主料。这里还有别的天水特色小吃，做得也很好吃。

线路推荐

天水历史文化一日游：天水麦积山石窟—伏羲庙—胡氏民居南宅子

甘南寺庙游：拉卜楞寺—郎木寺

甘肃

天水景点

麦积山石窟

标签：5A级景区　中国四大石窟之一

麦积山石窟与莫高窟、龙门石窟、云冈石窟并称为中国四大石窟，位于天水市东南方50公里处。麦积山石窟始凿于十六国的后秦，历代不断凿窟、造像和重修，尤其是经过北魏至隋代数百年间开凿的黄金时期后，留下了无数精美的佛像。麦积山石窟现存221个窟龛、7000余尊塑像，崖体上高达15米的巨大佛像给人以肃然起敬之感。一般来说，参观麦积山石窟有3条游览路线可供选择，大多游客走的是1号路线，可请导游讲解，会对佛像以及佛教文化有更好的了解。

门票信息｜70元，特窟500元

营业时间｜夏季8:30—17:30；冬季9:30—16:30

交通信息｜从天水火车站乘旅游专线306路公共汽车可直达景区，单程5元。

电话｜2816075，2729661

微信公众号｜麦积山景区

网址｜www.mjssk.ac.cn/

★亮点

巨大佛像、特窟

伏羲庙

标签：伏羲故里

在“三皇五帝”的古老传说中，伏羲指的是天皇，神州大地留下了许多关于他的神话故事。天水是伏羲的故乡，天水的伏羲庙已成为人们寻根访祖的重要景点之一。伏羲庙始建于明成化十九年（1483年），整个建筑布局为七间五进，院落内古柏森森，最老的树木已千岁高龄。这里每逢农历正月十日伏羲生日、七月十九日伏羲祭日时，都会举行盛大的祭典活动。先天殿是祭拜始祖的重要场所，里面供奉着伏羲塑像，为明代遗存古物。

门票信息｜20元

营业时间｜8:00—17:40

交通信息｜从火车站坐6路无人售票公交车，单程3元。

电话｜8230242

网址｜www.fuximiao.com

★亮点

千岁古柏、先天殿、伏羲公祭大典

胡氏民居

标签：历史建筑

胡氏古民居建筑是天水市目前保存最为完整的明代民居，它虽为四合院，却不同于北京四合院。它创建于明嘉靖年间，是明代秦州举人、山西按察副使、雁门兵备道胡来缙的私宅，现存建筑8座、垂花门1座、影壁3座，主体建筑正厅和房院为明代原建，其余为清代重修。南宅子因为门口的两棵千年古槐，也被当地人称作“大槐树下”。北宅子建筑与南宅子相比更简单，艺术价值也没那么高。

门票信息｜免费，讲解30元

营业时间｜8:30—18:00

交通信息｜在市内乘坐公交1路到百货大楼站，或乘坐5路到秦州公交站，或乘坐6路到中心广场北站下车步行可达，也可从伏羲庙步行到达。

电话｜8229250

亮点

千年古槐、四合院

天水市博物馆

标签：地市级综合性历史博物馆

有关“天水”的历史典故，在天水市博物馆可以一网打尽。天水市博物馆成立于1979年，是一个地市级综合性历史博物馆，现拥有各类藏品34,504件，其中大地湾文化、仰韶文化、马家窑文化等时期的彩陶，西周的青铜爵，汉代的四神狩猎画像砖及摩崖拓片等是馆藏珍品。

门票信息｜免费

营业时间｜9:00—17:30，16:30停止入场，周一闭馆

交通信息｜市内乘公交1、13、14路到城区交警大队站，21、22路到伏羲庙站，18路外环到秦州区医院站，24路到庆华厂站。

电话｜8227304

微信公众号｜天水市博物馆

网址｜http://www.tssbwg.com.cn/

亮点

彩陶、青铜器、四神狩猎画像砖

南郭寺

标签：天水八景之一

南郭寺建寺已有1000多年的历史，为天水的八景之一。759年，唐代大诗人杜甫流寓秦州（今天水）时，为之写下多首赞美诗。南郭寺分为西、中、东三个院，寺院规模宏大，殿宇建筑风格各异。古树是南郭寺的最大看点，寺门外一株1300岁高龄的槐树还不是真正的主角，院内的龙爪槐、本氏卫矛和春秋古柏，这“南郭寺三绝”，才是当之无愧的树龄“大哥”。其中三叉古柏，景色奇特，已有2500年历史，是目前国内现存的第三长寿的古树。

门票信息｜20元

营业时间｜3月至10月8:00—18:00，11月至次年2月8:30—17:30

交通信息｜乘9路公交车在南国路下车然后步行上山。

电话｜8623147

微信公众号｜天水南郭寺大景区

网址｜http://www.ngsjq.com.cn/

亮点

三叉古柏

玉泉观

标签：4A级景区　历史建筑

玉泉观声名远播，原因之一是民间传说曾有3位道教真人在此成仙。道观始建于唐初，曾经多次毁损、扩建、重修。整个建筑群依山势高低错落分布，有的殿宇外观很是宏伟、华丽，入道观后，可依次参观灵官殿、玉皇殿、三清殿，再来到玉泉观的最高点斗姆殿，接着一路向下，被誉为国宝的“元代四面道流碑”不容错过。这里每年正月初九，即民间玉皇大帝诞辰时，会举办“上九会”朝观，是天水地区历史悠久、规模盛大的庙会活动。

门票信息｜20元

营业时间｜4月至10月8:00—18:00，11月至次

年3月8:30—17:30
交通信息｜从市中心可乘3路公共汽车前往。
电话｜8213957
微信公众号｜天水玉泉观景区

★ 亮点

元代四面道流碑、“上九会”朝观

仙人崖

标签：三崖 五峰 六寺

仙人崖离麦积山石窟不远，景色可以用“三崖、五峰、六寺”来形容。山上石窟群破损较严重，始建于北魏末期。相较于别的石窟，这里的特色是儒释道三教共尊，在三圣殿，孔子、老子和释迦牟尼围圆桌而坐，让历史上处于同时代的这三位圣人实现了“交流”。仙人崖南崖、东崖、西崖各有特色，可依次游览，饱览各处石窟的美景。

门票信息｜40元
营业时间｜5月至10月8:30—17:30，11月至次年4月9:00—17:00
交通信息｜麦积山石窟到仙人崖有专线班车，也可以从麦积区的天水火车站前坐37路公交，车费5元。
电话｜2239080

★ 亮点

三圣殿

甘谷大像山

标签：4A级景区

甘谷县城西边有一个大像山广场，背后就是甘谷大像山，因甘谷八景之一的悬崖大象而得名。山上巨大的佛像俯瞰着来往的车辆和车上的人。鲁班殿内的八卦莲花凿井让人惊叹，但是农历正月初一和十五才能参观。观音殿内的千佛洞和后山的永明寺均为新修，经过无量殿、药王洞，就可以看到一尊高23.3米的唐代大佛。再一路向上，最高处为西方三圣殿。

门票信息｜30元
营业时间｜8:30—18:00
交通信息｜天水汽车总站有发往甘谷的班车，大像山距客运站很近，可以步行过去。
电话｜3328811，5622481

★ 亮点

佛教文化、石窟

大地湾遗址

标签：全国重点文物保护单位

在有关先民的遗存中，大地湾是一个不可忽视的地方。大地湾先民种植出了中国第一批农作物黍，世界上最早的彩陶和中国最早的文字、绘画也由他们创造，中国最早的房屋建筑遗迹也在这里。这里开放参观的有大地湾原始村落遗址和大地湾博物馆两部分，两者相距不远，步行可达。

门票信息｜免费
营业时间｜夏季9:30—17:00，冬季9:30—16:30，周一闭馆
交通信息｜天水汽车总站有发往秦安的班车，下车后向北走100米，在秦安汽车北站乘坐发往五营的班车。
电话｜6751103
网址｜www.dadiwanyizhi.com

★ 亮点

彩陶

陇南景点

官鹅沟

标签：4A级景区 小九寨沟

官鹅沟风景区地处宕昌县城郊，人称“小九寨沟”，森林覆盖率达75.1%，生态极佳，环境优美。景区由官鹅沟、大河坝、缸沟、南河沟组成，主要有通天门、问天石、独秀峰、幽谷洞天、山盘水柱、九叠瀑等景观，

春季杜鹃漫山遍野，秋季红枫烂漫，颇有山水野趣。

门票信息｜联票80元，包含官珠沟、鹅嫚沟，2天有效

营业时间｜8:00—17:30，16:30停止售票

交通信息｜鹿仁民俗文化村广场开通了县城至官鹅沟景区的专线公交车。

电话｜6229138

网址｜https://www.gegdjq.com/

微信公众号｜宕昌旅游

亮点

徒步、森林、飞瀑

康县阳坝自然风景区

标签：4A级景区　甘肃西双版纳

康县阳坝自然风景区有“甘肃西双版纳”“世界名茶之乡”之美誉，以原始森林、茶园风光等生态旅游资源闻名。境内气候温润、景色秀丽，是陇南地区的一座绿色宝库。

门票信息｜68元

营业时间｜8:00—17:00

交通信息｜从康县租车或者包车前往景区。

亮点

生态游、茶园、瀑布、森林

西狭颂风景区

标签：4A级景区

西狭颂风景区位于成县西13公里处的天井山麓鱼窍峡中，亦称“黄龙碑”，此摩崖刻于东汉建宁四年（171年），为汉代书法三颂之一，是我国古代摩崖石刻碑之精品。区内青山对峙，涧流成瀑，亭桥廊榭错落，清幽而绮丽。

门票信息｜40元

营业时间｜8:00—17:30

交通信息｜成县县城有公交车到达景区。

亮点

摩崖石刻

万象洞

标签：4A级景区　四大名洞之一

万象洞与张家界黄龙洞、桂林冠岩、云南建水燕子洞并称中国四大名洞。万象洞位于武都区以东15公里处，又名仙人洞、五仙洞。根据地质专家考证，这个溶洞有2.5亿年的历史。洞窟高低错落，深邃莫测，洞内奇特的钟乳石凌空悬垂，小溪在其中流淌，你能听见水滴落下的嘀嗒之声。洞内全年恒温在14℃，堪称避暑胜地。

门票信息｜25元

营业时间｜8:30—18:00

交通信息｜在武都市区盘旋路起点站乘坐公交车可直达，也可以打车或者包车前往。

亮点

天然溶洞

陇南西和晚霞湖景区

标签：4A级景区　国家水利风景区

陇南西和晚霞湖景区位于西和县城以西5公里处的姜席镇境内，分为入口接待处、环湖景观带、湿地观赏区、水上娱乐区和民俗文化与宗教体验区五大块，集休闲、度假、观光、游玩为一体。景区内可以看到文化墙、织女雕像等人文景观，最美的是晚霞湖夕阳，如果时间充裕不妨看过再离去。

营业时间｜全天

交通信息｜可自驾或包车前往。

亮点

休闲、观光、湖泊

甘肃秦文化博物馆

标签：4A级景区　秦文化发祥地

甘肃秦文化博物馆坐落于甘肃省陇南市礼县，占地面积43,864平方米，是一座集收藏保管、陈列展示、科学研究和宣传教育为一体的综合性博物馆。场馆收藏有各类文物

5000余件，国家一级文物近150件，古籍资料1万余册。博物馆建筑展现出先秦建筑风格，除了藏品，也有模拟墓穴、历史展等可供参观。作为秦人故里，博物馆全面展现了地域文化历史厚重感。

门票信息｜免费

交通信息｜推荐自驾或包车前往。

★ 亮点

先秦建筑、文物

甘南景点

拉卜楞寺

标签：藏传佛教格鲁派六大寺院之一 西北地区最高佛教学府

拉卜楞寺坐落在夏河县城以西的大夏河之滨，始建于清康熙年间（1709年），至今约300年历史，寺庙建筑面积82.3万平方米，含6座经堂、30院佛宫、31座藏式楼房、84座佛殿、500余间经轮房和上千间僧舍。由于建筑风格独特、艺术水准极高，堪称藏族建筑之精华。拉卜楞寺保留有全国最好的藏传佛教教学体系，是甘南地区藏传佛教格鲁派的政教中心和西北地区最高佛教学府，终年朝圣者不断。

门票信息｜正殿门票40元，贡唐宝塔10元，法会期间免费参观

开放时间｜8:00—17:00

交通信息｜兰州、临夏、合作等地均有直达拉卜楞寺的长途汽车，也可在抵达夏河县后租车前往。

★ 亮点

寺院建筑、礼佛朝圣

郎木寺

标签：东方瑞士

郎木寺地处青甘川三省交界，藏在深山里，这里山水相依，景色秀美，有“东方瑞士”的美誉。金碧辉煌的寺院建筑群和错落有致的塔板民居掩映在郁郁葱葱的古柏苍松间，好似遗落人间的天堂。主要景点有尕海、郎木寺、白塔、红石崖、天葬台、格尔底寺、纳摩大峡谷、仙女洞等，也有不少人前来观赏晒佛、辩经等佛教活动。

门票信息｜春夏秋三季30元，冬季无人售票

营业时间｜8:00—17:00

交通信息｜推荐包车或者自驾前往。

★ 亮点

尕海、晒佛

卓尼大峪沟

标签：4A级景区

卓尼大峪沟生态旅游景区位于甘肃甘南木耳乡大峪沟，距县城30公里，总面积105,214.6公顷。景区内洮河碧波流淌，林带苍翠茂盛，山峰挺拔峻秀，风光瑰丽奇特，有极为丰富的动植物资源，是追求原生态的游客会喜欢的地方。景区内大峪沟泉流纵横、曲折有致，泉水澄碧甘甜，全长81公里，处处可见鱼游浅底，麝鹿啜饮，充满了自然野趣。

门票信息｜免费

营业时间｜8:30—18:30

交通信息｜可随旅行社或于卓尼县城包车前往。

★ 亮点

奇峰、峡谷、野生动物

舟曲拉尕山风景区

标签：4A级景区 草原 古镇村落

舟曲拉尕山风景区位于岷山腹地白龙江上游33公里处，总面积25平方公里，平均海拔2600米，山上亚热带、温带和寒带森林植被垂直分布明显，有“赤壁神窟”“碧海青

天”“转经亭”“勇士布阵”“桦树坪”“拉尕山天池”“神羊径”“日月潭”等大小景点31处。

拉尕山在藏语中意为“神仙喜爱的地方”，拉尕山融北国的雄浑磅礴与江南的婉约秀丽于一体，汇聚藏寨、溪流、草地、森林于一身，有“拉尕仙境”之美誉。每逢农历五月初五，白龙江两岸的藏族居民都会聚集在拉尕山举行隆重的祭山仪式。

门票信息｜免费

营业时间｜全天开放

交通信息｜推荐自驾前往。

亮点

古镇村落、草原

碌曲则岔石林

标签：4A级景区

碌曲则岔石林旅游景区面积2万多公顷，以石杰岩地貌为主，奇峰怪石巍然屹立，以“险、峻、奇”著称，可与昆明石林媲美，与四川九寨争胜。景区有不少景观，诸如“灵猿望月”“唐僧师徒”“骆驼峰”等，长近百米的“石门一线天”，宽仅容一驮畜经过，潺潺流水穿石门而过，有一夫当关、万夫莫开之险。

门票信息｜40元

营业时间｜5月至9月9:00—18:00

交通信息｜建议自驾或从碌曲县包车前往。

亮点

徒步、奇峰怪石

甘南扎尕那景区

标签：4A级景区　天然石城

扎尕那是藏语“石匣子”的意思，是一座完整的天然“石城”，俗有“阎王殿”之称。扎尕那山位于迭部县西北34公里处的益哇乡境内，自然风光原始，民风质朴。石城正北是雄伟壮观的光盖山石峰，古称“石镜山”，因灰白色岩石易反光而得名；南边两座石峰拔地而起，相峙并立成石门；再南至东哇、纳加一带，峭壁高耸，清流跌宕，流转不息。景区内有拉桑寺、扎尕那山、牧场、东哇村、石林等美景。

门票信息｜80元

营业时间｜全天

交通信息｜乘坐兰州汽车南站—迭部县班车，或者自驾前往。

电话｜5668678

亮点

天然石城、摄影

阿万仓湿地

标签：4A级景区　中国最美的五大湿地草原

2008年《中国国家地理》评选“中国最美的五大湿地草原”，阿万仓湿地景区荣获第一名。整个湿地平坦广阔，水草丰美，是维系我国西藏、喜马拉雅动植物区及其生物多样性的重要基础地带，也是高寒湿地生态系统的典型代表。作为游牧民族通向陇南、川西和青海的咽喉要道，这里流传着众多传说，英雄史诗《格萨尔王传》中诸多人物都曾在此地活动。

在广阔的湿地中，还遗留了著名的阿万仓娘玛寺院、散日玛寺，赛尔霞沟吐蕃赞普赤德松赞的军事指挥部遗迹。通过木栈道，湿地风光一览无遗。

门票信息｜免费

营业时间｜全天

交通信息｜乘坐玛曲汽车南站—木拉寺的班车到阿万仓、娘玛寺；或者自驾、包车前往。

亮点

湿地、草原

定西景点

贵清山

标签：4A级景区　国家森林公园　古刹

贵清山古称“贵清仙境”，是陇中黄土高原上最为奇秀的山水风景名胜区，仅千年古杉就有200多亩，还有金钱豹、狗熊、苏门羚、红腹锦鸡等国家保护动物20余种。景区内奇峰错落，溪流弯折，林木茂盛，飞瀑似练，被誉为陇中的“小华山”。景区内有一座建于明代的古刹寺院，五百年来烟火不灭、经久不衰，每年四月初八庙会，香客游人可达数万。

门票信息｜50元

营业时间｜旺季8:00—18:00，淡季9:00—17:00

交通信息｜乘坐大巴至漳县，再包车前往，或者自驾前往。

电话｜4863231

★ 亮点

古刹、生态游

遮阳山

标签：4A级景区　国家森林公园

遮阳山景区位于漳县西南部大草滩乡境内，因“日出而为山所蔽”得名。遮阳山自古便有“小崆峒”之美誉，传说为道教名士张三丰羽化升天之所。景区总面积36平方公里，由西溪、东溪、夷门山3个景区构成，海拔在2200—2800米，境内不仅有大量的岩壑和岩洞，还保存了众多古代文化遗迹，自然风光秀美、人文资源丰富。目前主要的景观都集中在西溪这条峡谷内，峡谷长约7.5公里，前半部分是修好的石阶路，连接天梯景观，后半部分则以自然的土路为主，可以在峡谷中徒步游玩。如果体力不足，也可以骑马游玩。

门票信息｜40元

营业时间｜8:00—18:00

交通信息｜在漳县长途汽车站坐车前往，或自驾前往。

★ 亮点

攀岩基地、徒步、天擎峡谷

渭河源

标签：自然景观　民居山庄

渭河源景区位于渭源县五竹镇，距离县城南25公里,里面分为莲峰山、首阳山、天井峡、石门水库四大景区。其中，首阳山建有陈列馆、管理房、石拱桥、祭坛，还有一座白薇园；莲峰山有古典民居式山庄和仿古石雕祭坛，此外还有休息长廊、修溢流坝、艺术山门；天井峡以保护独特的丹霞地貌和优雅的自然风景为主，另建了500平方米的聚贤山庄；石门水库以休闲度假为主，设有招待所、风味小吃餐厅等，可以体验游船等项目。

门票信息｜50元

营业时间｜9:00—18:00

交通信息｜定西班车可直达景区。

电话｜5916828

★ 亮点

登山、探险、峡谷

李家龙宫

标签：4A级景区　历史建筑

李家龙宫位于陇西县城北关、南安镇团结村，又称李氏祠堂，始建于唐初，是唐代宫廷式古建筑群，因唐太宗李世民御笔亲书“李家龙宫”和“追本溯源”牌匾而闻名。龙宫主殿屋脊上安放九兽，在封建等级制度下，只有皇宫和太和殿安放十兽，李家龙宫的地位可见非同一般。

李家龙宫主要建筑包括李崇殿、陇西堂、追本溯源、玄元殿、李世民塑像等，建筑物上有大大小小1899条雕龙，象征“十八子李”根深叶茂。龙宫现存脊兽均为北宋时期的砖雕，其形态生动，笔法简练，线条流畅，雕工精细。

门票信息｜免费

营业时间｜8:30—17:30

交通信息｜乘坐陇西12路、陇西7路公交车在龙宫步行街站下车。

亮点

北宋砖雕

仁寿山

标签：文化名山

仁寿山位于陇西县城西南，最高海拔2057米，素有“天边仁寿”之美名，山中树木葱茏、殿堂林立、凉亭巧布，每年农历四月初八日的“李氏祭祖节”“朝山会”都在这里举行，是陇西市民踏青游览、逢节聚会的旅游胜地。

唐朝仁寿山寺院就已经规模宏伟，后来几经兵火，到了明末清初，山上依然有文昌阁、大雄殿等神庙共二十余处，最终还是在战火中损毁。如今依山势重新建设了仁寿山公园，园内分为园前区、科普区、文娱活动区、文化古迹区、森林游览区、生态区、游乐区七大区域，是境内一座闻名遐迩的文化名山。

门票信息｜免费

营业时间｜全天

交通信息｜仁寿山在陇西县城之南2里，步行、骑车均可到达。

亮点

登山、节会

首阳山

标签：魅力湿地

首阳山海拔在2186—2509米，因位置列群山之首，能得到阳光先照而得名。这里是一处佛、道、儒三教合一的胜地，自汉魏以来山上就有石窟寺庙，至宋、元、明时期逐步达到鼎盛。

景区由首阳山、夷齐古冢、石门水库和天井峡组成，其中“石门夜月”的景观非常知名。两崖之间有一座水库，也是一处水上乐园。水库后面是天井峡谷，从峡谷底部仰头看，天空只剩一线，因为又像被大锯划开的板缝，当地俗称解板沟。

门票信息｜30元

营业时间｜9:00—17:00

交通信息｜推荐自驾或包车前往。

亮点

宗教、历史文化、登山、峡谷

临夏景点

炳灵寺石窟

标签：世界文化遗产　5A级景区

炳灵寺属于黄河三峡风景名胜区的一部分，在刘家峡水库上游。其石窟与敦煌莫高窟、麦积山石窟并称“甘肃三大石窟”。石窟位于永靖县城西约50公里处的积石山中，始建于420年，至今已有1600多年的历史，以石雕闻名。石窟的窟龛凿于大寺沟西面崖壁上，分上下四层，高低错落。洞窟内有西秦、北魏、北周、隋、唐直到明、清各代的作品。

门票信息｜石窟50元，小快艇往返和石窟门票共200元，大游船往返和石窟门票共180元

营业时间｜9:00—18:00，16:00停止入场

交通信息｜一般从兰州汽车西站乘坐前往刘家峡水库的班车，再由水库乘坐快艇、游船前往观光。

电话｜8879070

亮点

奇峰、石雕

八坊十三巷

标签：河州民族民俗文化名片　民族建筑艺术“大观园”

从唐至今，这片区域围绕八座清真寺形

成了八个教坊、十三条街巷，故得名“八坊十三巷”，住在这里的居民也被称为“八坊人”。景区既不失江南水乡的柔美精致，又充满河州回民的特色风情，回族砖雕、汉族木刻、藏族彩绘等艺术，呈现出生动的当地人日常生活画卷。八坊十三巷同样汇聚了临夏特色美食。

门票信息｜免费

开放时间｜全天

交通信息｜乘坐市内3、5路公交车至三道桥或坐出租车到达；在汽车南站下车后可直接步行到达八坊十三巷。

★ 亮点

美食、建筑、民俗文化

黄河三峡风景名胜区

标签：地质公园　峡谷　4A级景区

黄河三峡因永靖境内的炳灵峡、刘家峡、盐锅峡而得名，在黄河呈“S”形流经永靖县，三大峡谷山水秀丽，大坝在黄河上巍然而立，三大人工湖泊在高峡之间错落有致，境内自然风光俊奇秀美，名胜古迹星罗棋布，古今文化交相辉映，是一处内涵丰富、特色鲜明的旅游胜地。

门票信息｜刘家峡船票35元

营业时间｜全天

交通信息｜永靖县内没有公交到黄河三峡，只能打车去；或从兰州的兰州汽车西站出发，约2小时的车程。

★ 亮点

峡谷、水库、地质公园

松鸣岩国家森林公园

标签：4A级景区　国家森林公园　宁河八景

松鸣岩位于吊滩乡小峡之中的太子山林区，每当风起，松涛大作，如战鼓齐鸣、万马奔腾，因而得名。松鸣岩以奇松、古刹、神泉为三绝，区内古树参天蔽日，四季苍翠，以“须弥翠色”之雅称位列“宁河八景”之首。景区内有南天台、西方顶、独岗岭三座并峙的山峰，峰形奇特，早在元代就有人在此凿洞塑佛、修庙建寺、修行隐居，这里也因此荟集了历代殿宇楼阁、亭榭飞桥。每逢农历四月二十六日至二十九日（俗称四月八）会举行一年一度的松鸣岩“花儿”盛会，当地群众和外地游人都会前来漫唱“花儿”。

门票信息｜128元

营业时间｜8:30—17:00

交通信息｜临夏市区有到达松鸣岩国家森林公园景区的旅游专线；和政县客运站每20分钟有一班前往景区的班车，行程35分钟。

电话｜5580181

★ 亮点

奇松、古刹、神泉

莲花山国家级自然保护区

标签：4A级景区

莲花山国家级自然保护区内生物多样性丰富，是甘肃有名的风景旅游区。景区山峰奇特雄峻，集萃名山大川之胜。著名景点有喜泉飞瀑、瞭望台、三仙女、黑虎卧石、莲花宝殿、森林、金顶、玉皇阁、神仙洞等，冬季雪景也是一大亮点。

营业时间｜全天

交通信息｜推荐自驾或包车前往。

电话｜5938049

★ 亮点

喜泉飞瀑、瞭望台、雪景

和政古动物化石博物馆

标签：国家级专业博物馆

和政古动物化石博物馆是中国唯一一座古脊椎动物化石博物馆，是全国为数不多的国家级专业博物馆之一。博物馆内藏品种类丰富，数量繁多，保存完好。场馆分一期馆和二期馆两个部分，一期馆沿用传统展览方式，按照动物群和生活年代、动物特色，配以壁画和展板进行展示；二期馆主要以瀑布、小桥、流水、巨型山体、机械动物、动物雕塑、空间成像等现代化的展品和方式，来展示不同动物群及代表性动物的特点，真实地再现了不同历史时期古动物生活的原始生态环境。

门票信息｜免费

营业时间｜周二至周日9:00—16:00，周一闭馆

交通信息｜推荐自驾或包车前往。

电话｜5522792

亮点

古脊椎动物化石

东公馆

标签：省级文物保护单位

东公馆于1945年落成，是原国民党第四十集团军副司令马步青修建的家族宅邸，如今也是临夏市博物馆的所在地。各院落的11间屋子设有不同的主题展，有彩陶、玉石器、骨角器、钢铁器、书画等文物2000余件。

公馆呈"田"字形，由正院、西南院、西北院和外院组成，极尽奢华。正门为西洋式建筑，门道和过庭风格不同；正院主屋为通天楼，门窗、隔板、扶手均有雕刻精细的木刻作品；两端是转角随楼，东、西、南各为旧式厅堂。院内的砖雕艺术尤以天井的《江山图》最为著名，其他还有《葡萄图》《牡丹图》《荷花图》《枫叶秋菊图》等10多幅。

门票信息｜免费

开放时间｜9:00—17:00

交通信息｜乘坐3路内环、3路外环在东部市场下车，乘坐1路、5路内环、5路外环、6路、16路在群艺馆下车。

电话｜6324429

亮点

木刻艺术、《江山图》

金昌、白银、武威

"缘矿建企，因企建市"——金昌市的建市历史源于这8个字。约4500年前，就有先民在金川河流域繁衍生息，创造了灿烂辉煌的金川河史前文明，这里还有西汉时期永昌骊靬古城、唐代圣容寺塔、明代永昌钟鼓楼，以及巴丹吉林沙漠、祁连河沟自然生态风景区等自然景观。

白银别称铜城，是全国唯一以贵金属命名的城市。明朝洪武年间，官方在此设立办矿机构"白银厂"，1956年震惊世界的白银矿山大爆破，拉开了有色金属资源开发的序幕。白银是绚丽多彩的旅游胜地，有黄河风情游、红色教育游、丝路古迹游、绿色生态游、工矿遗址与现代工业观光体验游、农家休闲游等，都精彩纷呈。

"金张掖，银武威"，武威是河西走廊的东端门户，南北分别分布着祁连山、腾格里沙漠。这座城市自古以来便是兵家必争之地，汉代将军霍去病的英雄事迹广为传流，东汉将军墓出土的铜奔马成为这座城市的名片，古韵十足的大云寺、海藏寺，以及天梯山石窟、白塔寺都是这座城市灿烂的文化宝藏。

电话区号 金昌0935、白银0943、武威0935

交通

飞机

金昌金川机场（0935-7125555；金昌市金川区双湾镇机场路；微信公众号：金昌金川机场）开通了4条航线，通航北京、西安、成都、兰州、上海等多座城市。

火车

金昌火车站(0935-5974222；金昌市永昌县河西堡镇车站路)兰新铁路的中间站，有列车可达兰州、乌鲁木齐乃至北京、上海等多座城市。

白银市站(0943-5982826；白银市白银区建设东路168号)

白银西站(0943-5982222；白银市白银区王岘乡万盛路)有多趟到全国大型城市的车次。

武威火车站(0935-5929222；武威市凉州区迎宾路)有前往兰州、西安、乌鲁木齐等周边各主要城市的列车。

武威南站(武威市凉州区武南街)到兰州、西安、乌鲁木齐、北京、上海的车次较多。

长途汽车

金昌汽车站(0935-8213832；金昌市金川区新华大道)

白银市长途汽车站(0943-6915288；白银市白银区王岘东路人民路2号)

武威市客运中心(0935-6338283；武威市正阳路万达广场对面)

公交车

金昌市内，公交票价1元，其中8路线从金昌汽车站发出，经过体育公园和步行街北口。

2021年开通白银至景泰黄河石林公交旅游专线，自城乡公交站点发车途经白银区三校、铜城商厦沿北京路至武川小区(白银市区沿途公交站点均可乘车)，经靖远路沿S217行至黄河石林国际露营地、黄河石林景区。

武威市内公交车便捷，2路公交车从火车站发出，经过客运中心直达松涛寺。

土特产和纪念品

金昌当地特色有双湾西瓜、香豆卜拉子、羊肉垫卷子，白银当地特色有会宁胡麻籽油、靖远羊羔肉、大庙香水梨，武威当地特色有民勤甘草、枸杞。

住宿

经济型

白银星海宾馆(昌林路店)

(0943-5575188；白银市景泰县昌林路林业局北100米)这家店距中心城区较远，店内经过重新装修，设施设备齐全，房间较为干净卫生。

中档

金昌安漫尔雅精品酒店

(0935-7651888；金昌市永昌万祥城城关北门东侧)地处金昌市永昌县万祥城商圈，距312国道约500米，距连霍高速公路约300米，紧邻永昌汽车站，交通便利。内部装饰以白色和原木色为主，给人温馨舒适的感受。

高档

武威金玛银都国际酒店

(19193551355；武威市正阳路48号)这家高档型酒店2021年才开业，共有66间客房。酒店布置优雅，设施齐全，环境舒适，交通便利，位于武威市新型商业圈万达广场东侧，马路对面就是武威客运中心。

就餐

金昌永昌老馆子

(0935-7562666，18919357598；金昌市永昌县西津家园)属于永昌县城比较大的饭店之一。一楼大厅有特产卖，二楼有开放式厨房，菜品以当地特色菜为主，胡萝卜饼、羊肉垫卷子味道独特，是其他地方享受不到的美食；搓鱼子、漏鱼子等小吃味道酸甜，很受欢迎。

白银靖远老金清炖羊羔肉总店

(0943-6124469；白银市靖远县永新街元亨路国际城门口)来西部地区旅游一定要吃手抓羊肉，这已经是广大旅游观光客的共识了，其中靖远羊肉格外出名。这家店的爆炒羊羔肉、烤全羊等菜深受广大食客喜爱。

武威邱家行面

（18793546466；武威市西凉路158号；9:00—20:00）据说凉州小吃“三套车”得名于俄罗斯民歌，由行面、腊肉和红枣茯茶组成，是武威的特色美食。这家店是有名的吃“三套车”的地方，三样本不相干的食物搭配起来，却和谐而美味。店员服务热情周到。

线路推荐

金昌古迹游：骊靬古城—御山圣容寺
白银人文历史游：黄河石林—永泰古城
武威博物馆游：武威西夏博物馆—武威市博物馆

金昌景点

钟鼓楼

标签：历史建筑

永昌钟鼓楼，又名“声教楼”，始建于明万历十五年（1587年），位于永昌县城中心，被誉为“河西中天一柱”。钟鼓楼建于夯土砖包台基上，台基平面长方形，中间四面均开拱形门洞，东面为“大观”，南面为“迎熏”，西面为“宁远”，北面为“镇朔”。永昌地区过去蒙古族、汉族、党项等多民族文化交融的特点都在建筑细节上有所体现。虽然不能登楼，但依然可以到楼下一睹这座钟鼓楼的风采。

门票信息｜免费
营业时间｜全天
交通信息｜从永昌汽车站步行700多米即可抵达。

亮点
盝顶式屋顶、旋子彩画

永昌县博物馆

标签：历史建筑　博物馆

永昌县博物馆位于永昌县东街阁老府院内，馆藏文物1000余件，北侧的“永昌古代文明”展馆遵循历史脉络，展出该县各历史时期的珍贵文物，魏晋时期的彩绘龙虎画像砖、唐代青龙山石刻造像、明代青花人物梅瓶等为其中珍品。西侧的“骊靬文化”展馆主要内容为出自古城的驮具、成公府军墓志铭等物件，以及展示着罗马军团古城的展板。北周时期的石雕圣容寺佛首为镇馆之宝。

门票信息｜免费
营业时间｜周二至周日9:00—17:00，周一闭馆
交通信息｜从钟鼓楼向东走200米。
电话｜7521003

亮点
圣容寺佛首

骊靬古城

标签：4A级景区　民族融合性典型遗址

骊靬古城位于焦家庄乡者来寨村的骊靬遗址，主要包括罗马神庙、古罗马一条街、古罗马广场、古罗马风格民居等古建筑。古城的历史可以说是外民族与中华民族融合历史上浓重的一笔，其建筑以伊特鲁里亚建筑技术、古希腊建筑技术和汉朝建筑融合风格为主，复原为正方形城堡建筑。周围还有骊靬文化产业园、骊靬城金山寺等景观。

门票信息｜免费
营业时间｜全天
交通信息｜建议自驾前往。
电话｜7563902

亮点
古罗马风格民居、罗马神庙、古罗马广场

御山圣容寺

标签：天然佛像　著名汉传佛教寺院

寺院坐落在永昌县城北10公里处的御山峡谷西段，因北魏时期发现天然佛像而建造，后隋炀帝西巡亲临拜谒，亲自将寺庙改名为“感通寺”，到唐中宗时更名“圣容寺”，关于寺院传说可谓家喻户晓。寺院建有山门、钟鼓楼、大雄宝殿、瑞像殿、长廊等，是河西地区著名的汉传佛教寺院之一，也是我国为数不多保存较为完好的千年古寺之一。

门票信息｜免费

营业时间｜7:00—17:00

交通信息｜从永昌县城前往圣容寺没有公共交通，包车往返约100元，也可以自驾前往。

电话｜8214499

★ 亮点

宗教古迹、御山峡谷

金昌金水湖

标签：4A级景区　大型城市景观工程

金昌金水湖又称金昌东湖景观带，位于新材料工业园区新华路以南、常州路以东，占地面积约236公顷，由5个不同面积的湖面组成。在西北苍凉的大地上，金水湖好似江南梦境一样迷人，可以看到骊靬烟云、飞龙点滩、蒔天卉屿、渔舟唱晚、水木白清等具有金昌地方特色的人文景观，值得一来。

门票信息｜免费

营业时间｜全天

交通信息｜乘坐2路公交车到恒泰井盖厂站；自驾走新华大道至开发区即可到达。

电话｜8236218

网址｜http://jsh.jinchuan.gov.cn/index.html

★ 亮点

观光、赏花、钓鱼

甘肃

金川公园

标签：“河西第一园”

金川公园建于1983年，占地448亩，位于甘肃金昌市中心，享有“河西第一园”“沙海园林”之称。公园以人工湖为中心，以突出植物造园为主，与南屏山、云雀台、梅岭以湖相隔，遥相呼应，还有“镍都开拓者纪念碑”和“汲古问今”地镶式浮雕等景点。

门票信息｜免费

营业时间｜全天

交通信息｜乘坐1路公交车在爱尔曼珠宝站下车，2路在盘旋路或华龙证券站下车。

电话｜8224754

★ 亮点

雕塑、南屏山

金川国家矿山公园

标签：中国最大的人造天坑

金川国家矿山公园位于金川区西南部龙首山脉北坡，总面积近3.1平方公里，是开发镍都的见证和金昌市爱国主义教育基地。这里有中国最大的人造天坑、最长的斜坡道和最长的采矿巷道，还有观景台、绿化荒山边坡、八卦图形绿化区、矿山科技馆等景点。这里的矿业活动不仅取得许多重大成果，填补了国内外空白，而且留下了丰富的矿业遗迹及相关的人文遗迹。

门票信息｜免费

营业时间｜全天

交通信息｜乘坐5路公交车在矿山公园站下车。

★ 亮点

工业游、中国最大的人造天坑

北海子公园

标签：国家湿地公园　北湖

北海子公园在当地又称北湖，位于县

城北1公里处，总面积10,500亩，2015年成为国家湿地公园。北海子公园还是汇集了古建筑群的胜地，始建于唐代，以后历代都有增建，因金川寺而获盛誉。公园以山峦、湖泊、涌泉、溪水、湿地为主要特征，现存古建筑20多座，内有200多个泉眼，以马踏泉最为著名，泉水上涌，常年不息，汇流注入金川河。

门票信息｜免费

营业时间｜全天

交通信息｜建议自驾前往。

亮点

金川寺

金昌武当山

标签：历史古建筑群

金昌武当山是北海子公园风景区的重要组成部分，山上1100个台阶相通，一座座古朴典雅的仿古建筑沿着台阶分布。其中北武当山寺始建于清乾隆以前，至光绪年间才逐步完善，形成一个完整的建筑群落。在山腰半道上可以看到有一处石刻文，上面记载了光绪六年（1880年）完工后补修山间道路之事。登临山顶向下俯瞰，金川河由西向东，弯弯曲曲穿过公园，流入金川峡水库之中。

门票信息｜免费

营业时间｜全天

交通信息｜从永昌县城去武当山，包车150元左右往返。

电话｜7531695

亮点

北武当山寺

白银景点

黄河石林

标签：4A级景区　国家地质公园

地壳运动、风化、雨蚀等多种自然力量作用下，黄河石林形成了千姿百态的石林地貌奇观。该景点位于白银市景泰县境内，总面积约50平方千米，和南方喀斯特石林地貌不同，黄河石林主要由黄色砂砾岩组成，形态更为高大。主要景点是大峡谷与峡谷尽头的观景台，也是游览终点，高耸的石林遍布两旁，石笋普遍有100米，高的达到200多米，宏大壮观，摄影爱好者视之为胜地。景区内的龙湾村经常会有篝火晚会，可以欣赏当地的民俗歌舞。

门票信息｜40元

营业时间｜8:00—20:00

交通信息｜白银市区和景泰县城有班车到达石林景区。

电话｜5915160

微信公众号｜黄河石林大景区

网址｜http://www.chinahhsl.cn/

亮点

观景台、篝火晚会

永泰古城

标签：永泰龟城

永泰古城是国家级文物保护单位，位于景泰县西南27公里，建于明万历三十六年（1508年），曾是一个大型防御型军事堡垒，在明清两代具有重要的战略地位。整个城平面呈椭圆形，因其城堡形似金龟，故名永泰龟城。有多部影视剧在这里取景拍摄。

古城内原有大佛寺、诸神阁、玉皇殿和数道牌楼等古建筑群，除了城隍庙和废弃的永泰小学，大部分都已经损毁、坍塌，其中，永泰小学于1914年建成，是一处中西式结合的哥特式建筑。

早晨和傍晚，这里的村民会赶着羊群去城外喝水，这是古城比较有特色的景象，令人忍不住吟上一首边塞诗。

门票信息｜免费

交通信息｜景泰县城每天只有一班车发往古

城，16:30发车，次日8:00返回。

电话 | 5523648

★ 亮点

永泰小学、牧归图

红军会宁会师旧址

标签：4A级景区 红色旅游 历史文化遗址

红色，是历史给会宁烙下的鲜明印记。1936年10月，中国工农红军三大主力在甘肃会宁胜利会师，标志了长征的胜利，是中国革命走向胜利的转折点。会宁红军会师旧址是为纪念中国工农红军第一、二、四方面军胜利会师而扩建的革命遗址，有20处红军战斗遗址，1000多件革命文物，主要建筑会师楼始建于明代，是三军会宁会师的见证，也是会宁古城的象征。

门票信息 | 免费

营业时间 | 9:00—17:00

交通信息 | 景点位于白银市会宁县县城西关，从城区内步行可至。

电话 | 3221155

★ 亮点

会师楼

景泰寿鹿山森林公园

标签：4A级景区

景泰寿鹿山国家森林公园总面积574公顷，地处腾格里沙漠与黄土高原的过渡地带，享有“沙漠绿岛”的美誉。公园入口大门有一座仿古牌楼，雕刻着原中国道教协会名誉会长赵朴初先生的亲笔题名“寿鹿山”三个大字。公园内风景优美，青山叠翠，野生动物徜徉林间、生机勃勃。农历六月初六是景泰寿鹿山国家森林公园一年一度的民俗风情“采香节”，届时会举办隆重的庙会，公园内游人如织，热闹非凡。

门票信息 | 30元

营业时间 | 8:00—18:00

交通信息 | 在景泰县可乘坐至寿鹿山森林公园旅游专线。

电话 | 5523101

★ 亮点

休闲、登山、赏花

法泉寺

标签：森林公园 红山石崖禅寺

法泉寺原名红山法泉寺，又名“红山石崖禅寺”，是中国百大名寺之一。开凿于北魏时期，距今已有1400多年历史，经过后世历代凿修和不断扩建，逐渐形成楼阁林立、洞窟连片的景象，现存千佛洞、天王洞、达摩洞等36个洞窟，内里造像丰富，殿宇楼阁皆依崖而建，连为一体，雄伟壮观。

门票信息 | 免费

营业时间 | 8:00—18:00

交通信息 | 在靖远车站乘去平川的车，到法泉寺下车。

电话 | 6250198

★ 亮点

洞窟、造像

白银黄河湿地公园

标签：4A级景区

白银黄河湿地公园地处白银区水川镇，总面积3000余亩，地貌呈阶梯状的3级台地分布，公园内渠系纵横、芦苇密布，湿地水域平均水深2米，是高原鱼类和水禽的理想栖息场所，也是一处人类亲近自然的好地方。景区建设有南北主题广场、人工湖、曲桥、垂钓池、荷花池、景观长廊、黄河风情线等景点和设施。

门票信息 | 免费

营业时间 | 全天

交通信息 | 乘坐109路公交车直达。

电话 | 5932590

亮点

观鸟、摄影、科普、湿地

桃花山

标签：会宁八景之首

位于会宁县城东南的桃花山，山起三峰，主峰横枕震东，海拔1944米，其色似桃花绽红、烟霞流丹，故名桃花山，以“桃花艳岭”之名成为会宁八景之首。桃花山有着悠久的历史，据史料记载可以追溯到宋金时期，历经千年。后来此地不断修建庙宇，开凿石窟，现存洞窟十余窟，庙宇建筑更是不计其数，雄伟壮观。

门票信息｜免费

营业时间｜全天

交通信息｜乘长途车到达会宁汽车站，后打车前往。

亮点

登山、探险、宗教建筑

武威景点

武威文庙

标签：4A级景区 甘肃省第二大历史博物馆

文庙位于武威市中心，总面积1500平方米，是一组仿皇家宫阙式建筑群，始建于明朝正统二年（1437年），之后500余年经过多次重修扩建，规模宏大，庄严雄伟，号称“陇右学宫之冠”，是历代文人墨客的祭祀孔子之地。文庙现存建筑中的圣庙和文昌宫保存完好，如今被辟为武威市博物馆，馆藏文物4.4万件，其中国宝级2件，是甘肃省第二大历史博物馆。

门票信息｜30元

营业时间｜夏季7:30—18:00，冬季8:00—18:00

交通信息｜多路公交车（6路、13路、16路等）在这附近停靠，若从南城门出发，沿着仿古街向东行300米即可到达。

电话｜2220603

微信公众号｜武威文庙景区

亮点

博物馆、古典建筑、中国园林

武威沙漠公园

标签：4A级景区

武威沙漠公园是我国第一座将大漠风光与沙漠绿洲相结合的游览乐园，位于武威城东20公里处的腾格里沙漠前缘。园内沙丘起伏、百草丛生，融大漠风光、草原风情、园林特色为一体，公园里还有“陶心阁”“大漠亭”“桃花亭”“鸳鸯亭”等游乐设施，还有游泳池、跑马场、赛马场、沙浴场等。

门票信息｜5元，跑马场20元

营业时间｜8:00—18:00

交通信息｜可乘出租或自驾出城东行约20公里即到。

亮点

科普主题公园、沙漠风光

武威西夏博物馆

标签：4A级景区

西夏王朝被灭后，曾有很长一段时间的历史研究空白，武威作为曾经的陪都，是目前我国发现西夏文物、遗迹最多的地方，也是西夏学研究的发源地及中心之一。武威西夏博物馆位于武威文庙门前，展厅面积有1400平方米，以西夏皇家陵园为背景，是我国第一座真实展示西夏王国兴亡、经济、文化等历史的博物馆。馆内展出精选文物150件，包括重修凉州护国寺感通塔碑、西夏木版画及西夏泥活字版经文等众多精品。

门票信息｜免费，凭身份证登记参观

营业时间｜周二至周日8:30—17:30，周一闭馆（法定节假日除外）

交通信息｜在武威市区搭乘16路，步行一小段路到西夏博物馆。

电话 | 2228884

微信公众号 | 武威市西夏博物馆

★ 亮点

凉州护国寺感通塔碑、西夏木版画、西夏泥活字版经文

武威市博物馆

标签： 历史博物馆

2019年武威市博物馆新馆开馆试运行，2020年正式面向公众开放，建筑共分为3层，一层主要承担文物仓库的功能，二层是武威历史文物展览，三层为天梯山文物专题展。其中二层的展览让人印象深刻，可以在游览中深刻了解武威从新石器时代到明清时期丰富灿烂的历史。馆藏文物精品包括汉铜虎符、彩绘木鸡栖架、魏晋彩画陶盆、西夏彩绘木版画等，都有着较高的历史及观赏价值。

门票信息 | 免费

营业时间 | 周二至周日9:00—17:00

交通信息 | 从市区文庙广场乘坐15路、16路、25路等多趟车次，在武威市规划局站下车。

电话 | 2228884

微信公众号 | 武威市博物馆

★ 亮点

武威历史文物展、天梯山文物专题展

白塔寺

标签： 4A级景区

白塔寺又称百塔寺，位于武威市以南约20公里处的白塔村，包括白塔寺塔林、白塔寺遗址和白塔寺“凉州会谈”纪念馆等景观。1247年，著名的“凉州会谈”在武威白塔寺举行，标志着吐蕃近400多年的混乱局面结束，白塔寺成为吐蕃地区被正式纳入中国版图的历史见证地。凉州会谈纪念馆是了解相关历史背景的好地方，展厅展示了白塔寺的历史故事，也陈列了一些出土精品文物。

门票信息 | 16元

营业时间 | 8:00—17:00

交通信息 | 乘坐武威客运中心—哈溪镇的大巴在白塔寺前方路口下车，向西步行约2公里即到。

电话 | 2736599

网址 | www.lzbts.com

★ 亮点

白塔寺塔林

雷台公园

标签： 墓葬群

武威雷台公园位于甘肃武威城区北关中路，公园占地面积12.4万平方米，公园东南部的汉代墓葬群举世闻名，“马踏飞燕”铜奔马、东汉铜车马阵等各种文物真品尽管早就移送到甘肃省博物馆，但作为出土地的这里依旧吸引游人络绎不绝地前来参观。雷台公园从南到北由三星斗姆殿等10座明清时期的古建筑和公园东南部的汉代墓葬群等几个主要部分组成，另外还有凉州词话书法展馆、汉文化博物馆等可供参观。

门票信息 | 50元

营业时间 | 9:00—17:00

交通信息 | 武威市区坐2路公交车可到。

电话 | 2215852

★ 亮点

马踏飞燕、文化游、汉陵墓

武威大云寺

标签： 4A级景区 “大云晓钟”

大云寺坐落于武威城东北，是一座始建于东晋十六国时期的佛教古刹，本名宏藏寺，宋、西夏时期被称为护国寺，规模宏伟，历史悠久。古钟楼建筑立于10米高的砖包台基上，台基呈四方形，面积约378平方米。唐代古钟为中国六大名古钟之一，造型古朴优美，历史价值、艺术价值和科学价值很高，旧称“大云

甘肃

晚钟”，为武威八景之一。重修的建筑结构严谨、高大古朴，宏伟壮观，再现了大云寺往日风貌，这里还开辟了4个专题展览室，分别陈列石器、屏风、书画、铜造像等。

门票信息｜10元，登钟楼另收10元

营业时间｜8:00—17:00

交通信息｜从文庙到大云寺，出租车费5元左右。

电话｜2220257

亮点

佛教古刹、文化古迹

武威天梯山石窟

标签：中国石窟鼻祖

天梯山石窟位于武威城南50公里处，被誉为“中国石窟鼻祖”，是我国开凿最早的石窟之一，也是我国早期石窟艺术的代表。龙门石窟、云冈石窟等石窟的艺术源头便是此处。这里山峰巍峨，高入云霄，道路崎岖，形如悬梯，故称天梯山。山顶常年都有积雪，“天梯积雪”因而成为凉州八景之一。天梯山石窟创建于十六国北凉，经过历朝历代的开凿和修建，规模宏大，建筑雄伟。如今石窟仅存19个洞窟，目前对游人开放的只有13号洞窟一个。

门票信息｜30元

营业时间｜5月至10月8:30—18:00，11月至次年4月9:00—17:30

交通信息｜在武威客运中心乘坐发往哈溪镇的班车，在天梯山石窟的路口下车，步行2.5公里到达景区大门。

电话｜2980219

微信公众号｜天梯山石窟

亮点

佛教文化、石窟佛像

平凉、庆阳

平凉是中华文明的发祥地之一，地处甘肃省东部，陕甘宁三省交会处。376年，前秦灭前凉，取“平定凉国”之意，置平凉郡，平凉之名自此始。平凉境内已发现仰韶文化、齐家文化等各个时期遗址2257处，崆峒山、云崖寺等名胜古迹更是远近闻名。

庆阳，习称“陇东”，地处甘肃省东部，被誉为“红色圣地、岐黄故里”，素有“陇东粮仓”的美称。庆阳是“环江翼龙”和“黄河古象”的发祥地，中国“第一块旧石器”在此出土，是中华民族早期农耕文明的发祥地之一，也是中医药文化发祥地、中医鼻祖岐伯的出生地。

电话区号 平凉0933、庆阳0934

交通

机场

庆阳西峰机场（0934-8371629；庆阳市西峰区彭原乡李家寺村）每天有2班飞往兰州、1班飞往北京的航班，每周3趟航班飞往西安、银川、上海、成都等地。机场距市中心约8公里。

火车

平凉站（0933-5972222；平凉市崆峒区泾河大桥旁）主要线路为宝中铁路、西平铁路、天平铁路、平庆铁路。

庆阳站（0934-95105105；庆阳市西峰区后官寨镇司官寨村） 主要线路为银西高速铁路。

长途汽车

平凉汽车东站（0933-8631271；平凉市解放路柳湖路口）

平凉汽车西站（0933-8710691；平凉市来远路崆峒大道路口）

庆阳客运中心（0934-8891165；庆阳市兰州东路1号）

西峰汽车站（0934-8610914；庆阳市长庆北路3号）

庆阳汽车北站（0934-8662322；庆阳市古象东路16号）

公交车

平凉市内，1路公交连接火车站、汽车东站、新民路、南门什字、汽车西站。开往崆峒古镇/崆峒山的3趟公交为分段售票，其中，9路公交经南门、汽车西站，13路公交经汽车西站，旅游专线公交经火车站、汽车东站、汽车西站。

庆阳市内，14路公交车连接西站和北站，6路连接西站、小什字、南站、博物馆。

土特产和纪念品

平凉当地特色有华亭核桃、静宁烧鸡，庆阳当地特色有黄花菜、香包。

住宿

经济型

旅客之家(柳湖路店)

(0933-8501288；平凉市崆峒区柳湖东路1号)离市中心约1.6公里，老板人不错，服务好，房间干净。

中档

尚品怡家酒店

(0933-8629900；平凉市解放北路136号)酒店位于火车站和汽车东站中间，房间大而舒适，简单干净。

高档

庆阳彩虹桥希尔顿欢朋酒店

(0934-8619999；庆阳市西峰区岐黄大道48号)设备齐全，服务热情，距高速口不远。

就餐

春华楼

(0933-3991299；平凉市新民路东大街天桥下；6:30—15:00)平凉城老字号，创立于民国时期，招牌是羊肉泡馍。

渔歌·活鱼现烤（昊鑫店）

(0934-8376777；庆阳市西峰区南大街昊鑫时代广场5楼；周一至周日10:00—21:00)环境很好。鱼是现杀的，鲜活入味，有多种口味供选择。

线路推荐

平凉山水行：崆峒山—云崖寺

庆阳经典游：庆城周祖陵—环线东老爷山

平凉景点

崆峒山

标签：5A级景区　道教圣地

很多人知道崆峒山是因为金庸小说里有“崆峒派”，崆峒山上还有金庸先生题字“崆峒武术、威峙西陲”。同时，崆峒山本身也是重要的道教圣地，被誉为“西来第一山”和“中华道教第一山”。传说轩辕黄帝曾在此山上向广成子请教道的问题，秦皇汉武都曾登临此山，后来的唐宋明清各代，均在山上建有道观禅院。

崆峒山位于平凉市城西12公里处，属于六盘山支脉，主峰海拔2123米。法轮寺是崆峒山景色的亮点，值得一观。游崆峒山的最佳季节为秋季，届时红叶遍布群山，与道观楼阁、升腾雾气构成了一幅绝美的油画。

门票信息｜120元，缆车60元，中巴30元

营业时间｜4月至10月7:30—16:30，11月至次年3月8:00—16:00

交通信息｜在平凉汽车西站乘坐13路公交车到山脚下。

电话｜8711212

微信公众号｜崆峒山旅游

网址｜www.kongtongtour.com

★ 亮点

法轮寺、中台

大云寺·王母宫

标签：佛教文化

大云寺·王母宫景区位于泾川县城西北，

甘肃

泾河、汭河交汇处，以西王母文化发祥地、西王母祖庙所在地和佛祖真身骨舍利供养圣地闻名于世。据碑刻史料和文物古迹考证，泾川王母宫始建于汉武帝元封元年，后经宋初、明嘉靖年间两次重修，成为中国最早、最大的西王母祖庙。1964年，大云寺·王母宫发掘出盛有14枚佛祖真身舍利的金棺、银椁等，轰动海内外，被称为当年中国“十大考古发现”之一。

门票信息 | 5月至10月60元，11月至次年4月40元；正月初一、农历三月十九至三月二十一、农历七月十七至七月十九日、除夕景区免费开放

营业时间 | 9:00—17:00

交通信息 | 坐长途客运到泾川县，换乘泾川5路到天和人家（王母宫）站下。

电话 | 3321517

亮点

佛祖真身骨舍利

古灵台荆山森林公园

标签：商周文化 森林公园

古灵台荆山森林公园坐落于灵台县城中台山之上，因满山荆花灿烂而得名，由被称为神州祭天第一台的古灵台和荆山森林公园两个景区整合而成。古灵台相传为周文王伐灭密须国后所建，原建“灵台”已于1927年被毁，现存“灵台”为1984年重建。重建后的灵台分上下两院，下院正中为灵台主体建筑“文王祭天台”和灵台碑廊。

园区南至古灵台，北至皇甫谧文化园，东至高志山，西至古城墙，地形包括两山一沟。内有古灵台、荆山门、三贤祠、德化廊、朝晖亭、夕照亭、日月亭、关公殿、灵通门、玉皇阁、东沟景观湖、休闲广场等人文景点，是一个兼具生态旅游、历史文化、民俗风情、休闲娱乐和科普教育多个功能的综合性旅游度假地。

门票信息 | 古灵台5元，荆山森林公园免费

营业时间 | 8:00—17:00

交通信息 | 建议从灵台县城打车前往。

电话 | 3621982

亮点

文化古迹

龙泉寺

标签：陇东第一泉

崇信龙泉寺位于芮河之滨，距崇信县城1公里。寺院建于元代，兴盛于明清，距今已有四五百年历史。寺中有两处大泉，分别为浓露泉、贯珠泉，因水质甘甜、源源不绝而被誉为“陇东第一泉”。

龙泉寺香火旺盛，四周绿树成荫，泉溪湖桥相连，亭台殿阁、道观洞府彼此辉映，可谓秀甲陇右。山涧有一座飞龙雕塑，口吐喷泉，声震四野，水雾弥漫，在阳光的照射下，宛若彩虹挂于山腰，这就是龙泉寺八景之一的“龙吐彩虹”。此外，景区内还有齐家文化遗址、公刘文化遗迹、李元谅寝宫等历史文化遗存。

门票信息 | 60元

营业时间 | 8:00—18:00

交通信息 | 在崇信县城内乘坐57路公交车可到龙泉寺；平凉市内还有直达景点的旅游专线。

电话 | 6123479

亮点

龙吐彩虹、陇东第一泉

莲花台风景区

标签：西陇之名山

莲花台风景区位于华亭县马峡乡境内，距县城西40公里。莲花台古称“龙首山”，唐宪宗李纯改名“青龙山”，民间称“莲花台”，因山顶有一巨石形似盛开的莲花而得名。莲花台海拔1520—2764米，相传为皇帝祭天的地方，始建于秦汉，兴盛于唐代，佛道儒三教

并存，唐朝皇帝李纯曾敕封其为“西陇之名山”。景区主要景点有山门、祭天广场、莲花石、各种古迹、四道坪草原、莲花幽谷、药园茅庵、鬼门关等。

门票信息｜10元

营业时间｜全天

交通信息｜平凉乘大巴至华亭，再租车前往。

电话｜7728609

★ 亮点

莲花石、莲花幽谷、药园茅庵

庆阳景点

庆城周祖陵森林公园

标签：华夏农耕文化发祥地

庆城周祖陵森林公园位于庆阳市庆城县城东山，因山顶有一座著名的墓冢——周先祖不窋陵而得名，自古为文人骚客吊古怀今、登临览胜之地。据史料记载，葬于庆城东山的周代先祖不窋，为黄帝玄孙、帝喾之孙、后稷之子，时任夏代农官。据出土文物佐证，周祖陵建筑历代均有兴建，且数千年香火不断。现建筑为20世纪80年代以来，由当地政府重修复建，是华夏农耕文化发祥地之一。

门票信息｜45元

营业时间｜8:00—18:00

交通信息｜推荐自驾前往。

电话｜3229665

★ 亮点

文化古迹、寻根问祖

北石窟寺

标签：北魏佛雕

北石窟寺位于西峰区西南25公里处，距市区25公里，海拔1083米，现存大小窟龛307个，石雕造像2126尊，为甘肃省四大石窟之一，是北魏永平二年（509年）泾州刺史奚康生所建。因与平凉市泾川县南石窟寺为同时代开凿，南北对应，故名北石窟寺。“五尊佛像”“其尊佛像谜团”都很值得一探。

门票信息｜30元，讲解50元起

营业时间｜9:00—17:00

交通信息｜庆阳汽车北站乘车直达，回程继续在下车地点等车就行，18:00前都有车。

电话｜8535222

★ 亮点

佛教文化

合水陇东古石刻艺术博物馆

标签：可移动的敦煌莫高窟

以古石刻艺术展览为主题的专题博物馆，被国内外著名专家学者称为“可移动的敦煌莫高窟”。博物馆收藏的石雕造像有的高大雄伟，有的小巧玲珑，有的还配有佛教故事、古乐演奏图案。展品时代特色显明，雕造工艺精湛，除具有较高的观赏价值外，还为研究古代宗教、民俗、音乐、美术等提供了珍贵的实物资料。

博物馆藏有历代古刻300余件、石造像160余尊，种类可分为佛、菩萨、弟子、罗汉、力士、山神等。馆藏较为珍贵的文物有西周铜鼎、汉代王莽诏版、唐铜镜、唐三彩炉、唐黄彩瓷壶等。除此之外，馆内还珍藏有各个时期的陶器、铜器、玉器、皮影、化石等文物。

门票信息｜免费

营业时间｜10:00—16:00

交通信息｜大巴乘车至合水县，再包车前往，也可以自驾前往。

电话｜5521460

★ 亮点

文化艺术

老爷山

标签：道教名山

老爷山古称兴隆山，有“鸡鸣听三省”的

甘肃

美誉，轩辕黄帝升天、周太子降生、金公鸡叫鸣、狐大仙选址、关老爷显灵、林道士成仙等传说都在此盛传。

景区由祖师峁、玉皇峁、魁星峁三大景区组成，能看到建于元朝至清朝的庙宇楼阁，还有现代新建的红军长征纪念馆、曙光坛、玉皇殿、三官殿、百子宫、观龙阁等景点。毛泽东、周恩来、彭德怀、叶剑英等革命前辈都在这里留下了足迹。此外自然山野中松柏成荫，有一处"二龙戏珠"山体景观，不妨试试能否找到。古建筑内的砖雕、壁画堪称一绝，文物价值极高，可以仔细体会一番。

门票信息｜20元

营业时间｜9:00—17:00

交通信息｜推荐自驾前往。

电话｜4421543

亮点

遗址、道教文化、红军长征纪念馆

宁夏

“塞上江南”宁夏是丝绸之路的重要一站，是东西部交流的重要通道。银川平原肥沃富饶，在2000余年间哺育着这片土地上的人民；贺兰山巍峨耸立，腾格里沙漠金沙翻腾，而远古人类留下的贺兰山岩画、苍凉的西夏王陵、散落的长城遗迹则代表着这里逝去的过往。

宁夏是个好吃好玩的地方，除了自然景观和历史遗迹，这里还有被称为“五宝”的枸杞、甘草、贺兰石、滩羊二毛皮和发菜（现已禁止挖掘）。由于纬度和气候适宜，宁夏还是中国少数几个高端葡萄酒产区之一，宁夏葡萄酒在酒庄和城市内都能买到。这里的羊肉更是一绝，各地餐厅的羊肉菜品不会让人失望。

行前参考

 实用方言

喋：吃

牛大：牛肉面

我地咣三：惊叹

心疼：可爱

 何时去

6月至8月是最适宜旅游的季节，天气凉爽，昼夜温差大，还是瓜果成熟季。春季百花盛开，但风沙大，需做好防沙措施。秋季伊斯兰节日气氛浓郁，冬季大部分景点歇业，班车停开。

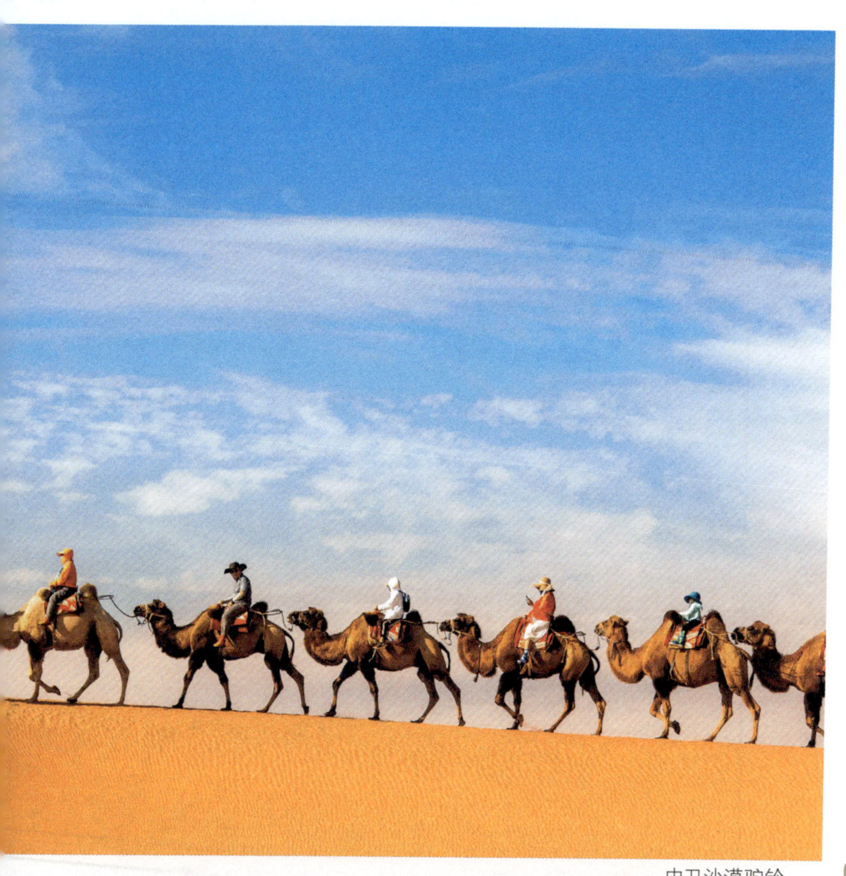

中卫沙漠驼铃

注意事项

宁夏的餐厅大多为清真餐厅，进入时不要带自己的食物，不要在穆斯林面前吃猪肉或谈起猪。进入清真寺时要注意穿着，不要穿短裤、短裙，不要打扰正在做礼拜的穆斯林。

当地新讯

2020年底，银西高铁的正式开通标志着宁夏正式迈入高铁圈，未来还将建设银太高铁，并进行包兰铁路和太中银铁路的扩能改造。此外，宁夏近年来开始打造“星星的故乡”文旅IP，计划建设以“沙漠星星酒店”等为代表的特色酒店和黄河、长城、草原等观星营地。

宁夏回族自治区
比例尺
N
0
46千米
石嘴山
石嘴山市
敖包圪垯
3556
银川
银川市
黄河
吴忠
青铜峡水库
苦水河
中卫
清

固原
固原市
中卫市

银川

银川虽地处中国西北地区，位于宁夏平原中部，但是会颠覆旅行者对西北乃至北方城市的印象，这里不是干燥且尘土飞扬的，而是树多水多，空气清新。银川古有“七十二连湖”之称，如今依然保留了不少湖泊、湿地，还能时不时看到水鸟掠过。这片地区在3万年前就有人类活动的痕迹，曾是神秘的西夏王朝的首都，现在则是国家历史文化名城。

这是一座四季分明的城市，气质温和，氛围舒适，虽然市内的旅游景点并不多，但它非常适合作为中转站和大本营，旅行者可以从这里出发，前往沙坡头、西夏王陵、镇北堡西部影城、水洞沟、贺兰山等地游玩。

电话区号 0951

交通

飞机

银川河东国际机场（96111；http://ningxia.cwag.com/；微信公众号：银川机场塞上行）每天有多趟航班往返北京、上海、西安等地。

火车

银川站（3922222）途经线路包括包兰铁路、包银高铁、银西高铁。

长途汽车

银川汽车站（5613927；兴庆区清和南街1382号）开往各地的长途汽车大部分从这里出发，目的地包括中卫、固原、吴忠以及省外的兰州、西安等地。

旅游汽车站（6738245；兴庆区清和北街570号）有班次频繁的长途汽车开往灵武、大武口、平罗等地。

公交车

银川的BRT1号线为东西向，途经银川汽车站、商业区和火车站，非常方便。App“银川行”提供公交线路查询、扫码乘车、实体卡充值等服务。

土特产和纪念品

当地特色有贺兰石、宁夏羊肉和宁夏葡萄酒。

住宿

经济型

银川浮游国际青年旅舍

（17709504177；兴庆区鼓楼南街意志巷52号二楼）旅舍位于银川市中心，在鼓楼与玉皇阁之间，邻近商业区，方便住客品尝各种美食。这也是闹中取静的好去处，开窗可见仿古建筑园林宁园的亭台水榭。

中档

银川西府井饭店

（8589999；兴庆区新华东街1号）饭店位于繁华的新华街商业圈内，靠近鼓楼和步行街，交通便利。180间客房精致时尚，提供名牌洗浴用品、加湿器、咖啡机等，还有全天开放的健身房和次日免费下午茶。

高档

银川凯宾斯基饭店

（5165888；金凤区北京中路160号）老牌五星级酒店，位于银川市行政中心，距离河东机场仅30分钟车程，距离银川火车站6公里，酒店提供接送机、接送站服务。400多间客房都是欧式奢华风格，宽敞舒适，设施齐全。

就餐

国强手抓（贵宾楼店）

（6015266；上海西路与尹家渠北街交口金海明月花园四号；11:30—14:30，17:00—21:30）手抓老字号，可根据个人口味选择肥瘦，羊肉肥而不腻，搭配酱汁味道鲜

宁夏

美。此外还有沙葱、枸杞苗等特色菜，搭配的八宝茶可以解腻。本店靠近宁夏博物馆，饭点人很多，不想排队的话需提早前来。

红柳枝滩羊烧烤

（5111113；文苑西巷14号；16:00至次日2:00）经常位居烧烤类好评榜第一名，本地人也经常光顾。招牌红柳枝烤羊肉串肥瘦均匀，不膻不腻，还有烤羊排、烤肉筋、烤油包腰子等可供选择，特色小食奶皮子和烫面油香令人惊艳。

线路推荐

塞上名城观赏游：承天寺塔—玉皇阁—鼓楼—海宝塔

湿地公园游：贺兰山国家森林公园—阅海国家湿地公园—鸣翠湖国家湿地公园

景点

宁夏博物馆

标签：国家一级博物馆

宁夏博物馆的外观呈典雅的伊斯兰风格，外墙建筑装饰运用了力士志文支座等构件形象，这座简洁、优雅的建筑于2010年荣获中国建筑质量工程最高奖“鲁班奖”。

博物馆现有常设陈列4个，“朔色长天——宁夏通史陈列”是宁夏历史文化的常设展览，很多镇馆之宝位于此处；“石刻史书——宁夏岩画展”以岩画为主线，集中展现宁夏岩画的地域特色及艺术风格；“红旗漫卷——宁夏革命文物陈列”以文物和多媒体手段展现宁夏的革命历史；“宁夏民俗文物陈列”目前正在升级改造。

门票信息｜免费

营业时间｜9:00—16:30，周一闭馆（法定节假日除外）

交通信息｜可乘坐公交1、2、13、38、301路等至宁夏博物馆站。

电话｜5082085

微信公众号｜宁夏博物馆

网址｜http://www.nxbwg.com

亮点

豆荚纹双耳彩陶壶、鎏金铜牛、石刻胡旋舞墓门扇

承天寺塔

标签：佛教圣地

承天寺塔始建于1050年，是宁夏唯一有文献记载始建年代的古塔，为保年幼登基的李元昊幼子李谅祚而建，但因历代战乱、地震被毁，如今看到的古塔是清嘉庆年间重修的，保留了原塔的基本形制。

古塔塔身共11层，是平面八角形的楼阁式砖塔，整体造型挺拔，风格古朴，攀登有一定难度，登顶可将古城风光尽收眼底。

门票信息｜门票10元，登塔20元

营业时间｜夏季9:00—17:30，冬季9:00—17:00，周一闭馆

交通信息｜可乘坐公交17、25、32、33、501路至西塔北站。

电话｜5014355

亮点

西夏古塔

南关清真大寺

标签：宗教场所

南关清真大寺是宁夏最大的清真寺之一，始建于明末清初，如今的大寺是1981年复建的。大殿顶部的绿色穹顶象征着先知穆罕默德，四角各有一个小穹顶。主殿分为2层，上层大礼拜殿供穆斯林做礼拜，每逢主麻日或伊斯兰传统节日，会有大量穆斯林聚集于此。

门票信息｜门票10元，导游讲解10元

营业时间｜8:00—18:30

交通信息｜可乘坐公交21、28、305路等至长城路永安巷口站。

电话｜4106714

★ 亮点

穹顶、吊灯

镇北堡西部影城

标签: 5A级景区 影视外景地

这是宁夏最有名气的旅游景点之一，过去是边防要塞，如今已成为中国西部题材和古代题材的电影、电视剧最佳外景地。著名作家张贤亮在劳改期间发现了这个地方，而后将其打造为影视城，粗犷、荒凉、古朴是其特色。《红高粱》《新龙门客栈》《大话西游》《东邪西毒》等多部经典电影在此拍摄，当时使用的很多场景及道具保存至今。

门票信息 | 旺季80元，淡季40元，语音导览20元

营业时间 | 夏季8:00—18:00，冬季9:00—17:00

交通信息 | 可在银川火车站旅游集散中心（金凤区）和新月广场（兴庆区）乘坐景区直通车。

电话 | 2136068

微信公众号 | 镇北堡西部影城

★ 亮点

月亮门、牧马人、龙门客栈、影视一条街

水洞沟

标签: 5A级景区 国家地质公园

水洞沟地区包括烽燧、堡寨、藏兵洞等，是中国保存最完整的古代军事防御建筑体系之一，也是中国最早发掘的旧石器时代文化遗址，记录了远古人类生存发展的痕迹，保留了珍贵的史前资料。1923年，两位法国古生物学家在这里发现了史前文化遗址，经过发掘，至今已出土3万多件石器和67件古动物化石。这里同时也保留了一部分相对完好的明长城，这段长城在隋长城的基础上修筑，始建于1474年。

门票信息 | 门票60元，藏兵洞30元，有218元、198元、178元三个档位的通票

营业时间 | 8:00—18:00

交通信息 | 银川北门旅游汽车站有水洞沟直达大巴。银川南关汽车站、新月广场、银川火车站游客集散中心有旅游直通车。

电话 | 400-679-1996

微信公众号 | 宁夏水洞沟旅游

网址 | https://www.shuidonggou.com

★ 亮点

遗址博物馆、长城博物馆、明代藏兵洞

沙湖

标签: 5A级景区 湿地

沙湖距离银川市40多公里，位于贺兰山下、黄河岸边。作为宁夏第一淡水湖，围绕它而建的景区面积为80平方公里，沙漠与水域相邻，既有大漠戈壁的苍凉雄浑，又有江南水乡的柔美细腻。来这里旅行四季皆宜，春季可踏青观鸟，夏季可滑沙冲浪，秋季观渔舟唱晚，冬季来一场冰雪狂欢。若是4月和10月前来，可去鸟岛观鸟，能看到苍鹭、天鹅等十多种鸟类。

门票信息 | 门票旺季60元，淡季40元，有各种套票

营业时间 | 8:00—17:00

交通信息 | 银川北门旅游汽车站开通了沙湖旅游专线。也可乘坐发往大武口、惠农、红果子、汝箕沟、隆湖、平罗、姚伏、沙湖等地且途经或直达沙湖的班车。

电话 | 400-180-0952

微信公众号 | 沙湖旅游

网址 | http://www.nxshahu.com

★ 亮点

沙雕园、鸟岛、湿地博物馆

西夏陵考古遗址公园

标签: 4A级景区 国家考古遗址公园

西夏陵是西夏王朝的皇家陵园，位于贺

兰山脚下，方圆58平方公里范围内，分布着9座帝陵及数百座陪葬墓，是现存规模最大的西夏文化遗址，被誉为"东方金字塔"。西夏王陵吸收了秦汉以来皇陵的特点，又因为受到佛教建筑的影响，其形式在中国陵园建筑中别具一格。由于经历了战火和风沙侵蚀，这里如今只有黄土陵塔屹立于戈壁之上，好在西夏王陵博物馆、西夏史话艺术馆等以文物、蜡像等方式，介绍了西夏历史、疆域、语言文字等信息。

门票信息｜门票68元，观光车20元

营业时间｜8:00—19:00

交通信息｜4月20日至10月20日（其他时间不运营）可在银川市区新月广场乘坐游1线至西夏王陵。

电话｜5668966

微信公众号｜西夏陵

亮点

西夏王陵博物馆、西夏史话艺术馆、3号陵

贺兰山国家森林公园

标签：4A级景区 国家级森林公园

贺兰山呈南北走向，是我国西北重要的地理分界线。宁夏贺兰山国家森林公园位于贺兰山国家级自然保护区中段，总面积将近1万公顷，野生动植物资源丰富，其中岩羊每平方公里的分布数量居世界首位。森林公园内包括青松岭、樱桃谷、兔儿坑等自然景观，也有贺兰山博物馆、摩崖石刻、三清观等人文景点，游客来此还能体验观光缆车、峡谷索桥。

门票信息｜门票60元，缆车30元

营业时间｜旺季8:00—18:00，淡季9:00—17:00

交通信息｜4月20日至10月20日可在银川市新月广场乘坐游2路，或在银川火车站旅游集散中心（金凤区）、新月广场（兴庆区）乘坐全年发车的宁夏旅游景区直通车。

电话｜4114390

微信公众号｜宁夏贺兰山国家森林公园

网址｜http://www.hlstour.com/syk

亮点

贺兰山博物馆、摩崖石刻

贺兰山岩画

标签：4A级景区

贺兰山岩画位于贺兰山山脉东麓，靠近贺兰山最高峰，景区周边重峦叠嶂，气势壮观。贺兰山岩画遗址区内保存完好的岩画有将近6000幅，据考证刻于公元前10,000年至公元前3000年，内容包括人面像、神像、动物、符号等，记录了原始人类的祭祀、狩猎、作战、娱乐等场景。

景区内还有银川世界岩画馆，展示了世界各地的代表性岩画，是中国唯一的岩画专题博物馆。在岩画馆西侧是地标性建筑韩美林艺术馆，与大自然融为一体，其中展出的韩美林大师的艺术作品融入了岩画元素，是对远古文明的当代解读。

门票信息｜60元

营业时间｜8:00—18:00

交通信息｜可在新月广场和火车站旅游集散中心乘坐宁夏旅游景区直通车。或在新月广场乘坐游2路。也可在西夏广场乘坐游8路。

电话｜3948808

微信公众号｜贺兰山岩画

亮点

银川世界岩画馆、韩美林艺术馆

石嘴山

石嘴山市位于宁夏最北端，东边是鄂尔多斯台地，西边是银川平原北部，这个有趣的名字来源于贺兰山脉与黄河交汇之处的山石突出如嘴。它有"塞上煤城"的美名，因为地处宁东、蒙西两个国家千亿吨级煤田之间，出产的无烟煤闻名全国。这座城市也是一座因煤而生的城市，因为需要大规模开发煤炭资源而建立。虽然因煤而建，但石嘴山市环境优美，是宁夏唯一一个获得“国家森林城市”称号的地级市。

☎电话区号 0952

交通

火车

石嘴山站（3928482）有途经列车前往北京、沈阳、呼和浩特、银川等地。

惠农站途经线路为包兰铁路。

长途汽车

石嘴山汽车客运站（2217022；大武口区沟口公路附近）

石嘴山大武口汽车站（2036667；大武口区游艺东街187号）

公交车

在市内乘坐1、2、3路公交车可方便前往各处。

土特产和纪念品

当地特色有李岗西甜瓜和枸杞。

住宿

经济型

7天优品酒店（石嘴山大武口店）

（5885777；大武口区朝阳东街14号）这是7天酒店的连锁品牌，设计简约时尚，光线充足，提供无线网络和行李寄存服务，前台可存放贵重物品。地理位置不错，靠近万达广场，用餐和购物方便。

中档

驿居酒店（石嘴山人民路店）

（4611999；大武口区人民路81号）酒店位于人民路，靠近大武口区步行街、美食小吃街、万达广场等地，周边餐饮购物场所齐全。50多间客房简约现代，床品舒适，提供24小时热水淋浴以及空调、电视、无线网络等基本设施。

高档

石嘴山海华国际饭店

（2829999；大武口区朝阳东街19号）酒店地处繁华地带，距离商业中心约百米，出行便利。房间种类多样，温馨舒适，设施齐全，住店客人可免费停车。酒店有中餐厅和西餐厅，以及各类会议室，也是商务出行的好选择。

就餐

德隆楼（大武口分店）

（2028877；贺兰山南路40号；10:00—14:00、16:30—21:00）本地以羊肉出名的餐厅，铜锅涮肉里的手切羊肉肉质鲜嫩，手撕羊肉块大汤鲜，吃着非常过瘾，凉皮和烤馍也广受好评。此外特色菜还包括烤全羊、烤羊背、烤羊腿等，主食可点一份油香。

张老大羊杂碎（总店）

（18209562158；文明南路62-8号；7:00—19:30）常年位列当地小吃面食好评榜第一名，羊汤鲜美，羊杂分量大，不膻不腥，冬天就着白饼来一碗热腾腾的羊杂汤非常熨帖，最后还可以来一碗小米汤收尾。

景点

北武当生态旅游区

标签： 4A级景区

北武当生态旅游区以独特的自然环境和深厚的文化底蕴闻名，集拜山祈福、旅游观光、地质探险于一体。山上的北武当庙作为西北著名寺庙，是儒释道三教合一的古寺，始建于唐朝，清康熙年间正式建庙，整座庙宇坐北朝南，布局严谨。除此之外，景区内还包括大武口森林公园、归德沟、贺兰谷（韭菜沟）及贺兰山生态博物馆。

门票信息｜寺庙区8元

营业时间｜8:00—17:00

交通信息｜可在银川客运站乘坐银川至大武口的长途汽车，下车后可打车前往，10分钟即到。

电话｜5668373

亮点

北武当寿佛寺、大武口森林公园、贺兰山生态博物馆

平罗玉皇阁

标签：古建筑

玉皇阁是西北地区的著名古建筑群，造型独特，工艺精湛，楼阁出檐深远。整片建筑虽然建造时间和设计工匠不同，但整体严谨协调，四进院落层层递进，被誉为“西北第一阁”。登高望远时如在云端。

门票信息｜22元

营业时间｜夏季8:30—18:00，冬季8:30—17:30

交通信息｜可打车前往。

电话｜6012901

亮点

罗汉殿、玉皇殿

国务院直属口五七干校博物馆

标签：爱国主义教育基地

博物馆是在国务院直属口五七学校原址上规划建设的，再现了“文革”期间国务院直属口千名机关干部、家属、子女的劳动、工作、学习经历。“文革”期间，根据毛泽东的“五七指示”，中央国家机关先后在全国各地建立了100多所“五七”干校，这里即是当时的干校之一。博物馆陈列了2000多件实物、上百幅照片及大量文史资料，很好地还原了那段历史。

门票信息｜免费

营业时间｜9:00—17:00

交通信息｜可乘坐公交101路至五七干校站。

电话｜8820028

微信公众号｜五七干校博物馆

亮点

实物陈列

石嘴山市石文化博物馆

标签：石文化

石文化博物馆邻近星海湖鹤翔谷景区和白鹭洲景区，是在星海湖建设过程中因地制宜打造的，目的为挖掘当地“石”文化、打造“石”精神。游客在这里能体验贺兰山奇石的千姿百态，还能欣赏到来自山东、陕西、安徽等国内各地的奇石。博物馆分为世界园、东北园、西北园等10个园区，以及民族大团结雕塑园、世界名人雕塑园等8个雕塑园。

门票信息｜免费

营业时间｜周二至周日9:00—17:00，周一闭馆

交通信息｜可乘坐公交3、7路至博物馆站。

亮点

世界园、民族大团结雕塑园

平罗县庙庙湖生态旅游区

标签：湖泊

庙庙湖生态旅游区位于宁夏和内蒙古交界处，邻近内蒙古鄂托克旗，湖水由天然泉水围堰而成，因湖旁有敖包和庙宇，故得名“庙庙湖”。旅游区于2007年建成，在完成防风治沙和绿化目的后，开始发展生态旅游。春季，游客可来此欣赏漫山桃花，感受黄沙与绿水相伴的景象。

门票信息｜免费

营业时间｜9:00—17:00

交通信息｜可自驾前往。

电话｜18209563488

亮点

七佛塔、灵泉寺

吴忠

吴忠市位于宁夏中部，历史悠久，既是河套文化的重要组成部分，又是古丝绸之路上的重要通道，如今更是成了新丝绸之路经济带的重要节点城市，以及新亚欧大陆桥沿线的区域性商贸城市。吴忠的伊斯兰风情浓郁，是回族的主要聚居区之一，拥有银川平原最著名的道堂和拱北。这里亦有“东方的千塔之城”之称，走在城里，造型精美的清真寺随处可见，来拜祭的信徒也很多。这里的羊肉也是一大亮点，“中国滩羊之乡”名声在外，拥有宁夏最有名的手抓店的总店。

电话区号 0953

交通

火车

吴忠站 途经线路包括银西高铁、吴中城际铁路。

青铜峡站（3927720）距离吴忠市约30公里，有卧铺车发往银川、固原、中卫及西安、上海等地。

长途汽车

吴忠汽车站（2636800；利通区明珠西路579号）

公交车

4路、6路、8路公交车可从吴忠汽车站开往市中心，搭乘5路公交车可达黄河湿地公园。前往青铜峡火车站可乘29路公交车。

土特产和纪念品

当地特色有盐池西瓜和盐池荞麦。

住宿

经济型

吴忠美诚酒店

（2256666；利通区吴灵西路南侧）酒店靠近万达广场，距离市中心不到1公里，出行方便，周边餐饮购物设施齐全。96间客房环境整洁，基础设施齐全，服务热情周到，酒店还有免费停车场。

中档

吴忠浩旺佳饭店

（6581888；利通区明珠东路恒昌幸福城北大门29-108）酒店地理位置优越，方便住客前往吴忠清真寺和秦渠公园游玩。共81间客房，装饰考究，设施齐全，配备国际长途电话、空调、电视、24小时热水，还提供电热水壶。

高档

吴忠嘉豪丽致酒店

（2222267；利通区开元大道万达广场西侧）酒店位于万达广场西侧商业区，地理位置优越。这里提供100间客房以及大型会议室、免费停车位，是商务出行及旅游的好选择。客房提供24小时热水、独立卫浴、无线网络和大屏投影，免费的迷你吧和迎客水果是亮点。

就餐

国强手抓（利通旗舰店）

（2706333；文化街和金水路交会处两馆一中心对面；9:00—22:00）俗话说，游在宁夏，吃在吴忠，国强手抓作为吴忠的招牌美食餐厅名不虚传。这里的手抓羊肉肥而不腻，肉赤膘白，滑软柔嫩，不可错过，还有手抓肋条和手抓羊脖可选，配套的八宝茶微甜解腻。

海清大块羊肉

（6027666；盐池县文化街64-31号；9:00—23:00）这里靠近高速公路，自驾前来比较方便。店内的羊肉选用盐池滩羊，不腥不膻，肉质很嫩，除手抓外，还提供烤羊排、清炖羊肉等，均可一试。特色甜品有黑豆酸奶和蓝莓木瓜，也很解腻。

线路推荐

寻路长城：兴武营古城—明长城遗址公园—

安定堡古城—张家场博物馆—盐州古城历史文化旅游区

景点

青铜峡黄河大峡谷

标签：世界灌溉工程遗产核心区

青铜峡黄河大峡谷位于贺兰山下的黄河边，是宁夏黄河旅游的核心区。青铜峡是黄河上游的最后一道峡谷，牛首山和黄河在此相遇，传说中是由大禹在此劈山成峡而成。景区内，自然风光和人文历史交相辉映，无论是饱经风霜的黄河铁桥、庄严肃穆的大禹像，还是展现2000多年水利发展的水利博物馆，以及雄伟壮观的青铜峡水利枢纽，都让人流连忘返。

门票信息｜A线套票95元，B线套票185元

营业时间｜4月至11月8:00—18:30，12月至次年3月9:00—17:00

交通信息｜可乘坐公交29路至青铜峡镇站。

电话｜400-996-0953

微信公众号｜青铜峡黄河大峡谷旅游

网址｜http://www.qtxhhdxg.com

亮点

水利博物馆、一百零八塔

青铜峡黄河楼景区

标签：4A级景区　建筑

黄河楼位于黄河西岸，是沿黄城市带的标志性建筑物。这片建筑由主楼、角楼等附属建筑组成，主楼高108米，分为地下、城台、楼阁3部分，共11层，展现黄河之水天上来的磅礴气势；其附属的4座角楼分别代表春夏秋冬四季。在黄河楼入口的广场上竖立着十二生肖青铜图腾柱。

门票信息｜门票50元

营业时间｜8:30—21:00

交通信息｜可自驾前往。

电话｜3600005

亮点

黄河中国历史文化展览馆、黄河印象展览馆

哈巴湖生态旅游区

标签：4A级景区　国家级自然保护区

哈巴湖生态旅游区属于干旱草原荒漠区，是花马寺国家森林公园的景区之一。保护区内动植物资源丰富，有500多种植物、100多种陆生野生动物以及国家二级保护鸟类16种。此处的荒漠景观十分丰富，包括干旱山地和干草原，有大面积的沙柳，还有湖泊、果园、绿洲，自然生态系统较为完整。

门票信息｜门票60元

营业时间｜全天

交通信息｜可自驾前往。

电话｜6996888

亮点

哈巴湖博物馆、双堆梁

宁夏移民博物馆

标签：博物馆　移民文化

从公元前2世纪起，宁夏就成了民族大迁徙与大融合的舞台，历经开荒戍边、政权更迭、移民屯垦，直至形成今日宁夏以汉、回两个民族为主的多民族聚居区。宁夏移民博物馆便是在这样的背景下修建的，展示了宁夏历代移民文化和移民扶贫开发的最新成果。博物馆整体建筑分为3层，3个展厅主题为序厅、宁夏移民史刻、新时期宁夏新移民。

门票信息｜免费

营业时间｜9:00—17:00

交通信息｜可打车前往。

电话｜18152337985

亮点

浮雕

四旗梁子拱北

标签：重点文物保护单位

拱北是阿拉伯语的音译，即中国伊斯兰教先贤的陵墓。四旗梁子拱北是哲赫忍耶派第五辈导师马化龙（“十三太爷”）的陵墓，其中的砖雕精巧美观，雕刻技艺高超。拱北的主体建筑为六角攒尖重檐钢筋混凝土结构，上覆绿色琉璃瓦。每年的农历正月十三日是马化龙的忌日，届时会有来自西北各地的哲赫忍耶派信徒前来祭拜。

门票信息｜免费

营业时间｜全天

交通信息｜可乘坐公交21路至开元小区站。

★ 亮点

砖雕

盐池革命烈士纪念园

标签：红色旅游

盐池革命烈士纪念园包括革命烈士纪念馆、苏维埃纪念馆、毛泽东纪念馆、盐池解放广场和纪念碑等。革命烈士纪念馆分为序厅、革命历史陈列厅、历史文物陈列厅3个专题展厅，通过革命历史记录和文物陈列，展现了从盐池红色政权的建立到全国解放的光辉历程。而苏维埃纪念馆和毛泽东纪念馆按原貌修建，再现了革命年代的艰苦生活。

门票信息｜免费

营业时间｜9:00—17:00

交通信息｜可打车前往。

电话｜18995341807

★ 亮点

毛泽东纪念馆、盐池革命纪念馆

固原

固原地处宁夏南部的六盘山地区，地形相对平坦，自古以来，既是农耕文明与游牧文明的交界处，也是丝绸之路东段的必经之地，也因此成为西北地区的军事、经济重镇，是古代中原文明抵抗外来入侵的战略要地。固原少数民族人口众多，是全国最大的回族聚居地之一，城内拥有不少造型精美的清真寺，丝绸之路的商道还为这里留下了众多关隘和石窟。此外，固原还是一座著名的红色旅游城市，是陕甘宁革命老区振兴规划中心城市，拥有长征景区和长征纪念馆，均值得参观学习。

电话区号 0954

交通

飞机

固原六盘山机场（2663114；微信公众号：固原六盘山机场）有直飞银川、西安、重庆、天津等地的航班，飞往上海、福州、广州等地的航班会经停西安。

火车

固原站（3927222）可在此乘车前往银川、西安、兰州。

长途汽车

固原汽车站（2662905；原州区大明城高速公路路口）

公交车

可乘1路公交车到固原火车站和汽车站，可乘8路公交车到南河滩客运招呼站。

土特产和纪念品

当地特色有宁夏甘草和永宁桃子。

住宿

经济型

如家酒店（清河南街家道汽车城店）

（2685111-9；原州区清河南街家道汽车城）连锁品牌酒店，品质有保障。酒店包括114间客房，房间宽敞舒适，基础设施齐全，提供早餐，服务周到，可提供免费行李寄存服务。

中档

固原凯瑞商务酒店

（3953999；原州区安康路东海太阳城10号楼）酒店由固原市凯瑞电力设备有限公司投资装修，地理位置优越，交通便利，距离固原汽车站和固原火车站车程约10分钟，距离六盘山机场车程约15分钟，并可免费提供接站服务。房间设施齐全，提供自助早餐。

高档

固原博物馆亚朵酒店

（2929888；原州区文化西街泰合家园19号楼）酒店坐落于固原市商业中心，购物出行方便，距离固原博物馆仅800米。96间客房宽敞舒适，设计简约，整体色调清新自然。酒店提供24小时免费自助洗衣房、大堂书吧和健身房。

就餐

老白师泡馍烩肉

（15109690016；东海街泰和嘉园B区对面3层；7:00—21:00）这是一家老字号小吃店，定价亲民，招牌牛肉泡馍、羊肉泡馍和烩肉分量很足，汤底鲜美，肉酥烂软糯，店内自制的油泼辣子很香，还会赠送凉菜。这里离固原博物馆较近，逛完博物馆可顺路来品尝。

马有川机场羊羔肉

（15709648884；北京路中博嘉天下，西港航空酒店对面；11:00开始营业）这家店可以算是当地最好吃的手抓店，装修简单，好在环境整洁。店内只提供3样菜：羊肉130元/件，分羊腿和羊排；饼子3元/个，是有胡椒调味的薄饼；烩菜5元/份，是萝卜粉丝汤，一餐下去令人心满意足。

线路推荐

丝路重镇之旅：固原博物馆—战国秦长城遗址—须弥山石窟—火石寨国家地质公园—西吉钱币博物馆

景点

固原博物馆

标签：4A级景区　博物馆

固原博物馆是以收藏历史文物为主的综合性博物馆，始建于1983年。藏品以春秋战国时期的北方青铜器和南北朝及隋唐时期的丝路文物最具特色，其中三件镇馆之宝中的两件来自波斯——鎏金银壶的壶把上有一高鼻深目戴盔形帽的人头像，壶腹的三组图像描述了特洛伊战争；而琉璃碗外饰14个凸起的圆形装饰，保存完好，实属罕见。第三件是北魏的漆棺画，画面分上中下三栏，棺盖绘有太阳、月亮、仙人等图案。

门票信息｜免费

营业时间｜周二至周日9:00—17:00，周一闭馆

交通信息｜可乘坐公交1路至西关十字站。

电话｜2032653

微信公众号｜宁夏固原博物馆

网址｜http://www.nxgybwg.com

亮点

鎏金银壶、琉璃碗、漆棺画

六盘山国家森林公园

标签：4A级景区　国家森林公园

六盘山国家森林公园位于六盘山南部深处，气候温和，植被茂盛，历来有“春去秋来无盛夏”的说法，是西北的避暑胜地。此地还有丰富的野生动植物资源，仅药用植物便有600多种。进公园大门后乘坐观光车，第一站是小南山，沿栈道可达瀑布赏景。最后一站凉殿峡是长达10公里的大峡谷，曾是成吉思汗的屯兵避暑之地。

门票信息｜门票50元，观光车票40元

营业时间｜8:00—18:00

交通信息｜可打车或自驾前往。

电话｜5648319

微信公众号｜六盘山国家森林公园

★ **亮点**

小南川、凉殿峡

老龙潭

标签： 水潭

老龙潭位于六盘山东麓，俗称“泾河脑”，泾河南源即从此流出，因此这里又被誉为黄土高原上的“天然水塔”。老龙潭由4个小潭组成，小潭之间相互连通，形成了一个个小瀑布。从门口步行或乘观光车可参观龙潭水电站，以及旁边的中华龙文化博览园。此地与六盘山国家森林公园邻近，可顺路一同游览。

门票信息｜门票40元，观光车票20元

营业时间｜8:00—19:00，冬季闭园

交通信息｜可自驾或打车前往。

电话｜5013660

★ **亮点**

龙潭水电站、中华龙文化博览园

须弥山石窟

标签： 4A级景区

须弥山石窟最早于北魏孝文帝太和年间开始开凿，历经西魏、北周、隋唐各代的大规模营造，以及宋、元、明、清各代的重新修葺。景区分为博物馆和石窟2部分，博物馆的主题为丝路石窟和佛教艺术，石窟集中于大佛楼、圆光寺、相国寺、桃花洞等区域，其中第五窟大佛楼的唐代弥勒大佛坐像是须弥山石窟造像的代表。

门票信息｜门票48元

营业时间｜8:00—18:00

交通信息｜可自驾或打车前往。

电话｜3985555

★ **亮点**

大佛楼、子孙宫、圆光寺

中卫

中卫市位于宁夏中西部，在宁夏平原到黄土高原的过渡带上。它在近两年声名鹊起，源于各类来此取景的真人秀节目，比如“爸爸去哪儿”“亲爱的客栈”等，沙坡头也因此成为宁夏最著名的旅游地之一，并带动了高档民宿聚集地“黄河·宿集”的开发，后者目前已成为西北地区品质最高的度假目的地。

但除此之外，中卫依然保留着一些不为人知的隐秘之所，无论是大型古建筑群高庙，还是特色峡谷地貌，乃至沙漠铁路沿线的绿洲风景，都值得游客走出沙坡头，前来一探。

☎ **电话区号 0955**

交通

飞机

中卫沙坡头机场（7073200；微信公众号：中卫沙坡头机场）有直飞银川、北京、重庆、西安等地的航班。

火车

中卫站（7095222）途经线路包括包兰铁路和宝中铁路，在此可乘车前往银川、兰州、乌鲁木齐等地。

中卫南站（7093089）银兰高铁上的一站，有动车前往银川和吴忠。

长途汽车

中卫汽车站（7060000，7061333；沙坡头区迎宾大道东）

公交车

对旅行者比较有用的是1路公交车，经过中卫汽车站和鼓楼。汽车站和中卫南站有开往沙坡头的公交车。

土特产和纪念品

当地特色有海原马铃薯和中宁枸杞。

住宿

经济型

中卫景轩大酒店

（7620888；沙坡头区鼓楼东街民生花园19栋1-3F）酒店于2019年经过了重新装修，房间宽敞，设施齐全，提供空调、液晶电视机和无线网络，还有电热水壶、24小时热水可供使用。前台提供免费行李寄存服务。

中档

中卫铂雅公馆精品酒店

（8727777；沙坡头区应理南街85号）酒店地理位置优越，交通便利，周边配套齐全，距离市中心步行只要10分钟。44间客房温馨舒适，配有智能门锁、网络电视、无线网络和迷你吧等设施。酒店有餐厅，提供自助早餐，还有免费停车场供住客使用。

高档

中卫金土木国际酒店

（6502222；沙坡头区鼓楼东街51号）中卫市的高端酒店。房间装修华贵大气，设施齐全卫生，自助早餐豪华，服务周到。酒店可提供接送机、接送站服务，还可租车，有洗衣房及外送洗衣服务。

就餐

北颂冰煮羊（红太阳广场店）

（15379587776；鼓楼西街红太阳广场西侧佳美口腔旁；10:30—23:30）这是本地排名第一的冰煮羊，羔羊肉来自内蒙古，鲜嫩可口，使用的景泰蓝铜锅具看上去很上档次，且具有仪式感，要记得锅开后先喝羊汤，味道鲜香。搭配的秘制拉克申蘸料中有麻酱、辣椒和腐乳汁。

桂花香手工面（鼓楼店）

（13739502388；鼓楼东街23号；6:00—20:00）本地有名的小吃店，饭点经常排队。扁豆子面和蒿子面是招牌，前者的面裹着浓郁的豆子酱汁，还有肉汤的香气，后者面条软滑而劲道，用料很有特色。

景点

沙坡头

标签：5A级景区　沙漠

沙坡头在中国第四大沙漠——腾格里沙漠的东南边缘，沙漠和黄河在此碰撞，本身即是沙与水的完美结合，更因“爸爸去哪儿”在此取景而成了网红景点。景区被包兰铁路分为黄河和腾格里沙漠两部分，提供羊皮筏、飞索、滑沙、骑骆驼、冲浪车等各种收费项目，想省钱的话可以考虑套票。

门票信息｜80元

营业时间｜8:00—18:00

交通信息｜可自驾或打车前往。

电话｜400-155-1766

微信公众号｜宁夏沙坡头

网址｜http://www.spttour.com

亮点

沙漠博物馆、大漠驼场

腾格里沙漠湿地·金沙岛旅游区

标签：4A级景区　国家级水利风景区

旅游区位于腾格里沙漠东南边缘，集沙漠、湖泊、湿地于一体。除了湿地湖泊与沙漠相伴相依的奇特景观，这里还有宏伟的明长城遗址。动物爱好者可来欣赏多种湿地鱼类和鸟类，其中包括金雕、天鹅等国家保护动物。金沙岛修建有水上乐园，适合亲子出行。到了夏季，景区内盛放的大片薰衣草十分上镜。

门票信息｜50元

营业时间｜8:00—18:00

交通信息｜可自驾或打车前往。

电话｜7666537

亮点

水上乐园

可可西里

青海

青海省位于中国西部，因境内有国内最大的内陆咸水湖——青海湖而得名。青海还是长江、黄河、澜沧江的发源地，是联结西藏、新疆与内地的纽带。青海全省平均海拔3000米以上，山脉纵横，地貌复杂多样，高处祁连山、巴颜喀拉山、阿尼玛卿山、唐古拉山等山脉横亘，低处有柴达木盆地，青海湖更是碧波荡漾，滋养了一方百姓。这里还是中国农区和牧区的分界线，因此拥有丰富的自然和人文景观。

行前参考

实用方言

脑（一声）：我

脑（一声）们：我们

阿（三声）门料：怎么了

何时去

4月至6月：青海的春季，可以去西宁看郁金香，也可以去互助北山看杜鹃花。

7月至8月：全国高温袭来，青海成为避暑胜地。此时是青海的旅游旺季，物价、人潮、车流都达到高峰。

9月至10月：北山国家森林公园和孟达天池换上彩装。

11月至次年3月：冬天虽然冷，但是日照充足，还是旅行淡季，这是到青海来一场美食之旅的好时机。

茶卡盐湖

注意事项

你的一趟青海行程中可能会到达不同的海拔，要时刻留意自己是否出现高反症状，例如发烧、头疼、失眠、乏力、呼吸困难等。最有效的办法是降低海拔，待逐步适应再继续旅行。另外青海地形地貌复杂，要注意准备应对不同天气和温度的服装，多喝水，注意防晒。

当地新讯

近年来，青藏铁路公司积极探索“铁路+景区”的列车开行模式，相继开行了西宁—德令哈、西宁—日喀则、西宁—西海镇中国原子城等多趟旅游列车。

东台吉乃尔湖
那仁郭勒河
海西蒙古族藏族
格尔木河
布喀达坂峰
6860
昆仑河
玉树藏族自治
楚玛尔河
通天
沱沱河
(格尔木市代管)
各拉丹冬峰
6621
青海省
比例尺
N
0
125千米

海北藏族自治州
黑河
大通河
布哈河
德令哈
海晏
西宁市
海东市
海东
湟水
青海湖
共和
龙羊峡水库
自治州
柴达木河
海南藏族自治州
黄河
同仁
黄南藏族自治州
古宗列曲
扎陵湖
鄂陵湖
玛沁
巴颜喀拉山
5266
果洛藏族自治州
年保玉则峰
5369
玉树
金沙江

西宁

西宁是青藏高原的东方门户，是古丝绸之路南路和唐蕃古道的必经站点，被称为“西海锁钥”。作为青海省的省会，如今它仍然起着连通内地和藏地的关键作用，对很多人来说，想要去青海的大多数地方，可能都会先到访西宁，再寻找更方便的交通方式。

但西宁绝不止“交通集散地”这么一种功能，这是你深入探索青海的开始。你将从这里开始适应藏地的美食、气候、人文气质，感受多民族聚居的生活氛围，然后打开新的旅程。

电话区号 0971

交通

飞机

西宁曹家堡国际机场（8133333；www.qhaport.com；互助土族自治县曹家堡）2018年升级为国际机场，目前已开通50余条航线。

火车

西宁站（城东区互助中路128号）是青藏铁路的起点，也是青藏高原最大的铁路枢纽，途经线路包括兰新高速铁路、兰青铁路、青藏铁路。

长途汽车

西宁汽车客运中心（6333006；微信公众号：chuxing365-ASST；西宁站东侧）

八一路客运站（8817472；八一中路90号）

新宁路客运站（6155795；城西区新宁路19号）

南川西路客运站（6242241；城西区南川西路48号）

公交车

西宁市区公交车线路四通八达，覆盖城区多数景点，多为无人售票车，可投币1元，也可刷手机支付宝的乘车码。另外，西宁公交汽车站还有发往互助、平安、大通的城际公交车和塔尔寺的专线公交车。

土特产和纪念品

当地特色有新鲜牦牛肉和青稞酒。

住宿

经济型

青海恒裕国际青年旅舍

（5223399；城东区为民巷13号马步芳公馆1号院）这家青旅位于马步芳公馆旁的一个四合院内，灰色的砖墙和木质的高低床有点儿民国军营的味道。工作人员很热心，公共空间极为舒适。在这里能找到一起畅聊的住客，也能寻找同行的人。

中档

和颐至格（西宁海湖新区万达广场店）

（6307555；城西区西关大街128号）酒店位置很方便，在万达广场附近，吃喝玩乐都可以便捷地解决。房间卫生状况不错，设施比较新，还配有加湿器和新风系统。配备有免费停车场。

高档

西宁新华联索菲特大酒店

（7666666；五四西路63号；xining-sofitelhotel.31td.com）这是西北地区最大的白金五星级酒店，地理位置优越、性价比也不错，房间干净，空间足够大，设施齐全，还有免费的游泳池和健身房。

就餐

益鑫羊肉手抓馆（花园北街店）

（8179336；花园北街白玉巷5号；8:30—21:00）到青海旅游没人会错过手抓羊肉、手抓饭、酸奶、甜醅等西部美食，而在这家饭店，你可以将其一举拿下。这家店虽然位居深巷，却总是有人等位，你要先点菜、选肉、交钱，才能进去坐下来等待开饭。

青海土火锅（国际村店）

（4910881；乐都南路国际村四号门

北行100米；10:00—22:30）青海土火锅是用铜锅将食物煮熟，然后整锅端上来直接吃的，不需要现烫。摆盘非常讲究，整整齐齐地摆满了牛肉、羊肉、丸子、炸带鱼、粉丝、酸菜等食材，一般都有十几种菜，分量十足。

线路推荐

西宁一日游：西宁—日月山—青海湖—茶卡盐湖

甘青大环线：西宁—青海湖—茶卡盐湖—柴达木盆地—德令哈—金子海—热水墓葬群—格尔木—昆仑山—可可西里—格尔木—魔鬼城、乌素特水上雅丹—敦煌—兰州

景点

塔尔寺

标签：5A级景区　格鲁派六大寺院之一

塔尔寺金碧辉煌的大殿前永远人潮涌动，每天都有大量信众围绕着大金瓦殿磕长头。这座寺庙建于明洪武十二年（1377年），拥有丰厚的历史、宗教和艺术积淀，是藏传佛教格鲁派创始人宗喀巴的诞生地，也是藏传佛教格鲁派六大寺院之一。寺内共有1000多个院落，4500多间殿宇、僧舍、佛殿、经堂。不要错过堪称塔尔寺“艺术三绝”的酥油花、壁画和堆绣。

门票信息｜4月至10月门票70元，其余时间门票40元，讲解160元起

营业时间｜旺季8:00—18:00，淡季8:30—17:30

交通信息｜可打车或自驾前往。

电话｜2231977

亮点

艺术三绝、藏汉合璧的建筑

青海省博物馆

标签：4A级景区　博物馆

博物馆大楼是一座仿古建筑，馆藏近1.5万件文物，珍贵文物2000余件，以新石器时代彩陶、金玉器和青铜器以及民族宗教文物为亮点。镇馆之宝包括马家窑文化时期舞蹈纹彩陶盆、战国匈奴狼噬羊金饰牌、唐代羽人瓦当、敦煌莫高窟遗物唐人手书《羯摩经》经卷等。

门票信息｜免费

营业时间｜4月15日至10月15日9:00—17:00，10月16日至次年4月14日9:30—16:30，周一闭馆，法定节假日除外

交通信息｜可乘坐公交12、18、22路至新宁广场南站，公交9、13、25、31、85、108路至新宁广场北站。

电话｜6118691

微信公众号｜青海省博物馆

网址｜http://www.qhmuseum.cn/#/

亮点

战国匈奴狼噬羊金饰牌、唐代羽人瓦当

东关清真大寺

标签：中国西北四大清真寺之一

清真大寺建于明洪武年间，至今已有600多年的历史，与西安化觉巷清真大寺、兰州桥门寺和新疆喀什艾提尕尔清真寺并称中国西北四大清真寺。建筑经历了多次毁坏和重建，如今规模宏大，礼拜大殿可容纳1000多人一起礼拜。整个清真寺建筑风格中西合璧，正门为阿拉伯风格的大穹顶主楼，向内是欧式风格的重五门和唤醒阁，礼拜大殿是中式的砖木结构。南厢楼有一个西宁回族民俗文化馆，介绍伊斯兰教和东关清真大寺的相关知识，有空可以看看。

门票信息｜免费

营业时间｜周五12:00—14:00为礼拜时间，非穆斯林不得入内

交通信息｜可乘坐公交1、2、5路至东稍门站。

亮点

礼拜大殿、西宁回族民俗文化馆

藏文化博物院

标签：4A级景区 博物馆

博物院分为北馆与南馆两部分，还设有青海大学民族医学分馆，这是世界上唯一一座以藏医药为主题、藏文化为特色的综合型国家一级博物馆。北院是藏医药文化馆，一楼是藏医史厅，展出医用教学挂图唐卡，内容包括人体解剖、生理病理分析、诊断和治疗、养生等，甚至有藏地医生4000年前的穿颅手术介绍，另外医学馆顶层还展出巨幅《中国藏族文化艺术彩绘大观》。北馆南侧是藏文化馆。其中藏族服饰厅展出藏区各地居民和僧侣的服饰，卡垫厅、书法厅和建筑艺术厅则展示了当地人的生活和艺术。丝绸之路与青藏高原文明厅展示了自古以来青藏高原与中原文明的交流与融合。

门票信息｜医药馆凭有效证件免费参观，文化馆门票60元

营业时间｜5月至9月9:00—18:00，10月至次年4月9:00—17:00，春节闭馆

交通信息｜可乘坐公交46路至青海藏文化博物馆站。

电话｜5317881

微信公众号｜青海藏文化博物院

网址｜www.tbtmm.com

★ 亮点

618米长的巨幅唐卡、藏医医疗设备

青海

西宁野生动物园（青藏高原野生动物园）

标签：4A级景区 野生动物园

动物园包括猛兽散养区、草食动物散养区、百鸟苑、灵长馆、小型猫科动物馆和小小动物园6大展区，还有水禽湖、大型珍稀动物馆、豹馆、鹦鹉馆、斑马馆和海洋馆等动物展出场馆。很多人来这里会奔向熊猫馆，但是更难得的是那些别处难见的珍稀高原动物——小型猫科动物馆的兔狲、雪豹馆里从野外被救助回来的雪豹以及草食区的藏野驴、野牦牛、普氏原羚等，都是这里的大明星。在猛兽散养区，可以在离地面十余米高处的玻璃观赏栈道欣赏下方的动物群，狼群在追逐，黑熊在打闹，狮子与老虎穿梭于丛林之中。

门票信息｜30元，熊猫馆25元，联票50元

营业时间｜4月15日至10月15日8:30—18:30，10月16日至次年4月14日9:00—17:30

交通信息｜可乘坐旅游专线、公交8、47路至殷家庄站站。

电话｜8149850

微信公众号｜西宁野生动物园

★ 亮点

大熊猫、兔狲、雪豹

老爷山风景名胜区

标签：4A级景区 山岳

老爷山距离西宁市区30公里左右，又叫元朔山，海拔2928米，因山顶建有太元宫（即关帝庙）而得名。老爷山的岩体主要是石灰岩，在长期的流水侵蚀和风化作用下，形成了许多奇峰、岩洞和峡谷。不少人选择从南坡开始攀登。平时这里是很多当地人前来休闲运动、登山游玩的地方。从入口处的关公殿到山顶的观景台，跨越3个山头的登顶往返约需5小时。

门票信息｜30元

营业时间｜4月16日至10月15日8:00—19:00，10月16日至次年4月15日8:00—18:00

交通信息｜可打车或自驾前往。

电话｜2722131

★ 亮点

农历六月六的花儿会

中国工农红军西路军纪念馆

标签：4A级景区 红色旅游

中国工农红军西路军纪念馆是为了纪念牺牲的英烈而建，纪念馆于1988年揭幕开馆，展出了在青海牺牲的5600余名烈士的事迹，其中有照片、大型油画以及从“万人坑”挖掘出的烈士遗物等。2006年纪念馆重新选

址建馆，新馆集绘画、雕塑艺术，声、光、电数字控制为一体，尽可能地全面地反映了红西路军的历史。

门票信息｜免费

交通信息｜城中区南川东路19号烈士陵园旁。

电话｜4925833

亮点

“万人坑”烈士遗物

人民公园

标签：园林

和全国各地的人民公园一样，西宁市人民公园也是当地人休闲娱乐的主要场所。公园始建于1959年，选址在刘家河湾的滩涂上，经过了砍杂草、平整道路、修建围墙以及挖掘人工湖等一系列工程后才有了如今的公园。园区以人工湖为核心，包括花卉区、人工湖、露天剧场、灯光球场等。从1996年起，每年5月，西宁都会在这里举办郁金香节，2019年的花展期间，展出了29个品种的郁金香花，这些都是1989年开始从荷兰引进培植的花种。

门票信息｜免费

营业时间｜夏季7:00—21:00，冬季7:30—20:00

交通信息｜可乘坐公交1、4、6、12、13、14、18路等至人民公园站。

电话｜6146668

微信公众号｜西宁市人民公园

亮点

5月郁金香花展

南山公园

标签：园林

南山公园位于市区南边的凤凰山上。公园依山而建，是西宁最大的现代山地森林公园。公园主要分为凤凰台景区、百花园景区、五彩流溢景区、金桐留凤景区、浦宁友好园景区，四季景观都很美丽。凤凰台是西宁一大地标，远看像一组白色的风帆，在这里还可以俯瞰西宁市区。浦宁友好园占地面积500亩，微缩了长江著名景点，展现了西宁和浦东两地人民“共饮一江水”的寓意。

门票信息｜免费

营业时间｜8:00—18:00

交通信息｜可乘坐公交16、17、18路至南山公园路口站。

电话｜8247315

微信公众号｜西宁市南山公园

亮点

浦宁友好园

马步芳公馆

标签：历史建筑

马步芳公馆是青海保存最为完整的民国时期建筑，是当时“西北王”马步芳的府邸。公馆建于1942年，有近300个房间、7个独立且相连的院落，地下还有暗道相通。院子中间摆放着1942年蒋介石赠予马步芳的一辆美式悍马小吉普。院子正中的玉石厅是最大的亮点，它的外墙体均用产于青海的一种名为“羊脑石”的玉石砌成，专门接待重要显赫人物。靠北面的贵宾厅里，装饰有地毯、矮桌以及玉质波斯风格壁炉，厅中还挂有蒋介石和纪晓岚的两幅真迹。

门票信息｜30元

营业时间｜5月至10月8:00—19:00，11月至次年4月8:30—18:30

交通信息｜可乘坐公交3、7、16路至省医院站。

电话｜8131080

亮点

玉石厅

丹噶尔古城

标签：古城

“丹噶尔”是湟源县的旧称，是藏语“东

科尔”的蒙语音译，意为“白海螺”。由于地处汉藏交界处，自古以来就是西部地区的军事、文化、贸易重镇。古城始建于清雍正五年（1727年），清末民初时有不少国内外商贾来此做生意，其繁华程度可想而知。如今在长约800米的主街上多数是新修的仿古建筑。主要景点包括丹噶尔厅署、演艺厅、仁记洋行、文庙、城隍庙、湟源县博物馆等。城隍庙是古城中唯一的国家级重点文保单位，建于清代，建筑结构完整紧凑而精美。

门票信息 | 4月16日至10月15日60元，10月16日至次年4月15日40元

营业时间 | 收费景点9:00—18:00

交通信息 | 可打车或自驾前往。

电话 | 2481729

微信公众号 | 丹噶尔古城

★ 亮点

城隍庙

赞普林卡

标签：世界唯一的藏王寺院

赞普林卡是目前青藏高原上唯一的一所集藏传佛教八大教派为一体的藏王寺院，也是世界上唯一的一个藏王寺院。赞普林卡的前院主殿为一座5层楼藏式建筑，内部塑有世界最大的藏王松赞干布和王妃文成公主、尺尊公主的佛像。还有藏传佛教八大教派格鲁派、宁玛派、萨迦派、噶举派、噶当派、觉囊派、希结派、苯教创始人的塑像。

大殿四层还供奉着藏王松赞干布与王妃文成公主的两尊玉佛像，历史可以追溯到北宋年间的角斯罗王朝。

门票信息 | 40元

营业时间 | 8:00—18:00

交通信息 | 可打车或自驾前往。

电话 | 2432226

★ 亮点

玉佛

大黑沟森林公园

标签：森林公园

大黑沟森林公园又叫“海藏咽喉原始森林公园”，这里山川茂密，8公里长的山沟成Y字形，森林覆盖面极为广阔，一年四季都能看到优美风景。传说文成公主进藏时曾路过这里，优美的景色令她驻足。园内丰富的野生植物（包括中草药）和野生动物资源，吸引了很多西宁及郊县的游客前来度假和登山。

门票信息 | 免费

营业时间 | 9:00—17:00

交通信息 | 可打车或自驾前往。

★ 亮点

中草药资源

娘娘山

标签：3A级景区

娘娘山位于西宁市大通新城，距县城5公里，是祁连山系的支脉，起于黑林，止于景阳川。娘娘山山顶有一座天池，叫作瑶池，位于海拔4000多米的顶峰，这里常年积水，久旱不涸。传说这水直通青海湖，并且和王母瑶池有关。夏季雨水多的时候，这里更是水波荡漾，池畔蝴蝶飞舞，西宁古八景中的“金娥晓日”便是由此而来。

门票信息 | 10元

营业时间 | 8:00—18:00

交通信息 | 可打车或自驾前往。

★ 亮点

塌庙台、瑶池

北山土楼观

标签：3A级景区

北山土楼观又名北山寺，位于北山半山腰上，是佛、道、儒三教合一的宗教场所。土楼观始建于公元106年，依丹霞地貌造型而建，能看到赤壁、洞穴、险峰等丹霞地貌特征。软岩

层上有大小不等的近200个洞龛，当地人称九窟十八洞。洞窟里面有道教供奉的玉皇大帝、观世音、文殊、普贤、关云长等神像。

营业时间｜9:00—17:00

交通信息｜可打车或自驾前往。

电话｜5507110

亮点

九窟十八洞、壁画

南凉虎台遗址公园

标签：全国重点文物保护单位

虎台遗址又名南凉虎台遗址，是东晋十六国时期南凉王在西宁建都时的重要遗迹，已有1600多年的历史。原建筑共9层，军事首领就站在台上阅兵，所以也被人们叫作“将台”或“点将台”，台下据说可陈兵10万，现在只有土丘尚存了。西宁市博物馆就在公园内，此外公园内还有阅兵场、将军亭、三王雕塑等景点。

门票信息｜免费

营业时间｜8:00—17:00

交通信息｜可乘坐公交2路至虎台站。

电话｜8131080

亮点

西宁市博物馆

海东

海东因位于青海湖以东得名。青藏高原在这里结束，转变成广袤的黄土高原，汉族和藏族、蒙古族、回族、土族、撒拉族等18个少数民族在这里共同生活，这里还是中原文明、印度文明、阿拉伯文明的地理交接点。清澈的黄河水穿过海东，火红的丹霞点缀其间，史前文化遗存遍布，藏传佛教、伊斯兰教寺院林立，田园牧歌和虔诚梵音共存于此。除了青海湖，海东实际上有更丰富的历史、人文和宗教资源，值得你去探索。

电话区号 0972

交通

火车

海东站（乐都区6国道）海东市主要高铁站，经过海东站的主要线路是兰新高速铁路。

海东西站（109国道附近）原名兰新高铁平安站，途经线路为兰新铁路第二双线。

长途汽车

互助汽车站（8322487；威远镇新安西路3-1号）

土特产和纪念品

当地特色有乐都长辣椒、民和肉牛。

住宿

经济型

海东空港晶巢家庭宾馆

（13897207501；高铁新区A3小区4-2-302）宾馆地理位置很好，距离海东客运站和曹家堡国际机场都很近。提供免费Wi-Fi、行李寄存服务。酒店房型丰富，环境不错，周边也有餐厅、超市满足日常生活。

中档

天佑德大酒店

（8323379；互助土族自治县威远镇天佑德大道）酒店就在土族故土园游客服务中心旁边，靠近纳顿庄园，硬件条件不错，早餐选择丰富。

高档

青海海韵酒店（海东店）

（8667766；平安区平安镇湟源路999号）酒店靠近平安驿站，房间干净、舒适，停车方便，如果你租车或者自驾前来也不会为停车而困扰。酒店2020年刚装修过，设施比较新。周边有川菜馆、小吃店、早餐店等，还算方便。

就餐

尕雷农家院

（15597075658；互助土族自治县彩虹路小庄村；9:30—22:30）当地特色浓郁的农家乐小院，老板很热情，环境、食物都是被当地人所认可的，有时候遇到饭点还需要排队。生炒排骨必点。

清和王尔力手抓

（13709705359；民和回族土族自治县川垣大街）手抓羊肉是必点菜，肉质肥瘦相宜，也没有腥膻味。烤羊腱肉也很受欢迎，肉质紧实，香气十足，但不适合一个人吃。点菜时最好能咨询店员，按照人数点餐，避免浪费。

线路推荐

海东民俗风情之旅：互助土族故土园—骆驼泉—街子清真寺—孟达天池—贵德丹霞地貌—十世班禅故居—中华福运轮

海东宗教文化之旅：文都大寺—街子清真大寺—萨拉民俗村—喇家遗址—柳湾彩陶博物馆—卡地卡哇寺

景点

互助土族故土园

标签：5A级景区　民族

景区开发了一系列介绍土族风情和土乡文化的旅游项目，包括天佑德中国青稞酒之源、彩虹部落土族园、纳顿庄园、西部土族民俗文化村、小庄土族民俗文化村5个核心景点。另外非物质文化遗产传承保护中心等大型土族民俗文化古建筑群，集中展示了土族的历史文化和生产生活习俗。

门票信息｜120元
营业时间｜8:30—18:30
交通信息｜可打车或自驾前往。
电话｜8318818
微信公众号｜互助土族故土园
网址｜www.tzgty.com/

亮点

纳顿庄园、西部土族民俗文化村

佑宁寺

标签：湟水北岸诸寺之母

佑宁寺始建于明朝万历年间，规模在康熙年间达到鼎盛，它的影响曾一度超过湟水以南的塔尔寺，被称为“湟水北岸诸寺之母”。佑宁寺出了20多位活佛，在清朝时候土观、章嘉、松布、却藏、王佛5位活佛被封为“呼图克图”（蒙藏地区喇嘛教上层大活佛的封号）。然而，寺院在历史上数次被毁，又数次修复，文物几乎荡然无存，如今的寺庙是1980年后建造的。寺院殿堂层层叠叠，依山而上，山脚下是大经堂，也是僧人学习念经的地方；弥勒殿和释迦殿是主殿，释迦殿内八幅丝线绣成的大幅唐卡值得一看。

门票信息｜免费
营业时间｜8:00—18:00
交通信息｜可打车或自驾前往。

亮点

章嘉活佛舍利灵骨塔、丝线唐卡

白马寺

标签：藏传佛教寺庙

白马寺在藏语中读作“玛什藏观”。远看白马寺非常漂亮——寺院小巧玲珑，仿佛悬挂在丹霞崖壁上。别看它如今规模不大，曾经也是十分显赫的，是藏传佛教后弘期下路弘法的祖庭，但辉煌已经不在。沿着小道上山，能看到一尊凿在洞窟中的佛像，造型拙朴可爱。再往上走，最高处的3层经堂是主殿，殿堂狭窄，内部的木楼梯也很陡峭。在2层可以看到十一面观音菩萨像。

门票信息｜免费
营业时间｜8:00—18:00
交通信息｜可打车或自驾前往。

亮点

观音菩萨像

却藏寺

标签：藏传佛教寺庙

却藏寺与佑宁寺一南一北，遥遥相望，寺庙始建于清顺治四年（1647年），属黄教寺院，已经有300多年的历史。它在青海地区的地位很高，经过多次毁坏和重建。清乾隆三十年（1765年），朝廷曾追赐“广教寺”匾牌并赐建九龙壁一座。千佛殿大经堂歇山式屋顶上覆盖着镏金铜瓦，正脊与垂脊上装饰着金龙，殿内供奉着释迦牟尼佛像和宗喀巴塑像。寺院西侧有座小四合院，汉藏建筑风格融于一体，是此处仅存的清代建筑。寺后山坡上有座晒佛台，每年农历正月初四至十七却藏寺举行祈愿法会期间，会在晒佛台举行晒佛仪式。

门票信息｜免费

营业时间｜9:00—17:00

交通信息｜可打车或自驾前往。

亮点

九龙壁

浪士当中心景区

标签：国家森林公园

浪士当中心景区属于北山国家森林公园，以自然景观为主，进入景区后需要乘坐观光车游览，线路串联起瀑布、溪流和森林，往返约50公里，每个景点简单地看看也要2小时。沿途森林茂密，空气清新。时间宽裕的话可以在胡勒瀑布下车后，沿木栈道步行约30分钟到达神龙潭瀑布，再乘观光车返回。

门票信息｜门票50元，观光车30元，天池索道230元往返

营业时间｜7:00—19:00

交通信息｜可打车或自驾前往。

电话｜8395099

亮点

神龙潭瀑布

夏宗寺

标签：宗喀巴受戒的寺庙

夏宗寺位于峡群寺森林公园内，所谓深山藏古寺就是如此了。格鲁派创始人宗喀巴3岁时曾在这里受近事戒，寺庙也因此声名在外。从森林公园入口往里走，沿途能看到丹霞石崖、鲜花草地和葱郁的森林。寺院建筑都修建在山崖上，有一座庙宇叫作噶玛噶举。顶层是噶玛噶举黑帽派第四世活佛若比多杰的静修禅洞，殿内保存有他用过的法座及法器、佛像、经卷等。沿噶玛噶举侧面的路走向山头，有一处五世达赖喇嘛静修过的禅洞。再往上是始建于清乾隆年间的八卦亭，亭内供有十一面观音菩萨。

门票信息｜20元

营业时间｜7:30—19:30

交通信息｜可打车或自驾前往。

亮点

静修禅洞

瞿昙寺

标签：青海小故宫　明代宫殿式建筑群

瞿昙寺是中国西北地区保存最为完整、规模最为宏大的明代早期宫殿式建筑群，建筑和明代壁画都有极高的文物价值和艺术价值。瞿昙寺建于明洪武二十五年（1392年），当时的寺院住持带领当地藏族部众归顺明朝，朱元璋大悦，御赐“瞿昙寺”金匾。在朝廷的扶持下，寺院规模一再扩大，三重大殿沿中轴线分布，两侧对称分布有碑亭、钟鼓楼，如此高规格的建制，让这座寺院有了“青海小故宫”的美誉。

门票信息｜50元

营业时间｜8:00—17:30

交通信息｜可打车或自驾前往。

★ 亮点

“瞿昙寺”金匾

★ 亮点

藏式小楼

丹斗寺（旦斗寺）

标签： 藏传佛教寺庙

丹斗寺是一座藏传佛教寺庙，藏语全称“丹斗谢吉央贡”，是藏传佛教后弘期的发祥地之一。全寺有200多间经堂、佛殿、僧舍，或嵌于峭壁之中，或建于悬崖之下的山谷内，殿堂之间由小路相连，不太好走，安全起见，要沿大路游览。

正殿背后的小窟内供有龙王，每年农历四月十一才会开放接受朝拜；龙王殿左后方的石壁上有绘于9世纪的佛像壁画。太子殿最为神圣，因释迦牟尼前世（太子须达那）曾在此修行12年而闻名，殿内还供有活佛灵塔。

门票信息｜免费

营业时间｜全天

交通信息｜可打车或自驾前往。

★ 亮点

活佛灵塔、9世纪壁画

十世班禅故居

标签： 历史建筑

十世班禅额尔德尼·确吉坚赞生于1938年，1943年被确认为转世灵童。这里是他出生、长大的地方。班禅曾回故里给屋里的一根柱子开光，并称之为自己的生命柱——他就是在这根柱子下出生的。十世班禅故居非常朴素，分为里外两个院落，靠里的老院子已经有140多年了。朝拜者在此流连、膜拜、敬献哈达，生命柱上更是系满了哈达。新院是1981年修复的两层藏式小楼，曾是班禅的卧室、会客厅、餐厅和佛堂，他在1983年和1987年两次回乡都在此生活和工作。

门票信息｜免费

营业时间｜全天

交通信息｜可打车或自驾前往。

海南

海南藏族自治州位于青海省东部，因地处青海湖之南而得名，素有“海藏通衢”之称。海南是青藏高原的东门户，虽处于柴达木盆地内，但是全州平均海拔在3000米以上。青海湖属安多藏区，农耕和放牧的生产方式在这里的藏族人生活中并存，此外还有不少回族、撒拉族、汉族等民族杂居其中，以经商为主。丰富的地形地貌和民族文化，让这片土地的自然风光和人文风光精彩夺目。

电话区号 0974

交通

长途汽车

二郎剑客运站（8511561；游客咨询中心旁）

土特产和纪念品

当地特色有鲜牦牛肉和藏装。

住宿

经济型

共和青海湖湖之畔驿站

（15695344138；共和县江西沟中段835号）这里有免费停车场，对于自驾前来的旅行者非常友好。老板人很热情，会跟顾客分享省钱又好玩的旅行资讯，以及各种最新的交通动态。房间干净安静。

中档

格林豪泰酒店(共和店)

（5945555；共和县湖南大街144号）酒店有60多个房间，房型丰富。距离共和汽车站1.5公里，提供行李寄存服务，前台24小时值班，停车须付费。房间干净，早餐选择丰富，作为连锁酒店，服务和设施也比较有保障。

高档

贵德源博国际饭店

（5904666；贵德县迎宾西路283号）2020年全新装修过，房型比较多，大床房、标间、三人房、套房都有。楼下就有一家超市。酒店距离贵德客运站不到3公里，有收费的接送机、接送站服务，配备免费停车场以及充电桩。

就餐

清源农庄

（8551060；贵德县迎宾西路凌翔调漆对面；10:00—22:00）一家看似普通的农家菜小院，但是总有不少食客在里面。店主是回族人，提供清真餐，不卖酒水，手抓羊肉非常好吃，野菌炖鸡肉香汤鲜，还可以试试八宝茶，十分清甜。

青海人家烤肉美食城

（13897400489；共和县黑马河乡109国道加油站斜对面；5:30—24:00）这家店的名字就"出卖"了其特色，不过来这里的人还是会点炕锅羊肉、土火锅、牦牛酸奶。在青海湖边玩了一天，带着疲惫来这里犒劳自己是不错的选择。

线路推荐

海南精华之旅：西宁—倒淌河—二郎剑景区—黑马河乡

景点

青海湖

标签：5A级景区

青海湖是中国最大的内陆湖，也是中国最大的咸水湖，古称"西海"，北魏时期更名青海，藏族人称青海湖为"错温波"，蒙古族则叫它"库库诺尔"，都是指青色的海——看来各族人民对它的印象都出奇得一致。青海湖形成初期是淡水湖泊，后来由于地质运动和气候变化，青海湖不再外流，加上这个地区气候干燥、蒸发量变大，青海湖逐渐演变为咸水湖。青海湖占地广阔，有多个景点分散其中，包括沙漠湿地公园、仙女湾、芦苇湖、月牙湖、金沙湾、二郎剑景区等，湖中还有鸟岛、海心山、海西山、三块石和沙岛。

门票信息｜免费

营业时间｜全天

交通信息｜可包车或自驾前往。

电话｜7553999

亮点

油菜花田、鸟岛

二郎剑景区

标签：湖泊

二郎剑曾是中国第一个鱼雷发射实验基地，距西宁151公里，所以也叫151基地。基地退役后转为景区。景区分为一个广场和伸入湖水的一座半岛，主要建筑和码头都在广场附近，如今还能在这里看到"中国鱼雷发射实验基地"的字样，里面保留了一部分过去的生产车间、实验区和鱼雷、电台。半岛深入青海湖十几公里，形似一把剑。旺季，广场上的演艺广场每晚会有民族歌舞演出。

门票信息｜4月至10月90元，11月至次年3月50元

营业时间｜景区全天开放，游船9:30—17:30

交通信息｜可包车或自驾前往。

电话｜8519677

微信公众号｜二郎剑景区

亮点

生产车间、实验区

贵德黄河清国家湿地公园

标签：国家级湿地公园

你一定听过一句话：天下黄河贵德清。这句话说的就是这里，这里的黄河完全没有下

游段常见的浑浊，甚至碧蓝如玉。公园处于黄土高原和青藏高原的过渡带，区内栖息着许多鱼、水鸟、候鸟，春夏时节常有天鹅、丹顶鹤、大雁等，河两岸的树林里还有鹰、布谷鸟、猫头鹰、斑鸠、野鸭等。

门票信息｜免费

营业时间｜全天

交通信息｜可包车或自驾前往。

★ 亮点

湿地、黄河

伏俟城遗址

标签：古城遗址

伏俟城位于鸟岛镇西南部，距青海湖约7公里。“伏俟”是鲜卑语“孛董”的转音，意思是“王者之城”。曾经威名赫赫的吐谷浑王城就位于此，隋朝时的西海郡也设于此。如今从远处甚至很难发现它——就像一个不起眼的大土包。但是走近其中，仍然能感受到古城的沧桑壮阔，站在仅存的土夯城堡上，周遭就是辽阔的草原，古意甚浓。

门票信息｜免费

营业时间｜全天

交通信息｜可包车或自驾前往。

★ 亮点

草原

青海

倒淌河

标签：河流

倒淌河发源于日月山西麓的察汗草原，是青海湖水系中最小的一支。中国的河流几乎都是自西向东流淌，唯有它一改常态，自东向西流入青海湖，倒淌河的名字由此而来。关于这条河的来历，还有一个传说：李世民将年轻美貌的文成公主嫁给吐蕃松赞干布，文成公主到达日月山时，蓦然回首，不见长安，悲从中来，泪水汇集成了这条河流。如果开车经过此处，不妨停车看看这清澈的河流。景区内还可以免费穿民族服饰、骑马、骑牦牛照相。

门票信息｜40元

营业时间｜8:00—17:00

交通信息｜可包车或自驾前往。

电话｜5940686

★ 亮点

骑马、骑牦牛

塞宗寺

标签：藏传佛教寺庙

塞宗寺位于赛宗山，而塞宗山是安多藏区佛教四大名山之一，远看就像一头正在喝水的巨象。传说宁玛派祖师莲花生大师、格鲁派创始人宗喀巴、隆务寺高僧第一世夏日仓噶丹嘉措等都在此留有遗迹。塞宗寺内有很多佛像、佛经、佛塔，经过几次关闭后，于1981年重新开放，先后重建了小经堂、弥勒殿、阿绕仓大师佛堂、菩提塔、百柱大经堂和僧舍，如今光寺僧就有250余人，还有3位活佛。

门票信息｜免费

营业时间｜全天

交通信息｜可包车或自驾前往。

电话｜8582868

★ 亮点

小经堂、弥勒殿

玉皇阁

标签：历史建筑

玉皇阁是一片明清古建筑群遗存，始建于明万历二十年（1592年）。建筑包括文庙、文苑、玉皇阁、武庙、城隍庙等，保存得不错，如今前来依然能感受到其宏伟古朴的气质。在整片建筑中，玉皇阁属“群龙之首”，是贵德“古八景”之一，人称“仙阁插云”，里面供奉着玉皇大帝、文昌诸神位。玉皇阁的底部以夯土筑实，外砌青砖，三层歇山顶的楼阁雕梁画栋、飞檐翘起。

门票信息 | 60元
营业时间 | 9:00—17:00
交通信息 | 可包车或自驾前往。

亮点

玉皇阁

海北

1955年，海北藏族自治区改建为自治州，州府驻地从门源县浩门镇搬迁至海晏县西海镇，距西宁104公里，下辖门源回族自治县、海晏县、祁连县、刚察县和青海湖农场，藏族、汉族和蒙古族在这里杂居。也许你对“海北”二字没什么印象，但是西部歌王王洛宾的一曲《在那遥远的地方》唱的正是金银滩草原和祁连山大草原。雄奇的祁连山、壮观的门源油菜花、清幽的仙米原始森林，以及多民族的独特风情在这里交会，构成了海北独具特色的人文和自然景观。

电话区号 0970

交通

飞机

海北祁连机场（868611；微信公众号：祁连机场；海北藏族自治州祁连县）

火车

刚察站（青海省刚察县沙柳河）途经线路为青藏铁路。

门源站（海北藏族自治州门源回族自治县）途经线路为兰新高速铁路。

长途汽车

海北汽车站（西海汽车站）（8643278；原子路34号）

祁连县汽车站（祁连县林场路68号）

土特产和纪念品

当地特色有刚察黄蘑菇和藏族酥酪糕。

住宿

经济型

卓尔山观景山庄

（8879000；祁连县八宝镇拉洞台村145号；4月中旬至10月中旬营业）位于卓尔山核心景区内，共有三栋木屋别墅，有视野极佳的观景房。

中档

刚察天鹅湖假日宾馆

（8657666；刚察县东大街29号）酒店就在县政府对面，很好找。前台24小时值班，有免费的停车场，距离刚察汽车站不到1公里。房间干净，室内电器等设施齐全。

高档

海北祁连大酒店

（8683000；祁连县广场东路8号）这是一家四星级酒店，房型丰富，设施齐全，酒店内还有桑拿、KTV。提供免费的行李寄存服务，有24小时前台和洗衣服务，距离祁连机场38公里，距离祁连县汽车站不到2公里。

就餐

大胡子生烤羊排

（15597152545；刚察县泉吉乡派出所对面；9:00—24:00）在刚察游玩后填饱肚子的好地方，生烤羊排是招牌，烧烤和牛肉拉面点单率也很高。不少自驾和骑行旅行者都会在这里落脚吃饭。

喜马拉雅藏餐吧

（15695300222；海晏县宝桐路口腔修复诊所隔壁；9:00—23:30）老板就是藏民，又开在藏区，作为一家藏餐吧已经满足了所有“正宗”的元素。糌粑、酥油奶茶、藏式土火锅、阿卡包子油炸、炕锅羊肉都可以试试。分量大，价格也很实惠。

线路推荐

海北精华环线之旅：青海海北西海镇—金银滩（原子城）景区—刚察草原—冰沟林海—卓尔山风景区—祁连山草原—岗什卡雪峰—门源百里油菜花海

景点

阿咪东索景区

标签：5A级景区

“阿咪东索”是牛心山的藏语名，意为千兵哨卡。蒙古语叫“乃曼额尔德尼”，意思是八宝山。牛心山海拔4667米，你在城区就能看到它的雪峰了。从景区游客服务中心进入景区，然后沿着盘山路行驶，雪山、高山草甸、树林、溪流交替出现，帐篷、经幡、牦牛星星点点地散布其间。

门票信息｜30元，天境祁连演出118元

营业时间｜旺季7:00—19:00，淡季8:00—18:00

交通信息｜可打车或自驾前往。

微信公众号｜阿咪东索景区

★ 亮点

高山牧场、万佛崖、经幡祈愿台

青海湖鸟岛

标签：自然保护区

没错，青海湖太大了，它的景点也散布在各州。鸟岛是青海湖中的一个小岛，位于青海湖西边，本来被称为海西山、小西山，但是因为每年春天都有大量斑头雁、鱼鸥、棕颈鸥等一起来到这里筑巢垒窝，所以也叫鸟岛。1975年，青海将鸟岛划为了自然保护区，据监测数据显示，每年到访的候鸟约为5万只，五六月是看候鸟的好季节，最多的时候这里有16万只鸟在岛上生活，场面非常壮观。

门票信息｜旺季115元，淡季75元

交通信息｜可打车或自驾前往。

电话｜7553999

★ 亮点

观鸟

金银滩（原子城）

标签：4A级景区

原子城是中国第一个核武器研制基地，我国第一颗原子弹和氢弹就是在这里诞生的。景区主要由纪念园和纪念馆组成。纪念园包括纪念广场、“596”之路、和平纪念园、纪念碑等；纪念馆包括入口纪念墙、多功能影视厅、游客服务中心、主展厅4大部分。在这里可以通过文字资料、历史图片、实物展示了解基地工作者的工作、生产、生活情景。

门票信息｜160元

交通信息｜可打车或自驾前往。

电话｜8645228

★ 亮点

“596”之路、和平纪念园

金沙湾

标签：沙漠

在金沙湾你能体验到青海湖畔“一半海水、一半火焰”的风情，每年9月开始下雪后，你有机会见到雪山与金色沙丘同框的美景。这里没有正规管理的景区，沿途都是私人开设的“游乐园”，主要是借场地之便允许游客入内滑沙、骑马、骑骆驼。买了门票就能从老板那里拿上一个滑沙板，尽情和沙漠亲密接触了。沙漠的尽头是碧蓝湖水，另一侧是连绵的沙丘。

门票信息｜入内滑沙、游玩须各家询价，通常10—20元

交通信息｜可打车或自驾前往。

★ 亮点

滑沙、骑骆驼

卓尔山景区

标签：丹霞地貌

卓尔山是一片巨大的丹霞山体，本身就很壮观，但是对更多人来说，它是个绝佳的观景台——阿咪东索雪峰在远处矗立，油菜花田从脚下延绵。景区内搭建了木栈道，曲曲折折地攀爬，沿途风光无限。顶部是一处西夏烽火台遗址，也是观赏和拍摄阿咪东索的最佳位置。山顶平台有天境之眼、团结祥和白塔、五彩经幡堆等，特别适合作为前景拍摄阿咪东索雪山。卓尔山的日出对摄影爱好者来说同样不可错过。

门票信息｜4月20日至10月31日60元，11月1日至次年4月19日30元

营业时间｜旺季7:00—19:00，淡季8:00—18:00

交通信息｜可打车或自驾前往。

电话｜8679114

★ 亮点

西夏烽火台遗址

黑河大峡谷

标签：峡谷

黑河发源于祁连县境内野牛沟乡的八一冰川，是全国第二大内陆河，黑河大峡谷长450公里，其中还有70多公里的无人区。有两段线路值得一游：一是从黄藏寺村开始登山徒步，全长约8公里，沿途有雪山、树林、溪流和村落等景观。汽车可以行驶到峡谷口，再往里就需要徒步探险了；二是包车沿着黑河岸边的二尕线（204省道）一路向西看黑河大峡谷，沿途是祁连山的峭壁、河流的轰鸣。

门票信息｜免费

营业时间｜全天

交通信息｜可打车或自驾前往。

★ 亮点

黄藏寺村

祁连山草原

标签：草原

祁连山平均海拔在4000—5000米，冰川、群山、草原都聚集在这里。作为祁连山草原的代表——大马营草原位于焉支山和祁连山之间的盆地，每年七八月，祁连山银装素裹，脚下的草原碧波万顷，牛羊和马儿星星点点，画面非常壮观。祁连山还有丰富的自然资源，从小在电视剧里听人说起的珍贵药材雪莲也生长在这里，和蚕缀、雪山草合称为祁连山雪线上的“岁寒三友”。

门票信息｜免费

营业时间｜全天

交通信息｜可打车或自驾前往。

★ 亮点

“岁寒三友”

门源百里油菜花海

标签：油菜花田

门源是青海的油菜花基地，也是西北地区的主要油料产区，因此每年花期一到，油菜花就铺天盖地，绵延近百公里，这也成了游客前来的一大动力。开花时间是7月5日至25日，最佳花期是7月10日至20日。有几个地方视野比较好：一是浩门镇东南方约4公里处，县水泥厂对面的南山上；二是青石嘴镇的圆山观花台；三是大坂山观景台。

门票信息｜观景台60元

营业时间｜全天

交通信息｜可打车或自驾前往。

★ 亮点

圆山观花台

仙米国家森林公园

标签：国家森林公园

这个稍显冷门的森林公园是青海面积最大的林区，覆盖门源县的东川、仙米、珠固3

个镇，总面积14.8万公顷，2003年成为国家森林公园。仙米国家森林公园水资源十分丰富，是南部多黄河水系和北部多条内陆水系河流的发源地。由于生态环境很好，公园内还能看到羊驼、野鸡等野生动物。

门票｜免费

营业时间｜全天

交通信息｜可打车或自驾前往。

电话｜8610333

亮点

羊驼、野鸡

海西

“海西”在很多游客听来可能并不太熟悉，但说起德令哈，大多数人或许就会想起诗人海子的那首名作《姐姐，今夜我在德令哈》。事实上，海西地区历史悠久，从古至今都占据着重要的地理位置——青甘新藏四省区交会的中心地带，曾是通往西域的古丝绸之路辅道。两汉时，这里是西羌人的属地，西晋时吐谷浑和鲜卑人在这里活动，这一切都在海西留下了历史印记，至今仍有文物或古迹可寻访。

电话区号 0977，格尔木0979（本章节若无特别标注，电话区号均为0977）

交通

飞机

德令哈机场（8200000；德令哈市机场公路）

格尔木机场（0979-8444561；geermu.cwag.com；格尔木市柴达木路4号）

花土沟机场（8255002；huatugou.cwag.com；茫崖市花土沟镇）

火车

德令哈站（德令哈市双拥路）途经线路为青藏铁路。

乌兰站（乌兰县希里沟镇）途经线路为青藏铁路。

格尔木站（格尔木市迎宾路39号）途经线路为青藏铁路。

大柴旦站（大柴旦行政委员会柳格高速）途经线路为敦格铁路。

花土沟站（花土沟镇）途经线路为格库铁路。

长途汽车

德令哈汽车客运站（8228421；德令哈市柴达木西路37号）

乌兰汽车站（8242999；乌兰县东小街2号）

都兰汽车站（8232231；都兰县109国道新华街路口西北）

香日德汽车站（8238021；都兰县109国道邮政斜对面）

泰山路汽车站（0979-8419756；格尔木市泰山路建兴巷路口）

大柴旦汽车站（7774523；建设路大华街路口）

花土沟汽车站（8251567；创业路环西路路口）

土特产和纪念品

当地特色有枸杞和奶干。

住宿

经济型

西行不二青年旅舍

（15110903131；德令哈市固始汗步行街M49号）这是德令哈的第一家青旅，对于希望结交同伴、寻找拼车对象的旅行者而言很方便。房间不算大，但还算干净。冬季可能停业，最好致电询问详情。

中档

海西饭店

（8229999；德令哈市柴达木西路2号）拥有现代舒适的客房，河景大床房的面积稍小，南侧临近广场的客房较为宽敞。夏季是旅游旺季，通常会涨价，可以在订房网站寻找最优折扣。

青海

高档

大柴旦柴达木花园酒店

（8298999；大柴旦行政区大柴旦行委建设路与五彩街交会处）酒店坐落于大柴旦建设路，交通便利，前台提供24小时服务，房间温馨舒适，风格现代简约，开放式空间设计让房间更加宽敞明亮，豪华的床垫和纯棉床品为客人提供舒适的睡眠体验。

就餐

高原牦牛退骨肉

（13209774016；德令哈市格尔木西路市政府斜对面）餐厅就在市政府斜对面，店面不起眼，但口碑很好，味道也很棒。一般先连肉带骨称重量，再把吃剩下的骨头称重量，相减就是肉的重量。肉原汁原味，煮得很烂，可以蘸着辣酱吃，还可以点碗牦牛肉汤。

线路推荐

海西亮点游：德令哈各大博物馆—金子海—热水墓葬群—格尔木—可可西里—魔鬼城—乌素特水上雅丹—大柴旦

景点

可可西里国家级自然保护区

标签：5A级景区 世界自然遗产

可可西里是中国最大的无人区，这里的所有大型食草动物均为青藏高原特有物种，世界上近50%的野牦牛和约40%的藏羚羊生活于此。藏羚羊多年以来牵动着全国人民的心，自从1995年政府将可可西里设为保护区，盗猎情况大大减少，加上国家生态环境的治理也卓有成效，每年夏季，数以万计的雌性藏羚羊从羌塘、阿尔金山、三江源等地长途跋涉前往可可西里腹地产崽，在青藏公路旁也时常能观察到藏羚羊。

门票信息｜免费

营业时间｜全天

交通信息｜可包车或自驾前往。

亮点

藏羚羊

海西州民族博物馆

标签：博物馆

海西州民族博物馆成立于1996年，向人们展示海西各地珍贵文物，例如陶牦牛、毛布、粟的“诺木洪三宝”，可见3000年前的柴达木先民就过上了放牧、纺织、农耕的生活。不要错过热水墓葬的文物，从吐谷浑墓葬里出土的部分织锦、金饰件中，能看到中西亚和东亚的文明交流。干尸展厅内陈列了多具干尸，虽稍显阴森，但也值得一看，它们来自不同的历史时期，展厅中央的那具是青藏高原上保存最完整、最久远的。

门票信息｜免费

营业时间｜周二至周五9:00—12:00和14:30—17:00，周末10:30—16:00，周一闭馆

交通信息｜可乘坐公交1路至民族文化活动中心站。

电话｜8221318

微信公众号｜海西民族博物馆

亮点

热水墓葬的文物、干尸

海子诗歌陈列馆

标签：纪念馆

海子那首著名的诗歌《姐姐，今夜我在德令哈》让这座城市名扬四海，但来到这里就会发现展馆低调而简朴，外面就是巴音河，展厅中央有一座海子的雕像，厅内播放着民谣音乐。展馆不大，10分钟就能看完，在这里能看到海子的生平以及朋友对他的纪念。陈列馆内设有海子茶馆，提供简单的茶与酒水，有各种文学杂志、旅行图录和诗集出售。

如今每年7月这里都会举办青年诗歌节，内容包括诗歌沙龙和音乐节。

门票信息 | 免费

营业时间 | 9:00—22:30

交通信息 | 可乘坐公交1路至民族文化活动中心站。

电话 | 18692820002

★ 亮点

海子茶馆

可鲁克湖

标签：3A级景区

“可鲁克”是蒙古语“多草的芨芨滩、水草茂美的地方”的意思。在景区入口的一个小型展览馆里，可以看到一些照片展示这里的湖泊、芦苇湿地和飞鸟，不过游客实际上能探索的区域并不大，观景台上有不少当地人垂钓。运气好的话能观察到黑颈鹤。可鲁克湖南侧是托素湖，这相邻的两个湖，一个是淡水湖，一个是咸水湖，显得颇有意思。

门票信息 | 4月15日至10月15日20元，10月16日至次年4月14日5元

营业时间 | 6:00—21:00

交通信息 | 可包车或自驾前往。

电话 | 8225730

★ 亮点

黑颈鹤

哈拉湖

标签：湖泊

“哈拉湖”在蒙古语中意为“黑色的海”，是青海省内仅次于青海湖的第二大湖，多年以来都是“硬派户外爱好者”的心仪之地。每年除了六七月的雨季，在这里看到祁连山脉主峰团结峰（又称岗则吾结，海拔5826米）的可能性很高，雪山就在哈拉湖北岸。想要进山的话，要注意这里路况不稳定，天气也很多变，普通轿车很难穿越，越野车比较好，尽量多车结伴。

门票信息 | 免费

营业时间 | 全天

交通信息 | 可包车或自驾前往。

★ 亮点

雪山

西王母石室

标签：古迹

石室也叫二郎洞，约130平方米，在关角山下的一座矮矮的小山里，传说这座山是美猴王与二郎神大战削下来的山尖。西王母石室是本地信仰不断演变融合的案例。据考证，汉朝时这里就是西王母古国女首领的居所，后来成了一个供奉各路神仙的石室，现在，石室外新修了一座藏传佛教的寺院。

门票信息 | 免费

营业时间 | 全天

交通信息 | 可包车或自驾前往。

★ 亮点

雪山

哈熊沟

标签：山谷

这处高原谷地海拔4125米，有溪流从中流过，山崖陡峭险峻，户外徒步爱好者会喜欢这里。从景区大门进去，夏季能在这里看到一些经营食宿的蒙古包，但蒙古包只在旺季营业。沿着山谷往深处走，尽头有一个岔路口：向左会走向一片草甸，地势平坦；向右则通向一座小瀑布，小瀑布约2米高。

门票信息 | 免费

营业时间 | 全天

交通信息 | 可包车或自驾前往。

★ 亮点

蒙古包

哈里哈图国家森林公园

标签：森林公园

哈里哈图国家森林公园身处柴达木盆地荒漠区，是西北干旱地区海拔最高的森林公园，也是海西保存最完好的天然林之一。这里植被丰富，能看到圆柏、云杉、白刺，也有一些药用植物和牧草。更有趣的是生活在这里的20多种野生动物，包括猞猁、沙狐、白唇鹿等。景区内有小木屋别墅（每年6月15日至国庆节营业）可以住宿，干净舒适，有独立的卫生间，但没有淋浴设施。也可以租用帐篷和睡袋在山间木亭露营。

门票信息｜40元

营业时间｜全天

交通信息｜可包车或自驾前往。

亮点

原始森林、野生动物

金子海

标签：沙漠湖泊

金子海面积不大，但是集沙山、草甸、湖泊、雪山、野生动物于一体，在这里能看到一半金沙、一半蓝海的景象。相传成吉思汗领兵经过此地时，留下的金盏化为金子海。在景区大门乘坐景区观光车可以直抵金子海畔，沿着沙山上的小路可以走向更深处，不过安全起见，最好携伴同行。景区内可以体验骑骆驼、沙地摩托，还可以住进星空帐篷，游客中心也有餐饮服务，提供炒菜。

门票信息｜35元

营业时间｜4月至国庆节开放，8:30—21:30

交通信息｜可包车或自驾前往。

电话｜5925888

微信公众号｜金子海景区

亮点

星空帐篷

都兰寺

标签：藏传佛教寺庙

都兰寺是俗名，因为寺院位于都兰河畔，因此得名都兰寺。寺庙的藏语全称是“噶丹桑阿玉仁佩林”。寺院规模不大，四周有白塔，寺院内有僧舍、主殿和两个偏殿。这里是藏传佛教进入海西的第一站，曾经是繁华的商贸互市之地，但清朝年间的两场大火让这一切草草收场。主殿有精美的唐卡，时间合适的话还能听一场早课。在寺院大门的二楼可以远眺都兰河和青藏铁路。

门票信息｜免费

营业时间｜全天

交通信息｜可包车或自驾前往。

亮点

主殿唐卡

都兰县博物馆

标签：博物馆

博物馆分为A馆与B馆。A馆一层是历史文化展，以图片文字资料为主，除了图文解读，还有塔里他里哈遗址与血渭一号大墓的模型。三层是个丝路文物展，有一部分热水出土的丝织品在这里展出，包括波斯织锦、鸟纹织锦，值得一看。镇馆之宝是铜鎏金凤鸟，出土于热水墓群，与藏族传统信仰中的鹏鸟密切相关。B馆展厅主要展出自然环境和民俗文物，能看到藏原羚、鹅喉羚等动物的标本。

门票信息｜免费

营业时间｜9:00—18:00，周一闭馆，10月10日至次年4月20日闭馆

交通信息｜可包车或自驾前往。

电话｜18209778172

亮点

铜鎏金凤鸟

热水墓葬群

标签：考古文物

热水墓葬群位于血渭草原，是唐代早期的吐蕃大型墓葬群，墓主可能为吐谷浑可汗或高级贵族，现已发现300余座墓葬。热水一号大墓最为醒目，它位于山丘顶部，是一座金字塔形墓葬，高出地面35米。其中的木质葬具很有中原特点，陵墓本身由柏木、石块层层垒砌而成，因此被网友说是盗墓小说中“九层妖塔”的原型。大部分墓葬依山面河，聚族而葬，有封土堆，很多还有墓上祭祀性建筑。在热水一号大墓东侧还有一个QM1号墓，如果正好开放，你可以下墓室内部参观。

门票信息｜免费

营业时间｜全天

交通信息｜可包车或自驾前往。

亮点

墓葬坑、墓葬建筑

都兰野生动物保护区

标签：自然保护区

这里曾是国际狩猎场，禁猎以后转型为保护区。每年的6月至7月和12月至次年1月是观赏动物的最佳时间，旱獭（土拨鼠）在这里最为常见，夏天可能会看到岩羊、藏狐、野驴等较为大型的动物，野牦牛、藏羚羊、雪豹、马麝、兔狲需要运气好才能偶遇。肉保管理站每天可以为10个人提供参观向导、多人间床铺和藏餐服务，你也可以自己准备一些食物。

门票信息｜免费，肉保管理站提供的食宿及向导服务每人每天300元

营业时间｜全天

交通信息｜可包车或自驾前往。

电话｜15909771666

亮点

寻找野生动物

将军楼公园

标签：公园

公园主要包括青藏公路建设指挥部旧址和慕生忠将军纪念馆。前者又名“将军楼”，接待过陈毅、彭德怀、习仲勋等国家领导人，此处主要是为了纪念那段建设青藏公路、军垦拓荒戍边的历史；后者所纪念的慕生忠将军被称为“青藏公路之父”，复原或原状展出了他的办公环境、生活环境。除了图文展览，也有一些文物，包括一件自朝鲜战场上缴获的美式睡袋和军毯。

门票信息｜免费

营业时间｜9:00—20:00

交通信息｜可包车或自驾前往。

电话｜8483388

亮点

朝鲜战场上缴获的美式睡袋和军毯

察尔汗盐湖

标签：地质奇观

在蒙古语中，察尔汗意为“盐泽”。由于地质运动改变了山海结构，让柴达木盆地从古地中海的一部分，变成了深居内陆的干燥地狱，并且形成诸多盐湖。其中察尔汗尤以大出名，它作为世界第二大盐湖，供应了我国80%的工业盐。想要进入盐湖景区，只能通过景区交通车，私家车、出租车都不可入内。

门票信息｜50元

营业时间｜9:00—19:00

交通信息｜可包车或自驾前往。

电话｜7268668

微信公众号｜梦幻盐湖

亮点

万丈盐桥

大柴旦翡翠湖

标签：自然景观

翡翠湖是大柴旦湖最有人气的景点，是

一片碧绿的湖中湖。虽然阳光强烈的时候，湖水熠熠生辉的样子就很美了，但是黄昏时分前来会获得更好的观感，届时洁白的盐滩在夕阳下变幻成金色、粉色和蓝色。待夕阳西下，在湖心公路走走，可以远眺大柴旦镇的灯火。

门票信息 | 免费
营业时间 | 全天
交通信息 | 可包车或自驾前往。

亮点
夕阳色彩变换

魔鬼城

标签：自然景观

这里也叫南八仙魔鬼城，得名于20世纪50年代在这里调查时牺牲的8位南方女地质队员。雅丹地貌平均海拔3260米，这种地貌是在极干旱地区的干涸湖底发育而来的，经过水流、风的长期侵蚀而形成。景区免费，不过魔鬼城内也有一些付费娱乐项目，比如越野摩托，不限时游玩，但是限制路线。因为沙地松软，陷车的情况难免发生，加上手机信号差，保险起见，不要脱离既定路线。

门票信息 | 免费
营业时间 | 全天
交通信息 | 可包车或自驾前往。

亮点
雅丹地貌、越野摩托

乌素特雅丹地质公园

标签：自然景观

这个地质公园是世界上最早的一处水上雅丹景区之一，也是摄影和观星爱好者拍摄日出、日落以及星空的好地方。这里的水域主要是东台吉乃尔湖，盐结晶闪着银光，湖水碧绿，雅丹地形与湖水构成一幅完整的画面。西面鸭湖除了有更典型的水上雅丹风光，春秋季节还会有成群的水鸟和野鸭，在这里或翱翔或戏水，和清澈的湖面相映成趣。

门票信息 | 60元
营业时间 | 8:30—19:30
交通信息 | 可包车或自驾前往。

亮点
乌苏特水上雅丹、鸭湖

石油基地遗址

标签：旧址

遗址位于柴达木盆地的边缘，处于青海、新疆、甘肃的交界处。1956年，石油勘探队在冷湖四号钻探，开启了冷湖地区的石油开发史。数年内，冷湖的人口激增。但随着冷湖油田的废弃，这座石油城也迅速走向了衰败。冷湖五号石油基地遗址，因位于油田五号构造带上而得名。数十年过去，风沙侵蚀让这里早已成为废墟，走入当年石油工人生活过的房屋中，还能看到当时留下的生活用品，生活痕迹依稀可辨。

门票信息 | 免费
营业时间 | 全天
交通信息 | 可包车或自驾前往。

亮点
冷湖五号石油基地遗址

俄博梁

标签：自然景观

柴达木最壮观、最丰富的雅丹地貌就在这里，但对普通游客而言，探索那些没有开发的区域需承担一定的风险。俄博梁的雅丹地貌比周边的乌素特、南八仙发育更好，类型非常丰富，有极为独特的峰林状雅丹，被称作“雅丹中的喀斯特”。沿着火星一号公路行驶，终点处就是火星营地，胶囊式床位和俄博梁的晨昏、星空，是最具吸引力的搭配。

门票信息｜免费

营业时间｜全天

交通信息｜可包车或自驾前往。

★ 亮点

火星营地

黄南

黄南藏族自治州以藏族艺术闻名。这里每个村落都建有寺庙，每一座寺庙都有技艺高超的唐卡、壁画、堆绣、泥塑等艺术作品。但是黄南远不止于此，民宅中精致的木雕、砖刻、布艺，都在彰显着这片土地的艺术生命力。

山谷、高山草甸、丹霞地貌、原始森林在这里交错出现，寺庙、古迹点缀其间，如果在七八月或农历新年来，有机会赶上各种狂欢和庆祝，例如丰收的六月会、驱魔祈福的於菟舞、热烈激昂的那达慕大会……

电话区号 0973

交通

长途汽车

黄南州汽车总站（8722014；东山路29号，近热贡桥西头）

尖扎县客运站（8733661；尖扎县铁岭路滨河花园旁）

河南县汽车站（8762940；河南县西大街248号）

公交车

同仁有3条公交线路：1路经过汽车站、吾屯下寺和吾屯上寺；2路也经过汽车站，可以抵达热贡艺术博物馆（在云龙酒店站下车）；3路经过隆务寺广场。

土特产和纪念品

当地特色有雪莲茶和同仁黄果梨。

住宿

经济型

热贡诺尔邦旅游客栈

（8726999；同仁市康乐北路与雪莲东路交叉路口往东南约150米）酒店装饰颇具当地风情，楼梯间、走廊上挂着摄影作品，展现当地生活、民俗和风景。二楼是热贡文化主题客房。如果一大帮同性友人出行，还可以入住可睡3—4人的通铺大房间。酒店没有停车场，只能停在酒店外的小巷内。

中档

尖扎客来轩商务宾馆

（8738999；尖扎县南山路与申宝路交会处，县藏医院对面）宾馆房间整洁干净，浴室设施好用，环境也不错。虽然不在县城中心地段，但步行去县城任何地方都不远。宾馆自带一座小院，可停五六辆车。

高档

宏丰得大酒店

（7700111；同仁市金马加气站旁）四星级酒店，住宿舒适度、设施便利性都很好，和县城中另一家四星级酒店比，性价比更高。酒店早餐选择丰富，停车场设在后院，有近60个停车位。

就餐

热贡梦土庄园

（8311777；同仁县东格尔路78号；10:00—22:00）这是一家新式藏餐厅，就餐环境很有格调，藏餐水准连当地人也认可，也有川菜，奶茶香浓，可以试试。餐馆位于隆务河东岸的一座3层小楼内，带一座小院，2楼有露台座位，可眺望对岸的隆务寺。1楼是酒吧，也是LiveHouse，常有当地歌手驻唱。

线路推荐

坎布拉公园亮点游：东门—北岸码头—游船至南宗沟—阿琼南宗寺—擎天柱—李

家峡大坝

景点

坎布拉国家森林公园

标签: 4A级景区 丹霞地貌

坎布拉在藏语中的意思是康巴的家园、藏人的天堂，在这里主要是欣赏丹霞景观。而坎布拉国家森林公园中的核心则是南宗沟。南宗沟长7公里，沿途可见造型奇特的丹霞石林，例如“佛手指天”，岩体的垮塌和风雨的淋蚀让这些石柱宛若佛手。除了丹霞地貌，这里也遍布密林，夏季绿荫遍布，秋季满山都是斑斓的色彩，最是好看。沟的西侧是南宗峰，沟东侧有尼姑寺、阿琼南宗寺、桑阿德吉寺。沟里有一条栈道通往南宗峰顶，在山顶可以俯瞰坎布拉。

门票信息 | 50元

营业时间 | 6月15日至9月15日7:00—19:00，9月16日至次年6月14日8:00—18:00，16:00后停止入场

交通信息 | 可包车或自驾前往。

电话 | 7702108

微信公众号 | 坎布拉景区

亮点

南宗沟、南宗峰、三座寺庙

热贡艺术博物馆

标签: 藏族艺术

同仁向来被称为藏画之乡，而这里，则收藏着最为精美和难得一见的藏画作品。博物馆外观造型按照佛教“坛城”的形状设计建造，馆内介绍了热贡艺术的历史发展、艺人生平，还有关于作品的分布和失落情况的调查研究，在挖掘、收集、整理艺术精品方面贡献很大。有展厅详细介绍当地民俗和藏传佛教的基础知识，可以了解民俗活动“六月会”“於菟舞”“跳羌姆”的渊源，以及活动中所用法器、面具的含义等。

全馆现有展厅五个：唐卡厅、雕刻厅、堆绣厅、沙盘厅、文物厅。唐卡主要集中在第三展厅和第四展厅，前者主要展出国家级、省级唐卡大师的作品，后者则有古代遗留的唐卡珍品。

门票信息 | 免费

营业时间 | 周二至周日9:00—17:00，周一闭馆，工作日11:30—14:00闭馆

交通信息 | 可乘坐公交2路至云龙酒店站。

电话 | 6117282

微信公众号 | 热贡艺术博物馆

亮点

唐卡

隆务寺

标签: 藏传佛教寺庙

隆务寺在藏语中称为“隆务大尔法轮洲”，早期是藏传佛教萨迦派寺院。早在元朝就已经建寺，只是不大，到了明初才扩大了规模，明万历年间隆务寺改宗格鲁派，成为青海周边影响力仅次于塔尔寺和拉卜楞寺的格鲁派寺院。寺庙建筑依山而建，错落有致，这里没有围墙，是一座开放式的寺院，拥有24座大殿，主要有大经堂、修习殿、夏日仓殿、观音殿、天女殿、文殊殿、七世夏日仓灵塔及密宗院、时轮院等，此外还有8座塔。寺中现存几件珍贵文物，包括明朝御赐释迦牟尼金像、两块古碑，还有上万部寺藏佛经，其中以德格版《甘珠尔》《丹珠尔》尤属难得。

门票信息 | 60元

营业时间 | 9:00—17:00

交通信息 | 可乘坐1路公交至热贡桥站。

电话 | 8795730

亮点

明朝御赐释迦牟尼金像、两块古碑

吾屯上寺

标签: 藏传佛教寺庙

吾屯上寺藏语称“桑格雄华丹群觉林”，

意为吉祥法财洲，是隆务寺的附属寺。这座寺院建于1645年，珍藏有释迦牟尼头发、法宗大师舍利，以及各种塑像、唐卡等文物。可能是位于热贡艺术发源地的原因，这里的僧人大多擅长绘画、泥塑、雕刻，加上老艺人热心授艺，这里也被称为“热贡艺术学校”。弥勒殿的壁画、泥塑尤其值得一看，这些作品是从寺院画师、僧人的众多优秀作品中择优选取的，说千里挑一也不为过。

门票信息｜30元

营业时间｜9:00—17:00

交通信息｜可乘坐1路公交至热贡桥站。

电话｜8722722

★亮点

释迦牟尼头发、法宗大师舍利

郭麻日寺

标签：藏传佛教寺庙

郭麻日寺在藏语中叫作“郭麻日噶尔噶丹彭措林”，意为“郭麻日具喜圆满洲”，初建于明万历年间。38米高的时轮金刚塔立于隆务河西岸的最高处，非常显眼，号称安多第一塔。塔总共有5层，底部是一圈转经长廊，可以登塔，一般佛塔是由内部楼梯向上攀，而郭麻日塔可由内到外，再由外到内，交替着层层登顶。第五层佛堂形状像一个宝瓶，供奉着一尊用檀香木雕刻的工艺精美的时轮金刚。佛塔后方有一座时轮金刚坛城殿，下塔后可以去看看，建筑风格很有艺术感。坛城殿屋顶的壁画是香巴拉佛国32坛城，画幅之大，在坛城画中非常少见。

门票信息｜20元，包括登塔与入寺

营业时间｜9:00—17:00

交通信息｜可打车或自驾前往。

电话｜8795001

★亮点

时轮金刚塔

青海

果洛

果洛藏族自治州位于青海省东南部，地处青藏高原腹地的巴颜喀拉山和阿尼玛卿山之间，平均海拔在4200米以上，对于人类而言氧气有些稀薄，但是白唇鹿、雪豹、高山雪鸡这样的珍稀野生动物都生存于此。果洛东临甘肃省甘南藏族自治州和青海省黄南藏族自治州，南接四川省阿坝藏族羌族自治州和甘孜藏族自治州，是安多康巴文化的结合处，也是丝绸之路河南道和唐蕃古道的一部分。青藏高原悠久的历史、壮美的大自然、丰富的人文资源在此交相辉映。

电话区号 0975

交通

飞机

果洛玛沁机场（8358888；玛沁县大武镇）

长途汽车

大武镇长途汽车站（8382715；解放路环城南路路口西北）

达日汽车站（8313105；黄河东路120号）

班玛客运站（18909753126；莲花街环城东路路口）

久治县汽车客运站（8331869，18609755330，南环路）

公交车

大武镇目前有两条公交线路，价格1元，6:30—19:30发车，8—10分钟一班。1路途经格萨尔文化公园（101省道转盘）、州政府、格萨尔文化广场、县政府。2路途经格萨尔文化公园（101省道转盘）、州政府、汽车站、拉日寺。

土特产和纪念品

当地特色有藏式手工艺品和藏式帽子。

住宿

经济型

门堂大酒店

（18809754755；黄河路，转盘西侧）酒店房间宽敞干净，设施较为简单，离镇中心较远，酒店门口有1路公交车。

中档

晶雪大酒店

（8552222；达日路大武商场隔壁）酒店2018年开业，位置很好，在镇中心，附近有超市、银行和餐厅。客房紧凑干净，装修风格现代，大床房内还有长沙发，朝南的高层客房可以望见城南的雪山，性价比不错。

高档

威斯特大酒店

（8359888；团结路班玛路路口）大武镇上最好的酒店，设施有些陈旧，但是客房舒适干净。酒店还提供制氧机，不过需要额外付费（80元）。

就餐

马穆撒杂碎羊肠面

（15695350228；班玛路17号；7:30—14:00）这是一家物美价廉的清真小吃店，非常受欢迎，到了饭点大多数时候就需要拼桌了。杂碎、饼子、各式面条都值得尝试，还可以试试这里的特色——口条眼睛。

觉如仓

（8353444；班玛路世纪华联对面；11:00—22:30）虽然是一家藏餐吧，但是汉藏菜式都有，不过环境还是很藏式的。有纯正的藏餐，也有改良菜品。卓玛哲斯是人参果饭，奶味香浓，如果同行的人多，可以点牦牛肉盖被。

线路推荐

黄河探源：年保玉则—达日查朗寺—阿尼玛卿雪山—三江源玛多国家公园

阿尼玛卿雪山朝圣之旅：西宁—拉加寺—大武—阿尼玛卿

景点

年保玉则

标签：雪山 高原湖泊

年保玉则国家地质公园于2018年被撤掉4A级景区头衔，景区也同时关闭了，但是这里依然有很多地方可以探索。年保玉则也叫果洛山，主峰海拔5396米，巍峨高耸。这座山是当地人心目中的神山，果洛藏族传说中的发源地就在这里。山下的湖泊、草地，野花盛开时是很多摄影爱好者会来拍摄雪山背景下的五彩草原。景区内可以扎营，是户外爱好者心目中的优质目的地。山下最著名的两个湖泊是仙女湖和妖女湖，去仙女湖的游客较多，常有喇嘛和藏民来转湖；去妖女湖的路不好走，要在沼泽、灌木林中穿行，需要一定的毅力和体力。

门票信息｜免费

营业时间｜全天

交通信息｜可包车或自驾前往。

亮点

仙女湖、妖女湖

三江源玛多国家公园

标签：国家公园 野生动物

三江源玛多国家公园包括青海可可西里国家自然保护区，以及三江源国家自然保护区的扎陵湖、鄂陵湖、星星海等。扎陵湖和鄂陵湖距玛多县城约40公里，是两个淡水湖，被称为"黄河源头姊妹湖"。清澈的河流两岸都是湿地，生活着不少野生动物，你有机会看到成群的藏野驴、斑头雁、赤麻鸭，还有奔跑而过的藏原羚。2019年人们第一次在公园内拍摄到了雪豹活动的影像。

门票信息｜免费

营业时间｜全天

交通信息｜可包车或自驾前往。

亮点

扎陵湖、鄂陵湖、野生动物

阿尼玛卿雪山

标签：藏区四大神山之一

阿尼玛卿雪山是昆仑山系支脉阿尼玛卿山的主峰，又称玛积雪山或玛卿岗日，主峰海拔6282米，是藏民心中可与梅里雪山、冈仁波齐、尕朵觉悟齐名的藏区四大神山之一，每年都有很多前来朝圣的人，尤其是藏历“马年”，转山者达几十万人，因为马年转山一圈等于平时的十二圈。阿尼玛卿雪山通常不会把自己藏在云雾里，想一睹真容的游客一般不会失望而回。这里还有大量冰川，占黄河源区冰川总量的90%。知亥代垭口曾经是翻山越岭才能抵达的地方，如今高速公路可达，是绝佳的冰川观景点。

门票信息｜免费

营业时间｜全天

交通信息｜可包车或自驾前往。

亮点

冰川、转山的信徒

拉加寺

标签：藏传佛教寺庙

拉加寺又称嘉祥寺，是黄河沿岸最著名的格鲁派寺院。“拉加”为藏语译音，指四不像——麋鹿。据说拉加寺在破土动工时，发现了一头四不像，寺院因此得名。拉加寺建筑融合了藏汉风格，整体上竟有几分中原古典园林的样子。其中释迦牟尼殿建于乾隆年间，历史最久。乾隆三十九年（1774年），皇帝御笔亲赐的“嘉祥寺”牌匾至今还悬挂在大经堂殿外。经堂两侧的道路通向寺院后山最高处的宗喀巴像，其背后的一片废墟是昔日班禅行宫的遗址。寺内主要供奉的佛像有释迦牟尼、宗喀巴、莲花生、千眼千手观音、长寿佛、六臂反护法等。

门票信息｜免费

营业时间｜全天

交通信息｜可包车或自驾前往。

亮点

祈愿法会、晒佛、鹿人戏

玉树

在新疆、西藏和四川的包围下，玉树藏族自治州既重要，又冷门。近些年让人们熟知它的，或许还是那场地震。如今玉树在重建中重新成长起来，但是这里的佛国梵音从未断绝，格萨尔王的传说从未淡化。这里长冬无夏、春秋相连，孕育了一方独特的景观和水土，孕育了中华文明的三条大江的源头也在这里。这里像西藏，像边疆，也不乏汉地带来的印记。藏族、汉族、回族、蒙古族、土族、满族、撒拉族等11个民族杂居于此，虽然藏族占总人口的98%，却也不妨碍其他民族的文化在这里开出奇妙的花。

电话区号 0976

交通

飞机

玉树巴塘机场（8813743；玉树市巴塘乡214国道）

长途汽车

玉树汽车站（15352989168；玉树市西杭路）

杂多县汽车站（萨呼腾路东段）

治多县汽车站（13909764225；治多县治渠路中段）

曲麻莱客运站（13997018815；曲麻莱县215国道边）

公交车

玉树目前有6条公交线路，能满足大多旅行者的需求，目的地包括地震遗址纪念馆、西杭、汽车站等。中心枢纽站位于格萨尔王广场西南角。

土特产和纪念品

当地特色有虫草和糌粑。

住宿

经济型

天铂宾馆

（5966111；玉树市西杭街305号）外观像座寺庙，房间面积不大，但是干净整洁，在同价位酒店中还算不错，是一处兼具经济和体面的住处。有些房间采光不好，最好请工作人员带你看过之后挑选一下。

中档

空港大酒店

（7800777；玉树市双拥巷3号）西部机场集团旗下的老牌酒店，空调、制氧机、无线网络、停车场等硬件和服务设施都算齐全，房间宽敞，卫生条件不错，除了有些陈旧，其他也没什么大问题。最重要的是机场大巴的起点和终点都在这里，对赶路的人而言是不错的选择。

高档

三江之源大酒店

（8632888；玉树市民主路与珠姆路交会处）酒店比较新，房间宽敞，地毯厚实干净，带有制氧设备。室内环境温馨舒适，豪华房还配备了按摩浴缸，大床房面积比标间略小。酒店早餐不错。

就餐

东猛藏餐

（玉树市当代西路游客服务中心对面；10:00—21:00）如果想吃口正宗藏餐，这里可以满足你——连当地藏族都喜欢它。店面不大，干净整洁，血肠、包子和炒酸奶是这里的招牌，非常正宗。怕吃不惯可以点份康巴面片。

藏宫休闲餐饮

（玉树市当代西路游客服务中心对面；10:00—24:00）餐厅环境精致，器具考究，菜品更丰富，甚至能看到歌舞表演，当然价格也更贵，但你可以把它当作一项不错的体验活动。

线路推荐

玉树西部线：香达镇—香龙沟峡谷—达吉尼赛乡—改加寺—然察大峡谷—达那寺

勒巴沟小环线：玉树市—新寨嘉那嘛呢石堆—赛巴寺—漂流勇士尧茂书的纪念碑—勒巴沟—文成公主庙—禅古寺—巴塘草原

土特产和纪念品

当地特色有蜜蜡和虫草。

景点

结古寺

标签：藏传佛教寺庙

在藏语中，结古寺称为“结古顿珠锣”，这座萨迦派寺庙规模很大，只要你在玉树市区，一抬头都能看到它。由于其位于山顶的地理位置，站在寺庙台阶上，你也能俯瞰全城。20世纪30年代，九世班禅从北京返回西藏，曾在此驻锡，最终圆寂于此。玉树大地震也为寺院带来了破坏，重建后的结古寺以现代钢架修建而成，但是班禅行宫依然按传统方式营造，保留了些许历史情怀。

门票信息｜免费

营业时间｜全天

交通信息｜可打车或自驾前往。

亮点

班禅行宫

新寨嘉那嘛呢石堆

标签：嘛呢石堆　宗教和生活场所

这座嘛呢石堆可能是藏区最有名的一个，

青海

名字来源于结古寺的第一世嘉那活佛，据说最多的时候有25亿块石头。关于这个嘛呢石堆的起源，传说热爱艺术、创造出“卓舞”的嘉那活佛晚年在新寨村静居，无意中发现一块石头显现出六字真言。自此，人们开始往这里垒加嘛呢石。如今来到这里，你会看到嘛呢石堆之间有不少转经或休憩的当地人，也有不少人在此当场刻画、贩卖色彩斑斓的嘛呢石。

门票信息 | 免费

营业时间 | 全天

交通信息 | 可乘坐公交2路至嘉那嘛呢站。

★ 亮点

藏历十二月十五、每月农历十五日来此转嘛呢的藏民

玉树博物馆

标签：博物馆

你不会错过它，因为这座庞然大物就位于城市最中心，是玉树震后重建的重要组成部分。博物馆主要有自然展厅和人文展厅。前者聚焦于三江源和可可西里，展品包括野生动物标本；后者主要介绍宗教文化和民俗，展品不如自然展厅那么优质，但简单了解当地的人文知识也足够了。

门票信息 | 免费

营业时间 | 10:30—16:30，周一闭馆

交通信息 | 可乘坐公交1、2路至牦牛广场站。

电话 | 7081182

★ 亮点

野生动物标本

勒巴沟

标签：峡谷壁画

这处山谷内的壁画可以追溯到唐代，传说是文成公主进藏时留下的，画风古拙，由于年份久远，有的颜色已开始脱落，很难看清楚。山壁上随处可见六字真言和经文，溪流里还有“水嘛呢”被日夜冲刷。地震后，这里新建了木桥和栈道供人游玩、休憩，不过游人不多，你随时可能拥有独处的快乐。

门票信息 | 免费

营业时间 | 全天

交通信息 | 可打车或自驾前往。

★ 亮点

《藏王松赞干布礼佛图》《轮回图》

文成公主庙

标签：佛教寺庙

这座寺原本叫“大日如来佛堂”，共3层，面积约600平方米，殿堂里保存着唐代雕刻的9尊佛像，其中大日如来佛像已有1300年的历史，这里也一直是本地人的宗教活动圣地。据记载，文成公主进藏时曾在此停留，她的随行工匠在岩壁上雕刻出许多佛像，此后这里也有了“文成公主庙”的称呼。几十年后，金城公主入藏时又途经此地，为佛像加盖了这座殿堂。

门票信息 | 免费

营业时间 | 全天

交通信息 | 可打车或自驾前往。

★ 亮点

唐代佛像

隆宝湖国家级自然保护区

标签：自然保护区

保护区位于玉树市隆宝镇，总面积达100平方公里，地处三江源核心区，拥有典型的内陆湿地和水域生态系统，是中国首个黑颈鹤繁殖保护地，此外还有120多种鸟类生活在这里。黑颈鹤是青海的“省鸟”，也是唯一能在高原繁殖的鹤类，被藏族视为吉祥幸福的神鸟。每年三四月，是黑颈鹤从云贵高原回到这里筑巢的时候，它们5月开始孵化，然后一直生活到10月才离开，这段时间都是观鸟的好日子。

门票信息 | 免费

营业时间 | 8:00—17:00

交通信息｜可包车或自驾前往。

电话｜8822521

亮点

黑颈鹤

拉布寺

标签：藏传佛教寺庙

拉布寺藏语称“嘎登郭囊谢舟派吉楞”。最初，拉布寺只是一座小小的萨迦派寺院，而如今已是玉树地区最大的格鲁派大寺之一，为其改宗的便是宗喀巴的弟子。据说，因为代玛堪钦是明朝国师，当时拉布寺才得到了中央朝廷的重视，到了清朝更是进入全盛时期。寺内有一棵大树，挂满了密密麻麻的彩色经幡——这是第十三世活佛江云罗逊嘉措从河湟地区带回，并成功种植的第一棵杨树，当地人称其“杨树之母”。

门票信息｜免费

营业时间｜全天

交通信息｜可包车或者自驾前往。

亮点

彩色经幡

宗国寺

标签：藏传佛教寺庙

宗国寺位于山巅之上，抵达之路并不那么简单。如果不是乘坐越野车，可能需要提前很早下车步行，在山隙里攀爬迂回。宗国寺的经堂、白塔和僧宅所在之处宛若世外胜境，由于地势够高，你可以在此尽览河谷风光。夏季，柔软的草甸也很适合露营。相传8世纪时莲花生大师曾在此修行，因此这里也被称作“莲师神山”，历史上很多大成就者也曾在此闭关。你能看到一座被巨大铁笼罩住的建筑——莲师建造的“见解脱塔”。除了小小的经堂，山坡上错落地分布着许多闭关室。

门票信息｜免费

营业时间｜全天

交通信息｜可包车或者自驾前往。

亮点

见解脱塔

改加寺

标签：宁玛派尼姑院

改加寺也叫格迦寺，是藏区颇具声望的宁玛派尼姑院。这里大殿古朴，僧房简陋，地理位置之偏远，宛若与世隔绝。寺院建于1893年，创建人是第一世活佛改加仓央嘉措。改加寺的戒律以严格著称，加之地处偏远，所得的供养也极其有限，在这里修行的尼姑物质生活可谓清贫，这也更强烈地衬托出她们对信仰的虔诚。尼姑们纯净柔软的唱经犹如天籁合音，如果你碰巧遇上寺院举行法事就可以听到。

门票信息｜免费

营业时间｜全天

交通信息｜可包车或自驾前往。

亮点

尼姑唱经

昂赛大峡谷

标签：丹霞地貌

昂赛大峡谷又被称作巴艾涌丹霞地质景区，是一片300多平方公里的白垩纪丹霞地质景观。壮丽的丹霞、奔腾的河流、葱郁的古柏森林，构成了这个自然风景区，这里还生活着大量野生动物。这个地质公园没有大门和围墙，随处可见活动的丹霞山体，看看你能否找到“佛头”“格萨尔王之剑”“藏式火炉”等形象。

门票信息｜免费

营业时间｜全天

交通信息｜可包车或者自驾前往。

亮点

丹霞地貌、雪豹

巴音布鲁克草原

新疆

新疆维吾尔自治区是中国五个少数民族自治区之一，这里有海拔世界第二的高峰，有中国最低的洼地，有奔腾不息的河流、一望无际的草原，也有光怪陆离的戈壁幻境和神秘莫测的沙漠奇观。曾经繁华的古丝绸之路，更赋予了新疆丰富而深厚的文化底蕴。吐鲁番、喀什、库车……曾经繁华路上的重镇，如今还保留着当年宗教、商业、各族文化交融的痕迹。除此之外，新疆的美食更是一绝：滋滋冒油的羊肉串、爽辣醇厚的炒粉、鲜香带劲的拉条子和飘香四溢的大盘鸡、香甜沁人的哈密瓜、脆爽清新的苹果……即使是对美食挑剔的人，也能在这里找到适合自己的口味。来到新疆，你才能理解，何为幅员辽阔、流连忘返。

行前参考

实用方言

牙合西木斯子：你好吗？

亚克西：好，棒

霍西：吃

热合买提：谢谢

何时去

4月至9月：气候舒适，野花绽放，其中七八月花开得最旺；暑期旅行费用最高，天池人多拥挤；9月天气凉爽，适合去沙漠和戈壁。

10月：天气宜人，林间草木红黄交错，适宜拍摄。

11月至次年3月：天气寒冷，进入淡季，旅行费用最低，非常适合滑雪。

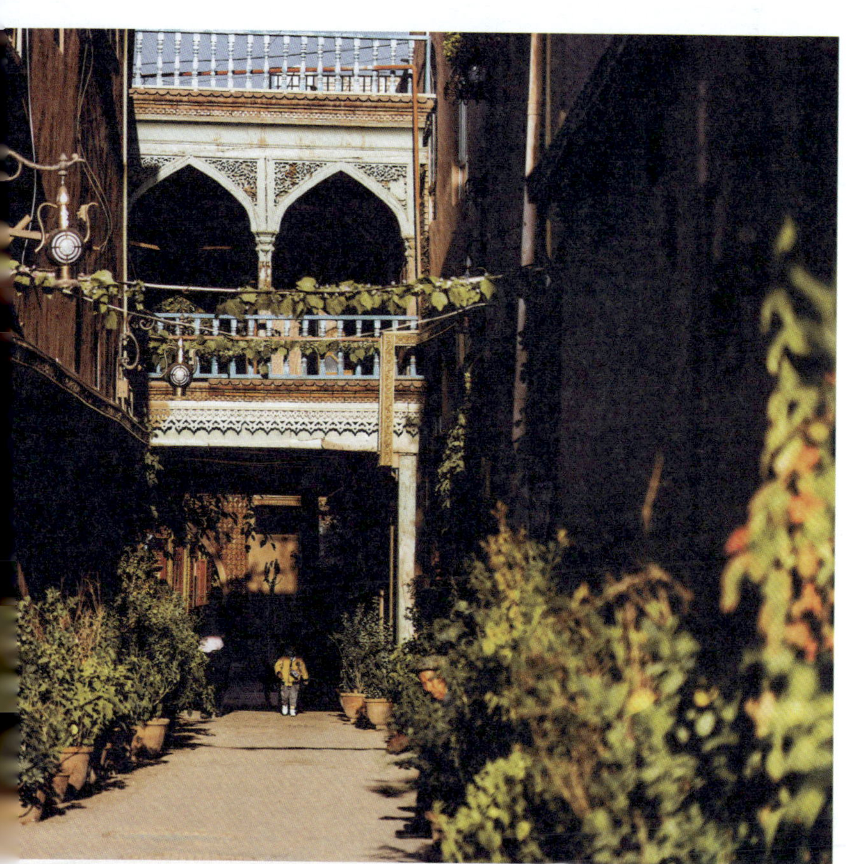

喀什古城

注意事项

请尊重当地少数民族的生活习俗和宗教信仰，避免发生冲突。尽量避免凝视他人，有些维吾尔人认为凝视他人会给所喜爱的人、物或事业带来不利。避免浪费食物。注意不要在看到宗教礼拜时大声喧哗。

当地新讯

2021年，环准噶尔盆地高速公路圈全面建成、环塔里木盆地高速公路圈基本建成，进出新疆新通道G7京新高速全线贯通，覆盖全疆的高速公路大通道基本成型，大大方便自驾游旅行者的出行。

新疆维吾尔自治区
比例尺
N
0
200千米
塔城
博乐
博尔塔拉蒙古自治州
(自治区直辖)
(自治区直辖)
伊宁
伊犁河
特克斯河
汗腾格里峰
6995
阿克苏
阿克苏地区
(自治区直辖)
克孜勒苏柯尔克孜自治州
阿图什
喀什
喀什噶尔河
叶尔羌河
和田河
(自治区直辖)
喀什地区
和田地区
(自治区直辖)
和田
喀拉喀什河
克里雅河
乔戈里峰
8611

阿勒泰
额尔齐斯河
乌伦古湖
(自治区直辖)
乌伦古河
阿勒泰地区
昌吉回族自治州
(自治区直辖)
(自治区直辖)
昌吉
乌鲁木齐
乌鲁木齐市
哈密市
哈密
吐鲁番
艾丁湖
-154.31
吐鲁番市
博斯腾湖
库尔勒
孔雀河
巴音郭楞蒙古自治州
车尔臣河

乌鲁木齐

新疆的政治、经济、文化和交通中心乌鲁木齐旧称迪化，是西北地区重要的中心城市和面向西亚的国际商贸中心。乌鲁木齐地处亚欧大陆中心，有“亚心之都”的称号。不同于中国东部城市的逼仄，这里地广人稀，有优美的草原和牧场，因为地处天山山脉中段北麓，高山冰雪也是特色景观。乌鲁木齐的饮食有着浓烈的西域特色，其中烤羊肉更是走出西北，风靡全国，与之齐名的还有烤馕、拉条子、大盘鸡、奶茶等美食，能满足不同人口味的需求。与当地人跳一曲萨玛舞，品一口马奶酒，看一场篮球赛，赏一次天山天池……在乌鲁木齐，出行的理由并不难寻。

电话区号 0991

交通

飞机

乌鲁木齐地窝堡国际机场（3801453；新市区迎宾路；微信公众号：乌鲁木齐地窝堡国际机场）

火车

乌鲁木齐站（头屯河区高铁北六路1号）兰新铁路西端终点，新疆最大的铁路客运集散地。

长途汽车

碾子沟长途客运站（5878898；沙依巴克区黑龙江路49号）

南郊客运站（2866635；天山区燕尔窝路1号）

市郊客运站（5816697；沙依巴克区和田街62）

新疆

地铁

乌鲁木齐市开通了地铁1号线，支持刷公交卡以及用“乌鲁木齐地铁”和“Metro丝路行”App扫码进站，也可现场通过人工或机器购票。

公交车

城区公交车系统非常发达，无人售票，车票均价1元。少数市郊公交车根据乘车站距分段收费，票价1—3元，支持刷公交卡、手机扫码等方式乘车。乌鲁木齐市有7条BRT专线，基本连接主要街区和景点。

纪念品和土特产

当地特色有葡萄干、达坂城蚕豆、地毯。

住宿

经济型

乌鲁木齐静一精品文化酒店

（5591234；依巴克区黄河路7号）这家酒店毗邻人民公园，自带独立院落，闹中取静，餐饮和住宿合二为一，适合旅行者。另外，酒店设有免费的独立会客区、自助洗衣区和新疆行走文化展厅。

中档

新疆尊茂银都酒店

（4536688；沙依巴克区西虹西路179号）酒店客房整洁舒适，基本设施齐全，地处乌鲁木齐市中心西虹西路，交通便利，临近红山公园、人民公园，周边餐饮、娱乐、购物等场所也一应俱全。

高档

乌鲁木齐康莱德酒店

（6999999；沙依巴克区友好北路669号）隶属希尔顿集团的康莱德酒店坐落于乌鲁木齐友好商圈的中心位置，是新疆第一家奢华酒店。交通便利，距机场、火车站车程仅20分钟。作为国际连锁酒店，这里的设施和服务都是一流水平。

就餐

魏家羊羔肉

（15099088073；新市路宽北巷；10:00—21:00）这家性价比很高的餐厅是传承了四代的老字号，非常火爆，菜品有时很快就卖光了，记得秘诀只有一个——早点儿来。羊羔肉是这里的招牌，肉质细嫩，肥瘦适中，辅以辣椒酱和椒盐味道很棒，加些洋葱也不错。

线路推荐

喀纳斯之旅：北屯—喀纳斯湖—贾登峪—禾木村—五彩滩—和什托洛盖

尽享草原：清水河—薰衣草庄园—那拉提大草原—独库小中段—巴音布鲁克大草原—和静

景点

天山天池

标签：5A级景区　世界遗产

天山天池位于博格达峰下的半山腰，湖泊整体呈半月形。风景区以天池为中心，有完整的4个自然景观带，包括北石门、南雪线、西马牙山和东大东沟。远古西王母神话，以及宗教和独特的民族风情是这里绕不开的文化内涵。天山内还有重要的动植物资源，雪豹、棕熊、石貂等国家重点保护动物在此出没。

门票信息｜旺季155元，淡季105元，包括往返交通车

营业时间｜旺季9:00—19:30，淡季10:00—18:00

交通信息｜可乘坐长途汽车前往，也可自驾或包车前往。

电话｜400-870-6110

微信公众号｜天池零距离

网址｜http://www.xjtstc.com

亮点

天池石门、镇海古榆、西王母庙、铁瓦寺

天山大峡谷

标签：5A级景区

位于乌鲁木齐县板房沟乡灯草沟村的天山大峡谷，集雪山、森林、湖泊、草原景色为一体，是夏季避暑的好去处。峡谷曲径通幽，两侧的红褐色岩石经过自然的雕琢，别具一格，尽显威严壮丽。目前景区内有八大景点，包括天山坝、天鹅湖、雪山冰川等，峡谷内还有哈萨克牧民毡房，供应羊肉等特色美食，在山水之间享用美味，可谓快哉。

门票信息｜75元

营业时间｜9:30—19:00，18:30停止入场

交通信息｜建议包车或自驾前往。

电话｜7629111

网址｜http://www.wlmqtsdxg.com/

亮点

山间风景、萨克牧民毡房

国际大巴扎

标签：4A级景区　特色市场

作为世界上规模最大的农贸市场，大巴扎具有浓郁的伊斯兰建筑风格，处处体现着浓郁的西域民族特色和地域文化。这里有几万间商铺，不仅有来自西亚和新疆各地的特产，还有娱乐、餐饮、大剧院、清真寺等场所。这里在2004年甚至入选乌鲁木齐市“十佳建筑”。

门票信息｜免费

营业时间｜9:00—22:00

交通信息｜乘坐公交10、16、61、104、310、911、BRT3路在二道桥站下车。

电话｜8555458

亮点

各类新疆特产、民族艺术展示、丝绸之路观光塔

红山公园

标签：4A级景区　自然景观

因山体由二叠纪时期的紫红色砂砾岩构成，这里得名“红山”，当地俗称“红山嘴”。虽然目前红山公园已经开辟为市民的休闲娱乐场所，但经典的“红山夕照”景色依旧被当作乌鲁木齐最有代表性的景观之一，也值得外地游客来此一探。公园位于市中心，从山顶的远眺楼俯瞰，能将整个乌鲁木齐市区景色收入眼底。山上还生长着一棵在当地气候下

难以存活的杏树，据说这是乌鲁木齐唯一一棵杏树。

门票信息｜免费

营业时间｜5月1日至10月14日10:00—19:00，10月15日至次年4月30日10:30—19:00

交通信息｜乘坐公交29、35、61、62、63、908、927路到红山公园站下车。

电话｜8855671

微信公众号｜乌鲁木齐市红山公园

★ 亮点

红山塔、大佛寺、远眺楼、地宫

新疆维吾尔自治区博物馆

标签：博物馆

这座国家一级博物馆的镇馆之宝当属大名鼎鼎的锦护肘“五星出东方利中国”，另一大亮点，就是干尸陈列展中的“楼兰美女”了。其实在干尸展馆内，还有新疆史上唯一一个有名有姓的将军张雄的干尸，以及来自扎滚鲁克墓的两具干尸。馆内还有不少其他一级文物，陈列在瀚海珍衣和尼雅考古馆，都值得你仔细看一看。

门票信息｜免费

营业时间｜周二至周日10:30—18:00，周一闭馆

交通信息｜乘坐公交7、51、52、66、305、518、906路在博物馆站下车。

电话｜4552826

微信公众号｜新疆维吾尔自治区博物馆

★ 亮点

“五星出东方利中国”护肘、“楼兰美女”

水磨沟公园

标签：4A级景区

以水磨沟为中心辟成的这座公园，位于乌鲁木齐市区东侧城郊地区，在清朝乾隆年间，此处曾为铸铁厂，因在河上修建的水磨而得名。整个景区由清泉山、虹桥山、温泉山、水塔山、雪莲山和水磨河等自然景观组成，园内也有小桥流水、亭台楼阁。沟内的“依斗亭”是曾经流放到此地的清朝皇室贵族载澜修建的，据说他经常在这里举行奢华的宴会。

门票信息｜免费

营业时间｜全天

交通信息｜乘坐公交34、104、801、537、535路在水磨沟公园站下车。

电话｜4684055

网址｜http://www.shuimogoupark.com/

★ 亮点

依斗亭、水磨河

亚洲大陆中心

标签：3A级景区

1992年，经过中国科学家的考察勘定，测定亚洲大陆地理中心位于乌鲁木齐永丰乡包家槽子村，东经87° 19′52″、北纬43° 40′37″。亚洲大陆地理中心是指亚洲大陆范围内处于均衡位置的点，景区以亚洲大陆地理中心塔为核心，塔顶的不锈钢镂空球代表地球，钢球下有中垂心，直对塔基中心的亚洲微缩图心脏，表明亚洲大陆地理中心的位置所在。景区大门造型别致，寓意雄鹰展翅，内部还建造了天圆地方的广场和象征亚洲多国文化结晶的石雕图腾，以显万国风情。

门票信息｜30元

营业时间｜10:00—20:00

交通信息｜建议包车或自驾前往。

电话｜4812005

★ 亮点

亚洲大陆地理中心塔、广场、石雕图腾

陕西大寺

标签：自治区级文物保护单位　宗教建筑

位于市中心的陕西大寺是乌鲁木齐最大

的清真寺。院子东、南、北三方的殿堂是年代不久的仿古建筑，真正的百年建筑在西侧大殿，来此做礼拜的穆斯林络绎不绝。寺院周边是回族人的聚居区，你可以在附近品尝地道的回族小吃。

门票信息｜免费

营业时间｜8:00—16:00

交通信息｜乘坐公交3、17、36、44、61、104、308、908路在南门站下车。

电话｜4532488

亮点

回族小吃

乌拉泊古城遗址

标签：全国重点文物保护单位

乌拉泊古城又叫“破城子”，是唐至元时期的轮台县城，据说岑参的《白雪歌送武判官归京》中“轮台东门送君去，去时雪满天山路”的“轮台”就是乌拉泊。这里也是古丝绸之路北新道上的重镇，曾经繁华一时，而现在的古城遗址内却空寂荒凉，保存较为完整的只有城墙，墙面上能看到凸出的马面。遗址内还出土过大量距今已有千年时间的古陶器、玉器和钱币，不过在遗址内暂时看不到它们的身影。

门票信息｜免费

营业时间｜全天

交通信息｜建议自驾或包车前往。

电话｜5861126

亮点

城墙遗址

白云国际滑雪场

标签：滑雪场

白云国际滑雪场建于1997年，是新疆5S级滑雪场之一。雪场位于乌鲁木齐县水西沟镇东湾景区，距离乌鲁木齐市中心35公里，占地2000余亩，拥有大型拖牵索道和小型拖牵索道。初、中、高级及越野道共13条，雪圈道6条，可谓规模庞大。若是冬日前来，滑雪迷可以在国内品质一流的粉雪上大秀技巧。

门票信息｜平日120元，周末150元

营业时间｜仅雪季营业

交通信息｜从乌市黄河路中桥客运站乘坐至水西沟镇的班车，然后再打车去雪场。

电话｜3857028

微信公众号｜白云国际滑雪场

亮点

越野雪道、极限运动

吐鲁番、哈密、巴音郭楞

吐鲁番是天山东部的山间盆地，四面环山，辖区内除了11处国家级景区外，还有两处世界文化遗产。踏上温度极高的火焰山，探访世界低地艾丁湖，品尝世上最甜的无核葡萄，了解充满智慧和历史的坎儿井，你会发现这里不是教材里那个简单的地名，它的历史和当下都鲜活十足。

哈密位于新疆的东部，是沙漠中的一片绿洲，也是新疆通往内地的门户。说到景点，魔鬼城、哈密王墓无人不知，但是最“出圈”的恐怕还是那甜蜜的哈密瓜——瓜以地得名，地以瓜闻名，二者也算得上彼此成就了。

巴音郭楞蒙古自治州，简称“巴州”，有几千年的发展历史。州府所在库尔勒市，面积占新疆总面积的四分之一，是中国面积最大的地级行政区。这里有两大招牌景区：天山盆地中部的巴音布鲁克景区四周为雪山环绕，草原平坦，水草丰盛，天鹅湖极其迷人，开都河“九曲十八弯”；博斯腾湖除了景色优美，还盛产各种淡水鱼，是新疆最大的渔业生产基地。

电话区号 吐鲁番0995、哈密0902、巴音郭楞0996

交通

飞机

吐鲁番交河机场（0995-8621966；吐鲁番市高昌区西北郊）民用支线机场，是乌鲁木齐地窝堡国际机场的主备降机场、乌鲁木齐国际航空枢纽第二机场。

哈密机场（0902-6553000；哈密市伊州区东疆东大道）西距哈密市中心12公里。

库尔勒机场（0996-2364033；巴音郭楞蒙古自治州库尔勒市机场快速路）军民合用机场，距离库尔勒市中心17公里。

且末玉都机场（0996-7622541；巴音郭楞蒙古自治州且末县巴格艾日克乡其盖喀什村）南距且末县城中心11公里，是军民合用支线机场。

若羌楼兰机场（0996-2364033；巴音郭楞蒙古自治州若羌县吾塔木乡西塔提让村）东距若羌县城中心15公里，为民用支线机场。

火车

吐鲁番站（0995-7656222）每天有南疆铁路、兰新铁路的列车经停。

吐鲁番北站 途经的线路为兰新高速铁路。

哈密站（0902-7122222）每日有兰新高铁列车及普客列车经停。

库尔勒火车东站（0996-8642222）行经南疆铁路、格库铁路及吐库线的20多趟列车经停。

长途汽车

吐鲁番客运站（0995-8522325；吐鲁番市椿树路546号，国际商贸城对面）

哈密客运站（0902-2266767；哈密市建国北路109号）

巴州汽车客运总站（0996-2076390；巴音郭楞蒙古自治州北山路15号）

库尔勒市客运站（0996-2034228；巴音郭楞蒙古自治州团结北路74号）

且末客运站（0996-7628803；巴音郭楞蒙古自治州客运路与胜利路交叉口）

若羌客运站（0996-7102727；巴音郭楞蒙古自治州客运路与胜利路交叉口）

新疆

公交车

这三个地区的公交车都支持投币、刷公交卡、手机扫码等方式，手机地图App等可查询实时车辆信息。吐鲁番市城区公交车通票1元，1路车可至苏公塔，1路、102路车可至坎儿井民俗园，5路车可至葡萄沟口。哈密市区公交车通票1元，线路基本覆盖城区，市区景点均可乘车到达。库尔勒市公交车票价1元，26路、29路往返于巴州汽车客运总站和火车东站之间，101路公交车可到老城区。

土特产和纪念品

吐鲁番当地特色有吐鲁番葡萄，哈密当地特色有哈密瓜、哈密葡萄，巴音郭楞当地特色有库尔勒香梨、博湖辣椒。

住宿

经济型

库尔勒金丰大酒店

（0996-2053333；库尔勒市人民东路40号）酒店位于人民东路，周围交通便利，购物、观光都极为方便。酒店内也提供餐饮，客房设计简约、雅致，环境洁净、温馨，配套设施齐备。

中档

吐鲁番火洲美居酒店

（0995-8666999；吐鲁番市高昌区东环路水韵广场南侧人工湖旁）酒店内设长安、敦煌、楼兰、西周、龟兹、王府六个典雅别致的豪华包厢，住客可以体验到古丝绸之路的别样风情，在火洲都市自助餐厅还能尽情享受当地美食。

高档

哈密市加格达宾馆

（0902-2232140；哈密市伊州区爱国北路7号）这是一家以哈密瓜文化为主题的宾馆，中央空调全覆盖，房内有直饮水，各种饮料及品牌洗涤用品配备也很齐全。酒店内还有水疗中心、酒吧、欢唱城等，玩累了在酒店也能打发不少时间。

就餐

海尔巴格餐厅

（0995-8555111；吐鲁番市文化东路，人工湖西侧；12:00—24:00）餐厅装饰很精致，环境很有格调，最重要的是食物很美味，可以品尝到土耳其菜和俄罗斯菜。这家店有露天位，喝咖啡、听音乐、看风景的体验可以同时拥有。

东疆大盘鸡（八一路店）

（0902-2306996；哈密市八一北路；11:00—23:00）餐厅环境还算不错，日常生意火爆。推荐蒜泥茄子和酸辣蕨根粉；大盘鸡分量足，偏辣，可以调口味；辣羊蹄和菠菜面筋也值得尝试。

疆土印象

（0996-2018138；库尔勒市交通西路14-9号；12:00—23:00）平时食客不少，但是没有到拥挤的程度。推荐烤包子，包裹其中的羊肉粒非常好吃，主食方面丁丁炒面口感劲道，馕坑烤鸽子也是很多人的心头好。

线路推荐

吐鲁番亮点游：高昌故城—阿斯塔那古墓—柏孜克里克石窟—火焰山—艾丁湖

探索且末：且末县博物馆—扎滚鲁克墓葬陈列馆—来利勒克遗址—托格拉克勒克庄园—莫勒切河谷岩画—吐拉牧场

吐鲁番景点

吐鲁番葡萄沟

标签：5A级景区

景区位于火焰山西端，经小溪流过的沟谷，充满了一望无际的果园和葡萄园。每年的8月前后是葡萄丰收时节，可以吃到各种葡萄，常见品种有马奶子、玫瑰红等。景区设有旅游接待站，葡萄棚架形成长廊，触手可及，你可以体验现摘现吃的乐趣。

门票信息｜60元

营业时间｜4月21日至10月20日9:30—19:30，10月21日至次年4月20日10:00—18:30

交通信息｜从吐鲁番市区乘坐5路公交车即可到达。

电话｜8614543

亮点

吃葡萄、赏民族歌舞

库木塔格沙漠

标签：离城市最近的沙漠

库木塔格沙漠形成于汉代，景色多样壮观，是一座流动型沙漠，有沙窝、沙山（维吾尔语“库木塔格”也是“沙山”的意思）等，堪称浓缩了世界各大沙漠典型景观的博物馆，更守护着古楼兰王国消失的秘密。沙漠距离吐鲁番市区90公里，是世界上距离城市最近的沙漠。成百上千年来沙子没有入侵城市，人也没有退后居住，如此“融洽”的关系也属罕见。

门票信息｜30元

营业时间｜4月21日至10月20日8:00—21:00，10月21日至次年4月20日10:00—18:30

交通信息｜在吐鲁番新汽车站乘坐至鄯善的班车，到鄯善后打车或步行前往沙漠公园。

电话｜8389389

网址｜http://www.kmtgsm.com/

亮点

沙山

交河故城

标签：生土建筑城市

交河故城位于吐鲁番西郊雅尔乃孜沟的一个柳叶河心洲上，因为城南有两条绕城河水交汇而得名。交河城由车师人建成，建筑年代早于秦汉，又毁于元代的多次战争中。经过了2000多年的风风雨雨，这座城池至今保存较为完好，是目前世界上保护得最好的生土建筑城市。

门票信息 | 门票70元，景交车70元

营业时间 | 10:00—19:00

交通信息 | 旺季有旅游专线车20元，淡季坐公交1路或者101路到亚尔乡，换乘面的、三轮车、出租车、马车到交河故城。

电话 | 8651222

★ 亮点

历史遗址

火焰山景区

标签：《西游记》

火焰山因《西游记》三借芭蕉扇的故事家喻户晓，不过在维吾尔语中，这座山的名字意为"红山"，又因天气炎热而被称作"火山"。山脉是东西走向的，寸草不生。夏日时分，地表在太阳照耀下蒸腾出水汽，特别像绵延的冒着火焰的巨龙，十分壮观。景区正处在火焰山景色最壮观的位置，内有许多西游记中出现的人物雕像，还能看到关于火焰山历史文化的展示。

门票信息 | 40元

营业时间 | 4月21日至10月20日8:00—21:00，10月21日至次年4月20日10:00—18:30

交通信息 | 在吐鲁番汽车站坐班车到火焰山景区。

电话 | 8696010

★ 亮点

冒着"火"的巨龙景观

柏孜克里克千佛洞

标签：石窟

柏孜克里克千佛洞位于火焰山中段，在木沟河谷西岸的悬崖峭壁上，始凿于南北朝后朝，经历唐、五代、宋、元等多个时代，是吐鲁番现存的石窟中洞窟最多、壁画内容最丰富的石窟群。其壁画主要内容包括以大型立佛画像为中心的"佛本生经变"故事画、佛教故事画、因缘故事画以及千佛像等。

门票信息 | 40元

营业时间 | 4月21日至10月20日8:00—20:00，10月21日至次年4月20日10:00—18:30

交通信息 | 从吐鲁番客运站乘吐鲁番—鄯善或吐鲁番—三堡乡的班车，在胜金口下车，换乘当地客运三轮摩托到达景区；也可包车前往。

电话 | 8689116

★ 亮点

精美壁画、古代文书

坎儿井民俗园

标签：民族风情

坎儿井民俗园位于吐鲁番市区的东侧，离市中心不远。这是一处以展示坎儿井文化为主题的景区，也是吐鲁番最著名的景点之一，内有坎儿井的原型、博物馆、维吾尔民居式的宾馆和餐厅。可以在此系统了解新疆坎儿井文化，并享受维吾尔风情美食和欣赏独特的建筑。坎儿井民俗园面积不大，步行2小时就可以游览完毕。

门票信息 | 40元

营业时间 | 4月21日至10月20日8:00—20:00，10月21日至次年4月20日10:00—18:30

交通信息 | 坐旅游专车1、101、102路到达。

电话 | 7685678

★ 亮点

坎儿井博物馆

高昌故城景区

标签：古城遗址

高昌故城始建于公元前1世纪，公元450年成为吐鲁番盆地政治、经济和文化中心，9

世纪后成为高昌回鹘王国的首都，是西域最大的国际商会、宗教中心。如今，这座古城已经化为土堆砖瓦，亲临此地，感受其兴衰沉浮的历史，想必你也会百感交集。

门票信息 | 70元

营业时间 | 9:00—19:30

交通信息 | 从吐鲁番客运站乘吐鲁番—鄯善的班车在胜金日下车，换乘当地客运三轮摩托车到达。

电话 | 8553668

亮点

高昌历史遗址

吐鲁番博物馆

标签：博物馆

吐鲁番博物馆收藏了大量丝绸之路繁盛时期的文物，这些文物不仅是丝绸之路繁盛的见证者，也能让你了解吐鲁番的过去。博物馆有文书馆、巨犀代石厅、古钱币、干尸馆4个精品展厅。文书馆内的文书闻名于世，是博物馆的镇馆之宝，这个馆内不允许拍照；巨犀代石厅的吐鲁番美丽巨犀牛化石是世界上最完整的巨犀骨架化石；古钱币馆内的高昌吉利钱存世稀少，十分珍贵；干尸馆收藏了从春秋战国时期至清代的10具干尸。

门票信息 | 免费

营业时间 | 10:00—18:30，周一闭馆

交通信息 | 乘坐1、6、102路公交车前往。

电话 | 7619650

网址 | http://www.tlfbwg.org

亮点

犀牛化石、高昌吉利钱、古代干尸

艾丁湖

标签：咸水湖

艾丁湖在维吾尔语中叫“觉洛院”，意思是月光湖。艾丁湖低于海平面155米，是中国海拔最低的地方，也是世界上除死海外离地球中心最近的地方。这是一个内陆咸水湖，周边能看到许多被废弃的坎儿井。由于湖区气候异常干旱，地表盐壳发育独特，看上去非常荒凉。湖的南岸是茫茫戈壁，一望无际，除了骆驼刺、红柳等沙漠植物，可谓寸草不生。

门票信息 | 30元

营业时间 | 4月1日至10月14日9:30—20:00，10月15日至次年3月31日10:00—19:30

交通信息 | 艾丁湖四周多盐滩、碱地和沙丘，道路不好走，建议包车前往。

电话 | 6291799

亮点

中国海拔最低点

郡王府

标签：名人宅邸

吐鲁番郡王府始建于清朝乾隆年间，距今已有200多年的历史，是吐鲁番郡王额敏和卓生活、主持政务和指挥军事的地方，也是清代吐鲁番维吾尔族的政治、经济、文化和军事指挥的中心。王府主人额敏和卓是当时吐鲁番维吾尔族的领袖、清政府的参赞大臣，也是一位杰出的爱国者和军事家。

门票信息 | 25元

营业时间 | 4月21日至10月20日8:00—21:00，10月21日至次年4月20日10:00—18:30

交通信息 | 乘1路车到大寨路站下，然后步行到达。

电话 | 8568596

亮点

精美细腻的雕刻、浮雕图案

维吾尔古村

标签：民族风情

维吾尔古村位于有数百年历史的吐鲁番市亚尔乡亚尔果勒村，邻近交河故城，占地2

万余平方米，景区内展示了维吾尔原生态民俗风情和交河历史文化。景区内维吾尔民俗陈列馆与传统民居交相辉映，立体地展示了维吾尔人、生产劳动、民居建筑、风土人情、宗教信仰等风貌，其中不少是已经消失和正在消失的原生态文化。

门票信息｜35元

营业时间｜9:00—20:00

交通信息｜乘坐公交1、3路到亚尔乡政府下，换乘面的到景区。

★ 亮点

民居建筑

阿斯塔那古墓群

标签：古代公墓

阿斯塔那古墓群大约形成于3世纪到8世纪，是古代高昌城乡官民的公共墓地，主要是埋葬汉人，同时葬有车师、突厥、匈奴、高车以及昭武九姓等少数民族居民，民族之间的平等与融合可见一斑。古墓规模较大，所处地势较高，加上气候炎热干燥，使墓穴内形成天然无菌环境，尸身也大多没有腐烂，有的连眼睫毛都能看见。同时，古墓中出土的绘画、泥俑就像新做的一样，甚至还有完好的古代的食物。

门票信息｜20元

营业时间｜淡季10:00—18:30，旺季8:00—21:00

交通信息｜从客运站乘至三堡乡政府的班车，在阿斯塔那古墓群口下车。

电话｜8692202

★ 亮点

古墓绘画、泥俑、干尸

伯西哈石窟

标签：石窟

伯西哈石窟是唐宋时期的佛教石窟，位于吐鲁番市胜金乡木日吐克村南火焰山的北坡，共有洞窟10座，占地面积约1000平方米。第1—5窟为一组礼拜窟,其中第3窟为中心柱窟，其余的都是纵券顶方形窟。洞窟壁画剥蚀比较严重，但第3窟还保存着回鹘供养人像和回鹘文榜题、前室顶部的月天及其眷属、东壁的多个情节的《维摩诘经变》等画面。

门票信息｜免费

营业时间｜全天

交通信息｜建议自驾或包车前往。

★ 亮点

《维摩诘经变》壁画

克尔碱旅游区

标签：岩画

克尔碱旅游区位于吐鲁番地区托克逊县境内，距托克逊县城有28公里，距吐鲁番市约120公里，距乌鲁木齐约162公里。岩画位于克尔碱境内，就在镇政府东南方5公里处。岩画散布在克尔碱沟两岸，东岸岩画雕刻于零星散布的砂岩上，现存100多幅，主要内容为羊群和牧羊人。

门票信息｜免费

营业时间｜8:00—16:00

交通信息｜建议自驾或包车前往。

★ 亮点

克尔碱岩画

哈密景点

哈密天山风景名胜区

标签：自然风光

景区位于东天山的北坡，东边是寒气沟，西边有松树塘，南边有天山庙，北边倚靠着鸣沙山，距哈密市约70公里，通过省道(即丝路北新道)即可抵达。壮美的高山冰川、一望无际的林海、生机勃勃的大草原、草木不生的鸣沙山在这里融为一体，景观多变而丰富。

门票信息 | 25元
营业时间 | 8:00—17:00，17:00停止入场
交通信息 | 建议自驾或包车前往。
电话 | 6858111

亮点
丰富的景观

哈密雅丹地貌生态公园（魔鬼城）

标签：雅丹地貌

魔鬼城神秘莫测，不熟悉地形的人如果在这里遇到风暴很容易迷失方向。景区内的艾斯开霞尔遗址区是雅丹地貌最集中的区域，艾斯开霞尔的维吾尔语意思是“破旧的古城”，这里像迷宫一样，遍布古城堡建筑、古民房遗址，遗址周围地表散布着大量的陶器残片和石器、土坯，吸引了很多考古爱好者。

门票信息 | 旺季40元，淡季20元
营业时间 | 8:00—20:00
交通信息 | 建议自驾或包车前往。
电话 | 6619405

亮点
艾斯开霞尔遗址区

巴里坤草原

标签：新疆的第二大草原

巴里坤草原是新疆的第二大草原，这里的主要景点是“天山淞雪”“镜泉宿月”“岳台留胜”。这里牧草丰美，牛羊遍地，空气清新，是一处夏季避暑、冬季休闲的好去处。最佳游览季节从5月中旬开始，那时风和日丽，气候舒适，六七月份就是真正的旺季了。

门票信息 | 免费
营业时间 | 全天
交通信息 | 建议自驾或包车前往。

亮点
草原风光

大海道

标签：丝绸之路 无人区

大海道是丝绸之路上最富传奇色彩的一段路，是已知的14条古丝绸之路中最隐秘的一条。这条通道于汉代开始启用，但由于环境恶劣和凶险，后来逐渐淡出人们的视野。如今大海道约500公里，沿途汇集了古城堡、烽燧、驿站、史前人类居住遗址、化石山、海市蜃楼、沙漠野骆驼群以及众多罕见的地理地貌，景观独特而优美，是新疆唯一一个可以去、适合去的无人区。

门票信息 | 免费
交通信息 | 建议自驾或包车前往。

亮点
沿途独特的地貌

伊吾胡杨林

标签：古胡杨林

胡杨林位于伊吾县淖毛湖以东，是世界仅存的三片胡杨林之一，也是中国境内分布较为集中的胡杨林，距离城市也很近。伊吾胡杨树干造型独特，树龄较长，整个景区分为一千年区、三千年区、六千年一区和二区、九千年区。

门票信息 | 50元
营业时间 | 7:00—19:00
交通信息 | 建议自驾或包车前往。

亮点
伊吾胡杨

哈密回王府

标签：“西域小故宫”

哈密回王府曾经是新疆规模最大、建筑最宏伟、风格最独特的宫廷建筑，如今的回王府景区是对标原型重建的仿古建筑群，在这里可以感受汉族文化与伊斯兰文化结合的建筑风格，还能了解哈密在回王统治时期的

历史。王府有3座风格不同的清真寺，花园是回王和眷属游玩、休息的地方，虽身处西域却有着江南园林之风。

门票信息 | 40元

营业时间 | 9:30—19:30

交通信息 | 从市区乘坐3、10、14、15路公交车在博物馆站下车。

电话 | 7268886

★ 亮点

仿古建筑群

巴里坤鸣沙山

标签：绿洲中的沙山

巴里坤鸣沙山是一片绿洲中形成的天然沙山，沙山的四周都是草原，鸣沙山形似一朵蘑菇，高约百米，沙丘陡峭，其下有水泉，左右两侧有河流通过。叫鸣沙山自然是因为沙子会发出声响，这是由于风吹沙丘时会造成震动，沙粒在气流中旋转，表面空洞造成“空竹”效应而发出嗡嗡响声。

门票信息 | 120元

营业时间 | 5:30—21:30

交通信息 | 建议自驾或包车前往。

★ 亮点

嗡嗡鸣响的沙丘

喀尔里克冰川

标签：户外胜地

喀尔里克山海拔4888米，是东天山的最高峰，山峰终年积雪，分布着大小63条冰川，其中的平顶冰川，面积约0.7平方公里，还是天山雪莲环境保护地。喀尔里克冰川融水形成的河流穿过辽阔的沃野，缓缓地流向了天山南北大片肥沃的土地，是几十万哈密人民的生命源泉。这里还是户外旅行爱好者的胜地。

门票信息 | 免费

营业时间 | 全天

交通信息 | 建议自驾或包车前往。

★ 亮点

户外徒步

幻彩湖

标签：盐碱湖

幻彩湖是一个盐碱湖，会随着光线变化而变化颜色，晴天时湖水呈粉红色，阴天下雨时湖水是黑色的。幻彩湖湖面海拔1896米，现有湖面不足30平方公里，是典型的内陆蒸发湖，湖水由地下泉水汇集而成，整个湖没有出水口，也没有入水口。

门票信息 | 免费

营业时间 | 全天

交通信息 | 建议自驾或包车前往。

★ 亮点

会变色的湖面

庙尔沟

标签：自然风光

庙尔沟地处天山深处，全长约8公里，由于山高沟深气候凉爽，同时拥有优美的草原风光，吸引了不少游客。不过最早庙尔沟是因建有佛寺而得名，佛寺坐落在一座小土山上，年久失修，早已荒废，但是残壁上的画作依然清晰，坐佛画廊依稀可辨。

门票信息 | 25元

营业时间 | 全天

交通信息 | 从乌鲁木齐市黄河路的客运站乘坐班车前往。

★ 亮点

古庙壁画

兰州湾子古人类遗址群

标签：古人类遗迹

遗址所在地有漫山遍野怒放的玫瑰，遗址面积近200平方米，残墙高近2米，分隔为前后室，主室居南，占地100平方米，建筑用材是山前遍布的巨型卵石，石屋内侧壁平整。虽然遗址已经毁于大火，但是从出土的环首小刀、陶锉及马、羊的骨骼和炭化小麦粒等，还能看到曾经质朴而浓郁的生活气息。在这里除了观看古遗址，还能看到富有历史感的岩画。

门票信息｜免费

营业时间｜全天

交通信息｜从县城坐出租车前往，车费约20元。

亮点

古人类遗迹

巴音郭楞景点

博斯腾湖风景名胜区

标签：5A级景区　湖泊

博斯腾湖除了是风景区，也是新疆最大的渔业基地，整体水域辽阔，碧波荡漾。其中西南小湖区河道蜿蜒曲折，芦苇丛生，一派江南水乡景色，因而也被称为“西塞明珠”。

门票信息｜大河口景区45元，南岸景区45元，金沙滩景区40元

营业时间｜全天

交通信息｜库尔勒州邮电局门口有班车发往博斯腾湖。

电话｜6622638

亮点

莲花湖、扬水站

金沙滩

标签：“新疆的夏威夷”

金沙滩位于博斯腾湖东北岸，类似于沿海地区的“海滨浴场”，这里是夏季的避暑胜地，被称为“新疆的夏威夷”。金沙滩沙质闪亮，沙色金黄，沙粒极为均匀，是天山的花岗岩、长英岩、砾质岩、石灰岩风化后，再经洪水冲刷而淤积在博斯腾湖岸的。

门票信息｜30元

营业时间｜全天

交通信息｜建议自驾或包车前往。

电话｜5625108

亮点

金色沙滩

库尔勒莲花湖

标签：孔雀河的源头

库尔勒莲花湖是博斯腾湖西部一系列相互串通的小湖沼之一，因盛产莲花而得名，是孔雀河的源头，距库尔勒市区25公里。湖中芦苇茂密挺拔，湖水清澈见底。夏秋之季，有机会看到野鸭、大雁、鹭鸶成群嬉戏。莲花湖景区建有水上餐厅、水上平台，并设有游艇、快艇、摩托艇、划水、水上滑翔等多项水上度假休闲活动和体育运动项目。4月至10月是游玩莲花湖的黄金季节。

门票信息｜45元

营业时间｜8:00—20:00

交通信息｜可从库尔勒市乘坐11路公交车到塔什店镇，打车到莲花湖景区。

电话｜2182288

亮点

观鸟、水上项目

巴音布鲁克景区

标签：5A级景区

巴音布鲁克草原是新疆最重要的畜牧业基地之一，是仅次于鄂尔多斯的我国第二大草原。在蒙古语中，巴音布鲁克意为丰泉，即丰富的泉水。这片草原地势平坦，水草丰茂，是典型的禾草草甸草原。这里可以看到“九曲十八弯”的开都河，更有优雅迷人的天鹅湖。最佳游玩时间为每年的6月至9月，其他时间则比较寒冷。

门票信息｜65元

营业时间｜4月至10月8:00—18:30

交通信息｜建议自驾或包车前往。

电话 | 5350199

网址 | http://www.byblk.cn/

★ 亮点

开都河

巴音布鲁克天鹅湖

标签：天鹅自然保护区

天鹅湖是亚洲最大、我国唯一的天鹅自然保护区，栖息着我国最大的野生天鹅种群。平均海拔2400米，总面积约1100平方公里，由无数大小湖泊组成。当地蒙古族牧民对天鹅倍加保护，与天鹅恬然相处。

门票信息 | 48元

营业时间 | 8:00—18:00

交通信息 | 巴音布鲁克区政府所在地距和静县338公里，隔日有班车来往。

电话 | 5022293

★ 亮点

天鹅

加麦大清真寺

标签：库尔勒市最大的清真寺

加麦大清真寺是目前库尔勒市最大的清真寺，在巴州有一定的影响力。门楼两侧共开8扇窗户，宣礼楼采取了维吾尔建筑的传统造型，设计高度较高，显得更加挺拔而宏伟。寺门前有两棵百年古树，如果不能入内参观，也可以在外面感受岁月的痕迹。

门票信息 | 免费

电话 | 2612705

营业时间 | 10:00—19:00

★ 亮点

维吾尔传统建筑

塔里木胡杨林公园

标签：国家森林公园

塔里木胡杨林公园位于塔里木河中游，是新疆面积最大的原始胡杨林公园，也是整个塔里木河流域原始胡杨林最集中的区域。探丝路寻古城、游塔河赏胡杨、进轮台见石油、入塔中观沙海，吸引了无数游客和摄影爱好者前来。

门票信息 | 5月至11月45元，12月至次年4月30元

营业时间 | 9:30—21:30

交通信息 | 在巴州汽车客运总站乘坐去轮台县的班车，然后在轮台客运站转乘去塔河桥镇的班车，在公园门口下车。

★ 亮点

胡杨林

新疆罗布人村寨景区

标签：人文与自然景观并存

罗布人是新疆最古老的民族之一，人们都以在塔里木河畔打鱼为生。由于与世隔绝，罗布人保存着独特的文化和民俗，非常神秘。景区位于尉犁县墩阔坦乡境内，距县城40公里。在这里，除了能看到古老神秘的罗布人文化，还有丰富的自然景观：景区南边是中国最大的塔克拉玛干沙漠，景区内有最长的内陆河塔里木河流过，中国最大的原始胡杨林保护区也在其中。

门票信息 | 40元

营业时间 | 冬季10:00—19:30，夏季9:30—20:00

交通信息 | 建议自驾或包车前往。

电话 | 2034896

★ 亮点

罗布人文化

罗布泊

标签：无人区

若羌县境东北部的罗布泊，地处塔里木盆地东部的古丝绸之路要冲。罗布泊在古代是西域最著名的大湖，也曾是中国第二大内陆湖，

随着历史发展，这片曾经丰饶的水域终于在20世纪70年代干涸了。不过现在的罗布泊也并非完全是不毛之地，这里有胡杨、罗布麻、甘草生长，还有野骆驼、马鹿、野猪等动物。

营业时间 | 全天

交通信息 | 建议自驾或包车前往。

亮点

自然风光

九曲十八弯

标签：开都河

开都河在蒙古语中读作“开都郭勒”，“九曲十八弯”是指开都河上游的一段蜿蜒河道，据说《西游记》中的通天河指的就是开都河。这里草原地势平坦，水草丰盛，最美的是傍晚日落之时，蜿蜒的河道映照出落日，在弯曲的水面上可同时看到“九个太阳”。

门票信息 | 65元

营业时间 | 全天

交通信息 | 建议自驾或包车前往。

亮点

“九个太阳”

楼兰古城

标签：古城遗址

楼兰古城地处羌若县东北部，整个遗址散布在罗布泊以西偏北，在孔雀河南岸7公里处，雅丹地貌随处可见。这里在古代曾是一个水草丰茂、地势平坦的地方，经济十分发达，楼兰古国也十分繁华，是闻名遐迩的丝路重镇，可是到7世纪前后，这个曾经名噪一时的国家却突然神秘地消失了，只留下了一片废墟静立在沙漠中。

门票信息 | 免费

交通信息 | 建议自驾或包车前往。

电话 | 7102984

亮点

雅丹地貌

阿尔金山国家级自然保护区

标签：高山野生动物自然保护区

阿尔金山国家级自然保护区是中国最大的高山野生动物自然保护区，四周高山环绕，湖泊星罗棋布，野生动物众多，被誉为“天然动物园”。保护区内现代冰川、高原湖泊和高原沙漠景观种类丰富，海拔7323米的木孜塔格峰是登山爱好者的胜地。在深山密林中，既可看到雪豹擒鼠捉兔、盘羊为争夺配偶激烈地碰撞厮打，也可看到金雕从上空盘旋而下捉住山鸡飞向高空，还可看到月光下野骆驼、藏野驴、野牦牛、藏羚羊、盘羊、马鹿在小河边悠闲散步。

门票信息 | 免费

营业时间 | 全天

交通信息 | 建议自驾或包车前往。

亮点

野生动物、户外运动

巴州博物馆

标签：博物馆

巴州博物馆建筑以楼兰佛塔为设计主体，配以蒙古金刚舍利佛塔为建筑基底，隐喻在寻觅沉思古老的楼兰文化。这是地方综合性博物馆，馆舍建筑共六层，博物馆在四层和五层。

门票信息 | 免费

营业时间 | 周二至周日10:00—18:00，周一闭馆

交通信息 | 乘坐库尔勒1路外环公交车在邮政大厦站下车。

电话 | 2688007

亮点

巴州通史厅、东归壮举厅

米兰古城

标签：古城遗址

米兰古城遗址位于若羌县城东80里处，

由唐代吐蕃古戍堡和周围分布的魏晋时期的古建筑群遗址，以及汉代屯田水利工程和伊循城遗址组成。据史书记载，西汉时，此地为西域楼兰国之伊循城；唐代时，此地为吐蕃所占，古堡即为吐蕃修建的一座军事堡垒。19世纪，英国人斯坦因曾在此地进行发掘，盗走了雕塑、壁画等大批文物。后来新疆生产建设兵团农二师勘探队在这里发现了完整的汉代渠道等水利工程系统。

门票信息｜5元

营业时间｜全天

交通信息｜建议自驾或包车前往。

★ 亮点

古建筑

扎滚鲁克古墓群

标签：古墓

古墓群位于车尔陈河以西的戈壁上，历史可追溯至1500年至3000年前，散布面积达13万平方米。自1985年以来，共进行过4次挖掘，发现墓葬169座，随之出土的纺织品、乐器、陶器以及干尸都成为研究古代这一地区文化和人种的重要物证。

门票信息｜30元

营业时间｜全天

交通信息｜从且末县城包车往返，费用约60元。

★ 亮点

文物

新疆

巴伦台黄庙

标签：佛教寺庙

黄庙是新疆最大的黄教圣地，建于清光绪十四年（1888年），落成后被光绪皇帝赐名“永安寺”。黄庙坐落在中央，其他14座庙宇错落有致地分布在四周。隐藏在山谷密林中的巴伦台河从寺庙群前流过。由于年久失修，加之“文革”期间遭到了毁灭性的破坏，整个寺庙群几乎被夷为平地，现仅存黄庙、却金寺、佛塔、满汗王府。

门票信息｜5元

营业时间｜10:00—19:00

交通信息｜建议自驾或包车前往。

电话｜5022293

★ 亮点

佛塔、满汗王府

锡克沁千佛洞

标签：石窟

锡克沁千佛洞经历多次名字的变迁，从千佛洞到千间房，再到现在的七个星佛寺遗址。2016年5月，经历3年修复的七个星佛寺遗址首次对公众开放，向人们展示了古焉耆国佛寺的辉煌。古焉耆国曾是西域三十六国之一，也是古丝绸之路上的重镇，唐朝高僧法显和玄奘都曾驻留此地。就在这里出土的吐火罗文《弥勒会见记》也记载了古焉耆国佛教的兴盛。

门票信息｜55元

营业时间｜10:00—20:00

交通信息｜在巴州汽车客运总站乘坐去七个星镇的班车。

电话｜2026030

★ 亮点

石窟壁画

阿勒泰、塔城、伊犁、昌吉

阿勒泰地区位于新疆北部，与蒙古、俄罗斯、哈萨克斯坦接壤。这里是新疆的相对丰水区，有北疆“水塔”之称，旅游资源丰富，既有充满神秘色彩的喀纳斯景区，又有奇幻的布尔津五彩滩，还有可可托海、禾木等热门去处。

塔城在新疆西北部，曾是中国通往中亚

的重要通道，巴克图口岸是距离乌鲁木齐最近的口岸。这里以自然景观为主，巴尔鲁克山国家级自然保护区和乌苏佛山国家森林公园都值得一去。

伊犁哈萨克自治州在天山北部的伊犁河谷内，历史上是丝绸之路的要地，素有“塞外江南”“瓜果之乡”的美称。这里除了有巩乃斯草原、唐布拉草原等自然风光，还有乾隆皇帝御书的格登山记功碑和伊犁将军府等人文景观。

昌吉回族自治州地处天山北麓，其名字取自“昌盛吉祥”之意。这是新疆唯一拥有“双世界遗产”的地州，“新疆天山”成功申报为世界自然遗产，“北庭故城”成功申报为世界文化遗产，而天山天池、江布拉克、魔鬼城等景点也是享誉海内外。

电话区号 阿勒泰0906、塔城0901、伊犁0999、昌吉0994

交通

飞机

阿勒泰机场（0906-2826116；阿勒泰市216国道）有飞往乌鲁木齐的航班。

塔城机场（0901-6666118；塔城市塔额路）有飞往乌鲁木齐的航班。

伊宁机场（0999-8222262；伊宁市飞机场路273号）有飞往乌鲁木齐、西安、北京等地的航班。

新源那拉提机场（0999-5022888；新源县745县道）有飞往乌鲁木齐的航班。

火车

阿勒泰站（阿勒泰市强国路）途经主要线路为北阿铁路。

塔城站（塔城市219国道与纬三路交叉口南）途经主要线路为克塔铁路。

伊宁站（0999-7726222；伊宁市新疆路）途经主要线路为精伊霍铁路。

昌吉站（昌吉市北坪）途经主要线路为北疆铁路。

长途汽车

阿勒泰地区客运站（0906-2311064；阿勒泰市团结路16号）

塔城地区客运中心站（0901-6297643；塔城市塔城地区华宝国际贸易中心后）

伊犁州客运中心（0999-8139263；伊宁市解放西路460号）

昌吉客运站（昌吉市312国道与拥军路交叉路口东南）

公交车

阿勒泰市公交车支持投币、刷公交卡、手机扫码等方式，且开通了到火车站和机场的公交专线。塔城市公交车支持投币、刷公交卡、手机扫码等方式，公交1路途经客运站。伊宁市公交车支持投币、刷公交卡、手机扫码等方式，公交1路途经州客运中心。昌吉市公交支持投币、刷公交卡、手机扫码等方式。

土特产和纪念品

阿勒泰当地特色有顶山食葵、阿勒泰大果沙棘，塔城当地特色有安集海辣椒、裕民无刺红花，伊犁当地特色有喀拉布拉苹果、那拉提黑蜂蜂蜜，昌吉当地特色有吉木萨尔辣椒、阜康打瓜籽。

住宿

经济型

城市精选酒店（阿勒泰望湖商业广场店）

（0906-2802888；阿勒泰市迎宾路克兰区24号家美家商业1栋）酒店呈英伦风，设计新颖。房间宽敞，有Wi-Fi、中央空调、24小时热水，冬季还提供地暖。这里距离客运站、美食街和夜市都不远，出行便利。

中档

霍城遇见香野民宿

（15894781591；霍城芦草沟镇四宫村三组上进路北巷001号）民宿地理位置优越，周边景点包括赛里木湖、解忧公主薰衣草庄园、霍尔果斯口岸。房间宽敞舒适，配备高端洗浴用品、慕思床垫、羽绒被、乳胶枕等，民宿内还有书吧、屋顶花园等设施，适合拍照。

高档

昌吉园林宾馆（昌吉东方广场店）

（0994-2368666；昌吉市宁边东路272号）酒店地理位置优越，可通过乌昌快速、乌奎高速前往乌鲁木齐。店内整体风格奢华，房间宽敞干净，提供高级床垫、智能马桶等设施，还有迎宾水果和亲子布置，早餐丰盛，物超所值。

就餐

新疆风味冷水鱼庄

（13119053321；阿勒泰市布尔津县友谊峰路美食街23号；10:00至次日2:00）这家店环境一般，不过人比较多，提供的都是当地菜，烤串、特色烤鱼、过油肉拌面、抓饭都不错。这家店所在的美食街上还有其他饭店可选，味道都差不多。

高雅洁烧烤

（0901-6296151；塔城市伊宁路党校路46号；10:30至次日1:00）这是家塔城的老店，提供传统的柴烤羊腿面包和列巴，羊肉肥而不腻，面包外焦里嫩，烤鸡、烤鱼、果酱和其他配菜也不错。

线路推荐

阿勒泰之旅： 喀纳斯景区—白哈巴—禾木—五彩滩—可可托海

伊犁赏花之旅： 吐尔根杏花沟—大西沟野果林—那拉提草原—天鹅泉湿地公园

阿勒泰景点

喀纳斯湖

标签： 5A级景区 高山湖泊

喀纳斯湖藏在阿尔泰的深山密林中，与东边的禾木村和西边的白哈巴村构成了喀纳斯景区的主体。“喀纳斯”是蒙古语，意为美丽而神秘的湖，这里正是以神秘的湖怪、颜色变换的湖水和炫目的自然风光而让人痴迷。湖泊呈弯月形，是我国最深的冰碛堰塞湖，湖水会随季节变化呈现青灰、碧蓝、墨绿等颜色。湖怪的传闻给这里增添了不少神秘色彩，不过现在多数人认为湖怪只是一种体形巨大的鱼。

门票信息｜喀纳斯景区旺季160元，淡季80元

营业时间｜全天

交通信息｜可在到达贾登峪后换乘区间车前往喀纳斯的各个景区。

电话｜6524464

微信公众号｜喀纳斯景区

网址｜http://www.kns.gov.cn/

★ **亮点**

变色湖

月亮湾

标签： 河湾

月亮湾是喀纳斯著名三湾之一，夹在两山之间，如同一弯新月。由于湖底高差及光线影响，月亮湾的河水呈现出瑰丽多变的色彩，是摄影爱好者的胜地。在河湾内有两个脚印形状的草滩，被称为“成吉思汗的脚印”。

门票信息｜包含在喀纳斯景区门票内

营业时间｜全天

交通信息｜可在到达贾登峪后换乘区间车前往喀纳斯的各个景区。

电话｜6524464

微信公众号｜喀纳斯景区

网址｜http://www.kns.gov.cn/

★ **亮点**

“成吉思汗的脚印”

神仙湾

标签： 河湾

神仙湾也是喀纳斯三湾之一，在月亮湾

以北。喀纳斯湖的水流因受到下游泥石流及崩塌堆积物的堵塞而变宽，使这里成了喀纳斯河在景区内最宽的河段。这里地势平缓，岸上有大片沼泽与草甸，湖面波光粼粼，云雾缭绕，山景、湖水、树木相互映衬，是拍照的好去处。

门票信息｜包含喀纳斯景区门票内

营业时间｜全天

交通信息｜可在到达贾登峪后换乘区间车前往喀纳斯的各个景区。

电话｜6524464

微信公众号｜喀纳斯景区

网址｜http://www.kns.gov.cn/

亮点

摄影

卧龙湾

标签：河湾

喀纳斯三湾之一的卧龙湾在月亮湾以南，因水中的河滩外形似蛟龙而得此名。当地人也称它为卡赞湖，即锅底湖，因湖的形状像锅底。卧龙湾周围森林茂密，绿草如茵，站在泄水口处的木桥上，向北能看到水面如镜的卧龙湾，向南则是奔腾咆哮的喀纳斯河。

门票信息｜包含喀纳斯景区门票内

营业时间｜全天

交通信息｜可在到达贾登峪后换乘区间车前往喀纳斯的各个景区。

电话｜6524464

微信公众号｜喀纳斯景区

网址｜http://www.kns.gov.cn/

亮点

湖中河滩

观鱼台

标签：观景点

观鱼台位于喀纳斯湖西岸的骆驼峰上，本为观“湖怪”而建，因此得名“观鱼台”。与湖面600多米的高度差让这里成为俯瞰喀纳斯湖全景的最佳位置，可将湖面与周围的层峦叠嶂尽收眼底，向北眺望还能看到友谊峰。

门票信息｜包含喀纳斯景区门票内

营业时间｜全天

交通信息｜可在到达贾登峪后换乘区间车前往喀纳斯的各个景区。

电话｜6524464

微信公众号｜喀纳斯景区

网址｜http://www.kns.gov.cn/

亮点

登高远眺

鸭泽湖

标签：湖泊

鸭泽湖在神仙湾以北，由喀纳斯河改道后的牛轭湖洼地组成，形状像一只蝴蝶。鸭泽湖周围的地势开阔平缓，因夏天有成群野鸭、大雁栖息游弋而得名。夏季，湖泊周围牛羊成群，还点缀着蒙古包，袅袅升起的炊烟与青山白云构成一幅天然山水画。

门票信息｜包含喀纳斯景区门票内

营业时间｜全天

交通信息｜可在到达贾登峪后换乘区间车前往喀纳斯的各个景区。

电话｜6524464

微信公众号｜喀纳斯景区

网址｜http://www.kns.gov.cn/

亮点

观鸟

吐鲁克岩画

标签：遗迹

吐鲁克岩画位于喀纳斯湖一道湾东岸，这里有一种由冰蚀作用形成的石质小丘，名为羊背石，岩画就雕刻在上面。现在保留下来的岩画共两处，一处在羊背石背面的刻石槽内，大部分模糊不清，只能勉强辨认出野猪、雪鸡等动物；另一处在羊背石背面的小陡坎上，图案较为清晰，分上下两排，以马、羊、鹿等动物为主。

门票信息｜包含喀纳斯景区门票内

营业时间｜全天

交通信息｜可在到达贾登峪后换乘区间车前往喀纳斯的各个景区。

电话｜6524464

微信公众号｜喀纳斯景区

网址｜http://www.kns.gov.cn/

★亮点

岩画

可可托海国家地质公园

标签：5A级景区

可可托海国家地质公园位于阿勒泰山脉中部，主要由卡拉先格尔地震断裂带、可可苏里、伊雷木湖、额尔齐斯大峡谷组成，集峡谷河源、沼泽湿地、寒极湖泊、地质矿产等资源于一体。其中卡拉先格尔地震断裂带是世界上罕见的地震断裂带，是1931年富蕴八级地震遗留下的，保留了垅脊、串珠状断陷塘、鼓包、张裂隙等地震遗迹景观，极具价值。

门票信息｜90元

营业时间｜9:30—19:30

交通信息｜可乘坐乌鲁木齐—可可托海镇专线长途汽车到达。

电话｜8781188

网址｜http://www.keketuohai.com.cn/

★亮点

卡拉先格尔地震断裂带

白沙湖景区

标签：5A级景区　湖泊

白沙湖位于哈巴河县境内，是个被沙丘环绕的小湖，没有进水口与出水口，水位却多年不变，引起了人们的好奇。湖周围生长着芦苇、菖蒲等水生植物，湖边还有杨树、白桦混生的林带，夏季荷花盛开，秋季红叶绚烂。除了白沙湖，景区还包括西北边境第一连和鸣沙山。

门票信息｜45元

营业时间｜全天

交通信息｜可自驾或包车前往。

★亮点

湖景

五彩滩

标签：4A级景区

五彩滩位于布尔津县西北的额尔齐斯河北岸，以雅丹地貌著称。这里的地貌属于彩色丘陵，颜色多变，特别是在夕阳的照耀下，颜色更加绮丽。五彩滩的景区前是一片大型风力发电站，转动的风车为彩丘增加了灵动的色彩。这里地质条件脆弱，游玩时需沿栈道行进。

门票信息｜45元

营业时间｜9:00—19:30

交通信息｜可自驾或包车前往。

★亮点

彩色丘陵

贾登峪国家森林公园

标签：森林公园

贾登峪国家森林公园位于布尔津，由阿尔泰山主脉及向南延伸的支脉构成，山势起伏较大。这是一片天然牧场，茂密的森林、广阔的草场、起伏的群山、悠闲的牛羊，构成了典型的新疆风光。贾登峪本身是进入喀纳斯景区的门户，游客大多选在这里中转，换乘区间车进入喀纳斯。

门票信息｜免费

营业时间｜全天

交通信息｜布尔津有发往贾登峪的班车。

★亮点

草场

禾木村

标签：村落

禾木村位于喀纳斯湖东侧约30公里处，是著名的图瓦人村落。这里的房子全是由原木搭成，炊烟袅袅，风光优美，尤以秋色醉人。这里没有具体的景点，适合走走逛逛，欣赏森林、河谷、草原、河流、村庄、牛羊构成的田园景色，摄影爱好者会在清晨登上观景台拍摄禾木村的晨雾，大多数禾木的全景图均在此拍摄。

门票信息｜旺季50元，淡季25元

营业时间｜全天

交通信息｜布尔津汽车站有车直达禾木村。

亮点

摄影

福海县海上魔鬼城

标签：雅丹地貌

海上魔鬼城位于吉力湖东岸，俗称东河口，距离福海县不远。这片雅丹地貌绵延10多公里，环绕着吉力湖，坡体垂直高度平均可达20多米，包括情人谷、蛇谷、断桥谷、九曲回肠谷、仙鹤谷、猎隼谷等景点。除了欣赏雅丹地貌，还可泛舟游览吉力湖。

门票信息｜旺季28元，淡季14元

营业时间｜全天

交通信息｜可自驾或包车前往。

亮点

地质景观

塔城景点

托里生态园

标签：园林

托里生态园是一个开放式园林，包括文化休闲区、果林游赏区、儿童游乐区、密林休息区、纪念瞻仰区等。其中密林休息区非常幽静，种植着大量果树，并设置了游憩小道、园林小品、休憩设施等，适合散步；而纪念瞻仰区是一个红色革命教育基地，纪念了1969年在铁列克提冲突中牺牲的25名烈士。

门票信息｜免费

营业时间｜全天

交通信息｜塔城有班车开往托里县。

亮点

纪念瞻仰区

乌苏佛山国家森林公园

标签：4A级景区

乌苏佛山国家森林公园位于天山中部，包含雪山、森林、草原、河流、冰川、峡谷等各种自然风光，其中天山特有的雪岭云杉和亚高山型植物最引人注目。公园由待甫僧、巴音沟、乌兰萨德克湖三个风景区组成。

门票信息｜38元

营业时间｜全天

交通信息｜可自驾或包车前往。

亮点

待甫僧

沙湾温泉旅游区

标签：温泉

沙湾温泉旅游区在金沟河河谷中，三面环山。温泉的水温维持在35—54℃，属于硫化氢高热泉，主要的三口热泉富含对人体有益的矿物质。这处温泉相传在200多年前就被开发利用了，景区内有修建于清代的寺庙，如今景区内还开设有温泉疗养院。

门票信息｜25元

营业时间｜全天

交通信息｜可自驾或包车前往。

亮点

矿物质温泉

巴尔达库尔岩画群

标签：遗迹

巴尔达库尔岩画群位于裕民县城西南，被哈萨克牧民称为“唐布拉塔西”，意为“被雕刻过的岩石”。这组岩画在一片裸露的褐红色岩石上，宽约1000米，高约50米，刻画了马、牛、羊、鹿、熊等动物以及古人的生活场景，线条优美，形态逼真。

门票信息｜免费

营业时间｜全天

交通信息｜可自驾或包车前往。

★ 亮点

岩画

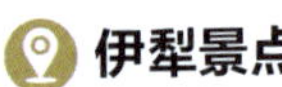

伊犁景点

那拉提草原

标签：5A级景区　草原

那拉提草原位于天山腹地，在伊犁河谷东端。历史上的那拉提草原有“鹿苑”之称，相传成吉思汗西征时路过此地，将士们被眼前的美景震撼，高呼“纳喇特”，意为最先见到太阳的地方，后来音译为“那拉提”。那拉提草原是世界四大高山河谷草原之一，包含天界台、天神台、塔吾萨尼、蛟龙出海、乌孙古迹等景点。

门票信息｜95元

营业时间｜8:30—21:00

交通信息｜可从伊宁乘坐大巴到达新源县，再包车前往。

电话｜5291888

微信公众号｜新疆那拉提国家旅游度假区

网址｜http://www.nalati.com/

★ 亮点

摄影游、民俗家访游、自驾游、亲子游

喀拉峻大草原

标签：5A级景区

喀拉峻大草原在天山脚下，它的名字源于哈萨克语，意为“山脊上的莽原”。这片连绵起伏的高山草甸草场在2013年作为新疆天山的主要组成部分入选了世界自然遗产，景区扩大后变为喀拉峻国际生态旅游区，包括阔克苏大峡谷、西喀拉峻、东喀拉峻、库尔代大峡谷密叶杨林景区等，全部游览至少要花一天时间，景区间需乘坐观光车。

门票信息｜各景区单独收费

营业时间｜全天

交通信息｜可在特克斯乘坐景区专线车前往。

电话｜6680177

★ 亮点

草原

解忧公主薰衣草园

标签：4A级景区　薰衣草

解忧公主薰衣草园位于天山北麓的伊犁河谷内，是全世界第三大薰衣草种植基地，仅次于法国普罗旺斯和日本富良野，有“中国薰衣草之乡”的美誉。这里的主要景点有薰衣草蒸馏炉、薰衣草文化广场、七彩花田、薰衣草育苗示范园等，还会举办以薰衣草为主题的各种文化娱乐活动。每年6月中旬是薰衣草盛开的时节。

门票信息｜旺季35元，淡季免费

营业时间｜淡旺季变化较大，建议关注官方信息

交通信息｜可自驾或包车前往。

电话｜3298833

★ 亮点

薰衣草节

琼库什台村

标签：民族风情

琼库什台村是个哈萨克牧民村庄，在哈萨克语中意为“很大很平坦的台子”，它也是国内顶级徒步路线——乌孙古道的北入口。此地历史悠久，汉武帝与乌孙结盟、唐代西征

突厥都在这里留下了痕迹，也为它赢得了“中国历史文化名村”的称号。琼库什台村几乎所有的民房都是木建筑，通过榫、拱等各种工艺搭建起来。村庄四面环山，房屋依水而建，远处是杉树和松树，近处库尔代河缓缓流过，一派田园风光。

门票信息｜免费

营业时间｜全天

交通信息｜特克斯有发往琼库什台村的班车。

亮点

民族建筑

特克斯八卦城

标签：必游级别推荐

特克斯八卦城因八卦布局闻名，从城中心的太极坛向外辐射出乾、兑、离、震、巽、坎、艮、坤八条大街。八卦城的布局适宜俯瞰，通过卫星地图能领略到规整的全貌，而登上八卦观光塔只能看到二环内的景象。不过八卦城内民族风情浓郁，民居五彩缤纷，适合闲逛一番。

门票信息｜免费

营业时间｜全天

交通信息｜伊宁有发往特克斯的班车。

亮点

城区布局

霍尔果斯口岸

标签：边境口岸

霍尔果斯口岸是新疆与中亚各国通商的重要口岸，与红其拉甫、阿拉山口并列为新疆的三大口岸。这里处于中国与哈萨克斯坦的边境上，也是伊霍铁路、连霍高速公路、312国道和中国-中亚天然气管道的终点。霍尔果斯口岸内有一些景点可以游览，还有个免税购物中心，可以去买一些哈萨克斯坦纪念品。

门票信息｜免费

营业时间｜全天

交通信息｜霍城有发往霍尔果斯的中巴。

亮点

免税购物中心

杏花沟野杏林

标签：杏花

杏花沟位于新源县，有一片14世纪遗留下来的较为完整的原始野杏林，也是新疆野杏林比较集中的地区。到了春季，绿油油的山坡上满是盛开的粉色杏花，再加上点缀其中的牛羊，这里便成了摄影爱好者的天堂。4月至5月是观赏杏花的最佳时间，杏花花期较短，想赏花的话要抓紧时间。

门票信息｜免费

营业时间｜全天

交通信息｜可自驾或包车前往。

亮点

摄影

惠远古城

标签：古城

惠远古城位于霍城县，清代乾隆为了加强在伊犁地区的统治，在此设伊犁将军一职，建惠远城，其名称取自“皇恩惠及远方”之意，惠远城周围还有八座卫星城，统称为“伊犁九城”。如今的惠远城是1882年重建的，城内最显眼的是中心的钟楼，登顶可俯瞰全城景色，此外还有伊犁边防史馆、伊犁将军府、林则徐戍所等景点。

门票信息｜免费

营业时间｜全天

交通信息｜伊宁有班车直达霍城，之后可打车前往古城。

电话｜3322699

亮点

伊犁边防史馆、伊犁将军府

伊犁将军府

标签: 古迹

伊犁将军府是伊犁将军办公和住宿的场所，是一座坐北朝南的三进大院，门口有两尊造型奇特的石狮。院内古树参天，正殿、将军亭、营房、书房、内宅、后花园等保存完好，整体风格颇为朴素。春季，将军府内桃花、杏花、苹果花纷纷绽放，生机盎然。

门票信息 | 45元

营业时间 | 10:30—18:30

交通信息 | 到达惠远古城后步行前往。

亮点

将军亭

库尔德宁自然保护区

标签: 云杉

库尔德宁位于巩留县东部，是南北走向的山间阔谷，这条阔谷与雪山平行，十分独特。这里拥有国内最大的原始云杉林，雪岭云杉随山势起伏，犹如一道长城，提克喀拉尕依林海也是景区内的主要景观。此地游人不多，适合露营野炊，还可以远眺喀班巴依雪峰。

门票信息 | 90元

营业时间 | 全天

交通信息 | 可自驾或包车前往。

微信公众号 | 库尔德宁风景区

亮点

提克喀拉尕依林海

天马旅游文化园

标签: 天马

昭苏是著名的“天马之乡”，天马旅游文化园位于喀尔坎特草原，包括民俗体验区、休闲度假区、昭苏马场、天马博物馆等。这里提供国际标准化草原生态赛马场，能够进行专业的马术运动、训练和比赛，也提供骑乘体验服务，园区内还建设了一些以马为主题的大型娱乐设施。

门票信息 | 免费

营业时间 | 全天

交通信息 | 可从昭苏县打车前往。

亮点

马术表演

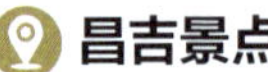

昌吉景点

天山天池

标签: 5A级景区　世界自然遗产

天池古称“瑶池”“龙潭”，是天山博格达峰北侧的一个半月形湖泊，湖水清澈碧蓝，四周群山环抱。天池核心景区分为海北、海西、海东、海南、飞龙涧五部分，天池湖和“一夫当关、万夫莫开”的石门位于海北景群，游人最为集中，海西和海东景群以人为景观为主，海南景群主打草场和植物资源，飞龙涧因天池水从闸门下泻仿佛巨龙飞舞而得名，瀑布壮阔。

门票信息 | 旺季155元，淡季105元

营业时间 | 9:00—19:00

交通信息 | 可从乌鲁木齐乘坐长途汽车前往阜康，再换乘接驳车前往景区。

电话 | 400-870-6110

微信公众号 | 天山天池之窗

网址 | http://www.xjtstc.com

亮点

天池湖、石门

北庭故城遗址

标签: 世界文化遗产

北庭故城是古代西域的著名城池之一，可追溯到汉代，当时这里是车师后国王庭所在地金满城，唐代曾在此设立北庭都护府，宋代此城为高昌王的行宫，后于15世纪前期衰败。北庭故城分为内外两城，城垣、衙署、

塔庙、街市等如今依然依稀可辨。遗址中最著名的是北庭西大寺，佛寺东面有一尊睡佛，还有一幅保存相对完好的大型《分舍利图》壁画。参观时可以先去北庭高昌回鹘佛寺遗址博物馆了解此地历史。

门票信息 | 45元

营业时间 | 全天

交通信息 | 可从吉木萨尔乘坐公交车前往。

亮点

西大寺

江布拉克

标签：4A级景区

“江布拉克”在哈萨克语中意为“圣泉”“圣水之源”，位于奇台县东南的低山带，雪山冰川、原始森林、高山草甸、野生动物散布其中。这里的主要景点有天山怪坡、万亩山麦、怪石圈、花海子等。在天山怪坡上，游客可以看到水从坡下往坡上流的现象。到了秋季，景区内掀起金黄色的麦浪，美不胜收。

门票信息 | 43元

营业时间 | 10:30—19:00

交通信息 | 可从乌鲁木齐乘坐长途汽车前往奇台，再换乘班车直达景区。

电话 | 7325888

微信公众号 | 江布拉克旅游

亮点

天山怪坡、万亩山麦

古海温泉

标签：温泉

古海温泉在吉木萨尔县北部的沙漠腹地，为7亿年前的古海沉积水，水中富含锂、锶、硼、钙等多种微量元素，温泉出水口温度高达75℃。泡池分为标准游泳泡池、半圆形泡池、特色原生态泡池等，还提供特色石板浴。度假区内有住宿、餐饮、购物等设施，适合来度假休闲。

门票信息 | 100元

营业时间 | 9:00—23:00

交通信息 | 可自驾或包车前往。

电话 | 6928222

微信公众号 | 五彩湾古海温泉

亮点

石板浴

硅化木-恐龙国家地质公园

标签：遗迹

硅化木-恐龙国家地质公园在奇台县境内，包括硅化木、恐龙沟、魔鬼城雅丹和石钱滩景区。这里的硅化木以分布集中、数量和规模巨大、保存完整而著称，保留了生成于1.4亿年前的银杏、红杉等树木的树干和树根，表明此地在远古时期是河湖环境。而恐龙沟在20世纪出土了几十具恐龙化石，包括一具著名的卡拉麦里龙遗骸。

门票信息 | 60元

营业时间 | 8:00—17:00

交通信息 | 可自驾或包车前往。

亮点

硅化木、恐龙化石

阿克苏、喀什、和田、克孜勒苏柯尔克孜

阿克苏位于塔里木盆地北边，天山的南麓，以阿克苏河得名。这里自然风光秀美，还兼具特色人文景观。龟兹古国遗址展示了古代龟兹文明的兴衰，刀郎部落则体现着独特的文化，克孜尔千佛洞等石窟寺群又是外来文化与中华文化的结合产物。

喀什是中国最西部的边陲城市。这里在几千年前就是丝绸之路中国段内南、北两道在西端的总会点，是中国与西方经济文化交流的枢纽。喀什最有名的便是纵横交错、布局灵活的老城，特色是以伊斯兰建筑风格为主

体的迷宫式街区。老城的主要街道都通向艾提尕尔清真寺，在星期五早晨，可以听到寺中召唤教徒做礼拜的声音。

和田市位于新疆西南部和田地区，也是古代丝绸之路上的重镇，和田玉、和田毯与和田绸闻名天下。和田历史悠久，各种文化曾在这里碰撞融合，创造出昆仑神话等极富魅力的古代传说。

克孜勒苏柯尔克孜自治州位于新疆西南部，是一个多民族聚居区，有11个民族在此常住，各民族不同的宗教信仰和风俗习惯相互融合。

电话区号 阿克苏0997、喀什0998、和田0903、克孜勒苏柯尔克孜0908

交通

飞机

阿克苏红旗坡机场（0997-2541861；阿克苏市红旗坡农场）原名阿克苏温宿机场，有往返乌鲁木齐的航班，还可通航北京、杭州、成都等城市。

库车龟兹机场（0997-7772888；库车市迎宾路）有前往乌鲁木齐的航班。

喀什国际机场（0998-2927119；喀什市机场路）有航班前往北京、乌鲁木齐、成都等城市。

和田机场（0903-2933200；和田市迎宾路925号）有前往乌鲁木齐的航班。

于田万方机场（0903-6822114）有前往乌鲁木齐的航班。

火车

阿克苏站（0997-6635222）途经线路是南疆铁路，有列车开往乌鲁木齐、和田、喀什。

喀什站（0998-5637222）南疆铁路的终点站，有列车去往乌鲁木齐和和田地区。

和田火车站（0903-95105105）南疆铁路最大的车站，有发往乌鲁木齐、喀什的列车，经停皮山、叶城、莎车等站。

阿图什站（0908-5637229）途经线路是南疆铁路。

长途汽车

阿克苏中心客运站（0997-2613969；阿克苏市乌喀中路41号）

喀什客运站（0998-2829673；喀什市315国道）

和田客运站（0903-2022688；和田市火车站旁边）

阿图什市汽车客运站（克孜勒苏柯尔克孜自治州阿图什市站前路）

公交车

阿克苏市公交车支持投币、刷公交卡、手机扫码等方式。喀什市内公交票价1元，支持投币、刷公交卡、手机扫码等方式，28路途经火车站，2路可到达机场。和田市公交车支持投币、刷公交卡、手机扫码等方式，票价1元。克孜勒苏柯尔克孜自治州公交车支持投币、刷公交卡、手机扫码等方式。

土特产和纪念品

阿克苏当地特色有苹果，喀什当地特色有伽师瓜、石榴和无花果，和田当地特色有和田玉、艾得莱斯绸、和田地毯，克孜勒苏柯尔克孜当地特色有葡萄、巴仁杏。

住宿

经济型

睿柏·云酒店（喀什叶城县喀和东路店）

（0998-5796888；喀什市喀和东路08号）酒店地理位置优越，交通便利，附近吃饭购物都很方便。客房舒适，卫生干净，服务周到，附近有很多标志性景点，性价比很高。

中档

库车天缘国际酒店

（0997-7772222；库车市文化中路9号）酒店客房装修豪华，空间很大。内部配有风格独特的清真餐厅、全日制西餐厅以及丰富多样的娱乐、健身设施。早餐也很不错。

高档

喀什予心居客栈

（16699995866；喀什古城吐曼路九龙泉景区41-42号）客栈位于喀什市噶尔古城东城门门口约100米处，交通便利。客栈的装饰设计独特高雅，空间宽敞舒适。住在这里可依城而居，伴水而起，尽享窗外繁华夜景。

就餐

三团水库鱼庄

（0997-6850336；阿克苏市教育路1号小区门面房9号；10:30—24:00）这是一家老字号店，人很多，环境不错，干炸鱼、麻辣鱼是特色菜品，味道鲜美。

生态餐厅

（0903-2032230；和田市友谊路19-43号；9:30—24:00）就餐环境十分讲究，沿着一个树洞进入森林里，就到了餐厅。主打家常炒菜，环境优美，推荐薄荷茶。

线路推荐

重回龟兹国：苏巴什佛寺遗址—天山神秘大峡谷—克孜尔千佛洞—克孜尔魔鬼城—库木吐拉石窟—克孜尔尕哈烽燧

喀什城市之旅：艾提尕尔清真寺—东巴扎—香妃墓—玉素甫·哈斯·哈吉甫墓—喀什地区博物馆

阿克苏景点

天山神秘大峡谷

标签：峡谷

天山神秘大峡谷位于阿克苏地区库车县以北，最高峰海拔2048米。大峡谷由红褐色山体组成，当地人称之为克孜利亚（维吾尔语，意为“红色的山崖”）。受亿万年的风雨侵蚀、山洪冲刷，大峡谷幽暗神秘，十分险峻，受到众多游客的喜爱。

门票信息 | 50元

营业时间 | 10:30—18:30

交通信息 | 库车塔里木客运站（顺风客运站）有班车途经库车大峡谷。

电话 | 4549778

亮点

残存壁画

温宿托木尔大峡谷

标签：峡谷

温宿托木尔大峡谷位于托木尔峰国家级高山自然保护区边缘，当地称之为“库都鲁克大峡谷”，“库都鲁克”在维吾尔语中意为“惊险，神秘”。大峡谷曾经是通往南北天山古代驿路夏特古道的必经之地。峡谷拥有丹霞、雅丹、岩盐喀斯特、次雅丹等5种地貌，被称为“活的地质史教科书”。

门票信息 | 免费

营业时间 | 夏季9:30—19:00，冬季10:30—18:30

交通信息 | 建议从阿克苏市包车前往景区，市区到温宿峡谷约1.5小时车程。

电话 | 6796105

亮点

观光探险区

库车大寺

标签：清真寺

库车大寺是新疆地区仅次于艾提尕尔清真寺的第二大寺。最早修建于15世纪的寺庙在1918年因火灾而焚毁，目前所见的寺庙是1923年重新修建的，距今已经有90多年历史。大寺门楼全部由青砖砌成，高耸的门楼与宣礼塔庄严神圣。当地穆斯林每天仍会来此进行礼拜。

门票信息 | 15元

营业时间 | 10:30—18:30

交通信息 | 乘坐公交车1路至热斯坦社区站，或乘坐8路至牙口恰站。

电话｜7688145

★ 亮点

遗址

克孜尔千佛洞

标签：石窟

克孜尔千佛洞位于拜城县克孜尔乡东南，历史比莫高窟还要久远，是我国四大石窟之一。这座千佛洞已编号的石窟有236个，目前窟形保存完整的有135个，被誉为“艺术宝库”。优美的壁画在中亚和中东佛教艺术中占有极其重要的地位。

门票信息｜70元

营业时间｜夏季9:30—19:00，冬季10:00—18:00，周一闭馆

交通信息｜包车或自驾前往。

电话｜6864998

★ 亮点

千泪泉

库车王府

标签：历史建筑　博物馆

库车古称龟兹，是西域36国中的大国，拥有悠久的历史和独特的文化。龟兹乂是丝绸之路上的重镇，汉朝的西域都护府、唐代的安西都护府均设在龟兹，使这里成为西域政治、经济、文化的中心。这座王府里遗留了许多宝贵的文物，可近距离感受属于这里的历史故事。

门票信息｜55元

营业时间｜9:00—20:00

交通信息｜乘坐公交车1路至古力巴格站，或乘坐8路至库车王府站。

电话｜7210013

★ 亮点

龟兹博物馆

刀郎部落

标签：民俗村

刀郎部落位于阿瓦提县玉满闸口胡杨林区，景区以千年原始胡杨森林为背景，以刀郎人民俗文化为主题，展示了刀郎人的历史遗物，重现刀郎人的原始生活场景。

门票信息｜20元

营业时间｜10:00—21:00

交通信息｜包车或自驾前往。

电话｜6716777

官网｜www.dolanbl.com

★ 亮点

民俗文化

托木尔峰自然保护区

标签：自然风光

托木尔峰是天山最高峰，海拔7435米，位于阿克苏地区温宿县境内西北部，1985年正式对外开放。保护区内有800多座冰川，最为壮观的当属汗腾格里冰川，它是世界八大山谷冰川之一。

门票信息｜30元

营业时间｜10:00—20:00

交通信息｜包车或自驾前往。

电话｜2570281

★ 亮点

冰川

喀什景点

喀什老城

标签：5A级景区　城墙

喀什老城内街巷纵横交错，布局灵活多变，民居大多为土木、砖木结构，不少传统民居已有上百年的历史，是中国唯一以伊斯兰文化为特色的迷宫式城市街区。老城核心区的民居是世界上规模最大的生土建筑群

之一，建筑非常具有历史意义与价值，融合了汉唐、古罗马遗风和维吾尔民族现代生活的特点。

门票信息｜免费

营业时间｜全天

交通信息｜乘坐公交7路到哈木巴扎站，或乘坐2、8、13、22、28路到艾提尕尔站。

电话｜2867888

亮点

古民居、迷宫式老城区

喀什大巴扎

标签：集市 网红景点

喀什大巴扎位于喀什市的东门，是我国西北地区最大的国际贸易市场。这里的巴扎已有2000多年的历史，有“亚洲最大集市”之称。巴扎内有5000多个摊位、近万种商品，游客可以在这里遛弯取景、购买特产，感受不一样的民族风情。

门票信息｜免费

营业时间｜11:00—20:00

交通信息｜乘坐公交7、11、17、20路在东门下车。

亮点

特产、商铺

牛羊大巴扎

标签：集市

牛羊大巴扎是新疆最大的牲口巴扎，以前设在大巴扎里，近几年搬到了离城区更远的荒地乡。这里主要进行牛羊、骆驼、骡子的交易，对游客来说是一次非常难得的体验，场面十分壮观。

门票信息｜免费

营业时间｜每周日为巴扎日

交通信息｜包车或自驾前往。

电话｜2617999

亮点

纪念品、美食

艾提尕尔清真寺

标签：清真寺

艾提尕尔清真寺位于喀什老城区中心，是全国规模最大的清真寺，寺内有很多气势壮观又极富伊斯兰特色的建筑。这里每天举行五次规模盛大的礼拜，宗教氛围浓郁。寺院东侧正门口便是巨大的艾提尕尔广场，它是喀什市的地标。

门票信息｜普通游客45元，穆斯林免费

营业时间｜10:30—19:30，14:00—16:30礼拜时间不对外开放

交通信息｜乘坐公交2、7、8、13、22、28路可到。

电话｜2827113

亮点

礼拜、牌匾

金湖杨国家森林公园

标签：5A级景区 森林公园

金湖杨国家森林公园位于泽普县城西南40公里的戈壁深处，三面环水，景色十分迷人。景区内原始胡杨林保护完好，叶尔羌河与其分支环绕公园，具有两河夹一岛的特色。景区内天然胡杨林面积超过万亩，到了秋天一片金黄。其中有一棵“胡杨王”，据说树龄超过千年。

门票信息｜40元

营业时间｜10:00—20:00

交通信息｜在泽普县客运站乘坐开往金湖杨的班车前往。

电话｜8255333

亮点

胡杨王

香妃墓

标签：4A级景区

香妃墓是阿帕霍加墓的别称，是伊斯兰教白山派首领阿帕克霍加及其家族的墓地。后来传说乾隆皇帝的香妃埋葬于此，于是香妃墓的名字被渐渐传开，取代了原名。香妃墓就像一座富丽堂皇的宫殿，建筑恢宏漂亮，又带有非常浓厚的伊斯兰风格。

门票信息｜120元

营业时间｜10:30—19:30

交通信息｜乘坐公交20路至香妃墓站。

电话｜13565668398

★ 亮点

古建筑、陵墓

红其拉甫口岸

标签：口岸

红其拉甫口岸早在1000多年前就是古代丝绸之路上一个重要的关隘，风光壮美，但环境恶劣，素有“死亡山谷”之称。到红其拉甫口岸，游客一般都会到中巴7号界碑处拍照留影，2009年新建的国门就在此处，威严肃穆。

门票信息｜免费

营业时间｜全天

交通信息｜可从喀什库尔干客运站、帕米尔宾馆包车前往。

电话｜2521623

★ 亮点

国门、塔吉克美食

玉素甫·哈斯·哈吉甫墓

标签：陵墓

这里的墓主是11世纪中期的维吾尔族诗人、学者玉素甫·哈斯·哈吉甫，他用古回鹘文写成了一部长达13,000余行的叙事长诗《福乐智慧》。这部长诗内容丰富，语言生动，涉及当时政治、经济、文学、历史、地理、数学和医学等，是一部大型历史文献，对后世的文学创作产生了巨大影响。陵墓布局独特且宏伟，具有浓郁的民族风格。

门票信息｜30元

营业时间｜全天

交通信息｜乘坐公交8、14、16、22路在人民公园站下车，沿体育路步行前往。

电话｜2523370

★ 亮点

建筑

公主堡

标签：遗址

公主堡位于塔士库尔干县城以南约70公里处，在古丝绸之路咽喉地段卡拉其峡谷的一座海拔4000多米的高山上，是我国目前所知的最高的古代城堡之一。在帕米尔高原，公主堡圣洁而又崇高，现存的古堡遗址前临奔腾咆哮的塔什库尔干河，后倚高耸的皮斯岭达坂，景色绝美。

门票信息｜免费

营业时间｜全天

交通信息｜包车或自驾前往。

电话｜3421147

★ 亮点

古堡废墟

盘橐城

标签：遗址

盘橐城位于喀什市东南郊多来巴提格路以南，是东汉名将班超驻守长达17年的城堡遗址。班超以盘橐城为根据地，抗击匈奴，安抚西域，重新开通了丝绸之路。如今的盘橐城是在古城遗址上重修的，有浮雕墙、古亭、石牌坊、城墙、烽火台等建筑。

门票信息｜30元

营业时间｜9:00—20:00

新疆

交通信息｜可乘坐公交16路到达。

电话｜2527513

亮点

城墙、烽火台、浮雕墙

石头城

标签：遗址

石头城是新疆境内古道上著名的古城遗址，是古代丝绸之路中道和南道的交会点。城堡建在高丘上，地形险峻。城外建有多层或断或续的城垣，依地势用块石夹土垒砌，起伏曲折。如今这里石丘重叠，乱石成堆，已不见当年的繁华与巍峨，残垣断壁在夕阳下构成独特的风光。

门票信息｜30元

营业时间｜全天

交通信息｜从塔县步行可达。

亮点

拜火教遗址

和田景点

尼雅遗址

标签：遗址

尼雅遗址是汉晋时期精绝国故址，位于和田民丰县。遗址以佛塔为中心，沿古尼雅河道呈南北向带状分布，分布范围南北长约30公里，东西宽约7公里。其间散落着房屋、佛塔、寺院、城垣、陶窑、墓葬、果园、水渠、涝坝等各种遗迹。

门票信息｜免费

营业时间｜全天

交通信息｜先从和田乘班车到尼雅，然后再租越野吉普车前往。

亮点

建筑遗址

和田博物馆

标签：博物馆

博物馆于2005年开放，馆藏文物大都是新中国成立以来考古工作者在和田地区发掘获得的，少部分由当地民间人士捐赠，是了解和田历史文化的一个窗口。

门票信息｜免费

营业时间｜10:00—13:00，16:30—19:30，周三闭馆

交通信息｜在和田市区乘坐2、6路至师专或医专站。

电话｜2960750

亮点

民俗展厅、和田古代文明展厅

英尔力克沙漠

标签：沙漠

英尔力克沙漠位于和田市西北，是塔克拉玛干沙漠的一部分。由于距和田市区较近，交通较为方便，乘越野车可以直接到达沙漠腹地，尽享一望无际的沙丘、叮当作响的驼铃。在去沙漠的路上，你还会经过英尔力克水库，这里水势浩淼，是沙漠中难得的景色。

门票信息｜免费

营业时间｜全天

交通信息｜包车或自驾前往。

电话｜2948112

亮点

金色沙滩、滑沙

核桃王树

标签：古树

树龄1300多年的“核桃王”位于和田市西南17公里的巴格其镇境内，树高16.7米，树冠直径20.6米，树型大致呈“Y”字形，大树主

干可五人合抱。由于年代久远，主树干中间已空，形成一个上下连通的“仙人洞”，洞底可容四人站立。

门票信息｜25元

营业时间｜全天

交通信息｜包车或自驾前往。

★ 亮点

自然景观

和田大巴扎

标签： 集市

和田大巴扎汇集了当地特产，特别是和田玉、和田丝绸、和田地毯、玫瑰酒，还汇集了具有地方特色的小吃、干果、药材、金石、陶瓷、漆器等，是当地群众和旅游者休闲娱乐、购买土特产品的好去处。

门票信息｜免费

营业时间｜全天

交通信息｜包车或自驾前往。

电话｜7869999

★ 亮点

和田特产

葡萄长廊

标签： 网红取景地

和田县巴格其镇的农民为节省耕地，利用农田道路，将葡萄种在道路边，枝蔓架在道路上方，葱绿茁壮而又生机勃勃的葡萄长廊于是绵延千里，蔚为壮观。徜徉其间，脚下是乡间小路，头顶翡翠般的葡萄，一派田园景色，使人流连忘返。

门票信息｜免费

营业时间｜全天

交通信息｜包车或自驾前往。

★ 亮点

特色葡萄

丹丹乌里克遗址

标签： 遗址

丹丹乌里克遗址位于策勒县达玛沟乡北90公里处，是唐代遗留下来的。房屋建筑遗迹以佛寺最多，平面呈“回”字形，中央土台塑有佛像，土台四周是回廊，在回廊的墙壁上绘有壁画，有菩萨、小千佛等形象以及波罗迷文题记。

门票信息｜免费

营业时间｜全天

交通信息｜包车或自驾前往。

★ 亮点

《龙女图》

达里雅布依

标签： 绿洲

这个被称为“塔克拉玛干沙漠的肚脐”的小绿洲充满神秘，它独立支撑在世界第二大沙漠中心，近千年来与世隔绝，无人知悉它和它的居民究竟有怎样的来龙去脉。这里的另一个名字“通古斯巴孜特”在国际上的知名度并不亚于楼兰遗址、交河故城。

门票信息｜免费

营业时间｜全天

交通信息｜包车或自驾前往。

★ 亮点

自然风光

安迪尔古城

标签： 遗址

安迪尔古城遗址是一个较大且延续时间长的遗址，它处于丝绸之路南道，是汉唐时期重要的历史古城。遗址挖掘出来的文物有从西亚输入的玻璃珠、罗马产的带花玻璃片、和田马钱等，反映了塔里木盆地各城邦之间的交流，具有重要考古价值。

门票信息｜免费

营业时间｜2月、3月、9月、10月和11月开放

交通信息｜包车或自驾前往。

亮点

安迪尔方城

克孜勒苏柯尔克孜景点

白沙山-白沙湖

标签：自然风光

沿着帕米尔高原上的314国道驱车前行，会遇到一处“沙山倒影”，即白沙山和白沙湖。白沙山由大大小小十余座山丘组成，蜿蜒十几公里，相对高度多在100米以上。白沙湖原名喀克拉克湖，两侧是公格尔九别峰。湖光山色、蓝天雪峰相互映衬，还有鸟儿来此觅食。

门票信息｜免费

营业时间｜全天

交通信息｜从盖孜边防检查站出来，沿着帕米尔高原上的314国道继续驱车前行即到。

亮点

沙山倒影

卡拉库里湖

标签：高山湖泊

卡拉库里湖位于冰山之父——慕士塔格峰的山脚下，中巴公路从湖畔经过。该湖在群山环抱之中，湖畔水草丰美，常有柯尔克孜牧民在此驻牧。晴朗天气下碧水倒映银峰，湖光山色浑然一体，景色如诗如画，使人沉醉。

门票信息｜50元

营业时间｜全天

交通信息｜包车或自驾前往。

亮点

冰川

玉其塔什草原

标签：草原

玉其塔什原意为“三个石头”，实为“三座巨大的山峰”。这三座雪山高耸入云，海拔均在4500米以上，将草原夹在其中。每年夏季冰川融化，形成潺潺溪流，灌溉着大片草场。此时是最适宜来草原游玩的季节，可以在牧民的毡房里品尝酸奶和马奶酒。

门票信息｜免费

营业时间｜全天

交通信息｜包车或自驾前往。

亮点

游牧生活

APPENDIX

电话区号

常用求助电话

报警 110
火警 119
急救 120，999
政府便民电话 12345
消费者投诉举报专线 12315

直辖市和特别行政区

北京	010
上海	021
天津	022
重庆	023
香港	852
澳门	853

省和自治区

河北

石家庄	0311
邯郸	0310
保定	0312
张家口	0313
承德	0314
唐山	0315
廊坊	0316
沧州	0317
衡水	0318
邢台	0319
秦皇岛	0335

山西

太原	0351
朔州	0349
忻州	0350
大同	0352
阳泉	0353
晋中	0354
长治	0355
晋城	0356
临汾	0357
吕梁	0358
运城	0359

内蒙古

呼和浩特	0471
呼伦贝尔	0470
包头	0472
乌海	0473
乌兰察布	0474
通辽	0475
赤峰	0476
鄂尔多斯	0477
巴彦淖尔	0478
锡林郭勒	0479
兴安	0482
阿拉善	0483

辽宁

沈阳	024
铁岭	024
大连	0411
鞍山	0412
抚顺	024
本溪	024
丹东	0415
锦州	0416
营口	0417
阜新	0418
辽阳	0419
朝阳	0421
盘锦	0427
葫芦岛	0429

吉林

长春	0431
吉林	0432
延边	0433
四平	0434
通化	0435
白城	0436
辽源	0437
松原	0438
白山	0439

黑龙江

哈尔滨	0451
齐齐哈尔	0452
牡丹江	0453
佳木斯	0454
绥化	0455
黑河	0456
大兴安岭	0457
伊春	0458
大庆	0459
七台河	0464
鸡西	0467
鹤岗	0468
双鸭山	0469

江苏

南京	025
无锡	0510
镇江	0511
苏州	0512
南通	0513
扬州	0514
盐城	0515
徐州	0516
淮安	0517
连云港	0518
常州	0519
泰州	0523
宿迁	0527

浙江

杭州 0571
衢州 0570
湖州 0572
嘉兴 0573
宁波 0574
绍兴 0575
台州 0576
温州 0577
丽水 0578
金华 0579
舟山 0580

安徽

合肥 0551
滁州 0550
蚌埠 0552
芜湖 0553
淮南 0554
马鞍山 0555
安庆 0556
宿州 0557
阜阳 0558
亳州 0558
黄山 0559
淮北 0561
铜陵 0562
宣城 0563
六安 0564
池州 0566

福建

福州 0591
厦门 0592
宁德 0593
莆田 0594
泉州 0595
漳州 0596
龙岩 0597
三明 0598
南平 0599

江西

南昌 0791
新余 0790
九江 0792
上饶 0793
抚州 0794
宜春 0795
吉安 0796
赣州 0797
景德镇 0798
萍乡 0799
鹰潭 0701

山东

济南 0531
菏泽 0530
青岛 0532
淄博 0533
德州 0534
烟台 0535
潍坊 0536
济宁 0537
泰安 0538
临沂 0539
滨州 0543
东营 0546
威海 0631
枣庄 0632
日照 0633
聊城 0635

河南

郑州 0371
商丘 0370
安阳 0372
新乡 0373
许昌 0374
平顶山 0375
信阳 0376
南阳 0377
开封 0371
洛阳 0379
焦作 0391
济源 0391
鹤壁 0392
濮阳 0393
周口 0394
漯河 0395
驻马店 0396
三门峡 0398

湖北

武汉 027
襄阳 0710
鄂州 0711
孝感 0712
黄冈 0713
黄石 0714
咸宁 0715
荆州 0716
宜昌 0717
恩施 0718
十堰 0719
神农架 0719
随州 0722
荆门 0724
仙桃 0728
天门 0728
潜江 0728

湖南

长沙 0731
岳阳 0730

湘潭	0731
株洲	0731
衡阳	0734
郴州	0735
常德	0736
益阳	0737
娄底	0738
邵阳	0739
湘西	0743
张家界	0744
怀化	0745
永州	0746

广东

广州	020
汕尾	0660
阳江	0662
揭阳	0663
茂名	0668
江门	0750
韶关	0751
惠州	0752
梅州	0753
汕头	0754
深圳	0755
珠海	0756
佛山	0757
肇庆	0758
湛江	0759
中山	0760
河源	0762
清远	0763
云浮	0766
潮州	0768
东莞	0769

广西

南宁	0771
防城港	0770
崇左	0771
柳州	0772
来宾	0772
桂林	0773
梧州	0774
贺州	0774
玉林	0775
贵港	0775
百色	0776
钦州	0777
河池	0778
北海	0779

海南

海口	0898
三亚	0898
三沙	0898
儋州	0898
文昌	0898
琼海	0898
万宁	0898
陵水	0898
定安	0898
屯昌	0898
琼中	0898
五指山	0898
保亭	0898
乐东	0898
澄迈	0898
临高	0898
白沙	0898
昌江	0898
东方	0898

四川

成都	028
攀枝花	0812
自贡	0813
绵阳	0816
南充	0817
达州	0818
遂宁	0825
广安	0826
巴中	0827
泸州	0830
宜宾	0831
内江	0832
资阳	028
乐山	0833
眉山	028
凉山	0834
雅安	0835
甘孜	0836
阿坝	0837
德阳	0838
广元	0839

贵州

贵阳	0851
遵义	0851
安顺	0851
黔南	0854
黔东南	0855
铜仁	0856
毕节	0857
六盘水	0858
黔西南	0859

云南

昆明	0871
西双版纳	0691
德宏	0692
昭通	0870
大理	0872
红河	0873
曲靖	0874
保山	0875
文山	0876
玉溪	0877
楚雄	0878
普洱	0879
临沧	0883
怒江	0886
迪庆	0887
丽江	0888

西藏

拉萨	0891

日喀则 0892
山南 0893
林芝 0894
昌都 0895
那曲 0896
阿里 0897

青海

西宁 0971
海北 0970
海东 0972
黄南 0973
海南 0974
果洛 0975
玉树 0976
海西 0977

陕西

西安 029
咸阳 029
延安 0911
榆林 0912
渭南 0913
商洛 0914
安康 0915
汉中 0916
宝鸡 0917
铜川 0919

甘肃

兰州 0931
临夏 0930
定西 0932
平凉 0933
庆阳 0934
武威 0935
金昌 0935
张掖 0936
酒泉 0937
嘉峪关 0937
天水 0938
陇南 0939
甘南 0941
白银 0943

宁夏

银川 0951
石嘴山 0952
吴忠 0953
固原 0954
中卫 0955

新疆

乌鲁木齐 0991
塔城 0901
哈密 0902
和田 0903
昆玉 0903
阿勒泰 0906
北屯 0906
克孜勒苏 0908
柯尔克孜
博尔塔拉 0909
双河 0909
克拉玛依 0990
胡杨河 0992
石河子 0993
昌吉 0994
五家渠 0994
吐鲁番 0995
巴音郭楞 0996
铁门关 0996
阿克苏 0997
阿拉尔 0997
喀什 0998
图木舒克 0998
伊犁 0999
可克达拉 0999
新星 0902

台湾

台北（886）02
基隆（886）02
新北（886）02
桃园（886）03
宜兰（886）03
花莲（886）03
新竹（886）03
台中（886）04
彰化（886）04
云林（886）05
嘉义（886）05
台南（886）06
澎湖（886）06
高雄（886）07
屏东（886）08
苗栗（886）037
南投（886）049
台东（886）089

中国国家级风景名胜区名单（大陆地区）

所在地	国家级风景名胜区名称
北京	八达岭—十三陵
	石花洞
天津	盘山
重庆	缙云山
	长江三峡
	四面山
	芙蓉江
	天坑地缝
	金佛山
	潭獐峡
河北	承德避暑山庄外八庙
	秦皇岛北戴河
	野三坡
	苍岩山
	嶂石岩
	西柏坡—天桂山
	崆山白云洞
	太行大峡谷
	响堂山
	娲皇宫
山西	五台山
	恒山
	黄河壶口瀑布
	北武当山
	五老峰
	碛口风景名胜区
内蒙古	扎兰屯
	额尔古纳风景名胜区
辽宁	鞍山千山
	鸭绿江
	金石滩
	兴城海滨
	大连海滨—旅顺口
	凤凰山
	本溪水洞
	青山沟
	医巫闾山
吉林	松花湖
	“八大部”—净月潭
	仙景台
	防川
黑龙江	镜泊湖
	五大连池
	太阳岛
	大沾河风景名胜区
江苏	太湖
	南京钟山
	云台山
	蜀冈—瘦西湖
	三山
浙江	杭州西湖
	富春江—新安江
	雁荡山
	普陀山
	天台山
	嵊泗列岛
	楠溪江
	莫干山
	雪窦山
	双龙
	仙都
	江郎山
	仙居
	浣江—五泄
	方岩
	百丈漈—飞云湖
	方山—长屿硐天
	天姥山
	大红岩
	大盘山风景名胜区
	桃渚风景名胜区
	仙华山风景名胜区
安徽	黄山
	九华山
	天柱山
	琅琊山
	齐云山
	采石
	巢湖
	花山谜窟—渐江
	太极洞
	花亭湖
	龙川风景名胜区
	齐山—平天湖
	风景名胜区
福建	武夷山
	清源山
	鼓浪屿—万石山
	太姥山
	桃源洞—鳞隐石林
	泰宁（原名“金湖”）
	鸳鸯溪
	海坛
	冠豸山
	鼓山
	玉华洞
	十八重溪
	青云山
	佛子山
	宝山
	福安白云山
	灵通山
	湄洲岛
	九龙漈
江西	庐山
	井冈山
	三清山
	龙虎山
	仙女湖
	三百山
	梅岭—滕王阁
	龟峰
	高岭—瑶里
	武功山
	云居山—柘林湖
	灵山
	神农源
	大茅山
	瑞金
	小武当
	杨岐山
	汉仙岩
山东	泰山

所在地	国家级风景名胜区名称
	青岛崂山
	胶东半岛海滨
	博山
	青州
	千佛山
河南	鸡公山
	洛阳龙门
	嵩山
	王屋山—云台山
	石人山
	林虑山
	青天河
	神农山
	桐柏山—淮源
	郑州黄河
湖北	武汉东湖
	武当山
	大洪山
	隆中
	九宫山
	陆水
	丹江口水库
湖南	衡山
	武陵源
	岳阳楼洞庭湖
	韶山
	岳麓山
	崀山
	猛洞河
	桃花源
	紫鹊界梯田—梅山龙宫
	德夯
	苏仙岭—万华岩
	南山
	万佛山—侗寨
	虎形山—花瑶
	东江湖
	凤凰
	沩山
	炎帝陵
	白水洞

所在地	国家级风景名胜区名称
	九嶷山—舜帝陵
	里耶—乌龙山
广东	肇庆星湖
	西樵山
	丹霞山
	白云山
	惠州西湖
	罗浮山
	湖光岩
	梧桐山
广西	桂林漓江
	桂平西山
	花山
海南	三亚热带海滨
四川	峨眉山
	黄龙寺—九寨沟
	青城山—都江堰
	剑门蜀道
	贡嘎山
	蜀南竹海
	西岭雪山
	四姑娘山
	石海洞乡
	邛海—螺髻山
	白龙湖
	光雾山—诺水河
	天台山
	龙门山
	米仓山大峡谷
贵州	黄果树
	织金洞
	㵲阳河
	红枫湖
	龙宫
	荔波樟江
	赤水
	马岭河峡谷
	都匀斗篷山—剑江
	九洞天
	九龙洞
	黎平侗乡

所在地	国家级风景名胜区名称
	紫云格凸河穿洞
	平塘
	榕江苗山侗水
	石阡温泉群
	沿河乌江山峡
	瓮安江界河
云南	路南石林
	大理
	西双版纳
	三江并流
	昆明滇池
	丽江玉龙雪山
	腾冲地热火山
	瑞丽江—大盈江
	九乡
	建水
	普者黑
	阿庐
西藏	雅砻河
	纳木措—念青唐古拉
	唐古拉山—怒江源
	土林—古格
青海	青海湖
陕西	华山
	临潼骊山
	宝鸡天台山
	黄帝陵
	合阳洽川
甘肃	麦积山
	崆峒山
	鸣沙山—月牙泉
	关山莲花台
宁夏	西夏王陵
	须弥山石窟
新疆	天山天池
	库木塔格沙漠
	博斯腾湖
	赛里木湖
	罗布人村寨
	托木尔大峡谷

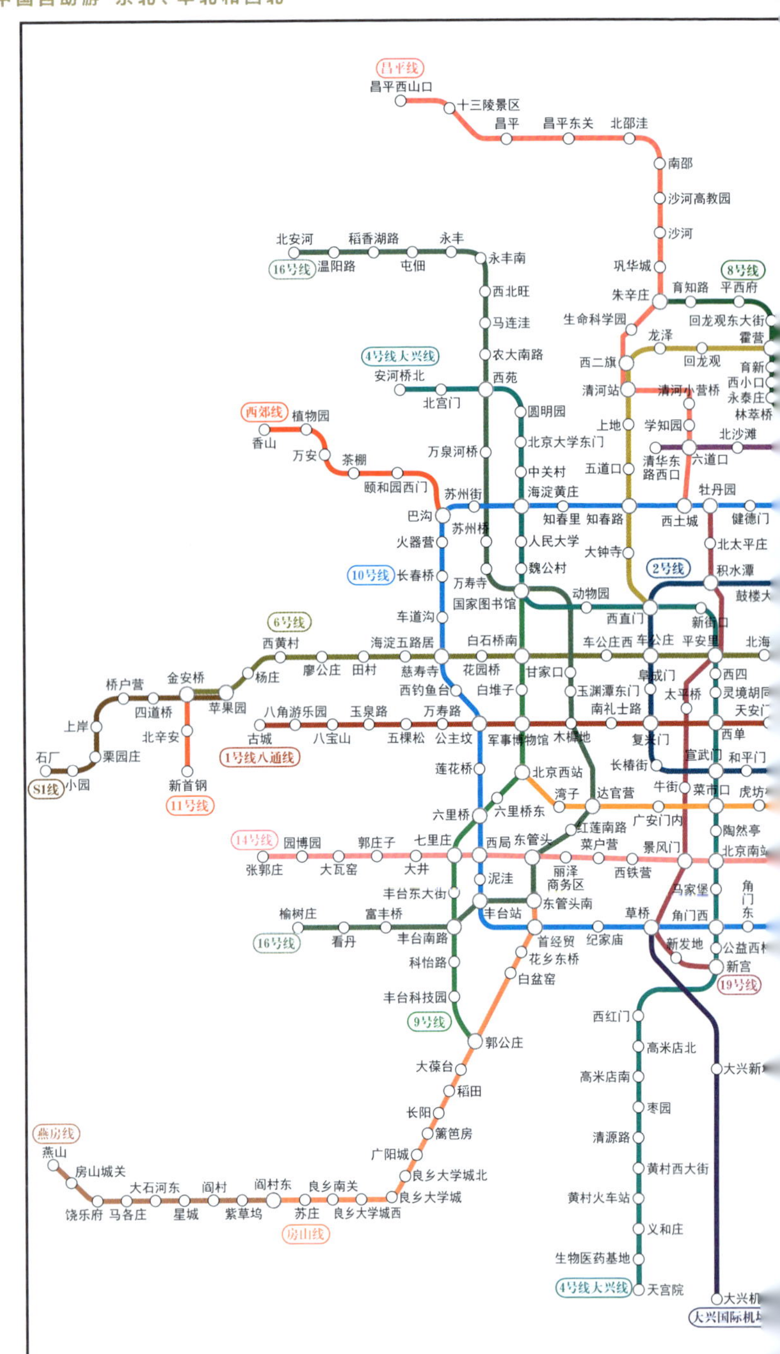

昌平线
昌平西山口
十三陵景区
昌平
昌平东关
北邵洼
南邵
沙河高教园
沙河
巩华城
朱辛庄
生命科学园
西二旗
清河站
16号线
北安河
温阳路
稻香湖路
屯佃
永丰
永丰南
西北旺
马连洼
农大南路
西苑
4号线大兴线
安河桥北
北宫门
圆明园
北京大学东门
中关村
海淀黄庄
人民大学
魏公村
国家图书馆
西郊线
香山
植物园
万安
茶棚
颐和园西门
巴沟
苏州街
万泉河桥
苏州桥
万寿寺
10号线
火器营
长春桥
车道沟
知春里
知春路
西土城
牡丹园
健德门
北太平庄
积水潭
2号线
8号线
育知路
平西府
回龙观东大街
霍营
龙泽
回龙观
育新
西小口
永泰庄
林萃桥
清河小营桥
上地
学知园
北沙滩
五道口
清华东路西口
六道口
大钟寺
动物园
西直门
新街口
鼓楼大
6号线
西黄村
杨庄
廖公庄
田村
海淀五路居
慈寿寺
花园桥
白石桥南
车公庄西
车公庄
平安里
北海
金安桥
苹果园
桥户营
四道桥
上岸
栗园庄
石厂
小园
S1线
北辛安
新首钢
11号线
西钓鱼台
白堆子
甘家口
玉渊潭东门
阜成门
太平桥
西四
灵境胡同
天安门
古城
八角游乐园
八宝山
玉泉路
五棵松
万寿路
公主坟
军事博物馆
木樨地
南礼士路
复兴门
西单
1号线八通线
莲花桥
北京西站
长椿街
宣武门
和平门
湾子
达官营
牛街
菜市口
虎坊
六里桥
六里桥东
广安门内
红莲南路
14号线
张郭庄
园博园
大瓦窑
郭庄子
大井
七里庄
西局
东管头
菜户营
丽泽商务区
西铁营
景风门
陶然亭
北京南站
泥洼
东管头南
马家堡
角门东
丰台东大街
丰台站
草桥
角门西
榆树庄
看丹
富丰桥
丰台南路
首经贸
纪家庙
新发地
公益西桥
新宫
19号线
科怡路
花乡东桥
白盆窑
丰台科技园
9号线
郭公庄
大葆台
稻田
长阳
篱笆房
广阳城
良乡大学城北
良乡大学城
良乡大学城西
良乡南关
苏庄
阎村东
紫草坞
阎村
星城
大石河东
马各庄
饶乐府
房山城关
燕山
燕房线
房山线
西红门
高米店北
高米店南
枣园
清源路
黄村西大街
黄村火车站
义和庄
生物医药基地
天宫院
4号线大兴线
大兴新
大兴机
大兴国际机场

北京地铁图

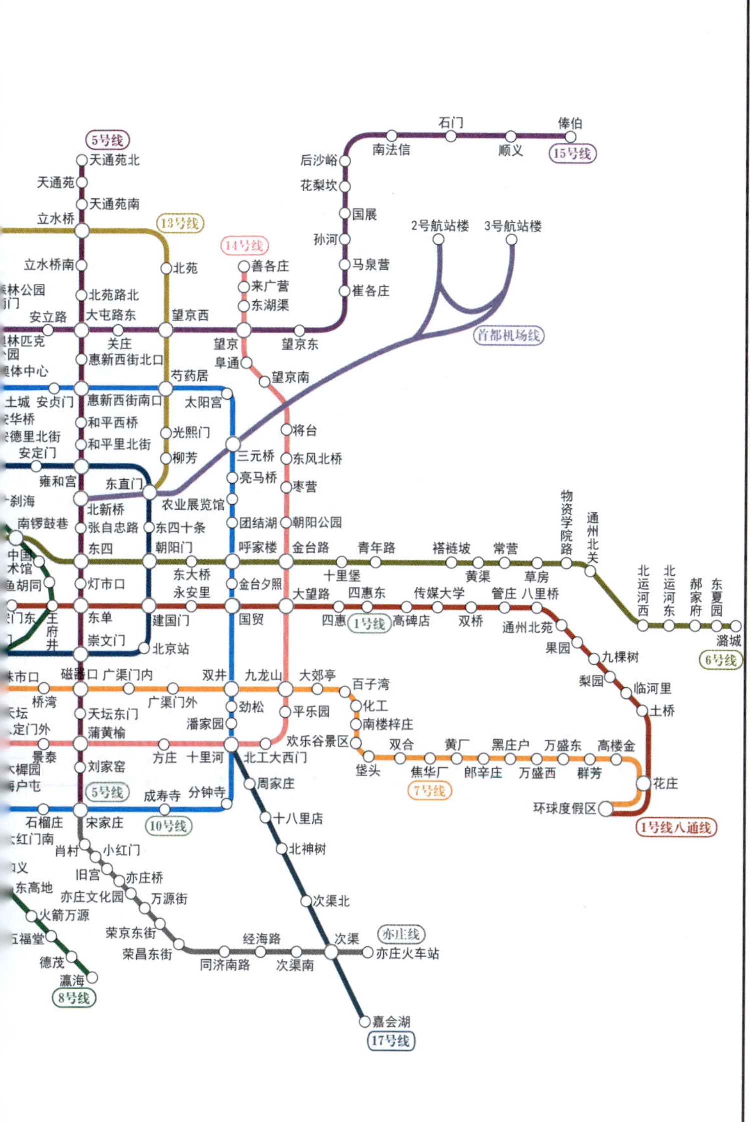

5号线
天通苑北
天通苑
天通苑南
立水桥
13号线
立水桥南
北苑
北苑路北
大屯路东
望京西
安立路
关庄
惠新西街北口
芍药居
惠新西街南口
土城
安贞门
太阳宫
和平西桥
光熙门
和平里北街
柳芳
安定门
雍和宫
东直门
北新桥
农业展览馆
南锣鼓巷
张自忠路
东四十条
东四
朝阳门
呼家楼
金台路
十里堡
青年路
褡裢坡
黄渠
常营
草房
物资学院路
通州北关
北运河西
北运河东
郝家府
东夏园
潞城
6号线
灯市口
东大桥
永安里
金台夕照
大望路
四惠东
传媒大学
管庄
八里桥
东单
王府井
建国门
国贸
四惠
1号线
高碑店
双桥
通州北苑
崇文门
北京站
果园
九棵树
梨园
临河里
土桥
磁器口
广渠门内
双井
九龙山
大郊亭
百子湾
化工
桥湾
广渠门外
劲松
平乐园
南楼梓庄
天坛东门
蒲黄榆
潘家园
欢乐谷景区
双合
黄厂
黑庄户
万盛东
高楼金
景泰
方庄
十里河
北工大西门
垡头
焦化厂
郎辛庄
万盛西
群芳
刘家窑
周家庄
7号线
花庄
5号线
成寿寺
分钟寺
环球度假区
石榴庄
宋家庄
10号线
十八里店
1号线八通线
肖村
小红门
北神树
旧宫
亦庄桥
东高地
亦庄文化园
万源街
次渠北
火箭万源
荣京东街
经海路
次渠
亦庄线
亦庄火车站
荣昌东街
同济南路
次渠南
德茂
瀛海
8号线
嘉会湖
17号线
14号线
善各庄
来广营
东湖渠
望京
望京东
阜通
望京南
将台
东风北桥
三元桥
亮马桥
枣营
团结湖
朝阳公园
15号线
石门
俸伯
南法信
顺义
后沙峪
花梨坎
国展
孙河
马泉营
崔各庄
2号航站楼
3号航站楼
首都机场线

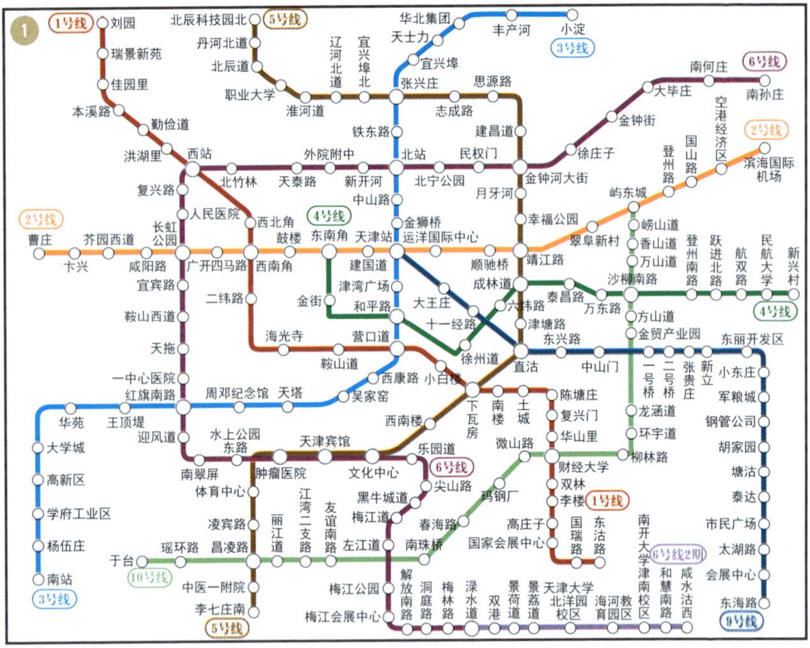

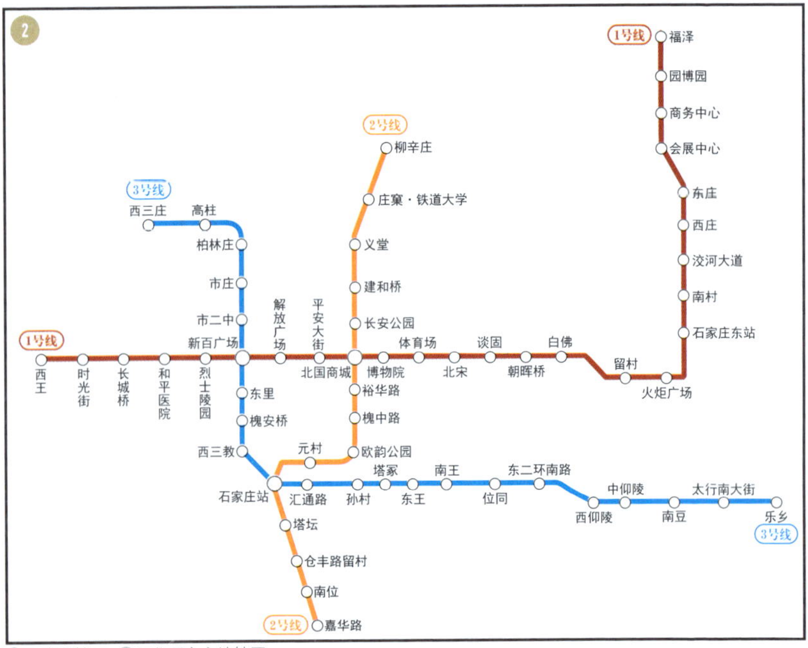

①

1号线 刘园 瑞景新苑 佳园里 本溪路 勤俭道 洪湖里 西站 西北角 西南角 二纬路 海光寺 鞍山道 营口道 小白楼 下瓦房 南楼 土城 陈塘庄 复兴门 华山里 财经大学 双林 李楼 1号线 高庄子 国家会展中心 国瑞路 东沽路

2号线 曹庄 卞兴 芥园西道 咸阳路 长虹公园 广开四马路 西南角 鼓楼 东南角 天津站 远洋国际中心 顺驰桥 靖江路 翠阜新村 屿东城 登州路 国山路 空港经济区 滨海国际机场 2号线

3号线 小淀 丰产河 华北集团 天士力 宜兴埠 张兴庄 铁东路 北站 中山路 金狮桥 天津站 津湾广场 和平路 营口道 西康路 吴家窑 天塔 周邓纪念馆 红旗南路 王顶堤 华苑 大学城 高新区 学府工业区 杨伍庄 南站 3号线

4号线 东南角 建国道 津湾广场 金街 和平路 大王庄 十一经路 徐州道 六纬路 成林道 泰昌路 万东路 沙柳南路 登州南路 跃进北路 航双路 民航大学 新兴村 4号线

5号线 北辰科技园北 丹河北道 北辰道 职业大学 淮河道 辽河北道 宜兴埠北 张兴庄 志成路 思源路 建昌道 金钟河大街 月牙河 幸福公园 靖江路 成林道 津塘路 直沽 下瓦房 西南楼 文化中心 天津宾馆 肿瘤医院 体育中心 凌宾路 昌凌路 中医一附院 李七庄南 5号线

6号线 南孙庄 南何庄 大毕庄 金钟街 徐庄子 金钟河大街 民权门 北宁公园 北站 新开河 外院附中 天泰路 北竹林 西站 复兴路 人民医院 长虹公园 宜宾路 鞍山西道 天拖 一中心医院 红旗南路 迎风道 南翠屏 水上公园东路 肿瘤医院 天津宾馆 文化中心 乐园道 尖山路 黑牛城道 梅江道 左江道 梅江公园 梅江会展中心 解放南路 洞庭路 梅林路 渌水道 双港 景荷道 景荔道 天津大学北洋园校区 海河教育园区 南开大学津南校区 和慧南路 咸水沽西 6号线2期

9号线 直沽 中山门 一号桥 二号桥 张贵庄 新立 东丽开发区 小东庄 军粮城 钢管公司 胡家园 塘沽 泰达 市民广场 太湖路 会展中心 东海路 9号线

10号线 于台 瑶环路 昌凌路 丽江道 江湾二支路 友谊南路 左江道 南珠桥 春海路 玛钢厂 微山路 财经大学 柳林路 环宇道 龙涵道 金贸产业园 方山道 峪山道 香山道 万山道 崂山道

②

1号线 西王 时光街 长城桥 和平医院 烈士陵园 新百广场 解放广场 平安大街 北国商城 博物院 体育场 北宋 谈固 朝晖桥 白佛 留村 火炬广场 石家庄东站 南村 洨河大道 西庄 东庄 会展中心 商务中心 园博园 福泽 1号线

2号线 柳辛庄 庄窠·铁道大学 义堂 建和桥 长安公园 北国商城 裕华路 槐中路 欧韵公园 元村 石家庄站 塔坛 仓丰路留村 南位 嘉华路 2号线

3号线 西三庄 高柱 柏林庄 市庄 市二中 新百广场 东里 槐安桥 西三教 石家庄站 汇通路 孙村 塔冢 东王 南王 位同 东二环南路 西仰陵 中仰陵 南豆 太行南大街 乐乡 3号线

①天津地铁图；②河北石家庄地铁图

附录

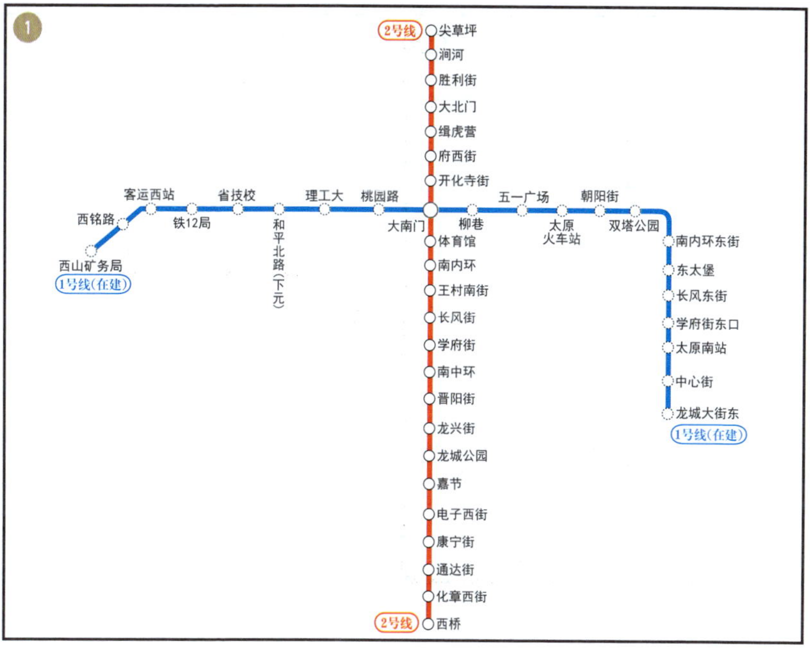

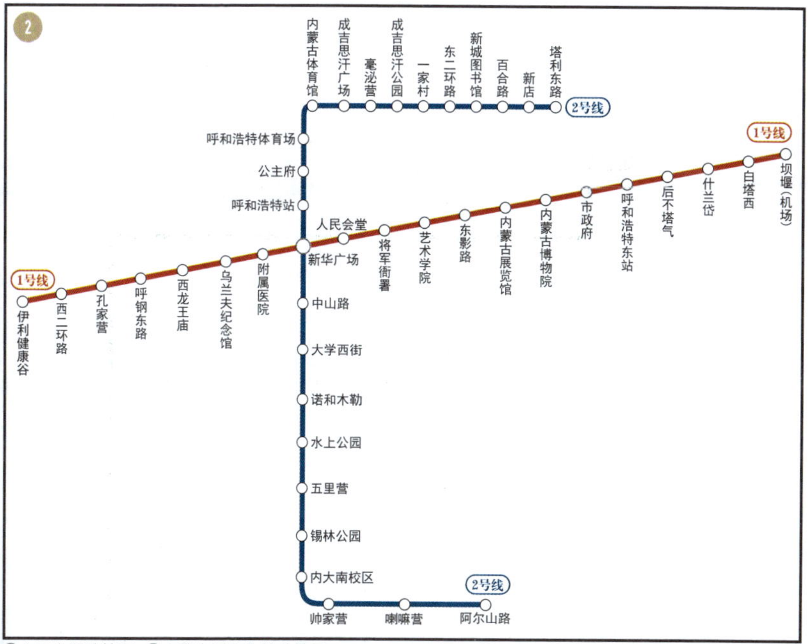

①

2号线
尖草坪
涧河
胜利街
大北门
缉虎营
府西街
开化寺街
大南门
体育馆
南内环
王村南街
长风街
学府街
南中环
晋阳街
龙兴街
龙城公园
嘉节
电子西街
康宁街
通达街
化章西街
西桥
2号线

1号线(在建)
西山矿务局
西铭路
客运西站
铁12局
省技校
和平北路(下元)
理工大
桃园路
大南门
柳巷
五一广场
太原火车站
朝阳街
双塔公园
南内环东街
东太堡
长风东街
学府街东口
太原南站
中心街
龙城大街东
1号线(在建)

②

2号线
内蒙古体育馆
成吉思汗广场
毫沁营
成吉思汗公园
一家村
东二环路
新城图书馆
百合路
新店
塔利东路
呼和浩特体育场
公主府
呼和浩特站
新华广场
中山路
大学西街
诺和木勒
水上公园
五里营
锡林公园
内大南校区
帅家营
喇嘛营
阿尔山路
2号线

1号线
伊利健康谷
西二环路
孔家营
呼钢东路
西龙王庙
乌兰夫纪念馆
附属医院
新华广场
人民会堂
将军衙署
艺术学院
东影路
内蒙古展览馆
内蒙古博物院
市政府
呼和浩特东站
后不塔气
什兰岱
白塔西
坝堰(机场)
1号线

①山西太原地铁图；②内蒙古呼和浩特地铁图

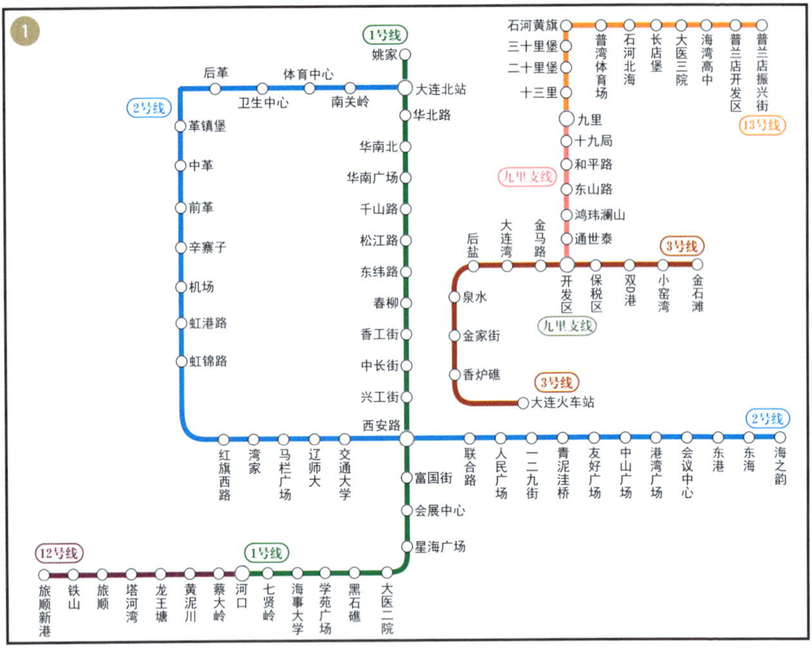

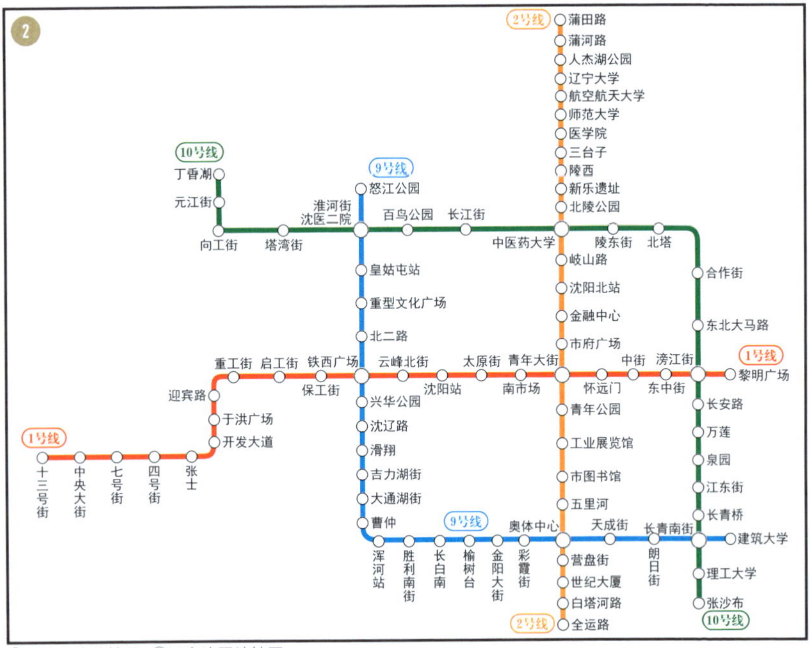

1

1号线
姚家
大连北站
华北路
华南北
华南广场
千山路
松江路
东纬路
春柳
香工街
中长街
兴工街
西安路
富国街
会展中心
星海广场
大医二院
黑石礁
学苑广场
海事大学
七贤岭
河口

2号线
后革
卫生中心
体育中心
南关岭
革镇堡
中革
前革
辛寨子
机场
虹港路
虹锦路
红旗西路
湾家
马栏广场
辽师大
交通大学
联合路
人民广场
一二九街
青泥洼桥
友好广场
中山广场
港湾广场
会议中心
东港
东海
海之韵

3号线
大连火车站
香炉礁
金家街
泉水
后盐
大连湾
金马路
开发区
保税区
双D港
小窑湾
金石滩

九里支线
九里
十九局
和平路
东山路
鸿玮澜山
通世泰
开发区

13号线
十三里
二十里堡
三十里堡
石河黄旗
普湾体育场
石河北海
长店堡
大医三院
海湾高中
普兰店开发区
普兰店振兴街

12号线
旅顺新港
铁山
旅顺
塔河湾
龙王塘
黄泥川
蔡大岭
河口

2

1号线
十三号街
中央大街
七号街
四号街
张士
开发大道
于洪广场
迎宾路
重工街
启工街
保工街
铁西广场
云峰北街
沈阳站
太原街
南市场
青年大街
怀远门
中街
东中街
滂江街
黎明广场

2号线
蒲田路
蒲河路
人杰湖公园
辽宁大学
航空航天大学
师范大学
医学院
三台子
陵西
新乐遗址
北陵公园
中医药大学
岐山路
沈阳北站
金融中心
市府广场
青年大街
青年公园
工业展览馆
市图书馆
五里河
奥体中心
营盘街
世纪大厦
白塔河路
全运路

9号线
怒江公园
淮河街
沈医二院
皇姑屯站
重型文化广场
北二路
铁西广场
兴华公园
沈辽路
滑翔
吉力湖街
大通湖街
曹仲
浑河站
胜利南街
长白南
榆树台
金阳大街
彩霞街
奥体中心
天成街
长青南街
朗日街
建筑大学

10号线
丁香湖
元江街
向工街
塔湾街
淮河街
沈医二院
百鸟公园
长江街
中医药大学
陵东街
北塔
合作街
东北大马路
滂江街
长安路
万莲
泉园
江东街
长青桥
长青南街
理工大学
张沙布

①辽宁大连地铁图；②辽宁沈阳地铁图

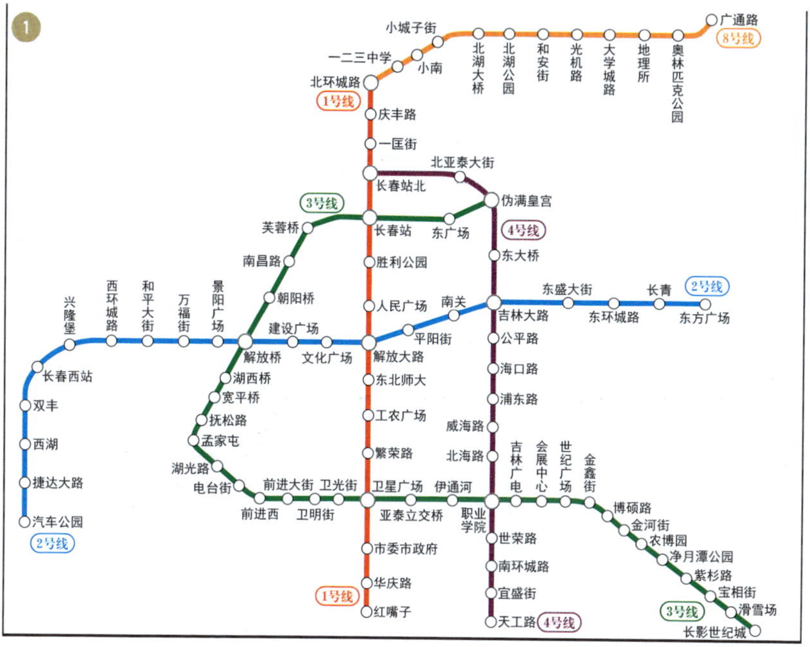

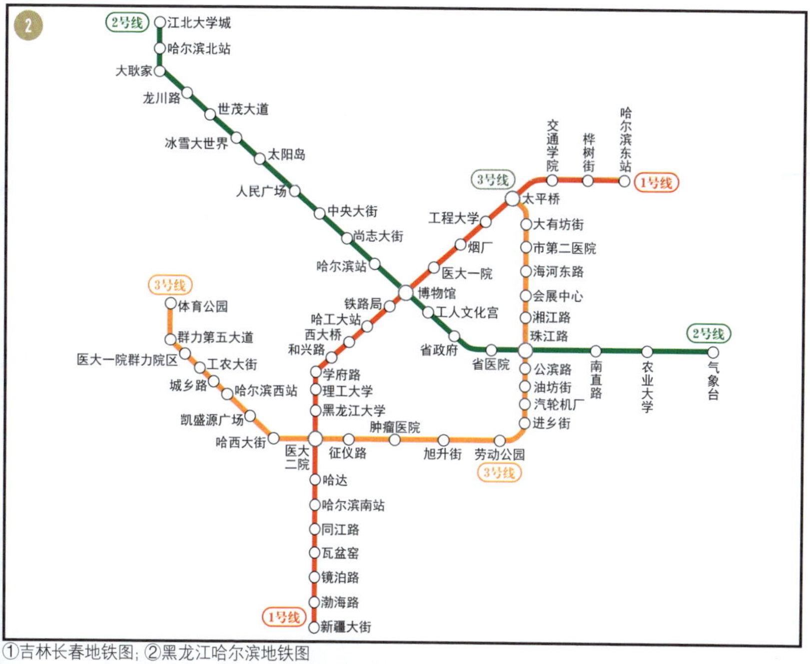

①

8号线：广通路、奥林匹克公园、地理所、大学城路、光机路、和安街、北湖公园、北湖大桥、小城子街、小南、一二三中学、北环城路

1号线：北环城路、庆丰路、一匡街、长春站北、长春站、胜利公园、人民广场、解放大路、东北师大、工农广场、繁荣路、卫星广场、市委市政府、华庆路、红嘴子

4号线：长春站北、北亚泰大街、伪满皇宫、东大桥、吉林大路、公平路、海口路、浦东路、威海路、北海路、职业学院、世荣路、南环城路、宜盛街、天工路

2号线：汽车公园、捷达大路、西湖、双丰、长春西站、兴隆堡、西环城路、和平大街、万福街、景阳广场、解放桥、建设广场、文化广场、解放大路、平阳街、南关、吉林大路、东盛大街、东环城路、长青、东方广场

3号线：长春站、东广场、伪满皇宫、芙蓉桥、南昌路、朝阳桥、解放桥、湖西桥、宽平桥、抚松路、孟家屯、湖光路、电台街、前进西、前进大街、卫明街、卫光街、卫星广场、亚泰立交桥、伊通河、职业学院、吉林广电、会展中心、世纪广场、金鑫街、博硕路、金河街、农博园、净月潭公园、紫杉路、宝相街、滑雪场、长影世纪城

②

2号线：江北大学城、哈尔滨北站、大耿家、龙川路、世茂大道、冰雪大世界、太阳岛、人民广场、中央大街、尚志大街、哈尔滨站、博物馆、工人文化宫、省政府、省医院、珠江路、南直路、农业大学、气象台

1号线：哈尔滨东站、桦树街、交通学院、太平桥、工程大学、烟厂、医大一院、博物馆、铁路局、哈工大站、西大桥、和兴路、学府路、理工大学、黑龙江大学、医大二院、哈达、哈尔滨南站、同江路、瓦盆窑、镜泊路、渤海路、新疆大街

3号线：体育公园、群力第五大道、医大一院群力院区、工农大街、城乡路、哈尔滨西站、凯盛源广场、哈西大街、医大二院、征仪路、肿瘤医院、旭升街、劳动公园、进乡街、汽轮机厂、油坊街、公滨路、珠江路、湘江路、会展中心、海河东路、市第二医院、大有坊街、太平桥

①吉林长春地铁图；②黑龙江哈尔滨地铁图

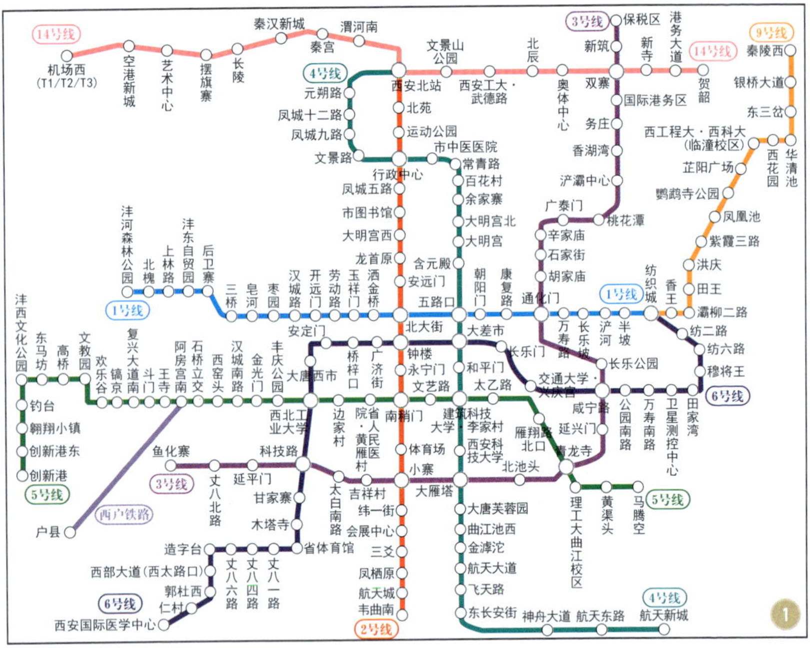

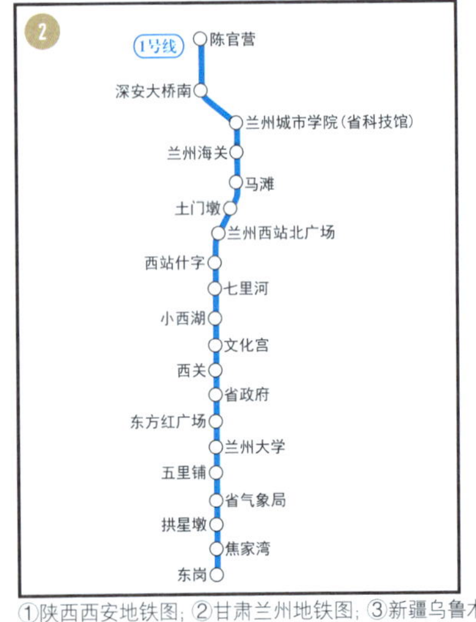

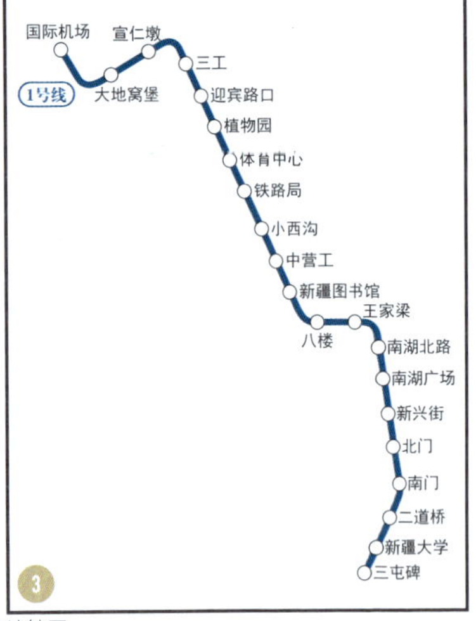

①陕西西安地铁图；②甘肃兰州地铁图；③新疆乌鲁木齐地铁图

打包清单

_______ 年 _______ 月 _______ 日　目的地 ______________

证件和文件

□ 身份证
□ 护照
□ 驾照
□ 酒店和机票订单复印件
□ 预购好的门票、演出票复印件

衣物

□ 运动鞋
□ 百搭舒适的便鞋
□ 应季的裤装
□ 防水防风的外套
□ 保暖贴身的打底衣物
□ 礼服（出入高级或特殊场所）
□ 商务服装（会议、差旅等场合）
□ 内衣裤
□ 睡衣
□ 拖鞋
□ 泳衣
□ 睡袋

护肤和洗漱用品

□ 根据旅行时长准备护肤品小样或者分装
□ 防晒霜
□ 压缩毛巾、浴巾
□ 隐形眼镜护理液

其他

□ 备用眼镜
□ 晴雨伞
□ 水杯或保温杯
□ 兑换货币

药品和健康防护

□ 抗过敏药
□ 感冒药
□ 退烧药
□ 去痛片
□ 止泻药
□ 晕车药
□ 应对中暑的药物
□ 碘酒
□ 棉棒
□ 创可贴
□ 纱布
□ 驱蚊液
□ 避孕药物
□ 须长期、定时服用的药物
□ 维生素
□ 口罩
□消毒棉片
□ 免洗洗手液
□ 接种疫苗（有些国家对疫苗有特殊要求，应提前关注）

小电器

□ 插线板
□ 万能转换插头
□ 充电线
□ 便携式电吹风
□ 便携烘干机

旅行并不一定要带上所有家当，这份清单只是出于多方面的考虑，最终还是要根据旅行的目的地、时间长短、行李重量和件数限制、出行目的等因素进行搭配和删减。这份清单也不只是针对国内出行，希望对每一次旅行都能有所帮助。

使用方法｜每纳入一件物品，就在前面打一个钩。

打包清单

______ 年 ______ 月 ______ 日　目的地 ____________

证件和文件

□ 身份证
□ 护照
□ 驾照
□ 酒店和机票订单复印件
□ 预购好的门票、演出票复印件

衣物

□ 运动鞋
□ 百搭舒适的便鞋
□ 应季的裤装
□ 防水防风的外套
□ 保暖贴身的打底衣物
□ 礼服（出入高级或特殊场所）
□ 商务服装（会议、差旅等场合）
□ 内衣裤
□ 睡衣
□ 拖鞋
□ 泳衣
□ 睡袋

护肤和洗漱用品

□ 根据旅行时长准备护肤品小样或者分装
□ 防晒霜
□ 压缩毛巾、浴巾
□ 隐形眼镜护理液

其他

□ 备用眼镜
□ 晴雨伞
□ 水杯或保温杯
□ 兑换货币

药品和健康防护

□ 抗过敏药
□ 感冒药
□ 退烧药
□ 去痛片
□ 止泻药
□ 晕车药
□ 应对中暑的药物
□ 碘酒
□ 棉棒
□ 创可贴
□ 纱布
□ 驱蚊液
□ 避孕药物
□ 须长期、定时服用的药物
□ 维生素
□ 口罩
□消毒棉片
□ 免洗洗手液
□ 接种疫苗（有些国家对疫苗有特殊要求，应提前关注）

小电器

□ 插线板
□ 万能转换插头
□ 充电线
□ 便携式电吹风
□ 便携烘干机

旅行并不一定要带上所有家当，这份清单只是出于多方面的考虑，最终还是要根据旅行的目的地、时间长短、行李重量和件数限制、出行目的等因素进行搭配和删减。这份清单也不只是针对国内出行，希望对每一次旅行都能有所帮助。

使用方法｜每纳入一件物品，就在前面打一个钩。

作　　者　“中国自助游”编写组

编　　撰　李晗然　李铭亮　刘子嘉　米　迪　王　曌
吴雨杏　肖　潇　徐芳雨　赵　涵

责任编辑　叶思婧

执行编辑　周　琳

编　　辑　王若玢

地图编辑　田　越

排　　版　北京梧桐影电脑科技有限公司

本书图片由视觉中国提供。

图书在版编目（CIP）数据

中国自助游 . 东北、华北和西北 / “中国自助游”编写组编写 . -- 北京 : 中国地图出版社 , 2023.3
ISBN 978-7-5204-3436-2

Ⅰ . ①中… Ⅱ . ①中… Ⅲ . ①旅游指南 – 东北地区②旅游指南 – 华北地区③旅游指南 – 西北地区 Ⅳ . ① K928.9

中国国家版本馆 CIP 数据核字 (2023) 第 034160 号

中国自助游 · 东北、华北和西北
ZHONGGUO ZIZHU YOU · DONGBEI、HUABEI HE XIBEI

出版发行 中国地图出版社
社　　址 北京市白纸坊西街 3 号
邮政编码 100054
网　　址 www.sinomaps.com
印　　刷 保定市铭泰达印刷有限公司
经　　销 新华书店
成品规格 197mm × 128mm
印　　张 13
字　　数 649 千字
版　　次 2023 年 3 月第 1 版
印　　次 2023 年 3 月北京第 1 次印刷
定　　价 48.00 元
书　　号 ISBN 978-7-5204-3436-2
审 图 号 GS 京（2022）1545 号

如有印装质量问题，请与我社发行部（010-83543963）联系